P. C. Lockemann   H. C. Mayr

Rechnergestützte Informationssysteme

Mit 37 Abbildungen

Springer-Verlag
Berlin Heidelberg New York 1978

Peter C. Lockemann
Heinrich C. Mayr

Institut für Informatik II, Universität Karlsruhe
Postfach 6380
7500 Karlsruhe 1

ISBN 3-540-08996-9 Springer-Verlag Berlin Heidelberg New York
ISBN 0-387-08996-9 Springer-Verlag New York Heidelberg Berlin

CIP-Kurztitelaufnahme der Deutschen Bibliothek. *Lockemann, Peter C.:* Rechnerge-
stützte Informationssysteme / P. C. Lockemann ; H. C. Mayr. – Berlin, Heidelberg, New
York : Springer, 1978.
NE: Mayr, Heinrich Christian:

Druck- und Bindearbeiten: Beltz Offsetdruck, Hemsbach/Bergstr.
2145/3140-543210

Vorwort

Die rechnergestützte Verwaltung und Verarbeitung von Information
befindet sich wie die Rechnertechnologie selbst in einer
stürmischen Entwicklung. Hatte man es vor nicht allzu langer
Zeit noch mit leicht überschaubaren Programmen oder Programmpa-
keten zur rechnergestützten Bearbeitung einzelner relativ eng
umrissener Aufgaben zu tun, so werden heute ganze Aufgabenkom-
plexe mit Hilfe komplizierter Programmsysteme bewältigt.
Vereinigt ein solches Programmsystem eine Vielzahl eng
miteinander verbundener Aufgaben und spiegelt sich das
Ineinandergreifen der Aufgaben in Zusammenhängen zwischen den
bearbeiteten Informationen wider, so sprechen wir von einem
rechnergestützten Informationssystem. Typische Aufgabenbereiche
sind z.B. die Speicherung, Verwaltung und Auswertung grosser
Bestände an Lager-, Produktions- und Finanzdaten in einem
Betrieb, an Wirtschafts- und Sozialdaten in der öffentlichen
Verwaltung, oder auch die Steuerung von Produktionsabläufen.
Diese Beispiele zeigen bereits, dass ein rechnergestütztes
Informationssystem niemals isoliert, sondern stets im Zusammenhang mit seiner Umgebung zu sehen ist. Soweit es die zu
verarbeitenden Informationen nicht unmittelbar von einem
technischen Prozess erhält und direkt auf technische Prozesse
einwirkt, ist diese Umgebung ein System, das selbst in
irgendeiner Weise mit der Verarbeitung von Informationen zu tun
hat: ein Informationssystem.

Es gibt natürliche Informationssysteme, man denke z.B. an das
menschliche Gehirn, und künstliche wie etwa eine Bürokratie. Mit
der wachsenden sozialen Verflechtung innerhalb unserer
Gesellschaft, den steigenden Dienstleistungsbedürfnissen und der
zunehmenden Technisierung der Produktionsvorgänge werden unsere
künstlichen Informationssysteme immer umfangreicher. Manche
unter ihnen wären ohne die Unterstützung durch rechnergestützte
Informationssysteme kaum mehr funktionsfähig. Daraus erwachsen
für die Zukunft aber auch ernsthafte Probleme: Fehler und
Fehlentscheidung können sich beim Einsatz rechnergestützter

Informationssysteme massiver auswirken, die früher nicht in dem Umfang mögliche Konzentration und Kombination von Informationen birgt weitergehendere Gefahren des Missbrauchs. Auch bleibt die Technisierung der Informationssysteme nicht ohne Einfluss auf die Arbeitsmöglichkeiten und Berufsbilder in unserer Gesellschaft.

Jede Diskussion der Einsatzmöglichkeiten rechnergestützter Informationssysteme und der mit ihrem Einsatz verbundenen Probleme verlangt nach einer vorurteilsfreien Beurteilung ihrer Fähigkeiten und damit nach grundlegenden Kenntnissen über ihre technischen Eigenschaften. Diese Kenntnisse wollen wir mit dem vorliegenden Buch vermitteln, indem wir die technischen Möglichkeiten zur Gestaltung und Realisierung rechnergestützter Informationssysteme und ihrer Anwenderschnittstellen aufzeigen. Das Buch wendet sich daher zum einen an Personen, die betriebliche oder überbetriebliche Informationssysteme planen und ihre wirtschaftlichen bzw. gesellschaftlichen Auswirkungen zu überdenken haben, und an Anwender, die rechnergestützte Informationssysteme beurteilen und auswählen sollen. Zum anderen will es natürlich solche Personen ansprechen, die unmittelbar mit dem Entwurf und der Entwicklung rechnergestützter Informationssysteme zu tun haben und sich einen Überblick über den modernen Kenntnisstand verschaffen wollen. Nicht zuletzt soll es auch Studenten der Informatik in dieses Gebiet einführen.

Das Gebiet der rechnergestützten Informationssysteme hat sich in den letzten Jahren in eine Reihe von Disziplinen verzweigt. Zumindest in einigen von ihnen, z.B. bei den Datenbanksystemen und den Dokumentationssystemen, ist heute eine gewisse Konsolidierung zu beobachten. Das gibt uns den Mut, das Erreichte zu schildern, ohne befürchten zu müssen, schon nach kurzer Zeit in allem als überholt zu gelten. Eine vollständige Abhandlung aller Teilaspekte wäre dabei natürlich viel zu umfangreich. Vielmehr muss eine Einführung versuchen, die wesentlichen Kenntnisse aus den einzelnen Disziplinen vorzustellen und ihre Gemeinsamkeiten und Zusammenhänge aufzuzeigen. Ein ausführliches Literaturverzeichnis soll es dem Leser ermöglichen, Detailfragen aus den behandelten Disziplinen gezielt weiterzuverfolgen. Manches musste aus Umfangsgründen gänzlich entfallen. So findet der Leser beispielsweise kein Kapitel über die Rechnertechnologie selbst und keine spezielle Berücksichtigung der Belange von Kleinrechnern. Ebenso sind verteilte Informationssysteme nicht behandelt, über die im übrigen gesicherte Aussagen noch weitgehend fehlen.

Der erste Teil dieses Buchs behandelt die für eine Einführung wichtigsten Konzepte, mit dem Ziel, die bisher recht uneinheitliche und teilweise auch wenig präzise Terminologie auf eine festere Basis zu stellen. Wir bedienen uns dabei u.a. einer Methode zur abstrakten Behandlung von Datenstrukturen, die neuerdings im Bereich der Programmiersprachen diskutiert wird.

Der zweite Teil befasst sich mit den wichtigsten Techniken und Verfahren zur Realisierung rechnergestützter Informationssysteme, der dritte Teil illustriert die Ergebnisse der beiden vorangehenden Teile an existierenden Systemen. Inhalt und Aufteilung des Buchs sind aus der mehrjährigen Erfahrung mit einer, zuletzt zweisemestrigen, Vorlesung über Informationssysteme entstanden.

Wir danken unseren Studenten, deren Hinweise in die Gestaltung des Buchs eingegangen sind, ebenso Herrn Goos, der uns durch seine kritische Durchsicht des Manuskriptes sehr geholfen hat. Das druckfertige Manuskript wurde rechnergestützt über den Editor der Fakultät für Informatik von Frau Ingrid Kächele erstellt. Ihr, die mit grosser Geduld unsere unzähligen Änderungswünsche, zu denen ein Editor ja geradezu verführt, berücksichtigte, gebührt unser besonderer Dank.

Karlsruhe, im Mai 1978   P.C.Lockemann
                                H.C.Mayr

Inhaltsverzeichnis

0 Einführung

Kaum ein anderer Begriff findet heute eine auch nur annähernd so breite Verwendung wie derjenige des Systems. Als Bezeichnung für eine Menge untereinander in Beziehung stehender Objekte gehört er zum terminologischen Werkzeug nahezu aller praktischen und theoretischen Disziplinen. In dieser Allgemeinheit läuft er denn auch Gefahr, ziemlich nichtssagend zu sein. Benutzt man ihn trotzdem, so hat man den Zusammenhang mit seiner Anwendung deutlich zu machen und insbesondere die für den jeweiligen Zweck bedeutsamen Aspekte und Auswirkungen seiner Verwendung festzuhalten. Dies ist Gegenstand der vorliegenden Einführung.

Eine erste Eingrenzung liegt darin, dass für die Beziehungen eines Systems wohldefinierte Eigenschaften gefordert werden. Nur Objekte, zwischen denen solche systemspezifischen Beziehungen nachgewiesen werden können, dürfen dem System angehören, d.h. es besteht ein enger Zusammenhang zwischen der Zusammensetzung eines Systems und seinen charakteristischen Beziehungen. Durch Einhaltung dieser Forderung kann ein System von seiner Umwelt abgegrenzt werden. Neben der Abgrenzbarkeit ergibt sich aber noch eine weitere wichtige Systemeigenschaft aus der Art der gewählten Beziehungen: Während beispielsweise in einem linearen Gleichungssystem die gegenseitigen Beziehungen zwischen den Objekten (den Gleichungen) invariant sind, sind sie im Fall eines Systems "Rangierbahnhof" teilweise zeitlichen Änderungen unterworfen: Hier werden Waggons bewegt, Züge ein- und ausgefahren etc., d.h. einzelne Systemelemente führen wohlbestimmte Tätigkeiten aus und wirken damit zur Erfüllung gemeinsamer Aufgaben zusammen. Entsprechend unterscheidet man statische und dynamische Systeme. Da wir uns in diesem Buch ausschliesslich mit letzteren beschäftigen, werden wir im folgenden unter "System" stets ein dynamisches System verstehen.

Ein System ist im allgemeinen in eine Umwelt eingebettet, die seine Funktion, d.h. die Gesamtheit seiner Aufgaben, bestimmt. Sein Verhalten, nämlich die Gesamtheit seiner Tätigkeiten, dient der Erfüllung dieser Funktion. Die Umwelt lässt sich selbst wieder als ein System betrachten, für das das eingebettete System ein Systemelement ist. Allgemein sind demzufolge als Elemente eines Systems auch selbst wieder Systeme (Subsysteme) zugelassen, und umgekehrt lassen sich Systemelemente jederzeit zu Systemen detaillieren. Der Funktionsbegriff muss somit nicht zwischen System und Systemelement unterscheiden.

Bestehen die von den Elementen eines Systems durchgeführten Tätigkeiten in der Aufnahme, Verarbeitung und Weitergabe von Informationen, so nennen wir dieses System ein Informationssystem. Es heisst in seine Umwelt integriert, wenn es zur Steuerung gewisser Vorgänge in dieser Umwelt dient. Beispielsweise besitzt jeder Rangierbahnhof ein integriertes Verkehrssteuerungssystem zur Koordinierung seiner Abläufe. Die in diesem System verarbeiteten Informationen beziehen sich auf Waggons, Rangierbewegungen, Zielorte usw., ihnen liegen demnach gewisse abstrakte Vorstellungen (genannt Modelle) über die konkreten Elemente des Systems Rangierbahnhof zugrunde.

Informationssysteme haben somit die Funktion der Koordination von Tätigkeiten, die in ihnen ausgetauschten und verarbeiteten Informationen müssen im Zusammenhang mit der Funktion des übergeordneten Systems stehen. In vielen Fällen ergibt sich hieraus eine derartige Vielzahl und Komplexität von Informationen, dass ihre Speicherung, Auswertung und Bereitstellung zum Teil elektronischen Rechenanlagen übertragen werden muss. Fasst man die einzelnen Programme zur Erfüllung dieser Aufgaben zusammen und abstrahiert man von den rechnerinternen Vorgängen bei ihrer Abarbeitung, indem man Programme selbst als aktionsfähig ansieht, so ist die Grundlage für den Begriff "rechnergestütztes Informationssystem" geschaffen: Er bezeichnet eine Menge zusammenwirkender Programme mit Tätigkeiten wie Speicherung, Auswertung und Bereitstellung von Informationen. Rechnergestützte Informationssysteme sind Dienstleistungen der Informatik zur Unterstützung der Informationssysteme beliebiger technischer und organisatorischer Einrichtungen.

Planung, Entwurf und Einrichtung eines rechnergestützten Informationssystems sind demzufolge an den Bedürfnissen seiner zukünftigen Umwelt zu orientieren, sei dies ein umfassenderes Informationssystem oder unmittelbar ein System zur Produktion von Gütern oder zur Erbringung von Dienstleistungen. Zur Festlegung seiner Funktion hat man sich zunächst Vorstellungen von den Gegenständen und Vorgängen der Umwelt zu erarbeiten. Die

2

Bildung und Manipulation von Modellen ist deshalb im Zusammenhang mit rechnergestützten Informationssystemen von grosser Bedeutung. Des weiteren muss die Wechselwirkung zwischen rechnergestütztem Informationssystem und seiner Umwelt studiert werden. Zu diesem Zweck werden Konzepte benötigt, mit denen sich das Zusammenwirken der Elemente eines Systems vorhersagen und untersuchen lässt. Schliesslich muss das rechnergestützte Informationssystem nach ingenieurmässigen Maßstäben erstellt und zuverlässig betrieben werden können. Probleme der Architektur rechnergestützter Informationssysteme spielen somit eine weitere wesentliche Rolle.

Diesen drei Aufgabenstellungen entsprechend beschäftigt sich dieses Buch mit der Funktion, dem Verhalten und der Zusammensetzung rechnergestützter Informationssysteme. Es stellt Konzepte für den Entwurf (TEIL I) und Techniken für die Realisierung (TEIL II) rechnergestützter Informationssysteme zusammen und zeigt deren Verwendbarkeit am Beispiel existierender Systeme auf (TEIL III).

I KONZEPTE

Wir befassen uns in diesem Teil mit Problemen des Entwurfs rechnergestützter Informationssysteme und besprechen eine Reihe von Konzepten, die sich unabhängig von den speziellen Gegebenheiten einer bestimmten Umwelt beim Entwurf heranziehen lassen. Dabei unterstellen wir, dass die Anforderungen einer Umwelt an ein rechnergestütztes Informationssystem auf irgendeine, hier nicht näher beschriebene Weise ermittelt werden können. Die Frage nach einer systematischen Herleitung dieser Anforderungen und der hierfür geeigneten Konzepte fällt in den Bereich der Systemanalyse und bleibt daher in diesem Buch weitgehend unbeantwortet.

Wir bestimmen in einem ersten Schritt allgemeine Regeln, nach denen die Funktion beliebiger rechnergestützter Informationssysteme beschrieben werden kann, die also bei beliebigen Anforderungen anwendbar sind. Ausgangspunkt der Überlegungen ist die Annahme, dass ein rechnergestütztes Informationssystem zur Erfüllung seiner Aufgaben Tätigkeiten ausübt, die sich auf den Aufbau und auf die Eigenschaften von Informationen beziehen. Tätigkeiten mit und Eigenschaften von Informationen stehen in enger Beziehung, sodass man, ähnlich wie bei der Definition von Programmiersprachen, Informationen durch die auf sie anwendbaren Operationen charakterisieren kann; man spricht dann von einer operationalen Vorgehensweise. Eine hierfür geeignete Spezifikationsmethode wird in Kap.1 nach einer kurzen Einführung einiger grundlegender Begriffe vorgestellt.

Mit der Spezifikation der Systemfunktion und der Form, in der einem rechnergestützten Informationssystem Aufgaben gestellt werden können, ist die sog. "Schnittstelle" des Systems zu seiner Umwelt festgelegt. Die wichtigsten, operational spezifizierbaren Schnittstellen sind Gegenstand von Kap.2.

Nicht immer ist die Voraussetzung für eine operationale Vorgehensweise - die Vorgabe von Operationen - erfüllt. Die

Festlegung der Systemfunktion erfordert dann eine etwas andere Vorgehensweise. Beispiele hierzu werden in Kap.1.3 behandelt.

Durch die Spezifikation der Schnittstelle eines rechnergestützten Informationssystems wird natürlich auch dessen Verhalten festgelegt. Offen bleibt dagegen, ob dieses auch dem erwarteten Verhalten entspricht oder nicht sogar unerwünschte Nebenwirkungen zeigt. Wir wenden uns deshalb in Kap.3 der Beschreibung von Systemen zu und stellen einige Konzepte vor, mit deren Hilfe sich das Zusammenwirken der Bestandteile eines Systems vorhersagen und analysieren lässt. Dies wird es uns zusammen mit den Ergebnissen der beiden ersten Kapitel erlauben, die wesentlichen Elemente rechnergestützter Informationssysteme aufzuzählen. Dazu diskutieren wir in Kap.4 einige Architekturprinzipien, durch die der Aufwand für Erstellung, Betrieb und Wartung rechnergestützter Informationssysteme überschaubar gehalten, ihre Zuverlässigkeit erhöht und ihre Anpassungsfähigkeit an unterschiedliche Anwendungsgebiete gesteigert werden kann.

1 Modellierung

Zentral für dieses Kapitel sind die Begriffe "Modell" und "Bezeichner". Sie werden in einem ersten Abschnitt zusammen mit einer für unsere Zwecke geeigneten Definition der Begriffe "Information" und "Datum" eingeführt. In einem zweiten Abschnitt erklären wir dann anhand einer operationalen Spezifikationsmethode, was wir unter dem "Typ", der "Art" und der "Struktur" eines Datums verstehen wollen. Den Abschluss bildet ein kurzer Überblick über die Besonderheiten nichtoperationaler Konzepte.

1.1 Grundlegende Begriffe

1.1.1 Modelle und Bezeichner

Unter einem Modell verstehen wir die Vorstellung, die sich ein Individuum von einem Gegenstand oder Vorgang in seiner Umwelt macht. Diese Begriffsbestimmung erscheint auf den ersten Blick ziemlich unbefriedigend, da man nicht in der Lage ist, eine z.B. physikalisch nachweisbare Erklärung dessen zu geben, was eine "Vorstellung" über einen Gegenstand ist. Mit dieser eher philosophischen Frage beschäftigt sich seit langem die Erkenntnistheorie. Einige ihrer auch für uns sehr brauchbaren Annahmen sollen hier in stark vereinfachter und auf unsere Belange zugeschnittener Form wiedergegeben werden. Danach besteht die Modellierung im Ablauf sog. Erkenntnisprozesse, durch die Modellobjekte (Gegenstände und Vorgänge in der Umwelt) wahrgenommen und Beziehungen zwischen Wahrgenommenem und früher Erkanntem etabliert werden. Aus bereits Erkanntem kann durch Erkenntnisprozesse neue Erkenntnis gewonnen werden. Das Ergebnis aller zu einem bestimmten Zeitpunkt abgeschlossenen Erkenntnisprozesse heisst kognitive Struktur.

In dieser allgemeinen, subjektbezogenen Form der Modellierung steht zu erwarten, dass verschiedene Individuen verschiedene Modelle von demselben Modellobjekt bilden. Dies behindert das Zusammenwirken der Individuen, wenn sie in Abhängigkeit von diesen Modellen Tätigkeiten zur Erfüllung gemeinsamer Aufgaben ergreifen sollen. Um in einem solchen Fall eine möglichst einheitliche Modellierung zu erreichen, werden durch Modellierungskonzepte Richtlinien festgelegt, nach denen Modelle gebildet werden sollen. (Beispielsweise bezweckt jede Ausbildung die Vermittlung derartiger Konzepte.) In der Regel ist nicht jede Eigenschaft eines Modellobjekts relevant für das Ergreifen bestimmter Tätigkeiten. Die Modellierung kann sich daher auf die für vorgegebene Aufgaben wesentlichen Aspekte beschränken, d.h. sie kann von den unwesentlichen "abstrahieren". Die Festlegung dessen, was man als wesentlich betrachten will, ist Bestandteil eines Modellierungskonzeptes und bestimmt die Höhe seines Abstraktionsniveaus.

Die kognitive Struktur eines Individuums lässt sich nicht unmittelbar durch ein anderes Individuum erkennen. Ihren Bestandteilen können jedoch Bezeichner in Form wahrnehmbarer physikalischer Grössen zugeordnet und in die erkennbare Umwelt anderer Individuen eingebracht werden. Ein solcher Vorgang heisst Darstellung. Der Erkennung von Bezeichnern liegt eine zweite Art von Erkenntnisprozessen ("linguistic perception") zugrunde: Ein Bezeichner wird nicht auf ein Modell seiner selbst, sondern auf das durch ihn dargestellte Modell abgebildet. Dies ist natürlich nur dann möglich, wenn dem erkennenden Individuum sowohl die der ursprünglichen Modellierung zugrundeliegenden Konzepte als auch die Zuordnung zwischen Modell und Bezeichner bekannt ist.

Am häufigsten werden Modelle durch Elemente einer natürlichen Sprache dargestellt, deren Zuordnung ein Produkt geschichtlich gewachsener Vereinbarungen ist. Im technischen, wirtschaftlichen und wissenschaftlichen Bereich finden dagegen weitgehend Fach- und Kunstsprachen oder graphische Bezeichner Anwendung, wobei man Richtlinien zur Darstellung (Darstellungskonzepte) vorgeben kann. Damit die Darstellung nicht selbst wieder mit einer Modellierung verbunden ist, sollten Darstellungskonzepte so angelegt werden, dass sie nicht zu einem höheren Abstraktionsniveau führen als das den darzustellenden Modellen zugrundeliegende Modellierungskonzept. Deshalb gehen die Darstellungsmöglichkeiten häufig in den Entwurf eines Modellierungskonzepts ein. Umgekehrt bleibt das bei der Wahl eines Modellierungskonzepts verfolgte Ziel nicht ohne Auswirkungen auf die Wahl des zugehörigen Darstellungskonzepts. Aufgrund dieser Wechselbeziehungen bezeichnen wir eine Menge von Modellierungskonzepten und zugeordneten Darstellungskonzepten als Modellierungssystem.

Jede Darstellung benötigt ein reales Medium, das sog. Darstellungsmedium, dessen physikalische Eigenschaften die Möglichkeiten zur Darstellung von Modellen bestimmen. Nicht jeder Bezeichner ist in jedem Darstellungsmedium möglich: Um etwa Buchstaben im Hauptspeicher eines Rechners darstellen zu können, müssen sie erst zu Folgen binärer Werte modelliert werden. Im übrigen kann man einem Modellierungskonzept durchaus mehrere Darstellungskonzepte zuordnen und damit zu mehreren Bezeichnern desselben Modells gelangen: Man denke nur an die Zahldarstellung mit arabischen oder römischen Ziffern.

1.1.2 Informationen und Daten

Hat sich eine Gruppe von Individuen auf ein Modellierungssystem geeinigt, so kann sie sich durch Kommunikation, d.h. durch den Austausch von Bezeichnern, über Modelle verständigen. Die Wahrnehmung oder Weitergabe von Bezeichnern durch erkenntnisfähige Individuen führt zu einem Austausch von Modellen. Aus dieser für die Kommunikation grundlegenden Einheit zwischen Modell und Bezeichner leiten wir eine Definition des Begriffs der Information ab: Wir verstehen darunter ein nach den Konzepten eines Modellierungssystems gebildetes Paar (Modell, zugeordneter Bezeichner).

Kommunikation zwischen erkenntnisfähigen Elementen besteht also immer im Austausch von Informationen. Ist der Austausch die einzige in einem Informationssystem beobachtbare oder interessierende Tätigkeit, so spricht man auch von einem Kommunikationssystem und bezeichnet die darin ausgetauschten Informationen als Nachrichten.

Technische Geräte verfügen nicht über die Fähigkeit zur Modellbildung, als Bestandteile von Informationssystemen arbeiten sie ausschliesslich auf Bezeichnerebene. Eine geeignete Festlegung ihrer Tätigkeiten bewirkt jedoch, dass die von ihnen erarbeiteten Bezeichner zur Steuerung anderer Geräte herangezogen werden können oder für menschliche Kommunikationspartner

erkennbare Modelle darstellen. Aus der Sicht des Benutzers
scheinen die Geräte Informationen zu verarbeiten; wir sprechen
dann von Daten.

Die vielseitigsten Möglichkeiten zur Spezifikation "datenverar-
beitender" Tätigkeiten bieten elektronische Rechenanlagen.
Einschränkungen bestehen hier lediglich dahingehend, dass
sämtliche Tätigkeiten durch Algorithmen beschreibbar und damit
programmierbar sein müssen. Dies setzt seinerseits voraus, dass
die den Tätigkeiten unterworfenen Bezeichner (und damit auch die
entsprechenden Modelle) algorithmisch ausgewertet werden können.
Darüberhinaus ist bei der Festlegung der Schnittstelle
rechnergestützter Informationssysteme ein eindeutiges Modellierungssystem zugrundezulegen: Ein Bezeichner darf nicht zur
Darstellung mehrerer Modelle verwendet werden, da das System den
gleichen Bezeichner immer in derselben Weise interpretiert.

Für den Fall menschlicher Kommunikationspartner eines Informationssystems lassen sich die bisherigen Überlegungen in einem
Diagramm (Abb.1.1) veranschaulichen. Werden durch das rechnergestützte Informationssystem unmittelbar technische Geräte
gesteuert, so entfällt in dieser Abbildung die mittlere Ebene
(kognitive Struktur). Für den Entwurfsprozess hat das Diagramm
jedoch auch in diesem Fall Gültigkeit: Die Festlegung der
Systemfunktion erfolgt durch menschliche Individuen, deren
Vorstellungen spiegeln sich in den Steuerungsalgorithmen wider.

1.2 Operationale Konzepte

1.2.1 Operationen mit Modellen

Aus Abb.1.1 geht hervor, dass dem Entwurf eines rechnergestützten Informationssystems die Definition eines Modellierungssystems voranzugehen hat, das die wesentlichen Aspekte der
betrachteten Umwelt abdeckt. Es sind also Modellierungs- und
Darstellungskonzepte zu spezifizieren, welche die Eigenschaften
der betreffenden Modelle und Bezeichner, d.h. der vom Informationssystem zu bearbeitenden Daten festlegen. Die Darstellungskonzepte spielen dabei allerdings eine untergeordnete Rolle, da
ja aus der Sicht der Benutzer in erster Linie die Bearbeitung

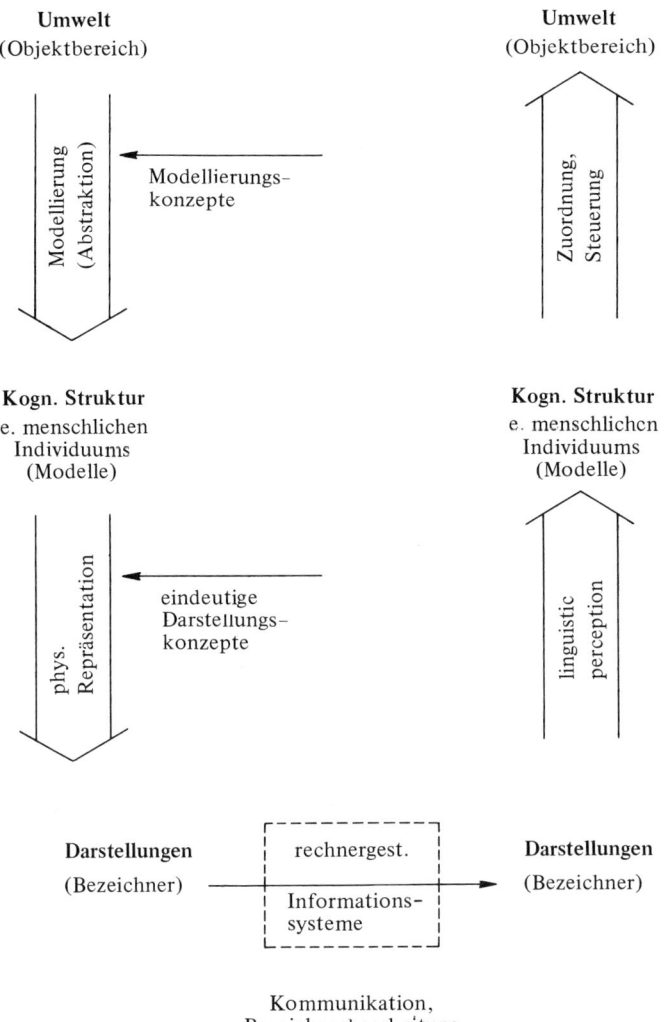

Umwelt
(Objektbereich)

Modellierung
(Abstraktion)

Modellierungs-
konzepte

Umwelt
(Objektbereich)

Zuordnung,
Steuerung

Kogn. Struktur
e. menschlichen
Individuums
(Modelle)

phys.
Repräsentation

eindeutige
Darstellungs-
konzepte

Kogn. Struktur
e. menschlichen
Individuums
(Modelle)

linguistic
perception

Darstellungen
(Bezeichner)

rechnergest.
Informations-
systeme

Darstellungen
(Bezeichner)

Kommunikation,
Bezeichnerbearbeitung

Abb. 1.1

von Modellen interessiert. Wir nehmen deshalb an, dass die
Modelle in der für Eingabegeräte üblichen Form als Zeichenketten
aus Buchstaben, Ziffern und Sonderzeichen dargestellt werden,
und beschränken uns vorerst auf die Spezifikation von Modellierungskonzepten.

Die Festlegung der Eigenschaften von Modellen ist abhängig von
den mit ihnen jeweils durchzuführenden Tätigkeiten. Sollen sich
beispielsweise in einem Modell alle wesentlichen Eigenschaften
des zugehörigen Modellobjekts widerspiegeln, so muss das
Informationssystem die Verbindung einfacherer Modelle (einzelner

Eigenschaften) zu einem komplexeren Modell (des gesamten Modellobjekts) herstellen können. Zu den Tätigkeiten rechnergestützter Informationssysteme gehört also die Konstruktion komplexer Modelle aus einfacheren. Man denke hierzu etwa an die Erstellung einer Rechnung aus den über einen Kunden gespeicherten Angaben. Ebenso müssen u.U. in der Umwelt mögliche oder bereits erfolgte Änderungen an einem Modellobjekt vom Informationssystem vorausberechnet bzw. nachvollzogen werden können (z.B. die Erhöhung des Alters einer Person). Dies läuft ebenfalls auf eine Berechnung neuer Modelle hinaus.

Wir unterstellen für das folgende allen Tätigkeiten rechnergestützter Informationssysteme Determiniertheit, die Errechnung von Modellen aus Modellen soll stets eindeutig sein. Damit können wir eine Tätigkeit durch eine auf Modellen definierte Abbildung

$$\varphi: B_1 \times \ldots \times B_{n-1} \to B_n$$

beschreiben. Jedes Element $(b_1,\ldots,b_{n-1},b_n)$ dieser Abbildung entspricht einem möglichen Übergang (Ereignis) von Elementen der Definitionssorten $B_1,\ldots,B_{n-1}$ in ein Element der Zielsorte B_n. Unter Vorgabe von φ und $b_1,\ldots,b_{n-1}$ ist ein solches Ereignis und damit auch sein Ergebnis eindeutig bestimmt und wir schreiben für beide $\varphi(b_1,\ldots,b_{n-1})$. Insbesondere kann mit dieser Bezeichnung auch vom Rechner die zum Eintreten des betreffenden Ereignisses erforderliche Tätigkeit (Operation) gefordert werden, φ wird durch diesen Gebrauch zum Operator. Der Einfachheit halber werden wir im folgenden immer von Operatoren statt von Abbildungen sprechen. Ein Operator φ braucht übrigens weder total definiert noch surjektiv sein.

Indem man in einer Menge von Operatoren gesetzmässige Zusammenhänge postuliert, charakterisiert man unmittelbar auch die jeweiligen Operanden. Wir sprechen dann von einem operationalen Modellierungskonzept. Typische Beispiele hierfür sind Definitionen algebraischer Strukturen.

Abhängigkeiten zwischen Operatoren setzen voraus, dass deren Definitions- oder Zielsorten zumindestens teilweise übereinstimmen und dass insbesondere die Zielsorte eines oder mehrerer Operatoren im Definitionsbereich anderer oder des jeweiligen Operators selbst auftritt. Im letzten Fall, wenn also gilt:

$$\exists i \ (1 \leq i < n): \ B_i = B_n$$

sprechen wir von einem (bzgl.der i-ten Stelle) fortsetzbaren
Operator und bezeichnen die Sorte B_i als fortsetzbare Sorte.

Üblicherweise werden Gesetze für Operatoren abstrakt spezifiziert, d.h. mit Hilfe von Unbestimmten für Sorten (Sortenvariable) und deren Elemente. Deshalb geben wir operationale
Modellierungskonzepte künftig in der Weise vor, dass die
Definitions- und Zielbereiche einer Menge von Operatoren mit
Hilfe von Sortenvariablen festgelegt werden. Darauf aufbauend
werden die Eigenschaften der Operatoren durch ein Axiomenschema
spezifiziert. Dabei handelt es sich um eine Menge von (möglicherweise bedingten) Äquivalenzbeziehungen zwischen operationalen Ausdrücken oder auch Sortenvariablen. Dies erlaubt eine
anwendungsunabhängige Spezifikation von Zusammenhängen zwischen
Operatoren. Erst für eine konkrete Anwendung müssen die
Unbestimmten durch Mengen anwendungsspezifischer Modelle bzw.
deren Elemente ersetzt werden.

Auch die Fortsetzbarkeit ist ausschliesslich über Sortenvariable
definiert. Ein nicht fortsetzbarer Operator

$$\rho: B_1 x \ldots x B_{n-1} \to B_n$$

bleibt bei der Ersetzung seiner Unbestimmten durch konkrete
Modellmengen nicht fortsetzbar, selbst wenn für eine oder
mehrere Sorten B_i des Definitionsbereiches dieselbe Menge wie
für B_n eingesetzt wird. Ähnlich kann bei der Ersetzung der
Unbestimmten eines bzgl. der i-ten Stelle fortsetzbaren
Operators dieselbe Menge für B_i und für beliebige B_j ($1 \leq j \leq n$)
eingesetzt werden.

Der Einfachheit halber sprechen wir im folgenden von Sorten
statt von Sortenvariablen, soweit dies ohne Missverständnisse
möglich ist.

1.2.2 Typkonzepte und Typen

Wir geben zunächst eine Definition für eine Klasse operationaler
Modellierungskonzepte und studieren dann, welche Form von
Objekten durch sie beschrieben werden können.

Eine Menge Ω von Operatoren zusammen mit einem Axiomenschema
heisst Typkonzept wenn gilt:

(1) Jedes Element von Ω tritt in mindestens einem Axiom auf.

(2) Ω enthält mindestens einen fortsetzbaren Operator.

(3) Alle fortsetzbaren Operatoren sind bezüglich genau einer Stelle fortsetzbar und stimmen sämtlich in ihrer Zielsorte (Z) überein.

(4) Ω enthält mindestens einen nicht fortsetzbaren Operator ρ mit den Eigenschaften:

   - Z tritt im Definitionsbereich von ρ auf.

   - Die Zielsorte R von ρ tritt im Definitionsbereich eines oder mehrerer fortsetzbarer Operatoren auf.

   - Unter diesen gibt es mindestens einen Operator φ und ein Axiom, das folgenden Zusammenhang zwischen ρ und φ fordert:

     Ist $z \in Z$ Ergebnis eines φ-Ereignisses mit u.a. Operand $r \in R$, so gibt es ein ρ-Ereignis mit u.a. Operand z und Ergebnis r.

In der Anwendung stellen die nichtfortsetzbaren Operatoren nach Forderung 4) Operatoren für den lesenden Zugriff dar.

Zur Erläuterung der Definition des Typkonzeptes spezifizieren wir die Eigenschaften der üblichen Kelleroperatoren.

Sorten: K, X. $x \in X$; $k \in K$.

Operatoren: push: $K \times X \to K$
pop: $K \to K$
top: $K \to X$

Axiomenschema:
1) $pop(push(k, x)) \equiv k$
2) $top(push(k, x)) \equiv x$.

(Die Beziehungen sollen für alle $x \in X$, $k \in K$ gelten. $\alpha \equiv \beta$ bedeutet, dass das Ergebnis der linken Seite äquivalent demjenigen der rechten Seite sein soll; steht rechts ein Sortenelement, so bedeutet $\equiv$ Gleichheit.)

push und pop sind fortsetzbar; im Definitionsbereich von top tritt die in push und pop fortsetzbare Sorte K auf; die Zielsorte X von top erscheint im Definitionsbereich von push, und das zweite Axiom beschreibt die Zugriffseigenschaft von top. Damit ist das Axiomenschema zusammen mit der Operatorspezifikation ein Typkonzept.

pop und top können partielle Abbildungen sein, denn durch die Kelleraxiome werden keine Aussagen über (möglicherweise

vorhandene) Elemente $k_0 \in K$ gemacht, für die es weder ein $x \in X$ noch
ein $k \in K$ gibt, so dass $k_0 = \mathrm{push}(k,x)$; dann sind nämlich $\mathrm{pop}(k_0)$
und $\mathrm{top}(k_0)$ nicht definiert (push selbst ist nicht surjektiv).
Existieren solche Elemente, so könnte man ihren Ausschluss von
pop und top im Axiomenschema z.B. durch zusätzliche Axiome

$$3)\ \mathrm{pop}(k_0) \equiv \mathrm{undef}$$
$$4)\ \mathrm{top}(k_0) \equiv \mathrm{undef}$$

erfassen. undef ist kein Element der Sorten X oder K. Wir nehmen
solche Axiome in unser Axiomenschema auf, da wir allen anderen ,
nicht explizit als undefiniert festgehaltenen Ereignissen ein
definiertes Ergebnis unterstellen.

Wir nennen Elemente wie k_0 primitiv. In unserem Beispiel
repräsentieren sie offensichtlich "leere Keller". Treten mehrere
primitive Elemente auf, so lassen sich mit Hilfe der Axiome
allein keine Unterschiede zwischen ihnen feststellen. Wir gehen
deshalb davon aus, dass in der Regel genau ein primitives
Element existiert.

Wie in 1.2.1 erwähnt, muss man die Sortenvariablen eines
gegebenen Typkonzepts für eine spezielle Anwendung durch Mengen
konkreter Elemente ersetzen. Wir nennen diesen Vorgang
Konkretisierung eines Typkonzepts, sein Ergebnis einen Typ.
Wählen wir etwa für die Sorte X unseres Beispiels die Menge der
ganzen Zahlen, so sind die Axiome erfüllt, wenn wir für K die
Menge aller Keller mit ganzzahligen Elementen einsetzen. Wir
erhalten dann den Typ "Keller mit ganzen Zahlen".

Die bei einer Konkretisierung für die fortsetzbare Sorte
gewählte Menge heisst Wertevorrat des resultierenden Typs, ein
Element aus ihr Exemplar des Typs. Typen werden durch Typindikationen (z.B. "Keller mit ganzen Zahlen") benannt.

Der Wertevorrat des Typs "Keller mit ganzen Zahlen" ist
unendlich. Um ihn auf eine endliche Menge zu beschränken,
könnten wir das Typkonzept z.B. um einen Operator

$$\mathrm{length}: K \rightarrow \{0, 1, \ldots, m\} \quad \text{mit} \quad m \in \mathbb{N}$$

und die Axiome

$$\mathrm{length}(k_0) \equiv 0$$
$$\mathrm{length}(k) \equiv \mathrm{length}(\mathrm{pop}(k)) + 1$$
$$\mathrm{push}(k, x) \equiv \textbf{if } \mathrm{length}(k) = m \textbf{ then } \mathrm{undef}$$

erweitern. Die Ersetzung der Zielsortenvariable von length ist offensichtlich nicht völlig frei, sondern auf Teilmengen von $\mathbb{N} \cup \{0\}$ (durch Vorgabe eines Wertes für m) beschränkt. In den Axiomen lassen sich die auf $\mathbb{N}$ erklärten Operatoren, hier die arithmetische Addition, ohne weiteres verwenden.

An unserem Beispiel wird deutlich, dass die Äquivalenzbeziehungen festlegen, welche Folgen von Ereignissen dasselbe Ergebnis haben. Umgekehrt können die Beziehungen auch zur Herleitung weiterer Äquivalenzen benutzt werden. Betrachten wir dazu den Ausdruck

$$push(pop(push(k_0, x)), y).$$

Er bezeichnet das Ergebnis von push, angewandt auf y und das Ergebnis von $pop(push(k_0, x))$. Gemäss dem ersten Kelleraxiom gilt aber

$$pop(push(k_0, x)) \equiv k_0,$$

so dass wir insgesamt die folgende Äquivalenz erhalten:

$$push(pop(push(k_0, x)), y) \equiv push(k_0, y).$$

Eine ausführlichere Diskussion der Herleitung von Äquivalenzen aus einem Axiomenschema erfolgt in Kap. 1.2.4.

1.2.3 Grundlegende Typkonzepte

Im Definitionsbereich der meisten, für Informationssysteme bedeutenden Typkonzepte treten nichtfortsetzbare Sorten auf, die nicht Zielsorten eines Zugriffsoperators sind. Wir nennen sie Indexsorten (bzgl. des betreffenden Typkonzepts). Einen Typ mit (konkreter) Indexsorte bezeichnen wir als indiziert, die Elemente der Indexsorte als Indizes.

Als Beispiel für indizierte Typen betrachten wir das Reihungskonzept.

Sorten: V, I, X. $v, v_0 \in V$, v_0 primitiv; $i, j \in I$; $x, y \in X$.

Operatoren: assign: $V \times I \times X \to V$
read: $V \times I \to X$

Axiomenschema:
1) $assign(assign(v, i, x), j, y) \equiv$ **if** i=j
                   then $assign(v, j, y)$
                   else $assign(assign(v, j, y), i, x)$
2) $read(v_0, i) \equiv undef$
3) $read(assign(v, i, x), j) \equiv$ **if** i=j
                then x
                else $read(v, j)$

I ist offensichtlich eine Indexsorte. Üblicherweise ersetzt man diese bei der Spezifikation von Reihungstypen durch eine Teilmenge der natürlichen Zahlen. Soll dies bereits durch das Modellierungskonzept vorgeschrieben werden, so hat man anstatt einer beliebigen Sorte I gleich die Menge $\{1,...,n\}$ anzuführen, n bliebe dann noch zu konkretisieren.

Dem Reihungskonzept ähnlich ist das <u>Verbundkonzept</u>. Allerdings ist hier assign meist nicht für alle Paare $(i,x) \in IxX$ definiert. Dies wird erfasst durch eine Relation att $\underline{\subset}$ IxX und das zusätzliche Axiom

    4) $assign(v, i, x) \equiv$ **if** $(i, x) \notin att$ **then** $undef$

Die Eigenschaften von att werden im Axiomenschema nicht festgelegt, att ist bei der Konkretisierung vorzugeben. Im übrigen wählt man bei der Konkretisierung des Verbundkonzeptes für die Indexsorte I meist eine Menge nichtnumerischer Bezeichner.

Sind die nach aussen sichtbaren Eigenschaften der Operatoren eines Typkonzepts rekursiv über die Elemente einer Indexsorte definiert, so bezeichnen wir die danach gebildeten Typen als <u>Typen mit Zähler</u>. Als Beispiel hierzu betrachten wir das Typkonzept für allgemeine <u>Listen</u>, bei denen an beliebiger Stelle Elemente eingefügt oder entfernt werden können. Für die Indexsorte wird hier schon vom Konzept her die geordnete Menge der natürlichen Zahlen verlangt.

Sorten: $L, X, |N. \, l, l_0 \in L, l_0$ primitiv; $x \in X$; $i \in |N$.

Operatoren: $insert: L \times |N \times X \rightarrow L$
              $delete: L \times |N \rightarrow L$
              $read: \quad L \times |N \rightarrow X$

Axiomenschema:
1) $insert(l, i, x) \equiv$ **if** $i > 1$
                then $insert(insert(delete(l, 1), i-1, x), 1, read(l, 1))$
2) $read(l_0, 1) \equiv undef$
3) $read(insert(l, 1, x), i) \equiv$ **if** i=1
                 then x
                 else $read(l, i-1)$

4) $delete(l_0, 1) \equiv undef$
5) $delete(insert(l, 1, x), i) \equiv$ **if** $i=1$
$\qquad\qquad$ **then** l
$\qquad\qquad$ **else** $insert(delete(l, i-1), 1, x)$

Häufig wünscht man sich bei Listen auch die Möglichkeit des sequentiellen Zugriffs auf Listenelemente. Zu diesem Zweck ist die Liste um eine Angabe zu erweitern, die auf das jeweils nächste zu lesende ("aktuelle") Element hinweist; man spricht deshalb von einem _Positionszeiger_. Dementsprechend muss nun der betreffende Leseoperator zwei Ergebnisse liefern: Das aktuelle Listenelement sowie eine Modifikation des Positionszeigers (und damit der Liste) dahingehend, dass das nächste Element aktuell ist. Dies wird im Typkonzept durch einen Operator reads mit zwei Zielsorten ausgedrückt, der bzgl. der ersten Zielsorte fortsetzbar und bzgl. der zweiten nichtfortsetzbar ist.

Die folgenden Erweiterungen des Konzepts für allgemeine Listen stellen eine unter mehreren Möglichkeiten dar, den sequentiellen Zugriff einzubeziehen. Die Wirkung des Positionszeigers wird über einen nach aussen nicht sichtbaren _Hilfsoperator_ (incpos) geregelt.

$\qquad$ Unbestimmte: $x_1, \ldots, x_n \in X$.

Zusätzliche Operatoren: reads: $\quad L \rightarrow L \times X$
$\qquad\qquad\qquad\qquad\qquad$ reset: $\quad L \rightarrow L$
Hilfsoperator: $\qquad\qquad$ incpos: $\quad L \rightarrow L$

Zusätzliche Axiome:
$\qquad$ [Aus Gründen der Übersichtlichkeit wird für die mehrmalige
$\qquad$ Anwendung des Operators insert (und ähnlich incpos) die fol-
$\qquad$ gende Abkürzung verwendet:

$\qquad\qquad insert^{(n)}(l_0; x_1, \ldots, x_n)$ steht für
$\qquad\qquad \underbrace{insert(insert(\ldots \ldots (insert(l_0, 1, x_n), \ldots \ldots), 1, x_2), 1, x_1)]}_{n-mal}$

6) $reads(l) \equiv$ **if** $l \equiv incpos^{(i-1)}(insert^{(n)}(l_0; x_1, \ldots, x_n))$ und $0 < i \leqslant n$
$\qquad\qquad$ **then** $(incpos(l), x_i)$
$\qquad\qquad$ **else** undef

7) $reset(incpos^{(m)}(l)) \equiv$ **if** $l \equiv insert^{(n)}(l_0; x_1, \ldots, x_n)$ **then** l

8) $incpos^{(m)}(insert^{(n)}(l_0; x_1, \ldots, x_n)) \equiv$ **if** $m > n$ **then** undef

9) $insert(incpos^{(m)}(l), i, x) \equiv$ **if** $l \equiv insert^{(n)}(l_0; x_1, \ldots, x_n)$
$\qquad\qquad\qquad$ **then if** $i \leqslant m$
$\qquad\qquad\qquad\qquad$ **then** $incpos^{(m+1)}(insert(l, i, x))$
$\qquad\qquad\qquad\qquad$ **else** $incpos^{(m)}(insert(l, i, x))$

10) $read(incpos^{(m)}(l), i) \equiv read(l, i)$

11) $delete(incpos^{(m)}(l), i) \equiv$ **if** $l \equiv insert^{(n)}(l_0; x_1, \ldots, x_n)$
$\qquad\qquad\qquad$ **then if** $i \leqslant m$
$\qquad\qquad\qquad\qquad$ **then** $incpos^{(m-1)}(delete(l, i))$
$\qquad\qquad\qquad\qquad$ **else** $incpos^{(m)}(delete(l, i))$

Durch incpos wird der Positionszeiger erhöht. incpos dient
ausschliesslich der Festlegung der aktuellen Position für das
sequentielle Lesen. Beim direkten Lesen bleibt er demzufolge
unverändert, während er bei insert und delete erhöht bzw.
erniedrigt wird, wenn eine Komponente mit einem geringeren
Zähler als der aktuelle Zeigerstand eingefügt bzw. entfernt
wird. Mittels reset kann man mit dem sequentiellen Lesen erneut
am Listenanfang aufsetzen.

Von Bedeutung für Informationssysteme ist schliesslich noch ein
Typkonzept für <u>Mengen</u>, auf deren Elemente über Stellvertreter,
genannt <u>Namen</u>, zugegriffen wird. Die algebraischen Mengeneigen-
schaften sind dabei von geringerem Interesse, so dass wir sie
nicht mitaufnehmen.

> **Sorten:** S, E, N. s, $s_0 \in$ S, s_0 primitiv; x, y $\in$ E; n $\in$ N.
>
> **Operatoren:** add: $S \times E \to S$
> rem: $S \times N \to S$
> read: $S \times N \to E$
>
> **Relation:** name: $E \to N$
>
> **Axiomenschema:**
> 1) add(add(s, x), y) $\equiv$ **if** name(x) = name(y)
>   **then** add(s, x)
>   **else** add(add(s, y), x)
>
> 2) read(s_0, n) $\equiv$ undef
>
> 3) read(add(s, x), n) $\equiv$ **if** n=name(x)
>   **then** x
>   **else** read(s, n)
>
> 4) rem(s_0, n) $\equiv$ undef
>
> 5) rem(add(s, x), n) $\equiv$ **if** n=name(x)
>   **then** s
>   **else** add(rem(s, n), x)

Die Relation name ist (wie die Relation att des Verbundkonzepts)
kein Operator; sie wird im Konzept nicht festgelegt, sondern ist
bei dessen Konkretisierung vorzugeben. Axiom 1) fordert, dass
die Elemente der Menge paarweise verschiedene Namen haben.

1.2.4 Struktur von Modellen

Die operationale Methode sagt nichts darüber aus, wie man sich
den realen Aufbau eines Typexemplars, z.B. eines Kellers, einer
Liste oder einer Menge vorzustellen hat. Er ist aus der Sicht
des Modellierenden auch unerheblich, da er einzig und allein an

der Wirkung der Operatoren interessiert ist. Erst bei der Realisierung der Operatoren, z.B. in Form von Programmen, muss auch die Realisierung des Typexemplars geregelt werden.

Die operationale Methode lässt also das, was man intuitiv als Struktur eines Typexemplars ansieht, offen. Ein etwas abstrakterer Strukturbegriff lässt sich jedoch auch mit dieser Methode verbinden.

Dazu nehmen wir an, dass wir zur Bestimmung des Wertevorrats eines Typs lediglich das primitive Element und die nichtfortsetzbaren Sorten zu kennen brauchen. Alle anderen Elemente lassen sich nämlich aus dem primitiven Element durch eine Folge von Ereignissen fortsetzbarer Operatoren, beschrieben durch einen operationalen Ausdruck, erzeugen. Da die Axiome eines Axiomenschemas festlegen, welche Ausdrücke dahingehend äquivalent sein sollen, dass sie dasselbe Ergebnis haben, gibt es zu jedem Exemplar eines Typs eine u.U. unendliche Klasse äquivalenter erzeugender Ausdrücke. Es stellt sich nun die Frage, ob man nicht in jeder dieser Klassen einen eindeutigen Stellvertreter finden kann, der sich dann auch zur Identifikation des entsprechenden Exemplars heranziehen lässt. Ein solcher Stellvertreter sollte ausserdem natürlich möglichst einfach sein, d.h. aus einer möglichst geringen Anzahl von Operatoren bestehen. Unsere Frage läuft also darauf hinaus, ob man durch die Anwendung von Axiomen auf beliebige Ausdrücke einer Klasse jeweils zu demselben, äquivalenten Ausdruck mit minimaler Operatorenzahl (reduzierter Ausdruck) gelangen kann. Da die Axiome konzeptspezifisch sind, muss sich diese Frage ebenso wie die Bestimmung der Äquivalenzklassen und ihrer Stellvertreter für jedes Konzept allgemein regeln lassen; für einen Typ ergeben sich dann dessen Klassen und deren Stellvertreter durch Konkretisierung.

Was die Anwendung von Axiomen betrifft, so haben wir zunächst einmal vorzuschreiben, in welcher Reihenfolge sie überhaupt stattfinden darf. Ohne eine solche Vorschrift könnten nämlich Widersprüche auftreten. Betrachten wir z.B. den Mengenausdruck

$$rem(add(add(s_0,x),y),n)$$

und sei $name(x)=name(y)=n$, so erhalten wir bei Anwendung von Axiom 5) als äquivalenten Ausdruck

$$add(s_0,x).$$

20

Wenden wir dagegen zuerst Axiom 1) und dann Axiom 5) an, dann ergibt sich s_0 und damit der Widerspruch:

$add(s_0,x) \equiv s_0$.

Solche Widersprüche lassen sich durch Einhaltung der folgenden Regel vermeiden:

(R) Ein Axiom darf auf den Operator φ eines Ausdrucks
$$\varphi(\alpha_1,\ldots,\alpha_m)$$
erst dann angewendet werden, wenn in keinem seiner Operanden die Anzahl der Operatoren durch Anwendung von Axiomen weiter verringert werden kann.

Für das obige Beispiel verlangt diese Regel den zweiten Weg, die Anwendung der Axiome 1) und 5) in dieser Reihenfolge.

Die Regel garantiert zwar Widerspruchsfreiheit, nicht aber, dass jeder beliebige Ausdruck einer Äquivalenzklasse auf ein und denselben kürzestmöglichen Ausdruck reduziert wird. Beispielsweise sind die Mengenausdrücke

$add(add(s_0,x),y)$ und $add(add(s_0,y),x)$

für $name(x) \neq name(y)$ beide reduziert und gemäss Axiom 1) äquivalent. Dasselbe gilt für die beiden Reihungsausdrücke ($i \neq j$)

$assign(assign(v_0,i,x),j,y)$ und $assign(assign(v_0,j,y),i,x)$.

Beim Listenkonzept ist die Situation ähnlich, wie dies z.B. die beiden Ausdrücke

$insert(insert(l_0,1,x),1,y)$ und $insert(insert(l_0,1,y),2,x)$

zeigen. Allerdings könnte man hier leicht eindeutige Stellvertreter erhalten, indem man nämlich das Listenaxiom 1) stets anwendet, wenn dies möglich und gemäss Regel R) erlaubt ist. Beim Kellerkonzept enthält jede Klasse nur jeweils einen einzigen reduzierten Ausdruck (Folge von push-Ereignissen).

Dass für Reihungs-, Verbund- und Mengenausdrücke eindeutige Stellvertreter nicht allein anhand der Axiome und Regel R) gewonnen werden, liegt am Auftreten kommutativer Operatoren (assign bzw. add, jeweils gemäss Axiom 1)). Eindeutige reduzierte Stellvertreter lassen sich hier erst finden, wenn zusätzliche Kriterien eingeführt werden, beispielsweise in Form einer Ordnungsrelation über Indizes (z.B. bei Reihungen) oder über Namen (z.B. bei Mengen).

Vom Begriff des reduzierten Ausdrucks kann man eine Definition für die Struktur eines Typexemplars ableiten. Sei Q die Teilmenge der reduzierten Ausdrücke in einer Äquivalenzklasse für ein Typkonzept, Q´ die Menge der Ausdrücke, die man durch Variablensubstitution gemäss einer Konkretisierung aus Q erhält und q das zugehörige Exemplar. Dann heisst Q die _Struktur_ des Exemplars q und ein Ausdruck $\alpha \in Q´$ _minimale Erzeugende_ von q. Ist die Struktur von q einelementig, so heisst q _geordnet_, andernfalls _ungeordnet_.

Ein Element x heisst _Komponente_ eines Exemplars q des Typs T, wenn x nicht Index bzgl. T ist und in einer minimalen Erzeugenden zu q an einer nichtfortsetzbaren Stelle als Operand auftritt. Beispielsweise sind x_1 und x_2 Komponenten des durch

$$push(push(k_o,x_1),x_2)$$

erzeugten Kellers. Eine Komponente x eines Exemplars q vom Typ T heisst _Schlüssel_ von q bzgl. einer Menge w, wenn q Komponente von w, name(q)=x und name eineindeutig in w ist.

1.2.5 Artkonzepte und Arten

Die Spezifikation eines Typkonzepts ist immer dann angebracht, wenn man mit zusammengesetzten Objekten umgehen und unmittelbar auf deren Komponenten einwirken möchte. Letzteres ist jedoch nicht immer der Fall, man denke z.B. an die Matrixalgebra, in der Matrizen stets als Ganzes manipuliert werden. Darüberhinaus muss man letztlich immer von unstrukturierten Modellen (z.B. den ganzen Zahlen) ausgehen, um überhaupt Typen aufbauen zu können. Auch auf solchen Modellen sind Operatoren definiert, so dass es naheliegt, eine zweite Klasse operationaler Modellierungskonzepte einzuführen.

Eine Menge von Operatoren zusammen mit einem Axiomenschema heisst _Artkonzept_, wenn gilt:

(1) Mindestens ein Operator ist fortsetzbar.
(2) Die fortsetzbaren Operatoren stimmen in ihren Zielsorten (Z) überein.

22

(3) Die (evtl. vorhandenen) nichtfortsetzbaren Operatoren enthalten Z im Definitionsbereich.

(4) Die Zielsorte eines nicht fortsetzbaren Operators tritt nicht im Definitionsbereich eines fortsetzbaren Operators auf.

Arten entstehen in derselben Weise wie Typen durch Konkretisierung der Sorten im Artkonzept. Die Begriffe Wertevorrat, Exemplar und Artindikation (z.B. bei Programmiersprachen: INTEGER, REAL, COMPLEX, BOOLEAN, STRING etc.) verwenden wir in analoger Weise. Fortsetzbare Operatoren in Artkonzepten bezeichnen wir als Verknüpfungen.

Als Beispiel betrachten wir das Artkonzept zur üblichen algebraischen Ringdefinition.

Sorten: S. s_1, s_2, $s_3 \epsilon S$.

Operatoren: add: $S \times S \to S$
mult: $S \times S \to S$

Axiomenschema:
1) $add(add(s_1, s_2), s_3) = add(s_1, add(s_2, s_3))$ „Assoziativgesetze"
2) $mult(mult(s_1, s_2), s_3) = mult(s_1, mult(s_2, s_3))$
3) $add(s_1, s_2) = add(s_2, s_1)$ „Kommutativgesetze"
4) $mult(s_1, s_2) = mult(s_2, s_1)$
5) $\exists n \epsilon S$: $add(s, n) = s$ und $mult(s, n) = n$ und
    $\exists s' \epsilon S$: $add(s, s') = n$ „Nullelement"
6) $\exists e \epsilon S$: $mult(s, e) = s$ „Einselement"
7) $mult(add(s_1, s_2), s_3) = add(mult(s_1, s_3), mult(s_2, s_3))$ „Distributivgesetze"

Dieses Artkonzept sieht offensichtlich nur abgeschlossene Verknüpfungen vor. Unter Verzicht auf die Abgeschlossenheit kann man nichtfortsetzbare Vergleichsoperatoren hinzufügen, z.B. mit der Zielsorte {wahr, falsch}.

Ein Artkonzept kann nicht gleichzeitig Typkonzept sein. Die Wertevorräte von Arten und Typen können sich dagegen überschneiden. Beispielsweise gehören Matrizen bzgl. der Verknüpfungen add, mult einer Art MATRIX und bzgl. etwa des Zuweisens von Komponenten einem Typ MATRIX an. Modelle können also von verschiedenen Blickwinkeln aus betrachtet werden.

1.2.6 Standardbezeichner und Variablen

Für die Darstellung von Exemplaren bereits seit langem bekannter Arten haben sich bestimmte Bezeichner (z.B. Ziffernfolgen für

Zahlen, "TRUE" und "FALSE" für boolesche Werte) eingebürgert, die deshalb auch <u>Standardbezeichner</u> genannt werden. Ein grösserer Spielraum besteht dagegen bei der Wahl von Darstellungskonzepten für Typexemplare. Als Ausgangspunkt empfiehlt sich jedoch auch hier die Einführung von Standardbezeichnern. Es liegt nahe, diese aus den minimalen Erzeugenden abzuleiten. Beispielsweise lässt sich bei Kellern der Operator push implizieren, so dass es bei der Darstellung nur auf die Reihenfolge der Komponenten ankommt. Ein möglicher Standardbezeichner des Kellers

$$push(push(push(k_o,x_1),x_2),x_1)$$

wäre also $>x_1,x_2,x_1<$.

Bei Listen kommt es ebenfalls nur auf die Reihenfolge der Komponenten an. Der Liste

$$insert(insert(insert(l_o,1,x_1),1,x_2),1,x_3)$$

könnte also etwa der Standardbezeichner $<x_3,x_2,x_1>$ zugeordnet werden.

Bei Verbunden und Reihungen müssen im Standardbezeichner neben den Komponentenbezeichnern auch die Indexbezeichner - als solche kenntlich gemacht - übernommen werden. Für den Verbund

$$assign(assign(assign(v_o,i_1,x_1),i_2,x_2),i_3,x_3)))$$

könnte man also z.B. als Standardbezeichner wählen:

$$[i_1,x_1,i_2,x_2,i_3,x_3]$$

Ungeordneten Mengen wie z.B.

$$add(add(add(s_o,x_1),x_2),x_3)$$

(mit $name(x_i)\neq name(x_j)$ für $i\neq j$) werden üblicherweise Standardbezeichner der Form

$$\{x_1,x_2,x_3\} \text{ oder } \{x_2,x_1,x_3\} \text{ etc.}$$

zugeordnet. Für Exemplare ungeordneter Typen gibt es bei dieser Vorgehensweise also offensichtlich mehrere Standardbezeichner. Auf eine eindeutige Darstellung kommt man nur durch die

24

Einführung zusätzlicher Kriterien, z.B. durch eine Ordnungsrelation über Indizes bzw. Namen (vgl. Kap.1.2.4).

Bei der Arbeit mit rechnergestützten Informationssystemen wäre es sehr unpraktisch, wenn man zum Anstossen eines Ereignisses die Operanden stets durch ihren Standardbezeichner vorgeben müsste. Dies gilt insbesondere für Operanden, die Exemplare eines Typs sind. Deshalb sieht man sowohl in Programmiersprachen als auch bei den Schnittstellen von Informationssystemen prinzipiell die Möglichkeit vor, Typ- und Artexemplaren Benennungen zuordnen zu können. Dies erlaubt es auch, verschiedene Exemplare als Modelle desselben Modellobjekts aufzufassen, was in unserer Spezifikationsmethode bislang völlig unberücksichtigt blieb: Durch $push(k_1,x_1)=k_2$ wird z.B. lediglich ausgedrückt, dass k_2 durch eine Operation aus k_1 hervorgehen kann, jedoch nicht, dass es sich dabei möglicherweise um Modelle desselben "realen" Kellers mit verschiedenen Füllungsgraden handelt. Ordnen wir dagegen den Keller k_1 durch die Definition
$K := k_1$
einer Benennung K zu, so können wir durch
$K := push(K,x_1)$
ausdrücken, dass K vor und nach Eintreten des Ereignisses $push(k_1,x_1)$ zwei Modelle desselben Modellobjekts benennt. Ein Paar aus Benennung und Datum, das auf einer veränderlichen Zuordnung basiert, heisst eine Variable.

1.3 Deskriptive Konzepte

1.3.1 Modelle von Modellen

Bei der operationalen Vorgehensweise wird zur Bestimmung der Eigenschaften eines Modelles primär danach gefragt, wie es verwendet werden soll. Sicherlich genau so häufig ist der Fall, dass man zwar weiss, wozu ein Modell verwendet werden soll, sich aber über das Wie weniger Gedanken macht, z.B. weil dies allen Beteiligten selbstverständlich ist, im Detail nicht interessiert, oder nicht mit der für die operationale Methode erforderlichen Präzision feststellbar ist. Modelle, deren Verwendbarkeit nicht über die Operatoren eines operationalen Konzepts definiert ist, nennen wir deskriptiv.

Deskriptive Modelle haben im Zusammenhang mit rechnergestützten Informationssystemen durchaus Bedeutung. Eine Klasse deskriptiver Modelle, denen wir im Alltag begegnen, stellen die schriftlichen Unterlagen (wie Briefe, Memoranda, Zeitungen, Bücher) dar. Von ihnen wissen wir, dass sie zur Gewinnung von Wissen oder zur Dokumentation eigener Erkenntnisse verwendet werden können, dass sich die dazu erforderlichen Tätigkeiten (z.B. linguistic perception) aber nicht gemäss der operationalen Methode präzisieren lassen. Wir können aber versuchen, uns bei der Suche nach interessierenden Unterlagen durch einen Rechner unterstützen zu lassen, und uns damit vom Lesen unnützer Unterlagen befreien. Dem Rechner müsste also die Aufgabe übertragen werden, eine Vorauswahl an einschlägigen Unterlagen zu einem bestimmten Gegenstand zu treffen. Dies setzt offensichtlich voraus, dass von den Unterlagen Modelle gebildet werden, für die vergleichsweise einfache Operatoren wie Prüfung auf Zugehörigkeit zu einer Menge definiert sind, die also operational manipulierbar sind. Kap. 1.3.2 beschäftigt sich mit dieser Vorgehensweise.

Die Eigenschaften operationaler Modelle werden bestimmt, ohne dass man ihnen eine Struktur unterstellt; diese lässt sich vielmehr mittels der Axiome ableiten. Im Gegensatz hierzu kann man bei deskriptiven Modellen von vornherein von einer Struktur ausgehen, z.B. als Beschreibung gewisser elementarer Umweltzusammenhänge. Die Ermittlung weiterer Zusammenhänge in solchen Modellen wäre dann ein Beispiel für Problemstellungen, bei denen detaillierte Lösungen zunächst offen bleiben. Man denke hierzu etwa an das Modell eines Strassennetzes, das unmittelbar nur die Verbindungen zwischen benachbarten Orten festlegt, mit dessen Hilfe man aber bestimmen kann, welches die kürzeste Verbindung zwischen zwei beliebigen Orten ist.

Rechnerunterstützung ist in solchen Fällen möglich, sobald man festgelegt hat, wie die weiteren Zusammenhänge ermittelt werden sollen. Dies läuft ebenfalls auf die Bildung operationaler Modelle (diesmal von strukturierten Modellen) hinaus. Hierfür kommen neben Artkonzepten auch mechanische Ableitungsverfahren infrage, mit deren Hilfe aus einer Menge von Axiomen (strukturiertes Modell von Aussagen über die Umwelt) neue Aussagen gewonnen werden. Wir werden auf Systeme dieser Art nur kurz in Kap. 1.3.3 eingehen.

1.3.2 Dokumenten-Nachweis

Die Ermittlung der zu einer bestimmten Problemstellung einschlägigen Unterlagen (Dokumente) aus einer vorgegebenen Menge wird kurz als Dokumenten-Nachweis bezeichnet. Formal lässt sich diese Aufgabe durch eine Abbildung

$$\upsilon : \mathbb{F} \to 2^{\mathbb{D}}$$

beschreiben, wobei $\mathbb{F}$ die Menge der möglichen Anfragen (deskriptive Modelle von Problemstellungen) und $\mathbb{D}$ die Menge der zur Verfügung stehenden Dokumente bezeichnet.

Für eine rechnergestützte Durchführung müssen sowohl den Anfragen als auch den Dokumenten operationale Modelle zugeordnet werden. Operationale Modelle für Dokumente werden als Dokumentbeschreibungen bezeichnet. Ihre Gewinnung (Modellierungsprozess) beruht wesentlich auf dem Dokumentinhalt, d.h. dem durch ein Dokument dargestellten Modell, und heisst Deskribierung. Deskribierung und Zuordnung operationaler Modelle zu Anfragen lassen sich durch zwei Abbildungen

$$\delta : \mathbb{D} \to M_{\mathbb{D}} \quad \text{bzw.} \quad \beta : \mathbb{F} \to M_{\mathbb{F}}$$

beschreiben ($M_{\mathbb{D}}$ Dokumentbeschreibungen, $M_{\mathbb{F}}$ Anfragemodelle).

υ lässt sich nunmehr aufspalten zu

$$\upsilon = \tilde{\delta}^{-1} \cdot \rho \cdot \beta$$

wobei ρ die unmittelbar rechnergestützt durchführbare Aufgabe

$$\rho : M_{\mathbb{F}} \to 2^{M_{\mathbb{D}}}$$

genannt Recherche, angibt. $\tilde{\delta}^{-1}$ ordnet Mengen von Dokumentbeschreibungen die entsprechenden Dokumentmengen zu.

Gewöhnlich gibt man Dokumentbeschreibungen in Form von Verbunden wieder und wählt einen Teil der Verbundindizes entsprechend den bibliographischen Angaben, die ja schon seit langem zur Katalogisierung von Dokumenten herangezogen werden. Bei Büchern sind dies beispielsweise die Indizes Titel, Autor, Verlag, Erscheinungsjahr, Seitenzahl, bei Zeitschriftenartikeln Titel, Autor, Publikationsorgan, Jahrgang, Heft, Seite. Die entsprechenden Verbundkomponenten werden aus dem jeweiligen Dokument entnommen.

Da bibliographische Angaben nur wenig Bezug zum Dokumentinhalt haben, besitzen sie nur beschränkten Wert für den Nachweis. Dokumentbeschreibungen enthalten daher hauptsächlich <u>Deskriptoren</u>, das sind Wörter oder Wortfolgen, die den Dokumentinhalt kurz und prägnant wiedergeben. Da ein Deskriptor, für sich allein genommen, selten den Inhalt hinreichend vollständig zu beschreiben vermag, hat man einem Dokument meist eine mehr oder weniger umfangreiche Menge von Deskriptoren zuzuordnen (Dokumentbeschreibungen enthalten deshalb u.a. Mengen als Komponenten). Im übrigen gibt es so gut wie immer Dokumente ähnlichen Inhalts, so dass die meisten Deskriptoren in mehr als einer Dokumentbeschreibung auftreten.

Die Deskribierung lässt sich demnach in zwei Teilaufgaben

$$\delta = (\delta_1, \delta_2) \qquad \text{mit} \qquad \delta_1 : D \to 2^{M_d}, \; \delta_2 : D \to 2^{M_b}$$

zerlegen, wobei M_d und M_b die Menge der Deskriptoren bzw. bibliographischen Angaben bezeichnen. Dabei unterliegt die Modellierung nach δ_1 subjektiven Kriterien, so dass in Wirklichkeit weder verschiedene Personen noch über einen längeren Zeitraum hinweg eine einzelne die für eine Abbildung notwendige Eigenschaft ($D, D' \in D$ beliebig)

$$\text{(a)} \qquad D = D' \implies \delta_1(D) = \delta_1(D')$$

erfüllen, oder gar den Idealfall (I_D, $I_{D'}$ Inhalte von D, D')

$$\text{(b)} \qquad I_D = I_{D'} \iff \delta_1(D) = \delta_1(D')$$

erreichen können. Da die Deskribierung ausserdem mit einem hohen Zeitaufwand verbunden ist und aufgrund der erforderlichen Sachkenntnisse hochqualifiziertes Personal voraussetzt, strebt man häufig an, Deskriptoren rechnergestützt aus einem Dokumenttext zu gewinnen (z.B. mittels heuristischer Rechenverfahren). Man spricht dann von einer <u>automatischen Deskribierung</u> im Gegensatz zu der vom Menschen durchgeführten <u>intellektuellen</u> (oder manuellen). Forderung (a) wirft für die automatische Deskribierung naturgemäss keine Probleme auf, Forderung (b) wird jedoch in den meisten Fällen wesentlich schlechter als bei der intellektuellen Deskribierung erfüllt werden.

Ähnlich wie δ_1 ordnet auch die Abbildung β Deskriptoren zu (β: $F \to 2^{M_f}$, M_f Menge der Fragedeskriptoren) und könnte deshalb auch rechnergestützt ablaufen. Abgesehen von ihrer Verwendung lassen

sich nämlich Anfragen ebenfalls als Dokumente auffassen, d.h.
man könnte im Grunde genommen auch ein Dokument als Anfrage
vorgeben und sich dazu inhaltlich verwandte Dokumente auffinden
lassen. Meistens wird jedoch β intellektuell abgewickelt.

Häufig will der Fragesteller auch die Recherche ρ beeinflussen
und gibt zu diesem Zweck <u>Auswahlfunktionen</u>

$$\varphi : 2^{Md} \to 2^{MD} \quad (\varphi \in \Phi)$$

vor. Demzufolge zerfällt die Recherche in zwei Schritte:

ρ_1: $2^{Mf} \to 2^{Md}$

   ordnet einer Menge von Fragedeskriptoren eine Menge von
Dokumentdeskriptoren zu.

ρ_2: $2^{Md} \times 2^{\Phi} \to 2^{MD}$

   wendet die Auswahlfunktionen (falls vorhanden) auf die durch
ρ_1 ermittelte Deskriptormenge an und hat eine Menge von
Dokumentbeschreibungen zum Ergebnis.

Aus den durch ρ ermittelten Dokumenten hat der Fragesteller die
aus seiner Sicht einschlägigen auszuwählen. Dieser weitere,
<u>Feinrecherche</u> genannte Schritt ist in der Regel nötig, da der
Fragesteller aus seiner Situation heraus den Inhalt der
Dokumente oftmals anders beurteilt, als dies bei der Deskribierung geschah. In Abgrenzung zur Feinrecherche wird die Recherche
ρ selbst häufig als <u>Grobrecherche</u> bezeichnet. Die Feinrecherche
kann natürlich ebenfalls rechnergestützt erfolgen, allerdings
müssen dann auch die Dokumenttexte gespeichert werden.

1.3.3 Ableitungsverfahren

Eine Vorgehensweise zur Modellierung strukturierter Modelle
besteht darin, elementare Zusammenhänge in Form von Ausdrücken
der Prädikatenlogik erster Stufe zu formulieren und für den
Nachweis weiterer Zusammenhänge den Apparat der Prädikatenlogik
einzusetzen. Dementsprechend sind die hier auftretenden
Operationen logische Verknüpfungen und Ableitungsschritte.
Verfahren mit derartigen Operationen werden als <u>Ableitungsver-
fahren</u> (deduktive Verfahren) bezeichnet.

Die grundlegende Idee besteht also darin, die elementaren
Zusammenhänge als Axiome der Prädikatenlogik aufzufassen (hier

zur Regelung struktureller Eigenschaften und nicht von Operatoren). Ein prädikatenlogisches Axiomensystem erlaubt es dann, Anfragen durch Anwendung von logischen Schlussregeln zu beantworten. Dazu muss für jede Anfrage geprüft werden, ob sie aus dem Axiomensystem herleitbar ist oder nicht. Erfolgt die Herleitung von Folgerungen aus einem Axiomensystem mit Rechnerunterstützung, so spricht man auch von <u>mechanischem Beweisen</u>.

Die Herleitung eines Ausdrucks A aus einem Axiomensystem Σ besteht im Nachweis der Allgemeingültigkeit des Ausdrucks $\Sigma \to A$. Da jedoch die Allgemeingültigkeit von Ausdrücken der Prädikatenlogik nicht entscheidbar ist, kann u.U. auch die Herleitbarkeit eines Ausdrucks aus einem Axiomensystem nicht in endlicher Zeit geklärt werden. Deshalb kommt es darauf an, Verfahren zu entwickeln, die in möglichst vielen Fällen und hierbei in möglichst wenigen Schritten zu einem Ergebnis führen. Insbesondere die zweite Forderung ist beim mechanischen Beweisen von grosser Bedeutung, da der Schrittzahl aus praktischen Gründen wie z.B. Rechen- oder Antwortzeitbeschränkung von vornherein eine Grenze gesetzt ist. Bisher haben sich diese Bedingungen annähernd nur durch sog. "refutation procedures" erfüllen lassen, das sind Verfahren, die an Stelle der Allgemeingültigkeit eines Ausdrucks die Ungültigkeit seiner Negation nachzuweisen versuchen: Soll ein Ausdruck A aus einem Axiomensystem Σ hergeleitet werden, so wird anstelle der Allgemeingültigkeit von $\Sigma \to A$ geprüft, ob $\neg(\Sigma \to A)$, also $\Sigma \cup \{\neg A\}$, ungültig ist.

Systeme auf der Grundlage von Ableitungsverfahren werden als <u>Deduktive Systeme</u> bezeichnet. Von ihrer Funktion her verhalten sie sich ähnlich wie Informationssysteme, deren Datenmodelle Artkonzepte einschliessen. Sie sind jedoch sehr viel flexibler als diese: Während mit der Vorgabe von Verknüpfungen auch die Natur der auswertbaren Zusammenhänge zwischen Daten festlegt, lassen sich diese Zusammenhänge in Deduktiven Systemen in der Form von Axiomen frei wählen und jederzeit erweitern. Diese Flexibilität hat jedoch ihren Preis: Der Zeitbedarf deduktiver Verfahren steigt exponentiell mit der Anzahl der Axiome, so dass die Grenze der Wirtschaftlichkeit Deduktiver Systeme bei einigen hundert Axiomen erreicht ist. Wir werden deshalb in der weiteren Betrachtung über Systeme mit Artkonzepten nicht hinausgehen und auf die Behandlung Deduktiver Systeme verzichten.

2 Schnittstellen

Ein rechnergestütztes Informationssystem besitzt grundsätzlich eine Schnittstelle zum operationalen Umgang mit Modellen. Von entscheidender Bedeutung für seinen Aufbau und seinen Einsatz ist das für diese Schnittstelle gewählte Modellierungssystem. Dies gilt auch dann, wenn die Schnittstelle dem Systembenutzer nicht unmittelbar zugänglich ist, sondern erst in einem Zwischenschritt von einer deskriptiven Ebene aus erreicht wird.

Da jeder Benutzer seine spezifischen Informationen gemäss den Regeln seines Problembereiches verarbeiten lassen möchte, ist er an einer Schnittstelle interessiert, die auf seine Bedürfnisse zugeschnitten ist. Andererseits ist er selten in der Lage, sich sein eigenes rechnergestütztes Informationssystem zu erstellen, und ist deshalb auf Schnittstellen angewiesen, die von den Herstellern solcher Systeme angeboten werden. Der Hersteller wiederum möchte sein System in möglichst vielen Anwendungsgebieten einsetzen, ohne deren Probleme in allen Einzelheiten zu kennen, und geht daher von möglichst allgemeinen Modellierungskonzepten für die Schnittstelle aus. Im Laufe einer mehrjährigen Entwicklung haben sich dabei im wesentlichen drei Modellierungssysteme herausgebildet: Hierarchisches Modell, Netzwerkmodell und Relationenmodell. Wir werden sie nach der Einführung einiger allgemein verwendeter Begriffe in dieser Reihenfolge besprechen (2.2 bis 2.4). Um die Eignung verschiedener Schnittstellen für ein vorgegebenes Anwenderproblem systematisch vergleichen zu können, benötigt man weitere Werkzeuge. Sie werden in 2.5 kurz behandelt.

2.1 Datenmodelle und Schemata

Wir bezeichnen eine Menge in sich zusammenhängender und in einem rechnergestützten Informationssystem gespeicherter Informationen als Datenbasis. Da man selten die Datenbasis in ihrer Gesamtheit manipulieren will, sondern einzelne Teile aus ihr herausgreift und getrennt bearbeitet, muss sich zumindest der Umgang mit der Datenbasis durch ein Typkonzept regeln lassen. Wenn man weiterhin davon ausgeht, dass eine Datenbasis zu jedem Zeitpunkt einen vorgegebenen Umweltausschnitt modelliert, ist es sinnvoll, den Begriff "Datenbasis" im Sinne einer Variablenbenennung zu verwenden. Man sagt dann, dass durch Anwendung von Operationen auf die Datenbasis oder auf ihre Komponenten die Datenbasis von einem Zustand in einen anderen überführt wird. Von einem Datenbasistyp existiert demnach in einem rechnergestützten Informationssystem zu jedem Zeitpunkt nur ein einziges Exemplar; der Wertevorrat dieses Datenbasistyps legt die möglichen Datenbasiszustände fest.

Die Menge der von einem Informationssystem angebotenen Modellierungskonzepte heisst das Datenmodell dieses Informationssystems. Es legt die Menge der anwendbaren Operatoren und deren Wirkung fest. Die Konkretisierung der Konzepte wird dagegen erst vom Benutzer nach seinen Erfordernissen vorgenommen: Er gibt konkrete Mengen für die Sortenvariablen vor und bestimmt die Eigenschaften von Relationen wie att und name. Neben gewissen zusätzlichen Einschränkungen (Konsistenzbedingungen), die wir jedoch erst in Kap. 7 behandeln werden, bilden diese Vorgaben zusammen mit der Festlegung der Indikationen das Datenbasisschema (auch: Datenbankschema, oder kurz: Schema). Es wird mit den Mitteln einer Datenbeschreibungssprache (engl.: data definition language, DDL) formuliert. Die Ausdrucksmittel zum operationalen Umgang mit Daten bilden dagegen die Datenmanipulationssprache (engl.: data manipulation language, DML). Datenmodell, Datendefinitionssprache, Datenmanipulationssprache und die Darstellungsregeln für die Bezeichner bilden die (operationale) Schnittstelle des Informationssystems.

Sorten, die in keinem der definierbaren Typen fortsetzbar sind, heissen elementar bzgl. der Schnittstelle. Fehlen im Datenmodell Verknüpfungen, so müssen die Elemente dieser Sorten, z.B. Zahlen, mit einem Programm verarbeitet werden, das in einer geeigneten Programmiersprache abgefasst ist. Eine solche

Programmiersprache heisst <u>Wirtssprache</u> der Schnittstelle.
Elementare Daten können im übrigen auch strukturiert sein.
Beispielsweise sind Verbunde häufig an der Informationssystem-
Schnittstelle nicht weiter zerlegbar, dafür aber im Rahmen einer
Wirtssprache, in der das Verbundkonzept ein Typkonzept ist.
Allgemein bezeichnet man die Sprachen einer Schnittstelle als
<u>Gastsprachen</u>, wenn ihre elementaren Sorten Art- und Typkonzepten
einer Wirtssprache unterliegen.

Mit der in Kap. 1.2 behandelten Methode lässt sich die Wirkung
von Operatoren präzise festlegen. Manche Konzepte der Datenmodelle von rechnergestützten Informationssystemen sind jedoch so
kompliziert, dass diese Methode zu sehr umfangreichen und
unübersichtlichen Axiomenschemata führt. In einem solchen Fall
werden wir die Wirkung der Operatoren informell beschreiben,
indem wir uns vorab eine Vorstellung vom Aufbau der Typexemplare
verschaffen. Verbunde, Mengen und Listen haben, soweit sie in
den Datenmodellen vorkommen, die Eigenschaften gemäss Kap.
1.2.3.

2.2 Hierarchisches Datenmodell

2.2.1 Hierarchische Beziehungen

Die Operatoren des hierarchischen Datenmodells bearbeiten
Hierarchien von Verbundmengen. Die Verbunde selbst, hier
<u>Segmente</u> genannt, können nur in ihrer Gesamtheit manipuliert
werden, sie sind hinsichtlich des Datenmodells elementar. Es
wird jedoch unterstellt, dass sie sich nach ihrer (anderweitig
ausgenutzten) Typzugehörigkeit unterscheiden lassen. Ausserdem
wird davon ausgegangen, dass jedes Segment über eine Komponente
verfügt, über die es in einer Segmentmenge identifiziert werden
kann ("Schlüsselfeld").

Die hierarchischen Beziehungen zwischen Segmenten und Segment-
mengen unterliegen einigen Einschränkungen:
- Jede Segmentmenge hat genau ein Segment als Vorgänger.
- Alle Elemente einer Segmentmenge sind vom selben Typ. Dieser
  ist verschieden von demjenigen des Vorgängers.
- Besitzt ein Segment mehrere Nachfolgermengen, so sind dies

Teilmengen von Wertevorräten paarweise verschiedener
Segmenttypen.

Abb. 2.1 veranschaulicht schematisch einen Ausschnitt aus einer
solchen Beziehung.

Die Segmente auf der obersten Hierarchiestufe heissen Wurzelsegmente, eine von einem solchen Segment ausgehende Hierarchie
ein Satz, die Segmente innerhalb einer Menge Brüder und die
Nachfolger eines Segmentes seine Söhne. Die Menge der von den
Wurzelsegmenten ausgehenden Sätze bildet eine Datenbasis.

Das Datenmodell lässt offen, welche Segmenttypen auf welchen
Stufen der Hierarchie auftreten. Bei der Konkretisierung sind
daher die Satztypen durch die Vorgabe einer hierarchischen
Anordnung von Segmenttypen festzulegen. Damit wird gleichzeitig

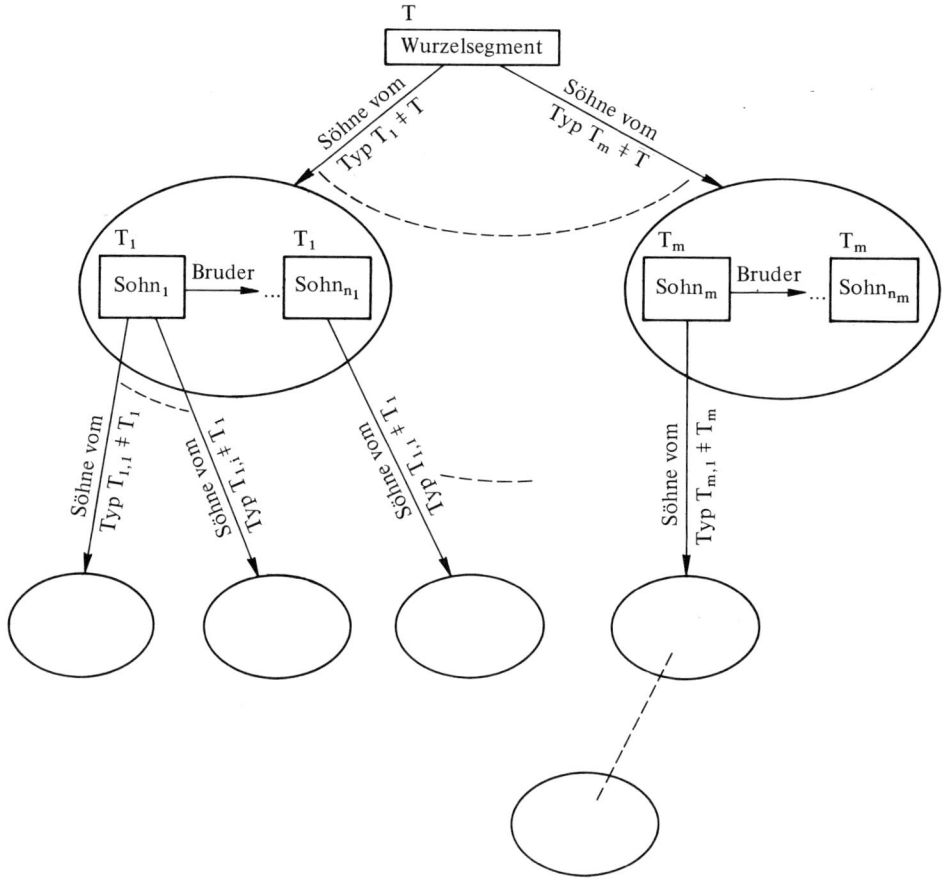

Abb. 2.1

34

auch der Datenbasistyp festgelegt. Obwohl das hierarchische Datenmodell selbst keine Operatoren zur Behandlung von Segmenten vorsieht, können die gewünschten Segmenttypen durch die Vorgabe von Indizes ("Feldnamen") und Komponentensorten vereinbart

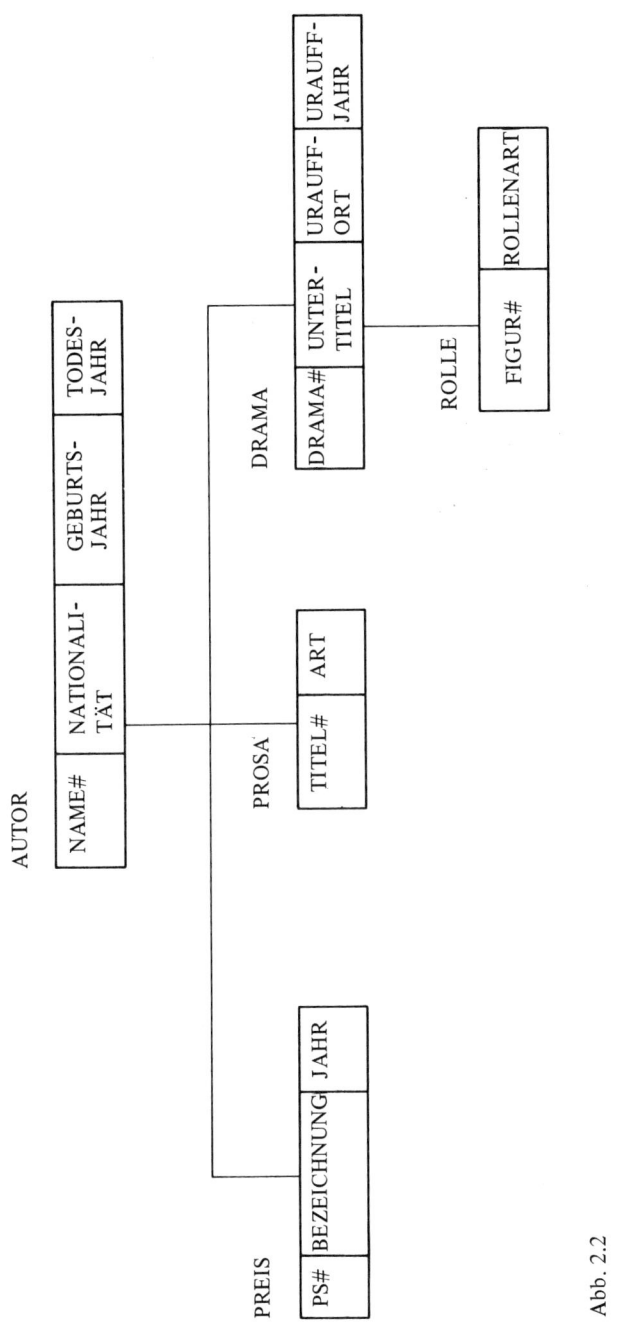

Abb. 2.2

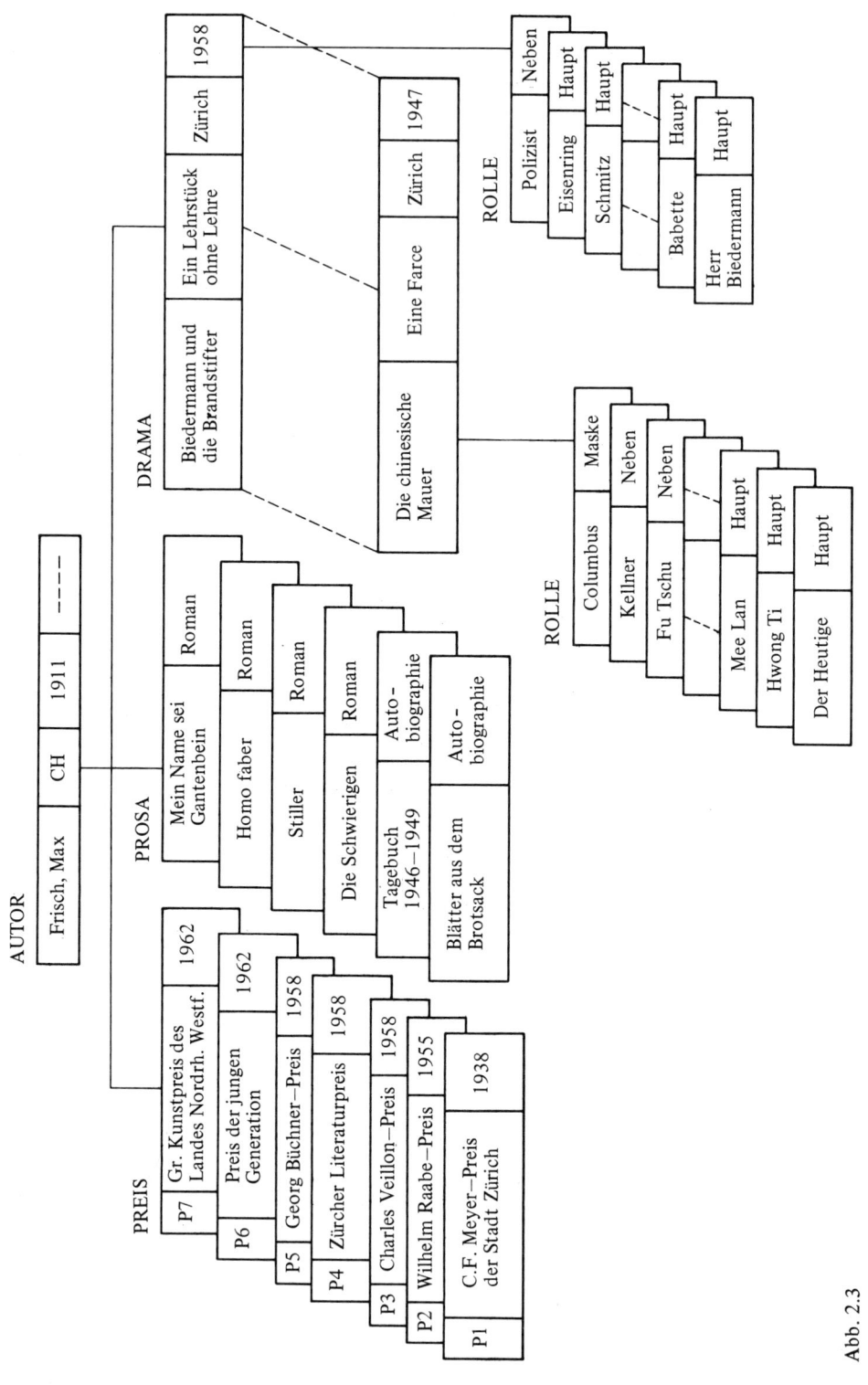

Abb. 2.3

werden. Als Komponenten ("Feldinhalte") von Segmenten kommen nur
Zahlen oder Zeichenketten (gemäss den entsprechenden Konzepten
der Wirtssprache) infrage. Alle Segmenttypen können mit einer
frei wählbaren Typindikation versehen werden, während man - aus
pragmatischen Gründen - einen Satztyp mit der Indikation des
Wurzelsegmentes benennt.

Schemata zum hierarchischen Aufbau von Sätzen und zur Struktur
ihrer Komponenten lassen sich graphisch leicht veranschaulichen
(siehe dazu Abb. 2.2): Jeder Segmenttyp wird durch ein Rechteck
dargestellt, an das die betreffende Typindikation geschrieben
wird. In das Rechteck werden die Komponenten-Indizes (meist die
Benennungen der entsprechenden Feldsorten) eingetragen. Der
Index des Schlüsselfeldes wird durch das Zeichen "#" gekennzeichnet. Die Hierarchie ergibt sich durch Anordnung der
Rechtecke in Form eines Baumes.

Häufig veranschaulicht man auf ähnliche Weise auch Satzexempla-
re: Die Segmente eines Satzes werden entsprechend der Hierarchie, die Felder der Segmente in der Reihenfolge ihrer Indizes
gezeichnet. Segmente aus derselben Menge werden versetzt
hintereinandergestellt. Abb. 2.3 zeigt das Beispiel eines Satzes
nach dem Schema aus Abb. 2.2.

2.2.2 Operatoren

Um die Wirkungsweise der Operatoren des hierarchischen
Datenmodells präzise erklären zu können, führen wir sie mittels
eines Kunstgriffs auf die Operatoren zweier bekannter Konzepte,
Verbund und Menge, zurück. Ist nämlich s ein Segment, dann
bilden wir aus s und den von Zahl und Typ her bekannten
Nachfolgermengen einen "Super"-Verbund, der bis auf s nur Mengen
als Komponenten besitzt. Diese Mengen lassen sich nach dem
Mengenkonzept beschreiben, ihre Komponenten sind wiederum
"Super"-Verbunde. Wird ein Satz vom Wurzelsegment aus durchlaufen, so wählt man eine Komponente jeweils abwechselnd aus einem
Verbund und aus einer Menge aus. Als Verbundindizes eignen sich
für die Mengen die Indikationen ihres jeweiligen Elementtyps, da
diese ja gemäss der in 2.2.1 genannten Einschränkung paarweise
verschieden sind. Für das Einzelsegment ist ein eigener Index,
z.B. ´ES´, zu wählen. Verbunde der untersten Hierarchiestufe
enthalten lediglich das Einzelsegment. Die Datenbasis selbst
bildet ebenfalls eine Menge von Verbunden.

Verbundoperatoren:

assign: Verbund x (Segment ∪ Menge) x Indikation → Verbund
readv: Verbund x Indikation → (Segment ∪ Menge)

Mengenoperatoren:

add: Menge x Verbund → Menge
remove: Menge x Schlüssel → Menge
readm: Menge x Schlüssel → Verbund

wobei der Verbundschlüssel mit dem Schlüssel seines Einzelsegments identisch sei. Zusätzlich werden folgende Operatoren benötigt:

start: Menge → Menge
        Initialisiert eine Menge zum sequentiellen Lesen (vgl. 1.2). Der Menge wird dabei eine lineare Ordnung unterstellt. Üblich ist eine lexikographische Ordnung über die Schlüssel ihrer Elemente.
next: Menge → Menge x Verbund
        Sequentieller Zugriff auf Mengenelemente.
subset: Menge x Attribut → Menge
        Auswahl einer Teilmenge; ein Attribut bezieht sich auf Feldinhalte des Einzelsegments der Verbunde.

Damit lassen sich nun die wesentlichen Operatoren des hierarchischen Modells folgendermassen erklären:

GU (get unique):
    Zugriff auf ein einzelnes Segment. Im einfachsten Fall lautet der Aufruf:

    GU i_1 s_1 i_2 s_2 .... i_n s_n

    mit i_j: Indikation der j-ten Stufe , s_j: Schlüssel für die j-te Stufe. Dies entspricht der Wirkung von

    readv(readm(readv(readm(....(readv(readm(datenbasis,s_1),
        i_2),.....),s_{n-1}),i_n),s_n),ES)

also dem zuvor erwähnten abwechselnden Durchlaufen von Mengen und Verbunden, beginnend bei der Wurzel, bis schliesslich (auf der n-ten Stufe) mit dem gewünschten Segment abgebrochen wird. Die einzelnen Schlüssel müssen offensichtlich jeweils nur innerhalb einer Menge eindeutig sein.

Falls anstelle eines Schlüssels ein Attribut vorgegeben wird, ist der Ablauf komplizierter: Es wird die entsprechende Teilmenge (Operator subset) gebildet und aus ihr der erste Verbund gewählt, bei dem die nacnfolgende readv/readm - Folge zu einem Ergebnis führt. Wird weder ein Schlüssel noch ein Attribut vorgegeben, so zählt die gesamte Menge als Teilmenge, und es wird wie zuvor verfahren.

Beispiel auf der Grundlage der obigen Autoren-Datenbasis:

Lesen des ersten Segmentes vom Typ DRAMA mit Schlüssel ´Die chinesische Mauer´ (Autor sei unbekannt):

        GU   AUTOR
              DRAMA (Drama# = ´Die chinesische Mauer´)

GN (get next):
    Der letzte Schritt in GU darf auch auf eine Teilmenge führen. In diesem Fall greift GU, wie zuvor erwähnt, das erste Segment auf. Alle weiteren Segmente in der Teilmenge lassen sich dann über GN (Operator next) erreichen. Beispiel:

Lesen aller ROLLEN-Segmente des zuvor gefundenen Schauspiels:

        GU   AUTOR
              DRAMA (Drama# = ´Die chinesische Mauer´)
              ROLLE
    NS GN   ROLLE
        go to NS

GHU,GHN (get hold):
    Wie GU,GN, jedoch soll nachfolgend DLET oder REPL angewendet werden.

REPL (replace):
    Die Wirkung entspricht der Folge

add(datenbasis,assign(V_1,i_2,add(A_2,assign(V_2,i_3,
    add(......(assign(V_n,ES,neues_segment))...)))))

V_1:=readm(datenbasis,s_1) entspricht einem GU-Ausdruck für das Wurzelsegment, A_2:=readv(readm(datenbasis,s_1),i_2) für dessen Nachfolgermenge usw., V_n für den Verbund mit dem zu verändernden Segment. Die Nachfolger dieses Segments bleiben erhalten. Eine Änderung auf einer beliebigen Stufe beeinflusst auch die darüberliegenden Mengen und Verbunde.

Tatsächlich läuft das Ersetzen in zwei Schritten ab. Zunächst wird die Folge der A_i und V_i bestimmt, indem man mittels eines GHU oder GHN zum gewünschten Segment läuft. Die anschliessende REPL-Operation löst dann assign(V_n,ES, neues_segment) aus. Die weiteren add- und assign-Operationen wird man natürlich bei einer Realisierung zu vermeiden suchen.

Beispiel: Angenommen, im Segment für ´Die chinesische Mauer´ sei irrtümlich das Jahr 1957 eingetragen worden. Korrektur durch

```
GHU  AUTOR (Name# = ´Frisch, Max´)
     DRAMA (Drama# = ´Die chinesische Mauer´)
     <Korrektur der Jahreszahl auf 1947 in der Wirtssprache>
REPL
```

ISRT (insert):
Wirkt ähnlich wie REPL. Innerste Operation ist hier jedoch eine add-Operation. Vorangehendes GHU oder GHN entfällt. Die Nachfolgermengen im neu eingefügten Verbund sind leer.

Beispiel:

Hinzufügen eines ROLLE-Segmentes zum DRAMA ´Biedermann und die Brandstifter´:

```
<Erstellung des Segments <Witwe Knechtling, Neben> in der
 Wirtssprache>
ISRT  AUTOR (Name# = ´Frisch,Max´)
      DRAMA (Drama# = ´Biedermann und die Brandstifter´)
      ROLLE
```

DLET (delete):
Ein über GHU oder GHN bestimmtes Segment wird mitsamt seinen Nachfolgermengen entfernt. Beispiel:

Wegfall der Rolle <Kellner, Neben>:

```
GHU  AUTOR (Name# = ´Frisch, Max´)
     DRAMA (Drama# = ´Die chinesische Mauer´)
     ROLLE (Figur# = ´Kellner´)
DLET
```

40

2.3 Netzwerkmodell

2.3.1 Sammlungen und Gebiete

Dem Netzwerkmodell unterliegt eine ganz ähnliche Grundkonzeption
wie dem hierarchischen Modell: Seine Operatoren bilden Mengen
von Verbunden und setzen sie in Beziehung zu einzelnen
Verbunden. Im Gegensatz zum hierarchischen Modell ist jede
einzelne solche Beziehung als sog. Sammlung aus Verbund und
zugeordneter Verbundmenge unabhängig von anderen Beziehungen
manipulierbar. Die Verbunde (hier Sätze oder Records genannt)
selbst werden wie beim hierarchischen Modell als elementare
Daten angesehen, für die sich gleicherweise der Typ und für
jeden Verbundtyp ein Schema angeben lässt.

Es wird nun verlangt, dass sich in jedem Zustand der Datenbasis
die Menge aller Sammlungen auflösen lässt in eine Menge nicht
notwendig disjunkter, linkseindeutiger Binärrelationen ("1:n -
Binärrelationen") R_i, jeweils zwischen einer Satzmenge SM_i und
der Vereinigung $\mathcal{N}_i$ aller Nachfolgermengen von Elementen aus SM_i:

$$R_i \subseteq SM_i \times \mathcal{N}_i$$

mit $\quad SM_i \cap \mathcal{N}_i = \emptyset$.

Eine Sammlung (engl.: set) ist dann formal erklärt durch

$$s_i(x) := \{x\} \cup \{y \,|\, (x,y) \in R_i\}$$

Der Satz x heisst Anker (engl.: owner) und jeder Satz y mit
$(x,y) \in R_i$ ein Glied (engl.: member) dieser Sammlung. Allen aus
R_i hervorgegangenen Sammlungen wird unterstellt, dass die
Beziehung zwischen ihren Ankern und ihren Gliedmengen eine
gemeinsame Eigenschaft E_i aufweist. Diese Eigenschaft charakterisiert den betreffenden Sammlungstyp S_i.

Es folgt, dass in jedem Zustand der Datenbasis ein Satz x
Ankersatz von höchstens einer Sammlung vom Typ S_i, ein Satz y
Gliedsatz von höchstens einer Sammlung vom Typ S_i ist, und dass
ausserdem ein Satz nicht einer Sammlung vom Typ S_i als Ankersatz
und einer zweiten als Gliedsatz angehören kann. Hierarchien
derselben Eigenschaft E_i lassen sich nicht bilden. Jede Sammlung
eines Typs unterscheidet sich sowohl durch ihren Ankersatz als

auch durch ihre Gliedsätze eindeutig von anderen gespeicherten Sammlungen desselben Typs.

Hingegen darf ein Satz in mehreren Sammlungen jeweils verschiedenen Typs auftreten, entweder nur als Anker oder nur als Glied, oder auch in einigen als Anker und in anderen als Glied. Seien R_i und R_j zwei Relationen, so kommt es zur
- Hierarchiebildung, falls ein Gliedsatz einer Sammlung s_i Ankersatz einer Sammlung s_j ist,
- Netzbildung, falls ein Gliedsatz einer Sammlung s_i Gliedsatz einer Sammlung s_j ist. Zyklen sind jedoch ausgeschlossen.

Der Name "Netzwerkmodell" begründet sich auf dieser letztgenannten Möglichkeit.

Die Relation R_i zu einer Eigenschaft E_i ist abhängig vom jeweiligen Datenbasiszustand. Die Vereinigung aller überhaupt zu E_i möglichen Relationen $R_i(t)$ bildet eine allgemeine Binärrelation $R_{E_i} \subseteq A_i \times G_i$, die den Sammlungstyp S_i beschreibt (A_i Ankersatzmenge, G_i Gliedsatzmenge). Im Datenbasisschema werden Sammlungs-Typen daher durch Vorgabe des Ankersatztyps und der Gliedsatztypen vereinbart. Die Einhaltung der Bedingung $SM_i \cap \mathcal{N}_i = \emptyset$ für die R_i wird durch $A_i \cap G_i = \emptyset$ für R_{E_i} erzwungen. Eine Sammlung darf demnach keine Gliedsätze enthalten, die vom selben Typ wie ihr Ankersatz sind. Dies führt manchmal zu absurden Einschränkungen; man denke nur an die Beziehung "Vorgesetzter" zwischen Personen. Andererseits dürfen die Gliedsätze unterschiedlichen Typs sein, eine für die Praxis kaum erforderliche Verallgemeinerung. In der Literatur trifft man meist nur Beispiele von Sammlungen mit einem einzigen Gliedsatztyp an, und auch wir beschränken die folgenden Betrachtungen auf solche Sammlungen.

Wie beim hierarchischen Modell veranschaulicht man Schemata zum Netzwerkmodell häufig in einer graphischen, mit Rücksicht auf die Übersichtlichkeit allerdings etwas einfacheren Form. So wird beispielsweise die Zusammensetzung von Sätzen (Verbunden) nicht in der graphischen Darstellung vermerkt. Ein Sammlungstyp erscheint im Schema als Paar von Rechtecken (jeweils eines für Anker- bzw. Gliedsatztyp), verbunden durch einen Pfeil, der mit der Indikation des beschriebenen Sammlungstyps versehen ist. Beispiel:

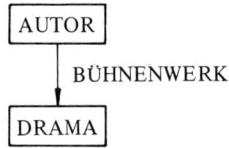

Bestehen zwischen den beteiligten Satztypen mehrere Beziehungen, so können durch das Hinzufügen weiterer Pfeile mehrere Sammlungstypen auf einmal spezifiziert werden.

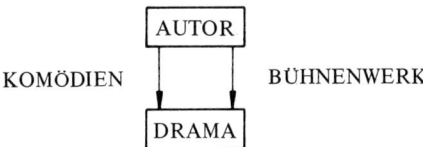

Aus diesem Schema folgt <u>nicht</u> zwingend, dass jedes Drama eines Autors A, also jeder Gliedsatz der betreffenden BÜHNENWERK-Sammlung, eine Komödie, d.h. Gliedsatz der KOMÖDIEN-Sammlung mit Ankersatz A sein muss oder umgekehrt. Gehört ein DRAMA-Satz aber beiden Sammlungen an, so kommt es zur Netzbildung.

Hätten wir in diesem Beispiel statt der Beziehung BÜHNENWERK die Beziehung TRAGÖDIE vermerkt, so wäre aus semantischen Gründen eine Netzbildung auszuschliessen. Diese Bedingung wird aber nicht graphisch veranschaulicht.

Ein Beispiel für Hierarchien zeigt das folgende Diagramm:

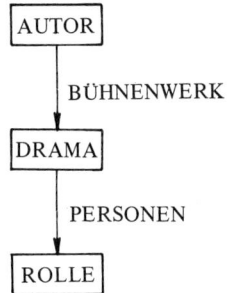

Die Hierarchie lässt sich zu einem Netz ausweiten:

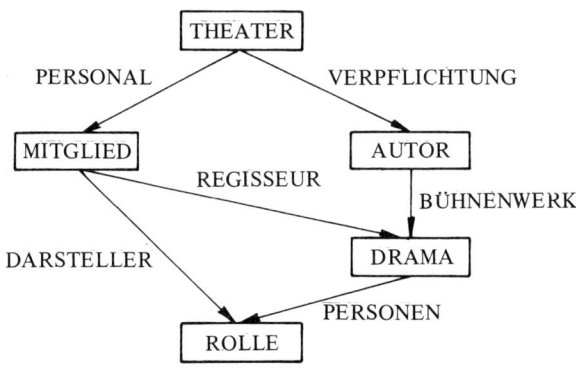

Der Gliedsatz einer PERSONEN-Sammlung ist dabei wiederum nicht zwingend auch Gliedsatz einer DARSTELLER-Sammlung etc. (auch wenn dies im vorliegenden Beispiel sinnvoll sein mag).

Dieses letzte Beispiel demonstriert deutlich, dass die Beschränkung des Sammlungskonzepts auf 1:n-Beziehungen vielen Problemen nicht gerecht wird. Beispielsweise wird ein Autor häufig von mehreren Theatern gleichzeitig verpflichtet, für ein Drama können an einem Theater durchaus mehrere Regisseure und für eine Rolle mehrere Darsteller existieren. Die Beziehungen VERPFLICHTUNG, REGISSEUR und ROLLE sind also von Natur aus m:n.

Eine potentielle Netzbildung ist aus dem Schema ersichtlich. Aktuelle Netzbildung ist dagegen jeweils am einzelnen Exemplar zu überprüfen. Sie lässt sich graphisch besonders gut verdeutlichen, indem man die Sätze eines Typs in linearer Abfolge zeichnet und die zu einer Sammlung gehörenden durch Pfeile ringförmig miteinander verbindet. Man betrachte hierzu als Beispiel das Schema Abb. 2.4 und ein zugehöriges Exemplar in Abb. 2.5. Die Pfeile sind hierbei zur Verbesserung der Übersichtlichkeit unterschiedlich gezeichnet.

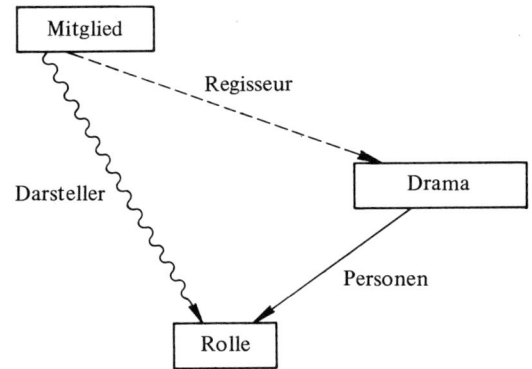

Abb. 2.4

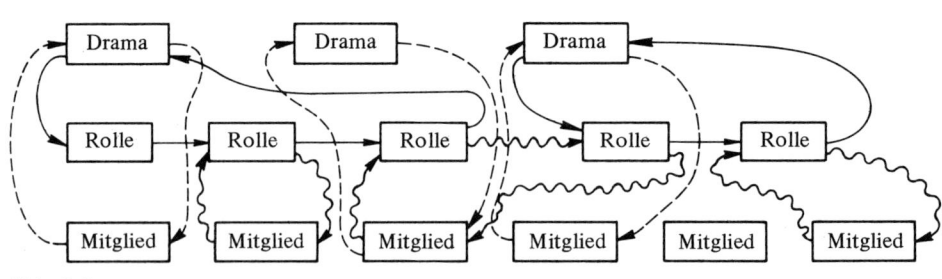

Abb. 2.5

Wir entnehmen diesem Beispiel insbesondere, dass das dritte
Mitglied von links sowohl Regisseur als auch Darsteller ist und
zudem zwei Rollen darzustellen vermag.

Ein Spezialfall Singuläre Sammlung (engl.: system set) liegt
vor, wenn $|\{x|(x,y)\in R_i\}|=1$. Genaugenommen ist die Verwendung der
Indikation Sammlung hier irreführend, da die Menge $\{y|(x,y)\in R_i\}$
gebildet, ein Ankersatz also nicht mehr geführt wird. Es sind
beliebig viele Typen singulärer Sammlungen spezifizierbar, von
jedem Typ existiert in jedem Datenbasiszustand voraussetzungs-
gemäss nur ein Exemplar. Singuläre Sammlungen dienen vor allem
der Zusammfassung der Wurzelsätze von Hierarchien und Netzen. Im
vorhergehenden Beispiel könnte etwa die Menge der Theater eine
singuläre Sammlung bilden.

Das Sammlungskonzept spiegelt die Modellierung von Beziehungen
zwischen Objekten wider. Eine zweite Form der Bildung von
Satzmengen, das Konzept Gebiet (engl. area, neuerdings: realm),
soll hingegen die Realisierung der Datenbasis steuern. Durch die
Zusammenfassung von Sätzen in einem Gebiet soll nämlich erreicht
werden, dass die physikalische Repräsentation dieser Sätze in
einem zusammenhängenden Speicherbereich des Gastrechners erfolgt
(z.B. auf einem Plattenstapel, auf einem Zylinder, auf einer
Seite etc.). Sammlungs- und Gebietskonzept sind damit voneinander unabhängig; die Komponenten einer Sammlung und als Folge
davon auch Sätze desselben Typs können über mehrere Gebiete
verstreut, die Sätze eines Gebietes Komponenten unterschiedlicher Sammlungen sein. Jeder Satz muss genau einem Gebiet
angehören, Gebiete sind demzufolge disjunkt. Ein Gebiet kann
auch Sätze enthalten, die keiner Sammlung angehören.

Auch für Gebiete werden Typen spezifiziert; allerdings liegt zu
jedem Zeitpunkt immer nur ein Exemplar eines Gebietstyps vor, so
dass sich die Typindikation zugleich als Benennung einer
Gebietsvariablen verwenden lässt. Eine Menge von Gebieten bildet
eine Datenbasis.

Sammlungen und Gebiete sind vollgeordnet und haben damit neben
Mengen- auch Listeneigenschaften. Die Ordnung kann über die
Namen (Schlüssel) ihrer Komponenten definiert sein, im Falle der
Sammlung auch durch die Einfügereihenfolge zustandekommen, oder
sie kann systemintern erzeugt werden.

2.3.2 Operatoren

Die Operatoren des Netzwerkmodells sind nachfolgend weitgehend informell zusammengestellt.

STORE: Gebiet x Satz → Gebiet
   entspricht in seiner Wirkung dem Mengenoperator add. STORE schliesst zusätzliche Einfügeoperationen Sammlung x Satz → Sammlung ein, sofern der neue Satz einem "automatischen" Gliedsatztyp aus einem oder mehreren Sammlungstypen angehört. Sollen etwa im THEATER-Beispiel zu jedem Autor seine sämtlichen Dramen geführt werden, so muss STORE jedes neue Drama sofort einem Exemplar des Sammlungstyps BÜHNENWERK hinzufügen. Bezieht sich die Menge der Dramen hingegen nur auf das Repertoire des vorgegebenen Theaters, so wird man das Einfügen erst bei Bedarf über CONNECT (s.u.) vornehmen.

   Ist der Typ des neuen Satzes zugleich Ankersatztyp einer oder mehrerer Sammlungstypen, so wird für jeden dieser Sammlungstypen eine neue Sammlung, vorerst ohne Glieder, angelegt.

ERASE: Gebiet x Satzname → Gebiet
   entspricht dem Mengenoperator rem und entfernt darüberhinaus den Satz aus allen Sammlungen, denen er als Gliedsatz angehört. Besonders kompliziert ist die Wirkung, sofern der Satz auch Ankersatz einer oder mehrerer Sammlungen ist, da mit Wegfall eines Ankersatzes die Existenz der Sammlung endet. Mehrere Alternativen werden angeboten, beispielsweise Löschen des Satzes nur bei Fehlen von Gliedsätzen oder zusätzliches Löschen bestimmter oder aller Gliedsätze. Da hiervon erneut Ankersätze betroffen sein können, kann die Anwendung von ERASE zu einer schwer überschaubaren Folge von Löschoperationen in der Datenbasis führen.

CONNECT: Sammlung x Satz → Sammlung
   fügt einer Sammlung einen bereits in der Datenbasis vorhandenen Gliedsatz hinzu.

DISCONNECT: Sammlung x Satzname → Sammlung
   entfernt einen Gliedsatz aus einer Sammlung. Gliedsätze lassen sich jedoch nur dann herauslösen, wenn ihr Typ im Schema als "optionaler" Gliedsatztyp des betroffenen Sammlungstyps vermerkt ist. So wird man etwa in dem unter STORE genannten Beispiel die Anwendung von DISCONNECT zulassen, wenn

BÜHNENWERK-Sammlungen nur das Repertoire eines Theaters umfassen sollen.

MODIFY
  ersetzt einen Satz in einem Gebiet und in allen Sammlungen (in denen er auftritt) durch einen neuen Satz.

GET
  liest einen Satz aus einem Gebiet (Gebiet x Satzname → Satz) oder aus einer Sammlung (Sammlung x Satzname → Satz).

FIND
  lokalisiert einen Satz. Jeder Anwendung eines der übrigen Operatoren (bis auf STORE) muss ein Aufruf von FIND vorausgehen.

2.4 Relationenmodell

2.4.1 Relationen in Informationssystemen

Wie die beiden vorhergehenden Datenmodelle zielt auch das Relationenmodell auf die Behandlung von Beziehungen ab. Diese Beziehungen können hier jedoch beliebige Eigenschaften aufweisen, insbesondere können sie m:n sein, und ihre Stellenzahl unterliegt keiner festen Beschränkung. Es ist daher sinnvoll, die Betrachtung der Beziehungen an mathematischen Relationen (Tupelmengen) anzulehnen; diese Vorgehensweise gibt dem Datenmodell seinen Namen. Operationen zur Zerlegung einzelner Tupel sind nicht vorgesehen, sondern werden der Wirtssprache überlassen. Die Komponenten von Relationen sind also hinsichtlich des Relationenmodells elementar. Ihre mögliche Zusammensetzung wird jedoch wie für die Verbunde in den bisher besprochenen Datenmodellen durch ein Schema bestimmt, das sich direkt aus der Spezifikation des betreffenden Relationstyps ergibt (Vorgabe eines cartesischen Produktes konkreter Sorten).

Durch das Konzept der Relation erübrigt sich das in anderen Datenmodellen explizit vorgesehene Verbundkonzept. Verbunde lassen sich nämlich als Tupel im üblichen Sinn auffassen. Um dies zu zeigen, tragen wir einfach die Verbunde eines Typs als

Zeilen in eine Tabelle ein, deren Spaltenüberschriften die entsprechenden Indexbezeichner sind, also etwa in der Form

AUTORNAME	NATIONALITÄT	GEBURTSJAHR	TODESJAHR
Frisch M.	CH	1911	0
Böll H.	D	1917	0
Hemingway E.	USA	1898	1961
Brecht B.	D	1898	1956
Shaw G.B.	GB	1856	1950
Dürrenmatt F.	CH	1921	0
Ibsen H.	N	1828	1906

Die einzelnen Zeilen sind nun nichts anderes als geordnete Tupel und damit z.B. Elemente einer Relation AUTOR, deren Typ durch die Sorten zu AUTORNAME, NATIONALITÄT, GEBURTSJAHR und TODESJAHR bestimmt ist.

Zu jedem Zeitpunkt kann höchstens ein Exemplar pro Relationstyp existieren, die Typindikationen lassen sich also als Benennungen für Variablen heranziehen. Die Spaltenüberschriften von Relationen heissen Attribute und die ihnen zugehörigen Sorten Wertemengen der Attribute. Die Menge aller zu einem Zeitpunkt existierenden Relationen bildet eine Datenbasis.

Die nachfolgenden Beispiele zeigen, wie sich beliebige Beziehungen in Relationen niederschlagen.

DRAMA

TITEL	AUTORNAME	LAND DER URAUFFÜHRUNG	JAHR DER URAUFFÜHRUNG
Biedermann und die Brandstifter	Frisch M.	CH	1958
Der gute Mensch von Sezuan	Brecht B.	CH	1943
Die chinesische Mauer	Frisch M.	CH	1947
Der kaukasische Kreidekreis	Brecht B.	USA	1948
Pygmalion	Shaw G.B.	A	1913
Nora	Ibsen H.	N	1880
Romulus der Große	Dürrenmatt F.	CH	1948
Die Physiker	Dürrenmatt F.	CH	1962

ROLLE

FIGUR	DRAMA	ROLLENGESCHLECHT
Nora	Nora	W
Robert Helmer	Nora	M
Christine Linden	Nora	W
Guenter	Nora	M
Newton	Die Physiker	M
Einstein	Die Physiker	M
Moebius	Die Physiker	M
Freddy	Pygmalion	M
Aynsford Hill	Pygmalion	W
Eliza	Pygmalion	W
Prof. Higgins	Pygmalion	M

und **DARSTELLER**

MITGLIEDNAME	ROLLE	THEATER	GEBURTSJAHR
Boeckel A.	Newton	Humboldtaula	1945
Kroll H.	Einstein	Humboldtaula	1943
Lange M.	Moebius	Humboldtaula	1935
Becker R.	Newton	Dt. Schauspielhaus	1929
Hausen A.	Einstein	Dt. Schauspielhaus	1936
Wagner F.	Moebius	Dt. Schauspielhaus	1944
Balmer W.	Robert Helmer	Stadtth. Aachen	1947
Dorer D.	Christine Linden	Stadtth. Aachen	1949
Balmer W.	Guenter	Stadtth. Aachen	1947
Balmer W.	Freddy	Stadtth. Aachen	1947
Dorer D.	Aynsford Hill	Stadtth. Aachen	1949
Hardt U.	Eliza	Stadtth. Aachen	1950
Cohrs H.	Prof. Higgins	Stadtth. Aachen	1938

Vergleichen wir nun diese Relationen und die Relation AUTOR mit dem Netzwerkschema aus 2.3.1, so schliessen sie die folgenden Zusammenhänge mit ein:

Die Relation	den Satz	und die Sammlung
AUTOR	AUTOR	-
ROLLE	ROLLE	PERSONEN
DARSTELLER	MITGLIED	DARSTELLER

Mit dem Relationenkonzept kann man also ohne weiteres die im Netzwerkmodell über das Sammlungskonzept explizit erfassten Zusammenhänge implizit erfassen. Darüberhinaus sind, wie die Relation DARSTELLER zeigt, m:n-Beziehungen möglich.

Die Auswertung impliziter Zusammenhänge erfordert ganz andere Hilfsmittel als sie in 2.2 und 2.3 betrachtet wurden. Eine Möglichkeit besteht darin, ausgehend von der Mengenalgebra eine

Reihe von Relationen-Verknüpfungen und damit eine Relationenalgebra zu definieren (erstmals eingeführt von Codd). Andererseits kann man aber auch jede Relation als Prädikat im Sinne der Logik ansehen und mit Hilfe eines Prädikatenkalküls erster Ordnung neue Relationen aus Tupeln bereits vorhandener zusammensetzen. Die prädikatenlogischen Ausdrücke dienen dabei der Tupelauswahl. Diese Vorgehensweise wurde in Form des Relationenkalküls ebenfalls von Codd eingeführt. Im Falle der Relationenalgebra werden Relationen als Exemplare einer Art, im Falle des Relationenkalküls angenähert als Exemplare eines Typs behandelt (in der englischsprachigen Literatur spricht man daher auch von "relation-at-a-time" bzw. "tuple-at-a-time"). Codd hat nachgewiesen, dass sich zu jedem Ausdruck des Relationenkalküls eine äquivalente Folge relationenalgebraischer Verknüpfungen finden lässt.

2.4.2 Relationenalgebra

Wir beschränken uns hier auf eine formal unvollständige Einführung der Codd'schen Relationenalgebra. Neben den üblichen Mengenoperationen verfügt sie über
- unäre Verknüpfungen Projektion und Restriktion,
- binäre Verknüpfungen Verbindung und Division,
- eine n-stellige Verknüpfung cartesisches Produkt.
Zu deren Erklärung vereinbaren wir zunächst einige Schreibweisen und eine Hilfsfunktion:

- Wir bezeichnen Relationen mit grossen, deren Elemente mit kleinen lat. Buchstaben und Komponenten von Tupeln sowie Attribute mit griechischen Buchstaben. Die Attribute werden in der Reihenfolge ihrer Anschreibung im Tupel durchnumeriert.
- $\mathcal{R}_m$ bezeichne die Menge m-stelliger Relationen R mit r ∈ R => $r = (\rho_1, \ldots, \rho_m)$.
- Für m ∈ ℕ sei $L_m = \{1, \ldots, m\}$ eine Menge von Attributnummern und
$$L_m^q = \underbrace{L_m \times \ldots \times L_m}_{q-mal}.$$

  $L_{m,q}$ bezeichne die Menge $\{(\lambda_1, \ldots, \lambda_q) \mid i < j => \lambda_i < \lambda_j\}$, d.i. eine Menge geordneter Teilfolgen aus L_m der Länge q ($L_{m,q} \subseteq L_m^q$).
- Ist l ∈ $L_{m,q}$, dann bezeichne $\bar{l}$ dasjenige Element aus $L_{m,m-q}$ für das gilt: $\{\lambda_1, \ldots, \lambda_q\} \cup \{\bar{\lambda}_1, \ldots, \bar{\lambda}_{m-q}\} = L_m$.
  Beispiel: Für m=9, q=5 und l=(1,3,5,7,9) ist $\bar{l}$=(2,4,6,8).

- Ist $r=(\rho_1,\ldots,\rho_m)\in R\in\mathcal{R}_m$ und $l=(\lambda_1,\ldots,\lambda_q)\in L_m^q$, dann bezeichne $r[l]$ das q-Tupel $(\rho_{\lambda_q},\ldots,\rho_{\lambda_q})$. Offensichtlich lassen sich damit auch Permutationen von Tupeln beschreiben.
Beispiel: Für $r=(\text{Einstein, Die Physiker, M})$ und $l=(3,1)$ ist $r[l]=(M,\text{Einstein})$.

Hilfsfunktion: Die Tupelverkettung

$\frown: R\times S \to T$
ist für beliebige Tupelmengen $R\in\mathcal{R}_m$ und $S\in\mathcal{R}_n$ definiert durch $(r=(\rho_1,\ldots,\rho_m)\in R,\ s=(\sigma_1,\ldots,\sigma_n)\in S)$:

$$r\frown s := (\rho_1,\ldots,\rho_m,\ \sigma_1,\ldots,\sigma_n)$$

PROJEKTION
(Auswahl bestimmter Spalten aus einer Relation.)

Ist $l\in L_m^q$, dann ist die Projektion $p_l:\mathcal{R}_m \to \mathcal{R}_q$ definiert durch $(R\in\mathcal{R}_m)$:

$$p_l(R):=\{r[l]\mid r\in R\}$$

kurz geschrieben $R[l]$. Die Projektion schliesst die Permutation ein.

Beispiel: Für die Relation AUTOR ist $p_{(1,3)}(\text{AUTOR})$ die Relation (in Tabellendarstellung):

AUTORNAME	GEBURTSJAHR
Frisch M.	1911
Böll H.	1917
Hemingway E.	1898
Brecht B.	1898
Shaw G.B.	1856
Dürrenmatt F.	1921
Ibsen H.	1828

(„Name und Geburtsjahr aller Autoren")

RESTRIKTION
(Auswahl gewisser Zeilen (Tupel) aus einer Relation.)

Sei $\Theta:R[l]\times R[k] \rightarrow \{\text{wahr,falsch}\}$ mit $R\in\mathcal{R}_m$; $l,k\in L_m^q$ eine vollständige Vergleichsoperation, so dass für jedes Paar aus $R[l]\times R[k]$
feststellbar ist, ob $r[l] \Theta r[k]$ gilt oder nicht. Dann ist die
Θ-Restriktion von R bezüglich l und k definiert durch:

$$l\Theta_k(R):=\{r \mid r\in R \wedge r[l] \Theta r[k]\}$$

Beispiel: Sei Θ die für Zahlen definierte Vergleichsoperation
">". Dann ist $_{(3)}>_{(4)}$ (AUTOR) die Relation:

AUTORNAME	NATIONALITÄT	GEBURTSJAHR	TODESJAHR
Frisch M.	CH	1911	0
Böll H.	D	1917	0
Dürrenmatt F.	CH	1921	0

(„Alle noch lebenden Autoren")

VERBINDUNG
(Kombination von Relationen durch bedingte Verkettung ihrer
Elemente.)

Seien $R \in \mathcal{R}_m$; $s \in \mathcal{R}_n$; $l \in L_m^q$; $k \in L_n^q$ und
$\Theta:R[l]\times S[k] \rightarrow \{\text{wahr,falsch}\}$ eine im obigen Sinne vollständige
Vergleichsoperation. Die Θ-Verbindung von R und S bezüglich l
und k ist definiert durch

$R \, l\Theta_k \, S:=\{r\frown s \mid r\in R \wedge s\in S \wedge r[l] \Theta s[k]\}$

Mit der Verbindung lernen wir einen ersten Operator kennen, mit
dessen Hilfe sich implizite Zusammenhänge zwischen Relationen
verfolgen lassen.

Beispiel:

Θ sei die Vergleichsoperation "=" für Zeichenketten. Dann ist
$\text{AUTOR}_{(1,2)=(2,3)}\text{DRAMA}$ die Relation (in Tabellendarstellung):

AUTORNAME	NAT.	GEBJ.	TODJ.	TITEL	AUTOR-NAME	L. D. URAUFF	J. D. URAUFF.
Frisch M.	CH	1911	0	Biedermann und d. Brandstifter	Frisch M.	CH	1958
Frisch M.	CH	1911	0	Die chinesische Mauer	Frisch M.	CH	1947
Dürren-matt F.	CH	1921	0	Romulus d. Große	Dürren-matt F.	CH	1948
Dürren-matt F.	CH	1921	0	Die Physiker	Dürren-matt F.	CH	1962
Ibsen H.	N	1828	1906	Nora	Ibsen H.	N	1880

("Diejenigen Autoren zusammen mit denjenigen ihrer Dramen, die jeweils im Lande der Nationalität des Autors uraufgeführt wurden.")

Man sieht, dass im Falle des Identitätsvergleichs "=" das Ergebnis einer Verbindung nicht redundanzfrei ist, da einige Komponenten von r[l] und s[k] in r⌢s zweimal auftreten. Dies lässt sich durch die natürliche_Verbindung $R \, _l\overset{n}{=}_k \, S$ von R und S bzgl. l und k vermeiden:

$$R \, _l\overset{n}{=}_k \, S := \{ r⌢s´ \mid r \in R \land s \in S \land r[l]=s[k]$$
$$\land \; s´ \text{ entsteht aus s durch Streichen der}$$
$$\text{bereits in r[l] auftretenden Komponenten} \}$$

Durch die Komposition $R \, _l\overset{k}{=}_k \, S$ werden die gemeinsamen Komponenten zusätzlich auch aus r entfernt.

Die Verbindung kann insbesondere dazu verwendet werden, aus einer Relation Tupel mit fest vorgegebenen Komponenten auszuwählen (konstante_Verbindung). Die Vorgaben müssen dabei allerdings zuerst in einer eigenen Relation zusammengefasst werden.

Beispiel: Mit der einstelligen und einelementigen Relation
SCHWEIZ:={CH} ergibt die Verbindung
$AUTOR(2) \overset{n}{=} (1) SCHWEIZ$
die Relation

AUTOR-NAME	NATIONA-LITÄT	GEBURTS-JAHR	TODES-JAHR
Frisch M.	CH	1911	0
Dürrenmatt F.	CH	1921	0

(,,Alle Schweizer Autoren".)

DIVISION

(Auswahl von Zeilen aus der Projektion einer Relation.)

Für $R \in \mathcal{R}_m$; $S \in \mathcal{R}_n$; $1 \in L_{m,q}$; $k \in L_{n,q}$ ist die <u>Division</u> $R \, {}_1/_k \, S$ <u>von</u> R <u>auf</u> 1 <u>durch</u> S <u>auf</u> k definiert durch

$$R \, {}_1/_k \, S := \{x \mid x \in R[\bar{1}] \wedge S[k] \subseteq \{r[1] \mid r \in R \wedge r = r[1]^\frown x\}\}$$

Bei der Division wird die Relation R zunächst in Teilrelationen zerlegt derart, dass die Tupel jeweils in $r[\bar{1}]$ übereinstimmen. Jede Teilrelation wird anschliessend auf 1 projiziert. Sofern S[k] in einer projizierten Teilrelation enthalten ist, wird das ihr entsprechende Tupel $r[\bar{1}]$ der Ergebnisrelation zugeschlagen.

<u>Beispiel</u>: DARSTELLER $(2)/(1)$ (ROLLE $(2,3) \overset{k}{=} (1,2) \{(\text{Nora},M)\}$)

hat zum Ergebnis

MITGLIEDNAME	THEATER	GEBURTSJAHR
Balmer W.	Stadtth. Aachen	1947

(„Diejenigen Mitglieder, die **alle** männlichen Rollen in Nora darstellen".)

CARTESISCHES PRODUKT

Für $R_i \in \mathcal{R}_{m_i}$ ($1 \leq i \leq n$) ist das <u>cartesische Produkt</u> $R_1 \times \ldots \times R_n$ definiert durch

$$R_1 \otimes \ldots \otimes R_n := \{r_1^\frown r_2^\frown \ldots ^\frown r_n \mid r_i \in R_i, \; 1 \leq i \leq n\}$$

<u>Anmerkung</u>: In der Literatur findet sich für die relationenalgebraischen Operationen häufig auch eine Schreibweise, bei der Attribute anstelle von Attributnummern verwendet werden: Seien R und S Relationen, A und B Attributfolgen

Projektion:	R[A]	z.B.	AUTOR [AUTORNAME, GEBURTSJAHR]
Restriktion:	R[AΘB]		AUTOR [GEBURTSJAHR > TODESJAHR]
Verbindung:	R[AΘB]S		AUTOR [AUTORNAME, NATIONALITÄT = AUTORNAME, LD.D.URAUFF.] DRAMA
Division:	R[A÷B]S		DARSTELLER [ROLLE÷FIGUR] MÄNNLICHE_ ROLLE_IN_NORA

2.4.3 Relationenkalkül

Während in der Relationenalgebra Relationen als Ganzes manipuliert werden, berücksichtigt der Relationenkalkül ihre Zusammensetzung aus Tupeln. Die Tupel selbst werden dabei über prädikatenlogische Ausdrücke identifiziert. Diese Identifikation braucht nicht eindeutig zu sein, so dass die Operatoren teilweise mit Tupelmengen statt mit einzelnen Tupeln umgehen:

PUT: Relation x Tupel → Relation
   Einfügen eines einzelnen Tupels in eine Relation

DELETE: Relation x Mengenidentifikation → Relation
   Entfernen eines oder mehrer Tupel aus einer Relation.

GET: Relation x Mengenidentifikation → Relation
   Zugriff auf eine oder mehrere Tupel einer Relation und Zusammenfassung zu einer neuen Relation.

REPLACE: Relation x Tupelname x Tupel → Relation
   Ersetzen einer Relationskomponente durch ein anderes Tupel.

Diese Operatoren bilden die Grundlage einer für relationale Datenbasen entworfenen Schnittstelle, die unter dem Namen ALPHA bekannt geworden ist, jedoch nicht für praktische Zwecke implementiert wurde. Der Operator REPLACE ist in ALPHA nicht in der obigen Form vorgesehen, sondern ergibt sich aus der Komposition der Operatoren HOLD und UPDATE; HOLD entspricht dabei dem Operator GET, verlangt jedoch die anschliessende Anwendung von UPDATE.

Attribute mit ihren Wertemengen und, darauf aufbauend, Relationstypen werden in der Datenbeschreibungssprache von ALPHA mit den Schema-Kommandos DOMAIN bzw. RELATION vereinbart. Die Komponenten (Tupel) jeder Relation müssen mittels eines Schlüssels bzgl. der betreffenden Relation eindeutig identifi-zierbar sein, wobei der Schlüssel entweder aus einer einzigen Wertemenge stammen oder aus einer Kombination von Elementen mehrerer Wertemengen bestehen kann. Die entsprechenden Attribute werden ebenfalls bei der Typspezifikation, also im Schema, vermerkt (Konkretisierung der name-Funktion).

Beispiel
Wir betrachten das Schema:

```
DOMAIN   AUTORNAME          CHAR (30)
         NATIONALITÄT       CHAR (4)
         GEBURTSJAHR        NUM (4.0)
         TODESJAHR          NUM (4.0)
         TITEL              CHAR (50)
         ULAND              CHAR (4)
         UJAHR              NUM (4.0)
         FIGUR              CHAR (30)
         DRAMA              CHAR (30)
         ROLLENGESCHLECHT   CHAR (1)
         MITGLIEDNAME       CHAR (30)
         ROLLE              CHAR (30)
         THEATER            CHAR (30)


RELATION  AUTOR(AUTORNAME,NATIONALITÄT,GEBURTSJAHR,
                        TODESJAHR) KEY AUTORNAME
          DRAMA(TITEL,AUTORNAME,ULAND,UJAHR) KEY(TITEL,
                 AUTORNAME)
          ROLLE(FIGUR,DRAMA,ROLLENGESCHLECHT) KEY(FIGUR,DRAMA)
          DARSTELLER(MITGLIEDNAME,ROLLE,THEATER,GEBURTSJAHR)
                 KEY (MITGLIEDNAME,ROLLE)
```

Damit werden Relationstypen spezifiziert, deren Wertevorräte die
Relationen AUTOR, DRAMA, ROLLE und MITGLIED aus Kap. 2.4.1
enthalten. Wie bereits erwähnt, kann für jeden Relationstyp zu
jedem Zeitpunkt jeweils nur ein Exemplar existieren; seine
Indikation wird als Benennung einer Variablen verwendet.

Da Tupel mit Hilfe prädikatenlogischer Ausdrücke ausgewählt
werden sollen, spielen in der Datenmanipulationssprache von
ALPHA Quantoren und Tupelvariablen eine wichtige Rolle. Die
Quantoren sind beschränkt, d.h. mit jedem Quantor wird der
Individuenbereich für die zugehörige Tupelvariable angegeben.
ALPHA-Ausdrücke zur Datenmanipulation haben allgemein die Form

<Bindung der freien Variablen der Zielliste>
<Bindung der freien Variablen der Qualifikation>
<Operator> <Arbeitsbereich> <Zielliste>:<Qualifikation>

Bei GET wird die Ergebnisrelation im <Arbeitsbereich> gebildet.
Ihre Tupel bauen sich aus den in der <Zielliste> angegebenen
Komponenten in der dort angegebenen Reihenfolge auf, wobei jede
Komponente ihrerseits durch ihre Herkunft (Tupelvariable und
damit Relation, sowie Attribut) festgelegt ist. Die <Qualifika-
tion>, gegebenenfalls zusammen mit <Bindung der freien Variablen

der Qualifikation>, enthält den prädikatenlogischen Ausdruck.
Bei den anderen Operatoren entfällt der <Arbeitsbereich>, und
die <Zielliste> besteht u.U. nur aus einer Tupelvariablen. Beim
Operator HOLD muss in der Zielliste der Schlüssel angegeben
sein.

Eine Tupelvariable V der <Zielliste> wird an ihren Individuenbereich (eine Relation) R gebunden durch

RANGE R V

Bei der Bindung einer Tupelvariablen U der <Qualifikation> wird
durch

RANGE R U ALL   der Allquantor und

RANGE R U SOME   der Existenzquantor ausgedrückt.

Beispiele:

(1) Der umgangssprachlich formulierten Anfrage
    "Finde Name und Nationalität der Autoren, die ein Drama
     geschrieben haben"
    entspricht der ALPHA-Ausdruck
    RANGE   AUTOR   X
    RANGE   DRAMA   Y   SOME
    GET W (X.AUTORNAME,X.NATIONALITÄT):(Y.AUTORNAME=X.AUTORNAME)

Man erkennt, dass sich der prädikatenlogische Ausdruck aus RANGE
DRAMA   Y   SOME und der nach dem Doppelpunkt aufgeführten
(geklammerten) Bedingung ergibt.

(2) Der umgangssprachlich formulierten Anfrage
    "Finde die Namen der Darsteller, die ausschliesslich in Dramen
     von Max Frisch mitgespielt haben"
    entspricht der ALPHA-Ausdruck:

    RANGE   DARSTELLER X
    RANGE   ROLLE Y ALL
    RANGE   DRAMA Z SOME
    GET W   X.MITGLIEDNAME: (X.ROLLE=Y.FIGUR) ∧ (Z.TITEL=Y.DRAMA)
                                    ∧(Z.AUTORNAME='FRISCH M.')

Anmerkung: Für DRAMA wurde hier der Existenzquantor gewählt, da
man weiss, dass für ein Drama nur genau ein Autor existiert,

57

also nach Auffinden des entsprechenden Tupels die Überprüfung
der verbleibenden Tupel in der Autor-Relation unterbleiben kann.

(3) Der umgangssprachlich formulierten Aufforderung
    "Entferne alle Tupel aus DRAMA, die ein in USA uraufgeführ-
    tes Drama beschreiben"
    entspricht
    <u>RANGE</u> DRAMA X
    <u>DELETE</u> X : (X.ULAND = ´USA´)

Die Bearbeitung dieser Ausdrücke hat man sich so vorzustellen,
dass alle entsprechend der Quantorisierung gebildeten Kombinationen von Tupeln aus den unter RANGE genannten Relationen
daraufhin überprüft werden, ob sie die <Qualifikation> erfüllen.
Trifft dies zu, so erfolgt die jeweils operatorspezifische
Manipulation. Insbesondere wird bei GET aus den angegebenen
Komponenten derjenigen Tupel, für die der Ausdruck erfüllt ist,
die Relation W (Arbeitsrelation, working relation) konstruiert.

Ausdrücke der Datenmanipulationssprache von ALPHA sind als
benutzerorientierte Fassung von Ausdrücken des Codd´schen
Relationenkalküls anzusehen.

2.4.4 Funktionale Abhängigkeiten und Normalformen

Man kann die interessierenden Eigenschaften gewisser Modellobjekte entweder in einem einzigen Tupel zusammenfassen, oder aber
auch auf mehrere Tupel unterschiedlicher Relationen aufteilen
und dann bedarfsweise mittels der relationenalgebraischen
Operatoren zusammenstellen. Die zweite Möglichkeit bietet
sicherlich sehr viel mehr Flexibilität. Die Aufteilung auf
(kleinere) Relationen sollte jedoch nicht völlig willkürlich
geschehen, sondern nach gewissen Regeln erfolgen. Hierzu
studieren wir die sog. funktionalen Abhängigkeiten.

Sei $R \in \mathcal{R}_m$, $l \in L_{m,q}$ und $l´ \in L_{m,q´}$. Die Menge $R[l´]$ heisst <u>in R</u>
<u>funktional abhängig</u> von der Menge $R[l]$, wenn die Binärrelation
$\{(r[l],r[l´])\}$ Abbildung $R[l] \twoheadrightarrow R[l´]$ ist.
$R[l´]$ heisst <u>in R voll funktional abhängig</u> von $R[l]$, wenn sie
von $R[l]$ funktional abhängig ist, und sich keine Teilfolge $l"$
von l finden lässt, so dass $R[l´]$ auch von $R[l"]$ funktional
abhängig ist (Minimalität von l).

Beispielsweise sind in der Relation DARSTELLER

DARSTELLER [THEATER,GEBURTSJAHR]
DARSTELLER [THEATER]
DARSTELLER [GEBURTSJAHR]

funktional abhängig von DARSTELLER [MITGLIEDNAME, ROLLE] und voll funktional abhängig von DARSTELLER [MITGLIEDNAME].

Häufig bestehen zwischen den Komponentensorten einer Relation gesetzmässige Zusammenhänge, die zu funktionalen Abhängigkeiten in allen Exemplaren des betreffenden Relationstyps führen, also für alle Zustände der Relation gelten. Dies trifft z.B. in der Relation DARSTELLER zu, wenn wir annehmen, dass ein Schauspieler stets nur Mitglied eines einzigen Theaters sein kann. In einem solchen Fall kann man die funktionalen Abhängigkeiten zur Festlegung der Relationen in einer Datenbasis heranziehen, indem man verlangt, dass sich die Relationen in Normalform befinden:

Eine Relation $R \in \mathcal{R}_m$ mit Schlüssel $l \in L_{m,q}$ befindet sich in <u>zweiter</u> <u>Normalform</u> genau dann
- wenn q=m,d.h. alle Attribute zusammengenommen den Schlüssel liefern, oder
- wenn $R[\bar{l}]$ <u>voll</u> funktional abhängig von $R[l]$ ist.

Eine Relation befindet sich in <u>dritter Normalform</u> genau dann wenn sie sich in zweiter Normalform befindet und in $R[\bar{l}]$ keine funktionale Abhängigkeit besteht.

Die DARSTELLER-Relation ist nicht in zweiter (und damit nicht in dritter) Normalform, da l=(MITGLIEDNAME, ROLLE) und bezüglich dieses Schlüssels keine volle funktionale Abhängigkeit besteht (MITGLIEDNAME reicht bereits aus). Durch Aufspalten lassen sich aus ihr zwei oder drei Relationen in zweiter und zugleich dritter Normalform gewinnen:

R1:

MITGLIEDNAME	ROLLE
Boeckel A.	Newton
Kroll H.	Einstein
Lange M.	Moebius
Becker R.	Newton
Hausen A.	Einstein
Wagner F.	Moebius
Balmer W.	Robert Helmer
Dorer D.	Christine Linden
Balmer W.	Guenter
Balmer W.	Freddy
Dorer D.	Aynsford Hill
Hardt U.	Eliza
Cohrs H.	Prof. Higgins

Schlüssel: (MITGLIEDNAME, ROLLE)

und

R2:

MITGLIEDNAME	THEATER	GEBURTSJAHR
Boeckel A.	Humboldtaula	1945
Kroll H.	Humboldtaula	1943
Lange M.	Humboldtaula	1935
Becker R.	Dt. Schauspielhaus	1929
Hausen A.	Dt. Schauspielhaus	1936
Wagner F.	Dt. Schauspielhaus	1944
Balmer W.	Stadtth. Aachen	1947
Dorer D.	Stadtth. Aachen	1949
Hardt U.	Stadtth. Aachen	1950
Cohrs H.	Stadtth. Aachen	1938

Schlüssel: (MITGLIEDNAME)

oder

R2':

MITGLIEDNAME	THEATER
Boeckel A.	Humboldtaula
Kroll H.	Humboldtaula
Lange M.	Humboldtaula
Becker R.	Dt. Schauspielhaus
Hausen A.	Dt. Schauspielhaus
Wagner F.	Dt. Schauspielhaus
Balmer W.	Stadtth. Aachen
Dorer D.	Stadtth. Aachen
Hardt U.	Stadtth. Aachen
Cohrs H.	Stadtth. Aachen

Schlüssel: (MITGLIEDNAME)

R2'':

MITGLIEDNAME	GEBURTSJAHR
Boeckel A.	1945
Kroll H.	1943
Lange M.	1935
Becker R.	1929
Hausen A.	1936
Wagner F.	1944
Balmer W.	1947
Dorer D.	1949
Hardt U.	1950
Cohrs H.	1938

Schlüssel: (MITGLIEDNAME)

Ein Vorteil der dritten Normalform ist ihre Änderungsfreund-
lichkeit, da sie Änderungen auf jeweils ein einziges Tupel
beschränkt. Angenommen, das Geburtsjahr von Balmer,W. sei

fehlerhaft eingetragen worden. Dann sind in der Relation
DARSTELLER drei Tupel zu korrigieren, während nach der obigen
Zerlegung lediglich ein Tupel in R2 bzw. R2" ersetzt werden
muss. Ob man die Zerlegung über die dritte Normalform hinaus auf
eine einzige funktionale Abhängigkeit pro Relation und damit auf
eine Höchstzahl von Relationen abstellt, hängt von technischen
Gesichtspunkten wie Speicherplatzbedarf oder überwiegende
Gebrauchsform (vgl. Kap.5) ab. Bei weitestgehender Zerlegung
werden in jedem Fall die sog. Anomalien vermieden: Die
Zugehörigkeit eines Schauspielers zu einem Theater lässt sich
lösen, ohne dass damit auch sein Geburtsjahr verloren geht.

2.5 Semantik von Schnittstellen

2.5.1 Verwendung semantischer Modelle

Die Erstellung rechnergestützter Informationssysteme ist sehr
zeit- und personalintensiv. Dementsprechend ist das Angebot an
verschiedenartigen, kommerziell erhältlichen Informationssystemen und damit auch die Zahl der zur Auswahl stehenden Datenmodelle beschränkt. Potentielle Anwender können daher nicht
erwarten, jeweils genau das von ihnen gewünschte Datenmodell
vorzufinden. Vielmehr stellen sich ihnen zunächst zwei Fragen:

- Welches der zur Auswahl stehenden Datenmodelle eignet sich am
  besten für die gegebene Problemstellung, beispielsweise weil
  sich darin die anwenderspezifischen Modelle am leichtesten
  ausdrücken lassen?
- Wie hat die Formulierung des Problems mit den Mitteln einer
  vorgegebenen Schnittstelle auszusehen, d.h. wie sind die
  eigenen Vorstellungen an die Konzepte des zugrundeliegenden
  Datenmodells anzupassen?

Die Beantwortung dieser Fragen lässt sich erleichtern, wenn das
Anwenderproblem zunächst Schnittstellen-neutral in einer (von
den existierenden Schnittstellen unabhängigen) Sprache
formuliert wird, die allen gewünschten Modelleigenschaften
gerecht wird. Bei Existenz geeigneter Regeln kann diese
Formulierung dann in eine Schnittstellen-bezogene überführt
werden, deren Bedeutung (Semantik) durch die ursprüngliche

Formulierung des Problems erklärt wird. Man spricht deshalb auch von einem semantischen Modell.

In jüngster Vergangenheit haben zahlreiche Autoren untersucht, welche Konzepte Schnittstellen-neutralen Sprachen zugrundezulegen sind (Abrial, Biller et al, Chen, Hall et al, Schmid und Swenson, Sundgren). Sie alle schlagen deskriptive Modellierungskonzepte vor, z.B. Gegenstand (engl. entity) für Objekte, Charakteristik für deren Eigenschaften und Assoziation für Beziehungen zwischen Objekten. Die Unterscheidung von Eigenschaften von Objekten und Beziehungen zwischen Objekten erlaubt die Zusammenfassung von Objekteigenschaften zu Verbund-ähnlichen Konstrukten und damit eine leichte Übertragbarkeit in Schnittstellen-bezogene Formulierungen, da ja Verbunde bei allen bekannten Schnittstellen eine wichtige Rolle spielen. Die Unterscheidung zwischen Charakteristika und Assoziationen bereitet allerdings gewisse Schwierigkeiten. Deshalb lassen manche dieser Datenmodelle ausschliesslich Modelle für Objekte und darauf definierte Binärrelationen zu. Ihnen wiederum wird häufig eine zu starke Abstraktion von Umweltgegebenheiten vorgeworfen.

2.5.2 Gegenstand-Beziehung-Modell

Das Gegenstand-Beziehung-Modell von P.P.-S.Chen unterscheidet zwischen Eigenschaften und Beziehungen und erlaubt es, sowohl Objekten als auch Beziehungen Eigenschaften zuzuordnen. Chen betrachtet dabei zwei Ebenen, nämlich
- die gedankliche Ebene von Modellen (Gegenständen) und dazwischen bestehenden Beziehungen und
- die symbolische Ebene ihrer Repräsentation.

Gedankliche Ebene

Ausgangspunkt ist der Begriff des Gegenstandes als Modell eines Objektes, welches eindeutig in der Umwelt erkannt und identifiziert werden kann, also beispielsweise das Modell einer Person, eines Theaters etc.. Dabei wird angenommen, dass Gegenstände nach bestimmten, gedanklich überprüfbaren Prädikaten klassifiziert und somit zu Gegenstandsmengen zusammengefasst werden

können. Gegenstandsmengen brauchen nicht disjunkt zu sein, z.B.
ist die Gegenstandsmenge aller Autoren enthalten in derjenigen
aller Personen. Offensichtlich unterliegt diese Klassifikation
der subjektiven Entscheidung des Modellierers. Beziehungen
(Assoziationen) zwischen Gegenständen werden als Elemente
mathematischer Relationen (Beziehungsmengen) aufgefasst, wobei
die Gegenstände in den Beziehungen gewisse Rollen einnehmen.
Beispielsweise hat ein Autor in einer Beziehung Autor-Drama die
Rolle des Urhebers, ein Drama die Rolle des Werks. Eigenschaften
von Objekten und Beziehungen manifestieren sich in der Umwelt
durch beobachtbare oder messbare Grössen. Ihre Modelle
bezeichnet Chen als Werte. Zwischen Gegenständen und Beziehungen
auf der einen, Werten auf der anderen Seite existieren demnach
ebenfalls Zusammenhänge; sie entsprechen den zuvor erwähnten
Charakteristika.

Werte sind wie Gegenstände nach gewissen Prädikaten zu
Wertmengen klassifizierbar. Die Zuordnung von Werten zu
Gegenständen oder zu Beziehungsmengen erfolgt mit Hilfe sog.
Attribute, das sind Abbildungen von einer Gegenstands- bzw.
Beziehungsmenge in eine Wertmenge oder in ein cartesisches
Produkt von Wertmengen. Abb. 2.6 zeigt ein Beispiel für
Attribute zu Gegenständen (Autoren), Abb. 2.7 ein Beispiel für
Attribute zu Beziehungen (Autor-Drama).

In den beiden Abbildungen sind die Mengenbenennungen unterhalb
der Mengen und die Attributbenennungen an den Kanten vermerkt.
Aus Abb.2.6 ist ersichtlich, dass das Attribut "Name" auf das
cartesische Produkt zweier unterschiedlicher Wertmengen, das
Attribut "Lebenszeit" auf das cartesische Produkt derselben
Wertmengen abbildet. Bei solchen Attributen ist die Reihenfolge
der Zielwerte von Bedeutung (z.B. bei "Name" die Reihenfolge von
Vorname und Nachname). Der gleiche Sachverhalt liesse sich auch
durch zwei verschiedene Attribute (z.B. "Vorname" und "Nachna-
me") modellieren. Die Identität der Benennungen von Attribut und
Wertmenge wäre dabei unerheblich.

Die Konzepte des Gegenstand-Beziehung-Modells lassen dem
Modellierer einen gewissen Spielraum bei der Erstellung des
Modells einer betrachteten Umwelt: Beispielsweise ist es
durchaus denkbar, dass dasselbe Umweltobjekt von einem
Modellierer als Gegenstand und von einem anderen als Beziehung
zwischen zwei Gegenständen gesehen wird (etwa eine Strassenver-
bindung zwischen zwei Orten). Des weiteren kann ein Umweltobjekt
einmal als Gegenstand und ein andermal als Wert modelliert

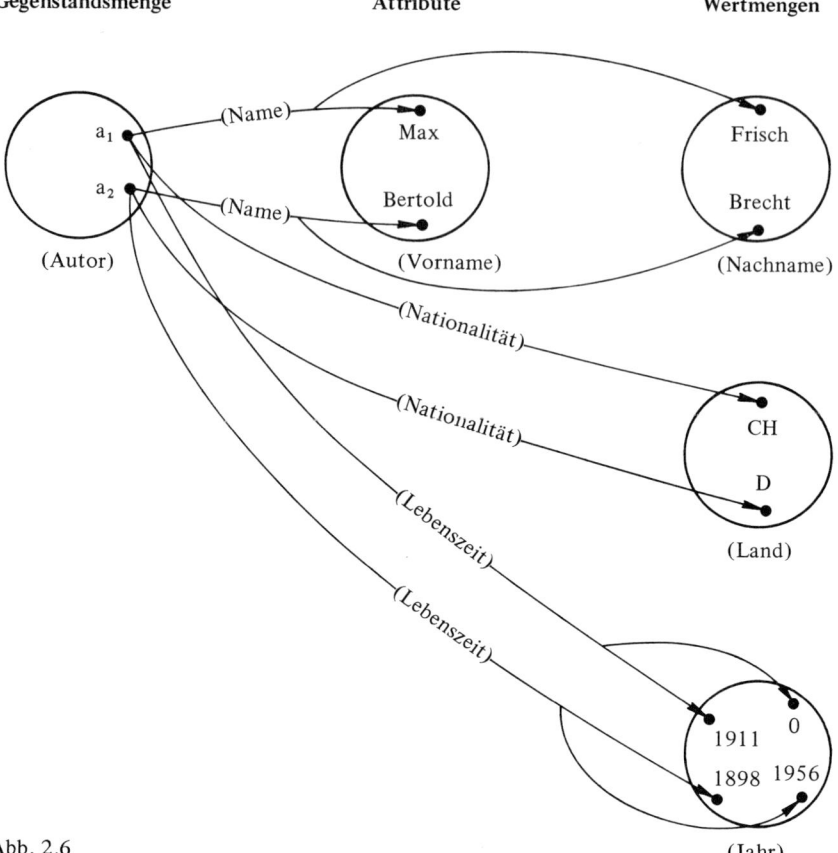

Abb. 2.6

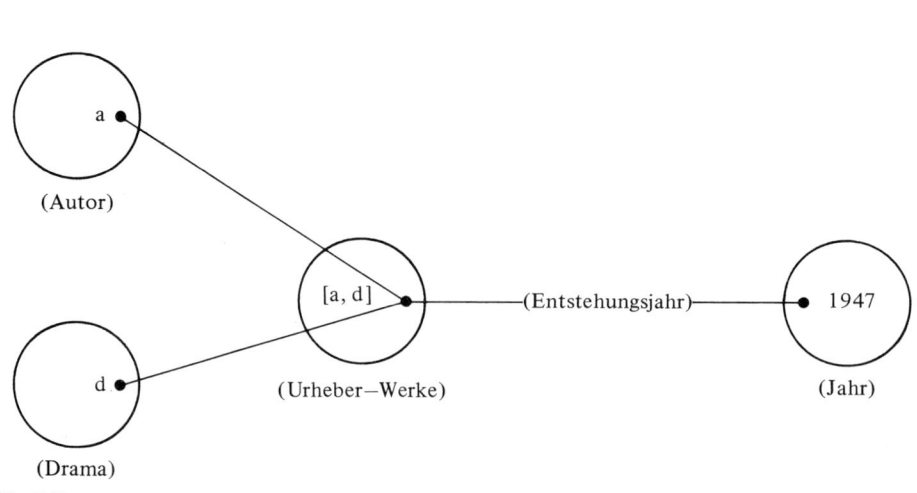

Abb. 2.7

werden. Man denke etwa an das Modell einer Stadt als Gegenstand
mit Eigenschaften wie Einwohnerzahl und Ausdehnungsflächen, bzw.
als Bild eines Attributs "Wohnort" und damit als Eigenschaft
einer Person.

In beiden Fällen muss der Modellierung eine Entscheidung
vorausgehen, die sich dann in der Verwendung der Konzepte und
damit im Modell widerspiegelt. Ein semantisches Modell dient
also insbesondere der expliziten Dokumentation von Entscheidungen bei der Modellierung.

Symbolische Ebene

Gegenstände, Beziehungen und Werte sind gedankliche Objekte.
Ihre Darstellung wird über die Konzepte der symbolischen Ebene
geregelt. Hierbei unterstellt man für Werte die Existenz sog.
"direkter Repräsentanten", die mit unseren Standardbezeichnern
(Kap. 1.2.6) vergleichbar sind. Beispielsweise wird der
gedankliche Wert "ganze Zahl 3" durch den Bezeichner "3", der
gedankliche Wert "Name Hans" durch die Zeichenkette "Hans"
dargestellt.

Des weiteren nimmt man an, dass im Normalfall für jeden
Gegenstand ein oder mehrere Attribute gefunden werden können,
die diesen Gegenstand eindeutig in seiner Gegenstandsmenge
identifizieren. Dementsprechend bezeichnet man eine Menge von n
(auf einer Gegenstandsmenge E definierten) Attributen $f_1,...,f_n$
als Gegenstandsschlüssel, wenn die Abbildung
$F \quad : E \to f_1(E) \times ... \times f_n(E)$ mit
$F(e) := (f_1(e),...,f_n(e)) \qquad$ (e: Gegenstand)
bijektiv ist. Falls sich kein solcher Gegenstandsschlüssel für
eine bestimmte Gegenstandsmenge finden lässt, kann man ihn durch
Einführung eines künstlichen Attributs zusammen mit einer
geeigneten Wertmenge erzwingen. Existieren mehrere Gegenstandsschlüssel, so wählt man einen unter ihnen aus und erhält damit
den sog. Primärschlüssel. Primärschlüssel von Beziehungen setzen
sich aus den Primärschlüsseln der beteiligten Gegenstände
zusammen.

Gegenstände und Beziehungen stellt man nun durch die direkten
Repräsentanten der Werte unter ihren Primärschlüsseln dar und
trägt diese Wertrepräsentanten in Tabellen (Gegenstands- und
Beziehungsrelationen) ein. Auf diese Weise erhält man eine

Attribute	Name		Nationalität	Lebenszeit	
Wertmenge	Vorname	Nachname	Land	Jahr	Jahr
Gegenstand (Tupel) · · ·	Max	Frisch	CH	1911	0
	Bertold	Brecht	D	1898	1956
	Ernest	Hemingway	USA	1898	1961

Abb. 2.8

Name der Gegenstandsrelation	Autor		Drama		
Rolle	Urheber		Werk		
Gegenstandsattribute (Beziehungsschlüssel)	Name		Titel	Entstehungsjahr	Beziehungsattribut
Wertmenge	Vorname	Nachname	Titel	Jahr	
Beziehungstupel · · · · · ·	Max	Frisch	Biedermann und die Brandstifter	1958	
	Bertold	Brecht	Der gute Mensch von Sezuan	1939	
	· ·	· ·	· :	· ·	

Abb. 2.9

vollständige Auflistung aller zu einem bestimmten Zeitpunkt
betrachteten Gegenstände und Beziehungen. Die Elemente der
Tabellen bezeichnet man als Gegenstands- bzw. Beziehungstupel.
Abb. 2.8 und 2.9 zeigen jeweils ein Beispiel.

3 Modellierung dynamischer Systeme

Durch die Festlegung einer operationalen Schnittstelle wird die
Funktion und damit auch das erwartete Verhalten eines beliebigen
zu Tätigkeiten fähigen Elementes festgelegt. Dabei wird vom
inneren Aufbau des Elementes abstrahiert; es interessiert also
nicht weiter, ob es sich um eine Verwaltungseinheit, ein
rechnergestütztes Informationssystem oder einen seiner
Programmbausteine handelt. Fügt man nun eine Menge derart
definierter Elemente zu einem grösseren System zusammen, so
möchte man bei seinem Entwurf sicherstellen oder bei seiner
Vorgabe überprüfen können, dass das gewünschte Gesamtverhalten
auch tatsächlich vorliegt. Dazu muss neben den Tätigkeiten der
einzelnen Systemelemente auch deren Zusammenwirken näher
untersucht werden.

Hieraus ergibt sich wiederum eine Modellierungsaufgabe, nämlich
die Modellierung des betrachteten Systems. Bislang gibt es
jedoch noch keine speziell für Informationssysteme entworfenen
Modellierungskonzepte. Man kann sich aber einiger formaler
Ansätze bedienen, die für allgemeine dynamische Systeme
entwickelt wurden und damit natürlich auch auf Informationssysteme anwendbar sind. Dies gilt auch für einige Konzepte zur
Beschreibung von Organisationen, d.h. Systemen, die sich
(innerhalb gewisser Grenzen) an Änderungen ihrer Funktion durch
eine systeminterne Umverteilung der Teilaufgaben anpassen
können. Deshalb werden wir in Erweiterung zur Einführung (Kap.
0) zunächst einige Begriffe aus den Bereichen der allgemeinen
Systemtheorie und der Organisationslehre zusammenstellen und
dann drei der bekannteren - übrigens weitgehend deskriptiven -
Modellierungssysteme für den Objektbereich dynamischer Systeme
besprechen.

3.1 Grundsätze der Systemmodellierung

3.1.1 Eigenschaften von Systemen und Systemelementen

Die Abgrenzbarkeit eines Systems gegenüber seiner Umwelt schliesst nicht aus, dass auch zwischen Elementen des Systems einerseits und Objekten seiner Umwelt andererseits Beziehungen bestehen, die dann bei einer Untersuchung der Wechselwirkungen zwischen System und Umwelt in Betracht zu ziehen sind. Systemelemente, für die solche Beziehungen erklärt sind, bezeichnet man allgemein als Randelemente, ein System ohne Randelemente heisst geschlossen, andernfalls offen.

Das Zusammenwirken der aktionsfähigen Elemente eines Systems äussert sich für den Beobachter in den sog. Strömungsgrössen, die systemintern bzw. zwischen Randelementen und Umwelt ausgetauscht werden (z.B. Rohstoffe und Fertigprodukte in einer Produktionsstätte, Informationen in einem Informationssystem). Diese lassen sich als - nicht aktionsfähige - Systemelemente auffassen, die in zeitabhängigen Beziehungen zu anderen Elementen des Systems stehen (z.B. befindet sich ein Produkt für gewisse Zeit an einer bestimmten Fertigungsstelle einer Produktionsstätte). Wird eine solche Beziehung aufgelöst (z.B. Weitertransport des Produkts durch ein aktionsfähiges Element), spricht man dennoch vom selben System. Damit liegt es nahe, auch für dynamische Systeme einen Zustandsbegriff einzuführen: Der Zustand eines Systems ist definiert durch die zum Beobachtungszeitpunkt festgestellte Verteilung von Strömungsgrössen in diesem System.

Notwendige Voraussetzung für den Austausch von Strömungsgrössen ist die Existenz physikalischer Einrichtungen, deren Eigenschaften mit denjenigen der Strömungsgrössen in gewisser Weise zusammenpassen müssen (z.B. Kabel für elektrische Signale, akustischer Raum für Schallwellen, Aktenbock für Akten). Die Strömungsgrössen selbst können zeitkontinuierlich oder in Form diskreter Einheiten auftreten.

Sind für jeden möglichen Zustand eines Systems alle (durch Tätigkeiten erreichbaren) Folgezustände eindeutig bestimmt, lässt sich also ausgehend von einem beliebigen Zustand jede Tätigkeit mit Sicherheit vorhersagen, so bezeichnet man das betreffende System als determiniert. Kann dagegen jeweils nur mit einer gewissen Wahrscheinlichkeit auf die Tätigkeiten bestimmter Elemente geschlossen werden, so spricht man von einem probabilistischen System.

Für die Modellierung dynamischer Systeme mit diskreten Strömungsgrössen hat es sich eingebürgert, aktionsfähige Systemelemente als Instanzen, Einrichtungen zum Austausch von Strömungsgrössen als Kanäle zu bezeichnen.

Kann eine Instanz Strömungsgrössen auf einem Kanal ablegen oder davon aufnehmen, so besitzt sie einen Anschluss zu diesem Kanal. Anschlüsse können technischer Natur sein (z.B. Steckkontakte u.ä.) oder in einer instanzspezifischen Fähigkeit zur Ausnutzung der Kanaleigenschaften bestehen (z.B. Sicht, Gehör etc.). Häufig sind sie gerichtet, lassen also Strömungsgrössen nur in einer Richtung durch (z.B. Sicht, Rundfunkempfänger).

Beim Austausch von Strömungsgrössen zwischen Instanzen ist meist die Überwindung einer räumlichen Distanz (Verarbeitung an einem anderen Ort), die Überbrückung einer Zeitspanne (Verarbeitung zu einem späteren Zeitpunkt) oder beides erforderlich. Die entsprechenden Kanäle werden als Raum- bzw. Zeitkanäle (oder Speicher) bezeichnet.

Besitzt eine Instanz Anschlüsse an mehrere Kanäle, so hat sie die Möglichkeit zu gleichzeitigem Zugriff auf bzw. gleichzeitiger Ablage von Strömungsgrössen in diesen Kanälen.

Die Tätigkeiten der Instanzen eines Informationssystems lassen sich nun folgendermassen grob unterscheiden:

- Gewinnung von Informationen aus der Umwelt und Weitergabe an andere Instanzen des Informationssystems. Die entsprechenden Instanzen heissen Informationsquellen und sind offensichtlich Randelemente.
- Umsetzen der von anderen Instanzen erhaltenen Informationen zu Eingriffen in die Umwelt. Instanzen mit solchen Tätigkeiten sind ebenfalls Randelemente; sie werden als Informationssenken bezeichnet.
- Weitergabe von Informationen ohne Veränderung ihrer Bedeutung, d.h. ihres Modells. Der Bezeichner einer Information kann jedoch verändert werden (z.B. Mikroverfilmung, Vervielfältigung).
- Verarbeitung von erhaltenen Informationen zu neuen Informationen (z.B. bei einem rechnergestützten Informationssystem:

Ausführen der Operatoren der betreffenden Informationssystem-Schnittstelle).

Kanäle untersucht man hingegen nach Eigenschaften wie

- Übertragungszeit eines Raumkanals: Zeitspanne zwischen dem Absenden einer Information an einem Ende des Kanals und ihrem Eintreffen am anderen Ende.
- Zugriffszeit eines Speichers: Zeitspanne, die zum Zugriff bzw. zur Ablage einer Information auf einen Speicher benötigt wird.
- Betriebszeit: Bei kontinuierlicher Betriebszeit kann der Kanal jederzeit für Übertragungszwecke verwendet werden (z.B. Fernsprechnetz), bei diskontinuierlicher nur zu gewissen Zeitabschnitten (z.B. Bote).
- Kapazität: Bei Speichern Anzahl der gleichzeitig speicherbaren Informationen (Speicherkapazität), bei Raumkanälen Anzahl der innerhalb einer Zeiteinheit übertragbaren Informationen (Übertragungskapazität). Hierbei muss natürlich eine für Vergleichszwecke geeignete Informationseinheit gefunden werden.
- Kopierfähigkeit: Möglichkeit zur wahlweisen Entnahme von Kopien einer Information (man vergleiche etwa eine herkömmliche Kartei mit einer Magnetbanddatei).
- Mehrfachbenutzung: Verschiedene Instanzen können denselben Kanal in derselben Weise benutzen.
- Zuverlässigkeit gegenüber Störungen (z.B. Feuer, Wasser, Störfelder u.ä.).
- Speicherungs- und Übertragungskosten pro Informationseinheit.

3.1.2 Struktur und Verhalten von Systemen

Bei der Modellierung eines Systems - von Organisationen abgesehen - geht man davon aus, dass die sog. Systemstruktur, d.h. die nicht zeitabhängigen Beziehungen zusammen mit den betroffenen Elementen, gegeben und unveränderlich ist. Deshalb werden anstelle einer operationalen Konstruktion von Modellen der Systemstruktur deskriptive Konzepte eingesetzt. Die operationale Vorgehensweise empfiehlt sich dagegen im Hinblick auf die Modellierung des Systemverhaltens, da hierbei die Herleitung neuer Zustände aus gegebenen Zuständen betrachtet wird. Dies läuft offensichtlich auf Operationen hinaus, die ausgehend von einem Modell der Systemstruktur und einem Modell der Strömungsgrössenverteilung lediglich letzteres verändern. Allerdings sind auch hier gewisse Grenzen gesteckt, da die wenigsten realen Systeme determiniert sind, so dass ihre Zustandsveränderungen im allgemeinen nicht durch Abbildungen beschrieben werden können.

Charakteristisch für die Mehrzahl der formalen Ansätze zur Modellierung dynamischer Systeme ist die Zielsetzung, zumindest zur Analyse der Systemstruktur mathematische Kalküle heranziehen zu können. So wird z.B. bei den drei im folgenden besprochenen Modellierungssystemen die jeweilige Systemstruktur durch Graphen im Sinne der Graphentheorie erfasst. Die Modellierungskonzepte für das Systemverhalten weisen dagegen grössere Unterschiede auf, und zwar sowohl in Bezug auf das durch sie bedingte Abstraktionsniveau als auch hinsichtlich der mathematischen Analysierbarkeit der danach gebildeten Modelle. Das erste nachfolgend vorgestellte Modellierungssystem der Kommunikationsgraphen beschränkt sich sogar völlig auf lediglich ihrer Struktur nach analysierbare Modelle. Petri-Netze und Evaluationsnetze beziehen das Systemverhalten auf unterschiedliche Weise ein.

3.2 Kommunikationsgraphen

Wie bereits angedeutet, wird durch das Modellierungssystem der Kommunikationsgraphen ein sehr hohes Abstraktionsniveau festgelegt: Das Verhalten eines Systems geht nicht in das Modell ein, Strömungsgrössen bleiben unberücksichtigt. Darüberhinaus wird zwischen Kanälen und Anschlüssen nicht unterschieden. Es wird lediglich erfasst, zwischen welchen Instanzen eines Systems Strömungsgrössen ausgetauscht werden können bzw. Kommunikation stattfinden kann. Damit sagen die Modelle wenig über die Funktionsfähigkeit des Systems aus und nichts über das Funktionieren im Einzelfall. Andererseits ermöglichen sie die Herleitung gewisser topologischer Eigenschaften ihrer Modellobjekte. Grundlage ist dabei die zur qualitativen und quantitativen Behandlung von Graphen häufig angewendete Beschreibung durch Matrizen.

Im einzelnen werden Instanzen zu Knoten, Kanäle zusammen mit den Anschlüssen der auf sie zugreifenden Instanzen zu Kanten modelliert. Ein Paar aus einer Menge von Knoten und einer Menge von auf diesen Knoten definierten Kanten bildet einen Kommunikationsgraphen mit den für gerichtete Graphen bekannten mathematischen Eigenschaften. Auch die Darstellungskonzepte weichen nicht von den üblichen ab: Knoten werden durch Punkte, Kanten durch Pfeile zwischen den entsprechenden Punkten dargestellt.

Sei nun $G=(Z,R)$ ein Graph, Z eine Menge von Knoten, R eine Menge von Kanten. Die <u>Adjazenzmatrix</u> (adjacency matrix) $A=(a_{ij})$ von G ist definiert durch:

$$a_{ij} = \begin{cases} 1, & \text{falls } (z_i,z_j) \in R \\ 0, & \text{sonst} \end{cases}$$

Die Zahl der Kantenfolgen der Länge n zwischen zwei Knoten z_i, z_j wird durch die <u>Entfernungsmatrix</u> A^n angegeben. Weiterhin lässt sich eine <u>Wegematrix</u> (Erreichbarkeitsmatrix, path matrix) $P=(p_{ij})$ definieren mit

$$p_{ij} = \begin{cases} 1, & \text{falls ein Weg von } z_i \text{ nach } z_j \text{ existiert} \\ 0, & \text{sonst} \end{cases}$$

Ist $Q = A+A^2 + \ldots + A^k$ (k=Gesamtzahl der Knoten), dann gilt p_{ij}=signum (q_{ij}). Ein Beispiel findet sich in Abb. 3.1.

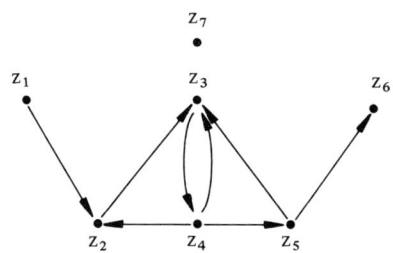

$$A = \begin{pmatrix} 0 & 1 & 0 & 0 & 0 & 0 & 0 \\ 0 & 0 & 1 & 0 & 0 & 0 & 0 \\ 0 & 0 & 0 & 1 & 0 & 0 & 0 \\ 0 & 1 & 1 & 0 & 1 & 0 & 0 \\ 0 & 0 & 1 & 0 & 0 & 1 & 0 \\ 0 & 0 & 0 & 0 & 0 & 0 & 0 \\ 0 & 0 & 0 & 0 & 0 & 0 & 0 \end{pmatrix} \qquad A^3 = \begin{pmatrix} 0 & 0 & 0 & 1 & 0 & 0 & 0 \\ 0 & 1 & 1 & 0 & 1 & 0 & 0 \\ 0 & 0 & 2 & 1 & 0 & 1 & 0 \\ 0 & 1 & 1 & 2 & 1 & 0 & 0 \\ 0 & 1 & 1 & 0 & 1 & 0 & 0 \\ 0 & 0 & 0 & 0 & 0 & 0 & 0 \\ 0 & 0 & 0 & 0 & 0 & 0 & 0 \end{pmatrix}$$

$$A^7 = \begin{pmatrix} 0 & 2 & 4 & 1 & 2 & 1 & 0 \\ 0 & 1 & 5 & 4 & 1 & 2 & 0 \\ 0 & 4 & 6 & 5 & 4 & 1 & 0 \\ 0 & 5 & 13 & 6 & 5 & 4 & 0 \\ 0 & 1 & 5 & 4 & 1 & 2 & 0 \\ 0 & 0 & 0 & 0 & 0 & 0 & 0 \\ 0 & 0 & 0 & 0 & 0 & 0 & 0 \end{pmatrix} \qquad P = \begin{pmatrix} 0 & 1 & 1 & 1 & 1 & 1 & 0 \\ 0 & 1 & 1 & 1 & 1 & 1 & 0 \\ 0 & 1 & 1 & 1 & 1 & 1 & 0 \\ 0 & 1 & 1 & 1 & 1 & 1 & 0 \\ 0 & 1 & 1 & 1 & 1 & 1 & 0 \\ 0 & 0 & 0 & 0 & 0 & 0 & 0 \\ 0 & 0 & 0 & 0 & 0 & 0 & 0 \end{pmatrix}$$

Abb. 3.1

Aus der Adjazenzmatrix lässt sich insbesondere die Entfernung von Element z_i zu Element z_j ablesen:

$$\min_{1 \leqslant n \leqslant k-1} \{n \mid a_{ij} \in A^n \wedge a_{ij} \neq 0\}$$

Sie dient als Ausgangspunkt einer Reihe von Werten für Systemelemente bzw. für das Gesamtsystem.

Systemelemente:

- Zentralitätsindex: Verhältnis der Summe aller Entfernungen innerhalb des Systems zur Summe der Entfernungen vom betrachteten Element zu allen anderen Elementen.
- Relative Randposition: Differenz aus dem im System auftretenden maximalen Zentralitätsindex und dem Zentralitätsindex des betrachteten Elements.

Gesamtsystem:

- Dispersion: Summe aller Entfernungen. Sie ist ein Mass für die "Kompaktheit" des Systems, vermag jedoch nur beim Vergleich von Systemen gleicher Elementzahl etwas auszusagen.
- Diameter: Grösste Entfernung innerhalb des Systems.
- Zentrum: Element mit grösstem Zentralitätsindex.
- Radius: Maximum der Entfernungen vom Zentrum zu allen anderen Elementen.
- Zahl von Zerlegungselementen: Zahl der Elemente, bei deren Entfernung das System in zwei oder mehr Teile zerfällt.

Manche dieser Werte sind allerdings mit Vorsicht zu verwenden, da ihnen keine Normierung zugrundeliegt.

3.3 Petri-Netze

3.3.1 Definition und Eigenschaften

Wesentlich mächtigere Modellierungsmöglichkeiten als Kommunikationsgraphen bieten die von C.A.Petri 1962 eingeführten Transitionsnetze (heute allgemein als Petri-Netze bezeichnet).

Es handelt sich dabei zunächst um formal-abstrakte Objekte, für die sich eine mathematische Theorie entwickeln lässt. Zusammen mit einer Netzinterpretation, durch die den einzelnen abstrakten Konzepten Klassen von Modellobjekten zugeordnet werden, kann diese Theorie jedoch als Modellierungssystem für eine Vielfalt von Objektbereichen eingesetzt werden. So lassen sich zum Beispiel mit der von Petri selbst vorgeschlagenen Grundinterpretation kausale Abhängigkeiten zwischen Systemzuständen modellieren, indem man die einzelnen Zustände (cases) in Form einer Menge von Bedingungen beschreibt, die jeweils in einem Zustand erfüllt sein müssen. Dazu betrachtet man Ereignisse, die die Gültigkeit der Bedingungen und damit den Systemzustand verändern. Bedingungen, Ereignisse und ihre Wechselbeziehungen werden durch Netzbestandteile modelliert.

Direkt abgeleitet vom Begriffsgebäude der allgemeinen System-theorie ist dagegen die von uns im folgenden betrachtete Kanal/Instanz-Interpretation, bei der den Kanälen, Instanzen, Anschlüssen und Strömungsgrössen eines Systems unmittelbar Netzbestandteile zugeordnet werden. Im einzelnen sind dies Transitionen als Modelle für Instanzen, Stellen als Modelle für Kanäle, Quellen und Ziele als Modelle für Anschlüsse, die von Instanzen auf Kanäle bzw. umgekehrt gerichtet sind. Die Zusammensetzung von Transitionen, Stellen, Quellen und Zielen zum Modell einer Systemstruktur ist deskriptiv durch die folgenden Vorschriften geregelt:

Sind T, S, $Q \subseteq S \times T$ und $Z \subseteq S \times T$ Mengen von Transitionen, Stellen, Quellen und Zielen, dann ist das Quadrupel (S, T, Z, Q) ein Petri-Netz, wenn gilt
- $S \cup T \neq \emptyset$ und $S \cap T = \emptyset$ und $|S \cup T| < \infty$ (d.h. ein Petri-Netz ist endlich und besitzt mindestens eine Stelle oder Transition),
- der Graph $(S \cup T, Q \cup Z)$ ist zusammenhängend.

Zur graphischen Darstellung zeichnet man für Transitionen meist Quadrate, für Stellen Kreise und für Quellen bzw. Ziele gerichtete Pfeile, die auf Kreise bzw. Quadrate zeigen. Zusätzlich können die einzelnen graphischen Elemente eines Netz-Repräsentanten mit textuellen Benennungen versehen werden.

Beispiel: Graphische Darstellung des Netzes

$$(\{s_1, s_2, s_3, s_4, s_5\}, \{t_1, t_2, t_3\}, \{(s_1, t_1), (s_2, t_2), (s_2, t_3), (s_3, t_3)\},$$
$$\{(s_2, t_1), (s_3, t_1), (s_4, t_2), (s_5, t_3)\})$$

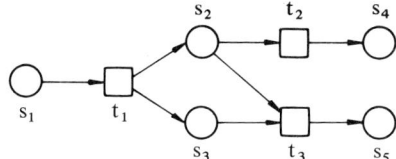

Ist (S,T,Z,Q) ein Petri-Netz, so heisst eine Stelle s∈S
<u>Eingangsstelle</u> einer Transition t∈T, falls (s,t)∈ Z bzw.
<u>Ausgangsstelle</u> von t, falls (s,t)∈ Q.

Das Konzept für die Modellierung von Strömungsgrössen abstrahiert von deren strukturellen Eigenschaften. Die entsprechenden
Modelle werden als <u>Marken</u> bezeichnet und durch Punkte dargestellt.

Systemzustände werden durch das Auftreten von Strömungsgrössen
an bestimmten Stellen des Systems charakterisiert, was im Modell
durch eine Zuordnung zwischen Stellen und Marken ausgedrückt
wird (Kanäle werden also als Erscheinungsorte von Strömungsgrössen aufgefasst). Die dabei entstehenden Modelle heissen
<u>markierte Petri-Netze</u>, die Zuordnung selbst wird als <u>Markierung</u>
oder <u>Belegung</u> bezeichnet. Stellen eines markierten Petri-Netzes,
denen mindestens eine Marke zugeordnet ist, heissen ebenfalls
<u>markiert</u>.

Formal lässt sich die Markierung als Abbildung M: S → ℕ
beschreiben, wobei M(s)=n bedeutet, dass die Stelle s mit n
Marken belegt ist. Dementsprechend können wir ein markiertes
Petri-Netz durch ein Quintupel (S,T,Z,Q,M) angeben. Die
Darstellung der Markierung erfolgt durch Einzeichnen der
entsprechenden Anzahl von Punkten in die Kreise der betreffenden
Stellen.

<u>Beispiel</u>: Graphische Darstellung des markierten Petri-Netzes
$(S,T,Z,Q,\{(s_1,2),(s_2,1),(s_3,1)\})$, mit S,T,Z,Q wie oben:

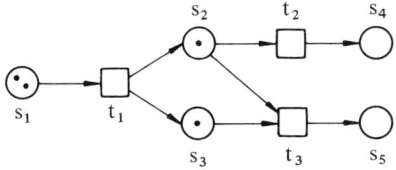

Verschiedene Zustände eines Systems werden offensichtlich durch
verschiedene Markierungen desselben Petri-Netzes beschrieben,
d.h. bei Zustandsänderungen im Modellobjekt muss die Markierung

des Modells verändert werden. Dazu wird für die Modelle der
Instanzen, also für Transitionen, eine einheitliche Tätigkeits-
form erklärt, und zwar das durch die sog. Schaltregel festge-
legte Schalten von Transitionen:

> Ist eine Transition t∈T eines markierten Petri-Netzes
> (S,T,Z,Q,M) schaltfähig, d.h. sind alle Eingangsstellen von t
> markiert, so ist ein möglicher, durch Schalten von t
> eintretender Folgezustand (des betrachteten Systems)
> beschrieben durch das markierte Petri-Netz (S,T,Z,Q,M´), für
> das gilt: M´ unterscheidet sich von M nur dahingehend, dass
> jeder Eingangsstelle von t eine Marke weniger, und jeder
> Ausgangsstelle von t eine Marke mehr zugeordnet ist.

Die zugehörige (vom Modellierer nachzuvollziehende) Zustands-
veränderung lässt sich dann folgendermassen ausdrücken: Das
Schalten einer schaltfähigen Transition t besteht darin, dass t
von jeder ihrer Eingangsstellen eine Marke abzieht und auf jeder
ihrer Ausgangsstellen eine Marke ablegt.

Das folgende Beispiel zeigt ein Petri-Netz vor und nach Schalten
der Transition t_1:

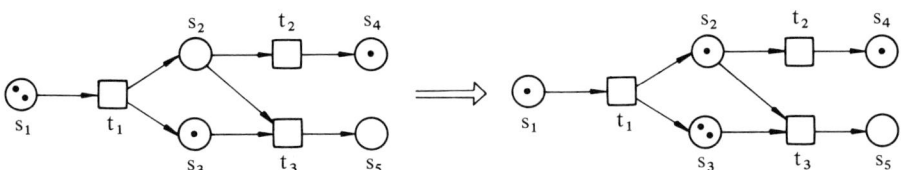

Ist in einem markierten Petri-Netz nur eine Transition
schaltfähig, so ist daraus genau ein markiertes Petri-Netz als
Folgezustand ableitbar. Durch die Schaltfähigkeit mehrerer
Transitionen wird dagegen die Möglichkeit mehrerer Folgezustände
ausgedrückt. Dazu gehören zunächst alle diejenigen, die sich
durch einmalige Anwendung der Schaltregel auf jeweils eine der
schaltfähigen Transitionen ergeben. Weitere Folgezustände
ergeben sich bei nebenläufiger Anwendung der Schaltregel auf
mehrere schaltfähige Transitionen, d.h. mehrere Instanzen werden
unabhängig und nebeneinander tätig.

Nebenläufiges Schalten von Transitionen ist nur dann möglich,
wenn diese nicht miteinander in Konflikt stehen, d.h. wenn das
Schalten einer Transition nicht die Schaltfähigkeit der anderen
beeinträchtigt (etwa durch Abzug der einzigen Marke von einer
gemeinsamen Eingangsstelle).

: In dem markierten Petri-Netz

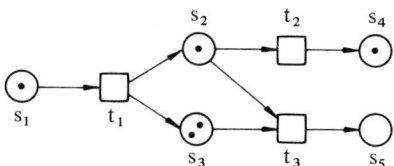

stehen die Transitionen t_2 und t_3 miteinander in Konflikt: Schaltet t_2, so ist t_3 nicht mehr schaltfähig. Dasselbe gilt für t_2, wenn t_3 schaltet. In Petri-Netzen ist nichts vorgesehen, was Aussagen darüber zulässt, wie im Einzelfall ein Konflikt entschieden werden soll. Je nach Lösung des Konfliktes können entweder t_1 und t_2 oder t_1 und t_3 nebenläufig schalten.

Die Möglichkeit der nebenläufigen Anwendung der Schaltregel ist der Grund dafür, dass sich die möglichen Zustandsveränderungen nicht durch eine Abbildung erfassen lassen. Man ist also gezwungen, auf eine allgemeine Relation zurückzugreifen, die jedem markierten Petri-Netz ein oder mehrere höchstens in ihrer Markierung voneinander abweichende Petri-Netze zuordnet (siehe hierzu das Beispiel Abb. 3.2). Trotz ihrer Rechtsmehrdeutigkeit wird sie häufig als Markierungsabbildung bezeichnet. Man könnte hier von einem nichtdeterminierten Operator sprechen, dessen Elemente aus der nebenläufigen Anwendung einer Minimaloperation

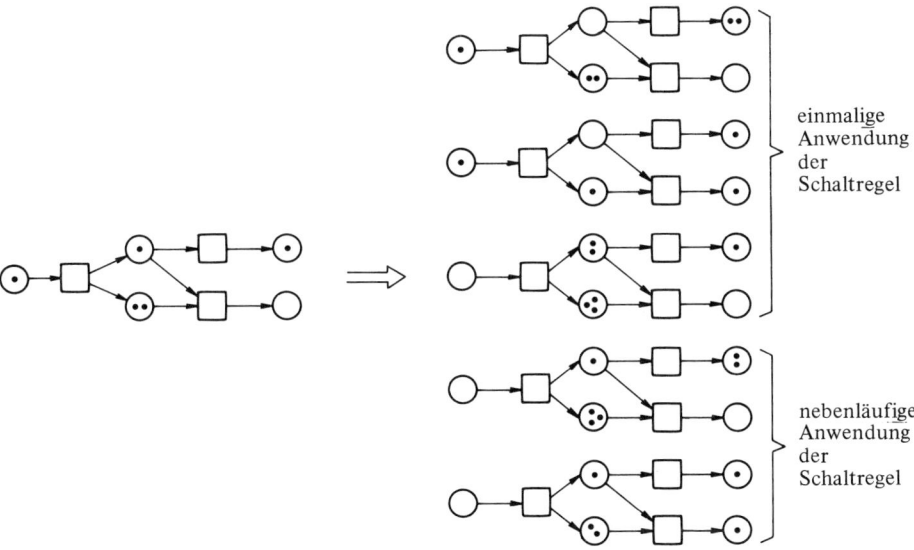

Abb. 3.2

"erzeugt" werden, wobei diese Minimaloperation der Anwendung der Schaltregel auf genau eine schaltfähige Transition entspricht.

Da ein markiertes Petri-Netz nur endlich viele Transitionen und Stellen besitzt und die Markierung seiner Stellen abzählbar ist, können ihm durch die Markierungsabbildung auch nur endlich viele markierte Petri-Netze zugeordnet werden. Durch eine Komposition der Markierungsabbildung, d.h. durch wiederholte Anwendung auf das jeweilige Resultat können dagegen u.U. auch unendlich viele verschiedene markierte Petri-Netze erreicht werden. Die Markierungen der durch einfache oder wiederholte Anwendung der Abbildung erhaltenen markierten Netze heissen <u>Folgemarkierungen</u> der Markierung des ursprünglichen Netzes.

Aus der Markierungsabbildung lassen sich Aussagen über Eigenschaften des modellierten Systems ableiten. Führt ihre Komposition beispielsweise zu einem markierten Netz ohne eine schaltfähige Transition, so befindet sich das betrachtete System in einem Zustand der Funktionsunfähigkeit (Verklemmung). Bei Informationssystemen heisst dies etwa, dass keine Instanz mit genügend Information für die Ergreifung einer Tätigkeit versorgt ist. Beobachtet man, dass eine bestimmte Transition von einem gegebenen Zustand an in allen Folgemarkierungen nicht mehr schaltfähig ist, so ist die entsprechende Instanz offensichtlich überflüssig geworden. Des weiteren könnte man aus einer wachsenden Ansammlung von Marken an einer bestimmten Stelle auf einen Engpass im betrachteten System schliessen. Zur Erfassung solcher Eigenschaften sind für markierte Petri-Netze u.a. die folgenden Begriffe erklärt.

Eine Markierung eines markierten Petri-Netzes heisst <u>tot</u>, wenn durch sie keine Transition schaltfähig ist. Dementsprechend heisst ein markiertes Petri-Netz <u>lebendig</u>, wenn durch keine Komposition der Markierungsabbildung ein Netz mit einer toten Markierung erreicht werden kann, wenn es also keine tote Folgemarkierung zulässt.

<u>Beispiel</u> eines lebendigen markierten Petri-Netzes:

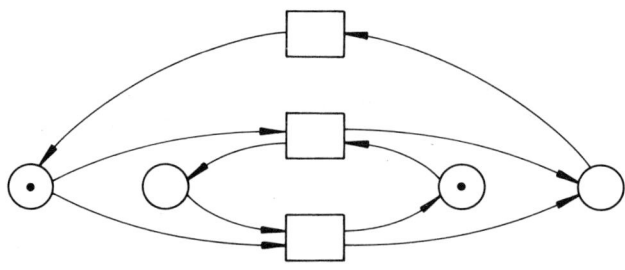

Die Lebendigkeit kann, ausgehend von der gegebenen Markierung, durch "Probieren" aller möglichen Folgemarkierungen festgestellt werden. Im vorliegenden Fall ist dies sehr einfach, da sich ein Zyklus mit 4 Zustandsübergängen herausbildet.

Ein markiertes Petri-Netz heisst sicher, wenn durch keine Komposition der Markierungsabbildung ein Netz erreicht werden kann, in dem eine Stelle mit einer Anzahl von Marken belegt ist, die eine vorgegebene Höchstzahl übersteigt. Beispielsweise ist das obige Netz sicher (vom Grade 1), da bei jeder Folgemarkierung keine Stelle mehr als eine Marke trägt. In vielen praktischen Fällen wird wie im vorliegenden Beispiel höchstens eine Marke pro Stelle zugelassen, etwa wenn man die Belegung eines Betriebsmittels durch Markierung einer Stelle modelliert: Steht das entsprechende Gerät nur einmal zur Verfügung, so wäre eine Mehrfachbelegung sinnlos.

Petri-Netze sind zur Modellierung von Informationssystemen geeignet, wenn man sich für die Kommunikation zwischen den informationsverarbeitenden Systemelementen interessiert, nicht aber für das Zusammenwirken ihrer Tätigkeiten. Dann kann man nämlich auf unterschiedliche funktionale Beschreibungen der Instanzen und auf eine Strukturierung der Marken verzichten. Kommunikationsvorgänge werden über wechselnde Markierungen erfasst; Speicherfähigkeit und Mehrfachbenutzung von Kanälen werden berücksichtigt.

3.3.2 Formale Ansätze

Im vorangehenden Abschnitt haben wir die Lebendigkeit eines markierten Petri-Netzes durch Probieren möglicher Folgemarkierungen festgestellt. Diese Vorgehensweise ist bei der Analyse komplexer Modelle sicherlich unbefriedigend und mit hohem Aufwand verbunden. Deshalb möchte man Eigenschaften wie Lebendigkeit und Sicherheit mit Hilfe formaler Methoden aus dem betrachteten Modell ableiten können. Petri-Netze kommen der Spezifikation solcher Methoden entgegen, da hier auf die Mittel der Linearen Algebra zurückgegriffen werden kann. Insbesondere lassen sich einige dynamische Netz-Eigenschaften ohne Berücksichtigung einer speziellen Markierung, also allein aus zustandsunabhängigen Gegebenheiten ableiten. Es würde hier zu weit führen, derartige Untersuchungen in allen Einzelheiten zu besprechen. Wir werden daher in groben Zügen vorgehen.

Ausgangspunkt ist die Beschreibung der Struktur eines markierten Netzes $N=(S,T,Z,Q,M)$ anhand einer <u>Inzidenzmatrix</u> C, deren Zeilen und Spalten durch die Elemente $s \in S$ bzw. $t \in T$ indiziert sind:

$$C(s,t) \quad := \quad \begin{cases} 1, \text{ falls } (s,t) \in Q \\ -1, \text{ falls } (s,t) \in Z \\ 0, \text{ sonst.} \end{cases}$$

(Dies schliesst die Betrachtung von Netzen mit Stellen aus, die gleichzeitig Eingangs- und Ausgangsstelle einer Transition sind.)
Diese Matrix lässt sich zerlegen in zwei Matrizen A und E mit $C = A-E$, wobei

$$A(s,t) := \begin{cases} 1, \text{ falls } (s,t) \in Q \\ 0, \text{ sonst} \end{cases} \quad \text{und} \quad E(s,t) := \begin{cases} 1, \text{ falls } (s,t) \in Z \\ 0, \text{ sonst.} \end{cases}$$

Die Markierung $M: S \to \mathbb{N}$ wird als ein mit den Elementen von S indizierter Vektor $M \subseteq \mathbb{N}^{|S|}$ aufgefasst. Damit kann das Netz N als Matrix-Vektorpaar (C,M) beschrieben werden.

Bezeichne E_t den mit $t \in T$ indizierten Spaltenvektor von E und sei $\geq$ die komponentenweise Vergleichsrelation für Vektoren, dann ist t offensichtlich schaltfähig $(act(t,M))$, wenn gilt: $M \geq E_t$. Das einmalige Anwenden der Schaltregel auf die schaltfähige Transition t führt damit zu der Folgemarkierung M' mit $M' = M+C_t$.

Konfliktsituationen werden beschrieben durch
$$confl(t_1,t_2,M) := act(t_1,M) \wedge act(t_2,M) \wedge \neg(M \geq E_{t_1} + E_{t_2})$$

Dass eine Markierung M' Folgemarkierung einer Markierung M ist, lässt sich dadurch feststellen, dass man für das lineare Gleichungssystem

$$M + C \cdot X = M'$$

einen mit den Elementen von T indizierten Lösungsvektor findet. Dann gibt $X[t]$ an, wie oft die Schaltregel auf t angewendet werden muss, um das Netz (S,T,Z,Q,M) in das Netz (S,T,Z,Q,M') zu überführen. Man sagt in diesem Fall auch "M' ist von M aus erreichbar" und schreibt dafür $M \twoheadrightarrow M'$. Gilt $M \twoheadrightarrow M$, so heisst M <u>reproduzierbar</u>.

Eine Markierung M bildet zusammen mit allen (von ihr aus erreichbaren) Folgemarkierungen M' eine <u>Markierungsklasse</u> $\tilde{M}$. Das Netz (S,T,Z,Q,M) ist demnach lebendig, wenn die Markierungs-

klasse jeder Folgemarkierung von M mehr als nur sich selbst
enthält ($\forall M' \in \tilde{M}: |\tilde{M}'| > 1$). Es ist bzgl. einer Beschränkung B:
S $\rightarrow$ $\mathbb{N}$ (zulässige Höchstzahl von Marken pro Stelle) sicher, wenn
$\forall s \in S, \forall M' \in \tilde{M}: M'[s] < B[s]$.

Für den algebraischen Nachweis der Sicherheit, Lebendigkeit und
Konfliktfreiheit eines Netzes existieren noch keine allgemein
anwendbaren Lösungswege. Zu einigen Netzkonfigurationen lassen
sich jedoch Aussagen machen, z.B. nach Lautenbach für Netze mit
mindestens einer ganzzahligen positiven Lösung I, genannt
Invariante, des linearen Gleichungssystems
$$C^T \cdot X = \emptyset \qquad (C^T: \text{Transponierte von C})$$
In einem solchen Netz gilt für jede Folgemarkierung M' einer
Markierung M
$$M' \cdot I^T = M \cdot I^T$$
mit I $\in \mathbb{N}^{|S|}$, I^T: Transponierte von I. Es handelt sich hierbei
um Netze, bei denen auf keiner Stelle die Markierung beliebig
anwachsen kann. Ist $I = \mathbb{1}$ (Einheitsvektor), so bleibt die
Gesamtzahl der Marken einer Markierung sogar unter allen ihren
Folgemarkierungen konstant.

In Netzen mit Invarianten kann man hinreichende Bedingungen für
die Lebendigkeit durch Betrachtung der einfachen, ganzzahligen
und nichtnegativen Lösungen Z des linearen Gleichungssystems
$$C \cdot Z = \emptyset.$$
herleiten. In jeder Lösung identifizieren die von $\emptyset$ verschiedenen Komponenten eine Menge von Transitionen, durch die im Netz
Kreise verlaufen. Das Teilnetz, das genau diese Transitionen und
alle mit ihnen verbundenen Stellen, Quellen und Ziele umfasst,
heisst starke Zusammenhangskomponente.

Beispiel: Netz mit zwei starken Zusammenhangskomponenten:

Graph	Inzidenzmatrix

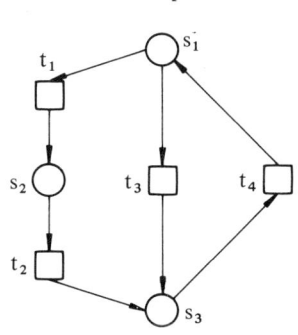

S \ T	1	2	3	4
1	−1	0	−1	1
2	1	−1	0	0
3	0	1	1	−1

Die einfachen, nichtnegativen und ganzzahligen Lösungen von
$C \cdot Z = 0$ sind

$$
Z_1 = \begin{pmatrix} 0 \\ 0 \\ 1 \\ 1 \end{pmatrix} \quad \text{und} \quad Z_2 = \begin{pmatrix} 1 \\ 1 \\ 0 \\ 1 \end{pmatrix} ;
$$

Sie entsprechen den beiden starken Zusammenhangskomponenten
$(\{s_1, s_3\}, \{t_3, t_4\}, \{(s_1, t_3), (s_3, t_4)\}, \{(s_3, t_3), (s_1, t_4)\})$ und
$(\{s_1, s_2, s_3\}, \{t_1, t_2, t_4\}, \{(s_1, t_1), (s_2, t_2), (s_3, t_4)\}, \{(s_2, t_1), (s_3, t_2), (s_1, t_4)\})$.

Jede von ihnen umfasst genau einen Kreis, nämlich
K_1 : $(t_3, s_3, t_4, s_1, t_3)$ und
K_2 : $(t_1, s_2, t_2, s_3, t_4, s_1, t_1)$.

Hinreichend für die Lebendigkeit eines Netzes ist, dass jede
Transition zu einer starken Zusammenhangskomponente gehört und
jeder Kreis eine Marke trägt. Dann ist nämlich stets in jeweils
mindestens einer starken Zusammenhangskomponente mindestens eine
Transition schaltfähig. Im Beispiel leistet dies u.a. die
Belegung der Stelle s_1 mit einer Marke.

3.3.3 Ein Anwendungsbeispiel

Ein einfaches Beispiel für Petri-Netze ist das Modell zweier
zusammenwirkender Teilsysteme, eines Erzeugers und eines
Verbrauchers. Der Verbraucher stellt 3 Behälter zur Verfügung,
die vom Erzeuger zu füllen sind und vom Verbraucher dann geleert
werden.

Das Zusammenspiel der beiden Teilsysteme lässt sich durch das
Netz in Abb. 3.3 beschreiben. Hierbei bedeuten

e_1: Besorgen ⎫
e_2: Füllen ⎬ eines Behälters,
e_3: Abgabe ⎭

v_1: Besorgen ⎫
v_2: Leeren   ⎬ eines Behälters
v_3: Abgabe   ⎭

Eine Marke auf lp bzw. vp ist zu interpretieren als Verfügbarkeit eines leeren bzw. vollen Behälters.

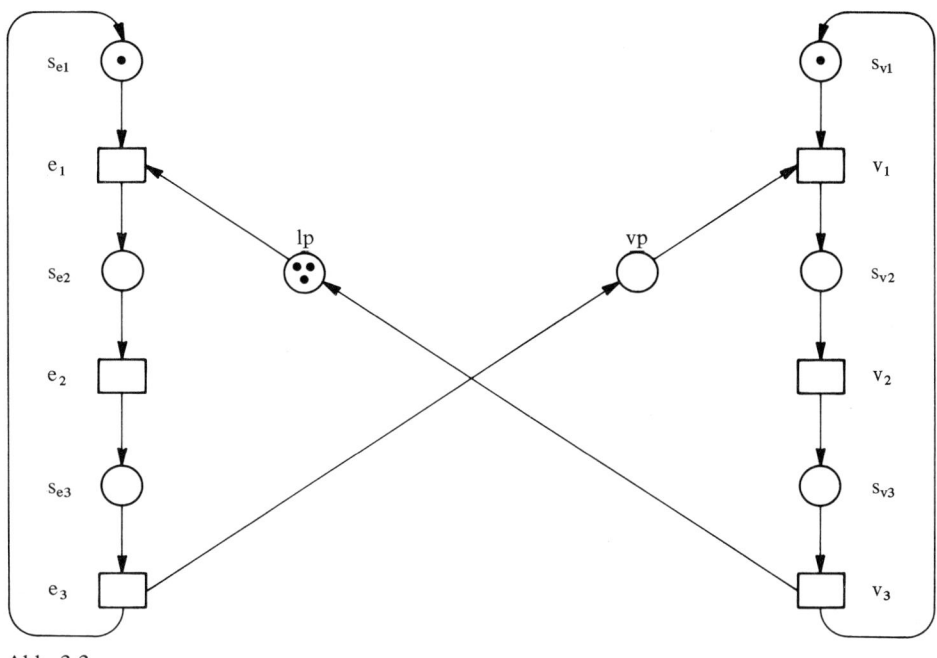

Abb. 3.3

Es handelt sich hier um einen sog. <u>Synchronisationsgraphen</u> (jede
Stelle tritt in höchstens einer Quelle und in höchstens einem
Ziel auf) mit den Kreisen

K_1: $(v_1, s_{v_2}, v_2, s_{v_3}, v_3, l_p, e_1, s_{e_2}, e_2, s_{e_3}, e_3, v_p, v_1)$
K_2: $(e_1, s_{e_2}, e_2, s_{e_3}, e_3, s_{e_1}, e_1)$
K_3: $(v_1, s_{v_2}, v_2, s_{v_3}, v_3, s_{v_1}, v_1)$

Das gesamte Netz bildet eine starke Zusammenhangskomponente, in
jedem Kreis ist eine Stelle markiert, das markierte Netz ist
also lebendig.

3.3.4 Modellierung der Dauer von Tätigkeiten

Petri-Netze abstrahieren von zeitlichen Gegebenheiten, soweit
sich diese nicht durch Begriffe wie "vorher", "nachher" und
"nebenläufig" beschreiben lassen. Will man die Dauer von
Tätigkeiten, die Lebensdauer von Informationen, Übertragungs-
zeiten u.ä. modellieren, so bedarf es entsprechender Erweiterungen. Beispielsweise wird die Dauer von Tätigkeiten mit den

Petri-Zeitnetzen (engl.: timed Petri nets) von C.Ramchandani erfasst. Systemstruktur und Strömungsgrössenverteilung werden durch ein markiertes Petri-Netz (S,T,Z,Q,M) beschrieben, zusätzlich wird die Dauer von Tätigkeiten durch eine Abbildung

$$\tau : T \to \mathbb{R}^+$$

modelliert, die jeder Transition t eine nichtnegative Zahl $\tau_t = \tau(t)$, die sog. Schaltzeit, zuordnet. Die Schaltzeit ist als dasjenige Vielfache einer festzulegenden Zeiteinheit zu deuten, das die betreffende Transition zur Durchführung eines Schaltvorganges benötigt. Da in markierten Petri-Netzen für jede Transition dieselbe "Tätigkeit" definiert ist, kann jeweils nur eine Schaltzeit zugeordnet werden. Die Schaltregel ist folgendermassen modifiziert:

Ist eine Transition t zum Zeitpunkt δ schaltfähig, so zieht sie zu einem beliebigen Zeitpunkt $\delta + \Delta$ (Δ Zufallsgrösse) von jeder ihrer Eingangsstellen eine Marke ab und befindet sich nun in der Ausführungsphase. Diese dauert τ_t Zeiteinheiten. Am Ende dieses Zeitabschnitts legt t auf jeder ihrer Ausgangsstellen eine Marke ab. Damit ist der Schaltvorgang zum Zeitpunkt $\delta + \Delta + \tau_t$ beendet.

Beispiel eines Petri-Zeitnetzes:

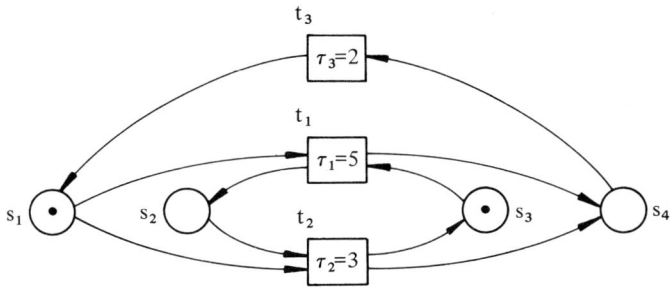

Unter der Annahme $\Delta = \emptyset$ sind die Schaltvorgänge zeitlich wie folgt verteilt:

$\emptyset-5$	t_1	$12-17$	t_1	$24-29$	t_1
$5-7$	t_3	$17-19$	t_3	$29-31$	t_3
$7-1\emptyset$	t_2	$19-22$	t_2	$31-34$	t_2 usw.
$1\emptyset-12$	t_3	$22-24$	t_3	$34-36$	t_3

Aus dieser Tabelle lässt sich entnehmen, dass sich der Anfangszustand (d.h. die ursprüngliche Markierung) jeweils nach 12 Zeiteinheiten wieder einstellt.

84

Instanzen in Informationssystemen sind im allgemeinen zu
mehreren Tätigkeitsformen befähigt, auch hängt deren Dauer meist
von den zu verarbeitenden Informationen ab. Dem könnte man hier
dadurch Rechnung tragen, dass man auch die Schaltzeit τ_t als
Zufallsvariable (über ein gewisses Intervall) vereinbart.

3.4 Evaluationsnetze

3.4.1 Bestandteile und Eigenschaften

Die Beschreibung von Systemem durch Petri-Netze kann leicht zu
unüberschaubaren Modellen führen, wenn man das Verhalten von
Instanzen oder die Eigenschaften von Kanälen detaillierter
beschreiben will. In diesem Fall müssen nämlich die Instanzen
und Kanäle selbst zu (Teil-)Netzen modelliert werden. Nachteile
dieser Art, und der Wunsch, die bei markierten Petri-Netzen
offen gelassene Auflösung von Konfliktfällen, z.B. durch Auswahl
von Eingangsstellen, steuern zu können, führten zu einer Reihe
von Erweiterungs- und Detaillierungsvorschlägen. Grössere
Bekanntheit erreichten davon bisher nur die Evaluationsnetze
oder E-Netze von Noe und Nutt. Sie unterscheiden sich von
Petri-Netzen hauptsächlich dadurch, dass sie für die Modellierung von Strömungsgrössen und Kanälen umfangreichere Konzepte
vorsehen und ausserdem über eine vielseitigere Schaltregel
verfügen, allerdings keine Mehrfachbenutzung berücksichtigen und
Sicherheit vom Grade 1 erzwingen.

Im einzelnen ergeben sich Modelle von Strömungsgrössen,
ebenfalls Marken genannt, durch lineare Zusammensetzung einer
endlichen Anzahl von Attributen, die durch Operatoren verändert
werden können. Modelle von Kanälen, genannt Stellen, bestehen
aus einer endlichen, linearen Anordnung elementarer Variablen,
die der Aufnahme der Attribute einer Marke dienen, mit der die
jeweilige Stelle markiert wird. Aktionsfähige Systemelemente
werden durch Transitionen beschrieben, ihre Tätigkeiten durch
sog. Transitionsvorschriften der Form

$$[B_1 : Z_{11}, \ldots, Z_{1n_1} ; \ldots ; B_k : Z_{k1}, \ldots, Z_{kn_k}]$$

mit B_i : Boole'sche Ausdrücke (z.B. bezüglich der Markierung von
Stellen), und Z_{ij}: einfache Zuweisungen von Attributen zu

Marken, die sich auf bestimmten Stellen befinden. Anschlüsse zwischen Instanzen und Kanälen werden zu gerichteten <u>Kanten</u> modelliert, analog zu den Quellen und Zielen von Petri-Netzen. (Entsprechend werden auch die Begriffe <u>Eingangs-</u> und <u>Ausgangs-</u><u>stelle</u> einer Transition verwendet.) Transitionen können insbesondere die Eigenschaft besitzen, nicht von allen Eingangsstellen Marken abziehen und nicht auf allen Ausgangs-stellen Marken ablegen zu müssen. Wie wir später sehen werden, wird dies im einzelnen durch die Markierung von <u>Entscheidungs-</u><u>stellen</u> geregelt; sie können mit einem der drei <u>Entscheidungs-</u><u>werte</u> "undefiniert", "nicht belegt" oder "belegt" markiert werden, was durch Auswertung einer <u>Entscheidungsvorschrift</u> zu ermitteln ist. Entscheidungsvorschriften sind ähnlich wie Transitionsvorschriften aufgebaut, statt Zuweisungsfolgen enthalten sie jedoch Entscheidungswerte (EW):

$$[B_1 : EW_1 \cdot \; .... ; \; B_k : EW_k]$$

Analog zur Schaltzeit in Petri-Zeitnetzen ist eine <u>Übergangszeit</u> für die Modellierung der Dauer von Tätigkeiten vorgesehen.

Der Aufbau von Evaluationsnetzen aus diesen Modellen und ihre Zustände unterliegen den folgenden Vorschriften:

- Ein Evaluationsnetz besteht aus endlich vielen Komponenten, besitzt jedoch mindestens eine Transition und mindestens eine Stelle. Es ist zusammenhängend.
- Kanten können nur zwischen Stellen und Transitionen existie- ren.
- Zu einer Stelle gehören mindestens eine und höchstens zwei Kanten; im letzteren Fall haben die Kanten verschiedene Richtung. Zu einer Entscheidungsstelle gehört genau eine auf eine Transition gerichtete Kante.
- Nur die folgenden fünf Möglichkeiten der Verbindung von Stellen und Transitionen durch Kanten sind zulässig (wobei die Transitionen nach den möglichen Zusammensetzungen klassifi- ziert und benannt werden):

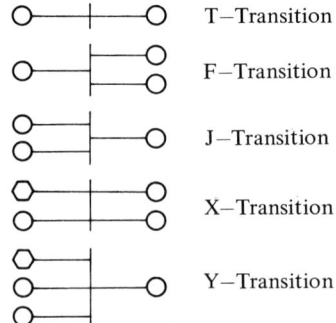

T—Transition

F—Transition

J—Transition

X—Transition

Y—Transition

(Die vertikalen Striche stellen jeweils eine Transition, die Sechsecke Entscheidungsstellen dar.)

- Jeder Transition ist genau eine Transitionsvorschrift und eine Übergangszeit zugeordnet.
- Eine Stelle kann mit höchstens einer Marke markiert sein, die ihrerseits aus höchstens so vielen Attributen besteht, wie die Stelle Variablen besitzt. Jeder Entscheidungsstelle ist genau eine Entscheidungsvorschrift zugeordnet.

Bei der graphischen Darstellung wird die Zusammensetzung von Stellen bzw. Marken (letztere werden wie bei den markierten Petri-Netzen durch Punkte repräsentiert) vernachlässigt. Die Spezifikation dieser Zusammensetzung sowie die Darstellung von Übergangszeiten, Marken- oder Stellendimensionen, Transitions- und Entscheidungsvorschriften erfolgt bei Bedarf durch Zusätze. Entscheidungswerte werden dagegen durch die Zeichen $\phi, 0, 1$ für "undefiniert", "nicht belegt" bzw. "belegt" dargestellt.

3.4.2 Reaktionsregel und Transitionsschema

Das Verhalten von Instanzen wird durch die sog. Reaktionsregel beschrieben, die ähnlich der Schaltregel bei Petri-Netzen nur die Markierung, d.h. die Verteilung von Marken auf Stellen, und evtl. die Zusammensetzung der Marken ändert. Der Markenfluss wird dabei durch ein Transitionsschema definiert, das die Attribute von Marken unberücksichtigt lässt. Es beschreibt, von welchen Eingangsstellen Marken abgezogen und auf welchen Ausgangsstellen Marken abgelegt werden. Für T-, F- und J-Transitionen ist es zur Wirkung der Schaltregel bei Petri-Netzen äquivalent, allerdings mit der (auch für X- und Y-Transitionen gültigen) Einschränkung, dass es nur dann angewendet werden kann, wenn auf keiner der Ausgangsstellen der betreffenden Transition eine Marke liegt (Erzwingen der Sicherheit). Im einzelnen besteht das Transitionsschema aus den in Abb. 3.4 tabellarisch ausgedrückten Übergangsrelationen, wobei für alle nicht aufgeführten Belegungsfälle keine Markierungszuordnung definiert ist; in solchen Fällen kann die Transition nicht reagieren.

Die Kantenindizes "1" und "0" bei X- und Y-Transitionen dienen zur Identifikation der bei belegter bzw. nicht belegter

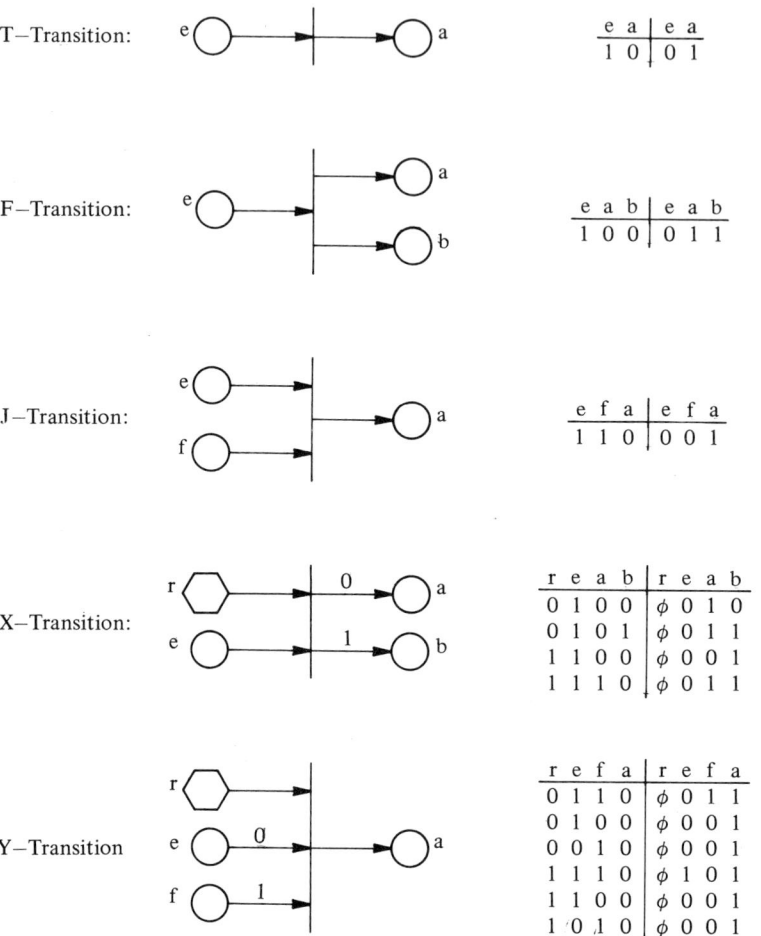

	Transition	Übergangsrelation

("0" unter einem Stellennamen bedeutet nicht belegt, "1" belegt, ϕ undefiniert)

T—Transition:

$$\begin{array}{cc|cc} e & a & e & a \\ \hline 1 & 0 & 0 & 1 \end{array}$$

F—Transition:

$$\begin{array}{ccc|ccc} e & a & b & e & a & b \\ \hline 1 & 0 & 0 & 0 & 1 & 1 \end{array}$$

J—Transition:

$$\begin{array}{ccc|ccc} e & f & a & e & f & a \\ \hline 1 & 1 & 0 & 0 & 0 & 1 \end{array}$$

X—Transition:

$$\begin{array}{cccc|cccc} r & e & a & b & r & e & a & b \\ \hline 0 & 1 & 0 & 0 & \phi & 0 & 1 & 0 \\ 0 & 1 & 0 & 1 & \phi & 0 & 1 & 1 \\ 1 & 1 & 0 & 0 & \phi & 0 & 0 & 1 \\ 1 & 1 & 1 & 0 & \phi & 0 & 1 & 1 \end{array}$$

Y—Transition

$$\begin{array}{cccc|cccc} r & e & f & a & r & e & f & a \\ \hline 0 & 1 & 1 & 0 & \phi & 0 & 1 & 1 \\ 0 & 1 & 0 & 0 & \phi & 0 & 0 & 1 \\ 0 & 0 & 1 & 0 & \phi & 0 & 0 & 1 \\ 1 & 1 & 1 & 0 & \phi & 1 & 0 & 1 \\ 1 & 1 & 0 & 0 & \phi & 0 & 0 & 1 \\ 1 & 0 & 1 & 0 & \phi & 0 & 0 & 1 \end{array}$$

Abb. 3.4

Entscheidungsstelle r angesprochenen Ausgangs- bzw. Eingangsstelle. Bei der Y-Transition findet eine Auswahl nur für den
Fall statt, dass beide Eingangsstellen markiert sind. Man sieht
damit sofort, dass X- und Y-Transition Erweiterungen von F- bzw.
J-Transition sind.

Die Auswertung der Reaktionsregel führt zur Definition der
folgenden Reaktionsphasen einer Transition t:

88

<u>Pseudo-Schaltfähigkeitsphase</u> (nur bei X- und Y-Transitionen):

Die mit t verbundene Entscheidungsstelle hat den Wert "undefiniert", alle anderen Stellen haben einen Zustand, für den es eine Übergangsrelation im Transitionsschema gibt. (Daher ist zunächst die Entscheidungsstelle zu betrachten.) Die Entscheidungsvorschrift der Entscheidungsstelle wird von links nach rechts ausgewertet. Liefert dabei einer der Boole'schen Ausdrücke (B_i) den Wahrheitswert "wahr", so wird der Entscheidungswert EW_i auf die Entscheidungsstelle abgelegt. Andernfalls bleibt die Entscheidungsstelle unverändert, und die Entscheidungsvorschrift wird erst dann wieder ausgewertet, wenn eines ihrer Argumente verändert wurde (z.B. durch die Tätigkeit einer anderen Transition).

<u>Schaltfähigkeitsphase</u>:

Alle Stellen (auch eine evtl. vorhandene Entscheidungsstelle nach Auswertung einer Entscheidungsvorschrift) haben eine Markierung, für die es eine Übergangsrelation im Transitionsschema (also eine Zeile in der entsprechenden Tabelle) gibt.

<u>Aktivitätsphase</u>

Die Transition "arbeitet". Die Markierung aller zugehörigen Stellen bleibt unverändert.

<u>Beendigungsphase</u>

Die Aktivität wird beendet. Die Markierung der zugehörigen Stellen wird entsprechend der Übergangsrelation verändert, falls bei der Auswertung der Transitionsvorschrift ein gültiger Boole'scher Ausdruck gefunden wurde, wobei die Attribute der abzulegenden Marken durch Auswertung der Transitionsvorschrift entstehen. Andernfalls fällt die Transition in die Pseudo-Schaltfähigkeitsphase zurück, ohne dass irgendwelche Marken verändert werden. Bei regulärer Beendigung trägt die Entscheidungsstelle einer X- oder Y-Transition wieder den Entscheidungswert "undefiniert". Die Auswertung einer Transitionsvorschrift geht dabei ebenfalls so vor sich, dass von links nach rechts nach einem gültigen Boole'schen Ausdruck gesucht wird. Wird ein solcher gefunden, so werden die Zuweisungen $Z_{i1},\ldots,Z_{in}$ ausgeführt. Im Normalfall wird man als letzten Boole'schen Ausdruck einen allgemeingültigen Ausdruck wählen, um in jedem Fall eine Reaktion sicherzustellen.

Über die Dauer der Schalt- und Pseudoschaltfähigkeitsphase wird nichts ausgesagt, d.h. Transitionen müssen nicht notwendig in

die Aktivitätsphase eintreten, sobald sie schaltfähig sind. Die
Dauer der Aktivitätsphase wird dagegen durch die Übergangszeit
der Transition bestimmt. Ist sie beendet, so läuft die
Beendigungsphase unmittelbar (in einem zeitlich nicht messbaren
Schritt) ab.

3.4.3 Ein Beispiel (nach Noe und Nutt)

Gegeben sei das zu einem Anfangszeitpunkt τ_o folgendermassen
markierte Evaluationsnetz:

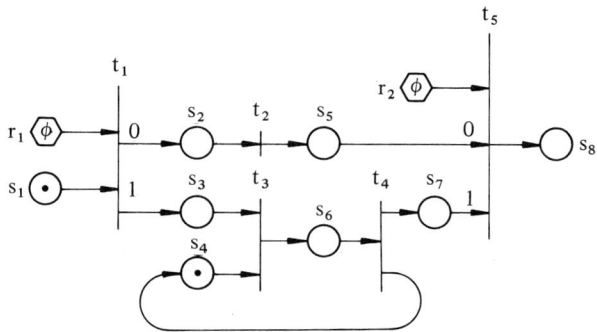

Der Einfachheit wegen nehmen wir an, dass alle Marken genau ein
Attribut besitzen. Ausserdem setzen wir voraus, dass die
Transitionen in die Aktivitätsphase eintreten, sobald sie
schaltfähig sind. Die Entscheidungsvorschrift $E(r_1)$ von r_1 sei
definiert durch [s_4 markiert: 1; "wahr": 0], $E(r_2)$ durch
["wahr": 1]. $E(r_2)$ liefert also immer den Entscheidungswert
1, d.h. t_5 zieht stets vorzugsweise die Marke von s_7 ab.

Im Netz befindet sich keine Transition in der Schaltfähigkeits-
phase, t_1 jedoch in der Pseudo-Schaltfähigkeitsphase, bei deren
Beendigung der Entscheidungswert ϕ in r_1 durch 1 ersetzt wird.
Danach durchläuft t_1 die Schaltfähigkeits-, Aktivitäts- und
Beendigungsphase, so dass zum Beendigungszeitpunkt $\tau_1 = \tau_o + \tau(t_1)$
die folgende Markierung vorliegt ($\tau(t_j)$ sei die Übergangszeit
der Transition t_j):

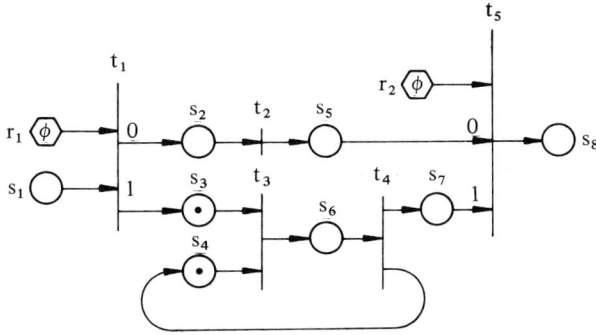

Damit kann die Reaktionsregel auf t_3 angewendet werden. Zum Zeitpunkt $\tau_2 = \tau_1 + \tau(t_3)$ liegt also die folgende Situation vor:

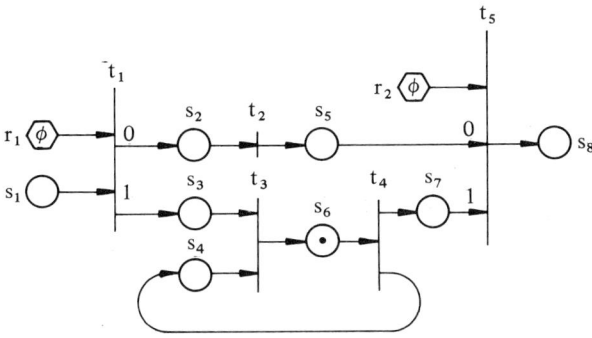

Nehmen wir nun an, von aussen würde zu diesem Zeitpunkt eine weitere Marke auf die Randstelle s_1 abgelegt. Ist $\tau(t_1) + \tau(t_2) < \tau(t_4)$, so hat das Netz zum Zeitpunkt $\tau_3 = \tau_2 + \tau(t_1) + \tau(t_2)$ die Markierung

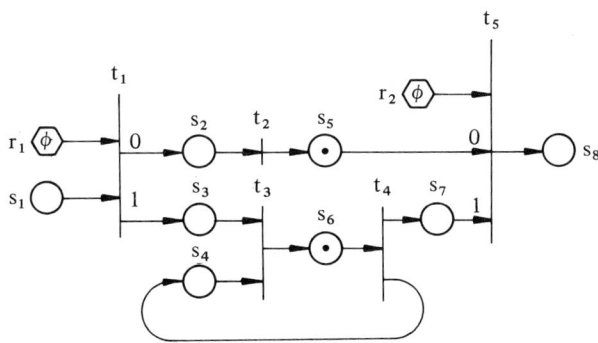

Somit wird die auf s_5 liegende Marke durch t_5 nach s_8 transportiert und nach Schalten von t_4 ein Endzustand erreicht, in dem die Stellen s_4, s_7 und s_8 belegt sind. Ist dagegen $\tau(t_1) + \tau(t_2)$

$\geq \tau(t_4)$, so kann sich die von t_4 auf s_7 abgelegte Marke durchsetzen und wird durch t_5 nach s_8 transportiert. Dies führt zu einem Endzustand, in dem die Stellen s_4, s_5 und s_8 belegt sind. In beiden Endzuständen kann die Reaktionsregel auf keine Transition mehr angewendet werden.

3.4.4 Makro-E-Netze

Während durch Petri-Netze Aspekte der Kommunikation in den Vordergrund gerückt werden, bieten Evaluationsnetze einige, wenn auch eingeschränkte Möglichkeiten zur Modellierung des Verhaltens von Instanzen. Der Verzicht auf die Modellierung von Mehrfachbenutzung und Speicherkapazität bedeutet jedoch eine Einschränkung auf Spezialfälle, die in Informationssystemen Ausnahmen sind. Man ist also auch bei der Verwendung von Evaluationsnetzen häufig gezwungen, Systemkomponenten, die man an sich als Einheiten ansehen will (z.B. als Instanzen), zu Teilnetzen zu modellieren. Dies kann natürlich leicht zu unübersichtlichen Modellen führen. Aus diesem Grunde wurde das Modellierungssystem der Evaluationsnetze um eine Abkürzungstechnik für bestimmte, nur in ihrer Gesamtheit auftretende oder immer wiederkehrende Teilnetze erweitert.

Dabei werden die entsprechenden Teilnetze einfach durch übersichtliche Vertreter ersetzt, die an ihren Randstellen ein äquivalentes funktionales Verhalten aufweisen. Naheliegenderweise bezeichnet man sie als Makro-Transitionen oder Makro-Stellen, je nachdem ob sie als Transitionen oder Stellen verwendet werden. Netze, die Makro-Transitionen oder Makro-Stellen enthalten, ansonsten jedoch nach den Regeln der Evaluationsnetze zusammengesetzt sind, werden als Makro-E-Netze bezeichnet. Insbesondere muss die Ersetzung der Makros eines Makro-E-Netzes durch die entsprechenden Teilnetze zu einem Evaluationsnetz führen.

Ein Beispiel soll die durch Makro-E-Netze gegebenen Möglichkeiten verdeutlichen. Vorgegeben sei das Evaluationsnetz

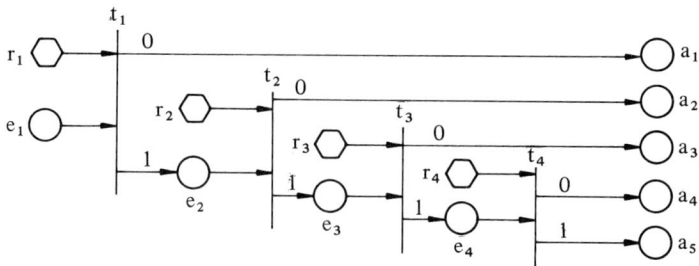

dessen Entscheidungs- und Transitionsvorschriften so ausgelegt
seien, dass die "Eingabe" einer Marke auf e_1 nach einer gewissen
Zeit zur Ablage einer Marke auf einer der Stellen $a_1,...,a_5$
führt. Interessieren uns bei der weiteren Verwendung dieses
Netzes nicht die in seinem Inneren stattfindenden Markierungs-
änderungen, so können wir es etwa durch das folgende Makro-E-
Netz abkürzen:

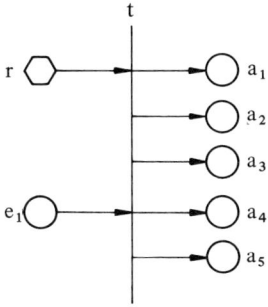

Die mit t bezeichnete Komponente ist (zusammen mit der neuen
Entscheidungsstelle r) offensichtlich eine Makro-Transition: sie
entspricht einem Schalter mit 5 Ausgängen. Derartige Schalter
mit beliebig vielen Ausgängen werden in der Terminologie der
Makro-E-Netze unter dem Namen X-Makro-Transition zusammengefasst. Analog dazu lässt sich auch eine Y-Makro-Transition als
Schalter mit n Eingängen definieren.

4 Architektur

Die bisher betrachteten Konzepte zur Untersuchung der dynamischen Eigenschaften eines Systems erlauben zwar Aussagen über die Abläufe und Zusammenhänge zwischen den Instanzen, abstrahieren jedoch stark von den Tätigkeiten der Instanzen. Beim Entwurf eines rechnergestützten Informationssystems stellt sich aber zunächst die Aufgabe, ausgehend von der durch die System-Schnittstelle spezifizierten Funktion des Gesamtsystems die Funktionen der Instanzen im einzelnen festzulegen. Erst dann können die Instanzen (Programme) konstruiert werden.

In diesem Kapitel gehen wir allerdings noch nicht auf die Funktion einzelner Programme ein. Vielmehr erörtern wir zunächst (Kap.4.1) die Entwurfsmethode für umfangreiche Programmpakete, sich ausgehend von der vorgegebenen Schnittstelle des geplanten Systems über eine oder mehrere (ebenfalls durch Schnittstellen beschriebene) Stufen zu der Schnittstelle des Zielrechners vorzuarbeiten, die durch Programmiersprachen und Betriebssystem festgelegt ist. An dieser Vorgehensweise wird sich dann auch die Einführung der technischen Verfahren in Teil II und die Beschreibung konkreter Systembeispiele in Teil III orientieren. Eine wichtige Rolle spielt sie ausserdem bei Untersuchungen zu der Frage, welche Architekturgrundsätze zu befolgen sind, damit ein Informationssystem mehrere Datenmodelle nebeneinander anbieten kann. Eine Antwort hierauf, das sog. "Drei-Schema-Konzept", wird in Kap.4.2 vorgestellt.

4.1 Schnittstellenhierarchien

4.1.1 Schnittstellen und abstrakte Maschinen

Durch die Vorgabe einer Informationssystem-Schnittstelle ist das Verhalten des geplanten Systems in der Weise festgelegt, als für jeden mit den sprachlichen Mitteln der Schnittstelle formulierten Ausdruck auch das Ergebnis seiner Bearbeitung vorhergesagt werden kann. Natürlich besteht dabei nicht in jedem Fall eine eindeutige Zuordnung zwischen Ausdruck und Bearbeitungsergebnis, vielmehr muss die Vorhersage einen gedachten Datenbasiszustand in Form von Ergebnissen früherer "Bearbeitungen" einbeziehen. Man kann sich nun zunächst vorstellen, die Bearbeitung der Ausdrücke erfolge durch eine abstrakte Maschine, d.h. ein gedachtes aktionsfähiges Objekt, dessen Schnittstelle mit der vorgegebenen Informationssystem-Schnittstelle übereinstimmt. Einen Ausdruck, dem von der Maschine insgesamt ein Ergebnis zuzuordnen ist, nennen wir eine Problembeschreibung für diese Maschine, das Ergebnis eine Antwort.

Im nächsten Entwurfsschritt ist nun zu klären, durch welches reale System diese abstrakte Maschine zu ersetzen, wir sagen zu realisieren ist. Bereits als realer Systembestandteil vorgegeben ist dabei ein Rechner, dessen Verhalten ebenfalls durch eine Schnittstelle (z.B. durch eine Programmiersprache und deren Semantik) bestimmt ist. Somit stellt sich im Zusammenhang mit der Realisierung die Frage, wie man die Rechnerfunktion ausnützen kann, um ein reales System mit dem Verhalten der abstrakten Maschine zu erhalten. Für die Beantwortung dieser Frage ist lediglich die Schnittstelle des Rechners von Bedeutung, so dass wir auch ihn als abstrakte Maschine auffassen können, um deren Realisierung wir uns aber nicht mehr zu kümmern brauchen.

Der Begriff der abstrakten Maschine und die damit verbundene Terminologie sollen im folgenden noch etwas präzisiert werden. Dazu genügt es, von einer relativ einfachen Vorstellung über Schnittstellen auszugehen, also weitgehend von den in Kap.2 berücksichtigten Details zu abstrahieren. Wir nehmen daher lediglich an, dass eine Schnittstelle zwei Sprachen umfasst, eine zur Formulierung von Problembeschreibungen, die andere zur Formulierung von Antworten. Zwischen den Elementen dieser Sprachen bestehe eine Zuordnung, die möglicherweise auf weitere Faktoren (z.B. auf einen gedachten Datenbasiszustand) bezugnimmt. Wir unterstellen ihr, dass sie sich als berechenbare Abbildung

$$f: \Delta \times E \rightarrow \Delta \times A$$

mit: Δ: Menge von Zuständen

E: Eingabesprache, Menge von Problembeschreibungen

A: Ausgabesprache, Menge von Antworten.

ausdrücken lässt.

f heisst die <u>Funktion</u> der durch die Schnittstelle (E,f,A) bestimmten abstrakten Maschine F. Als Veranschaulichung dienen Diagramme folgender Art:

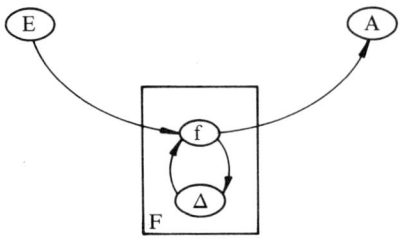

Zur Vereinfachung schreiben wir statt f: $\Delta \times E \rightarrow \Delta \times A$ auch:

$f = f_z \times f_a$

mit $f_z: \Delta \times E \rightarrow \Delta$, $f_a: \Delta \times E \rightarrow A$

und $\forall (\delta,e) \in \Delta \times E: f(\delta,e) = (f_z(\delta,e), f_a(\delta,e))$.

Ein Tripel $\Sigma = (E,F,A)$ bezeichnen wir als <u>Schicht</u>, (E,f,A) als Schnittstelle der Schicht Σ. Hierauf aufbauend lässt sich nun eine formale Definition des Realisierungsbegriffs geben:

Seien $\Sigma_1 = (E_1,F_1,A_1)$ und $\Sigma_2 = (E_2,F_2,A_2)$ zwei Schichten, $f_1: \Delta_1 \times E_1 \rightarrow \Delta_1 \times A_1$ und $f_2: \Delta_2 \times E_2 \rightarrow \Delta_2 \times A_2$ die Funktionen der abstrakten Maschinen F_1 bzw. F_2.

Σ_2 <u>realisiert abstrakt</u> Σ_1 (geschrieben: $\Sigma_1 \underset{r}{|} \Sigma_2$), wenn es

- eine Äquivalenzrelation $\simeq \subseteq \Delta_1 \times \Delta_2$ mit Vorbereich($\simeq$) = Δ_1 und
- zwei berechenbare Abbildungen $p: E_1 \rightarrow E_2$ und $q = A_2 \rightarrow A_1$

so gibt, dass gilt:

$(*)$ $\forall \delta_1 \in \Delta_1, \delta_2 \in \Delta_2, e \in E_1 : \delta_1 \simeq \delta_2 \Rightarrow f_{1_z}(\delta_1,e) \simeq f_{2_z}(\delta_2,p(e)) \wedge$

$\qquad\qquad\qquad\qquad\qquad f_{1_a}(\delta_1,e) = q(f_{2_a}(\delta_2,p(e)))$

In diesem Fall sagen wir auch, dass die abstrakte Maschine F_2 die abstrakte Maschine F_1 realisiert.

Da auch die Abbildungen p und q als Funktionen (zustandsunabhängiger) abstrakter Maschinen F_p bzw. F_q aufgefasst werden können, lassen sich die bei der (abstrakten) Realisierung ergebenden Zusammenhänge folgendermassen veranschaulichen:

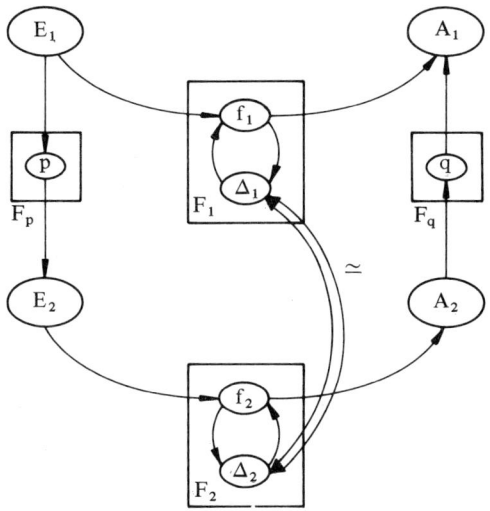

Formal erfüllen auch die Tripel $\Sigma_p=(E_1,F_p,E_2')$ und $\Sigma_q=(A_2,F_q,A_1)$ die Kriterien einer Schicht, deren Realisierung man in analoger Weise untersuchen kann. Die Unterscheidung der bei der Realisierung zu betrachtenden Schichten erfolgt also stets relativ zur gewählten Ausgangsschicht Σ_1.

Da die formale Definition der Realisierung abstrakter Maschinen keinen Bezug darauf nimmt, ob die realisierende Maschine selbst bereits realisiert ist oder nicht, lässt sich die Realisierung von Schichten über mehrere Stufen ausdehnen: Für $i \in \{1,\ldots,n\}$ seien $\Sigma_i=(E_i,F_i,A_i)$ Schichten mit $\Sigma_i \underset{r}{|} \Sigma_{i+1}$ $(i<n)$. Die Folge $<(E_i,f_i,A_i)>$ der Schnittstellen dieser Schichten bezeichnen wir als <u>Schnittstellenhierarchie</u>.

<u>4.1.2 Realisierungsmethoden</u>

Den Ausgangspunkt der Realisierung eines durch seine Schnittstelle (E_I,f_I,A_I) vorgegebenen rechnergestützten Informationssystems bilden nach unseren bisherigen Überlegungen die Schicht $\Sigma_I=(E_I,F_I,A_I)$ sowie die durch die Rechnerschnittstelle (E_R,f_R,A_R) bestimmte Schicht $\Sigma_R=(E_r,F_R,A_R)$. Wir unterstellen nun, dass Σ_I in jedem Fall durch Σ_R realisierbar ist, d.h. dass sich stets berechenbare Abbildungen p und q und eine zugehörige Äquivalenzrelation $\simeq \, \subseteq \Delta_I \times \Delta_R$ finden lassen, durch die die Realisierungsbedingung (*) erfüllt ist. Da hiermit drei

Grössen (p,q,≃) durch nur zwei Bedingungen bestimmt sind (f_1,f_2 sind vorgegeben), verbleibt ein gewisser Spielraum zu ihrer Festlegung. Wählt man beispielsweise p frei, so definiert (*) die Äquivalenzrelation und die Zuordnung q. Für die nachfolgende Betrachtung werden wir daher davon ausgehen, dass die Äquivalenzrelation implizit durch p bestimmt wird. Damit läuft die technische Realisierung der Maschine F_I - bei realem F_R - auf diejenige zweier abstrakter Maschinen F_p und F_q hinaus. Für deren Realisierung lässt sich natürlich dieselbe Überlegung anstellen.

Das Informationssystem wird demnach für Zwecke der Realisierung als System mit drei Instanzen F_p, F_R und F_q betrachtet. Für das Zusammenwirken dieser drei Instanzen existieren zwei Möglichkeiten.

1) Serialisierung.

F_p und F_q werden als Instanzen mit den Schnittstellen (E_1,p,E_2) bzw. (A_2,q,A_1) aufgefasst. Zur Benutzungszeit wird jede Problembeschreibung für F_I als Ganzes in eine Problembeschreibung für den Rechner F_R überführt, dieser bearbeitet sie, und die Antwort wird umgekehrt in eine Antwort aus A_1 überführt. F_p und F_q werden wegen ihrer Eigenschaft, Elemente verschiedener Sprachen aufeinander abzubilden, auch als Übersetzer bezeichnet.

Wir veranschaulichen diese Vorgehensweise durch das Diagramm:

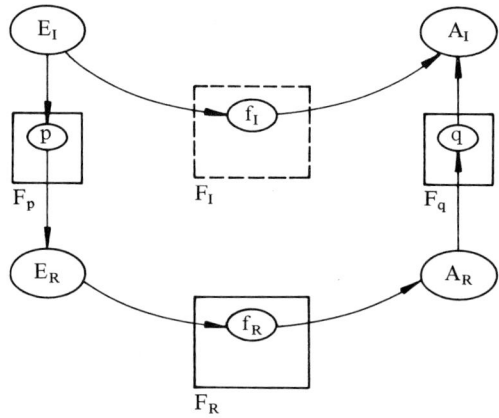

2) Alternation.

Angenommen, jede Problembeschreibung $e_2 \in p(E_1)$ könne derart in eine Folge $\langle e_{2i} \rangle$ von n "einfacheren" Problembeschreibungen zerlegt werden, dass gilt:

$$\forall \delta_2 \in \Delta_2 : f_2(\delta_2, e_2) = f_2(f_2 \, {}_z(f_2 \, {}_z(\ldots\ldots f_2 \, {}_z(\delta_2, e_{21}), e_{22}), \ldots\ldots), e_{2n})$$

d.h. das Ergebnis von $f_2(\delta_2, e_2)$ lässt sich dadurch erzielen, dass man schrittweise nacheinander einfachere Problembeschreibungen ausführt, wobei der mit jedem Schritt erreichte Datenbasiszustand Ausgangszustand des nachfolgenden Schrittes ist. In diesem Fall kann man F_p auch derart konstruieren, dass es bei Anliegen einer Problembeschreibung $e_1 \in E_1$ schrittweise die einzelnen e_{2i} an f_2 übergibt. F_q sammelt umgekehrt die einzelnen Antworten von F_R auf und gibt das endgültige Bearbeitungsergebnis erst aus, wenn die Bearbeitung von e_{2n} abgeschlossen ist. F_p, F_R und F_q werden also auch bei der Bearbeitung einer einzigen Problembeschreibung auf Σ_1 wiederholt und abwechselnd tätig. Insbesondere können F_p und F_q nicht völlig unabhängig voneinander in Aktion treten, so dass es naheliegt, sie als Einheit F_{pq} aufzufassen. Wir veranschaulichen dies durch das folgende Diagramm:

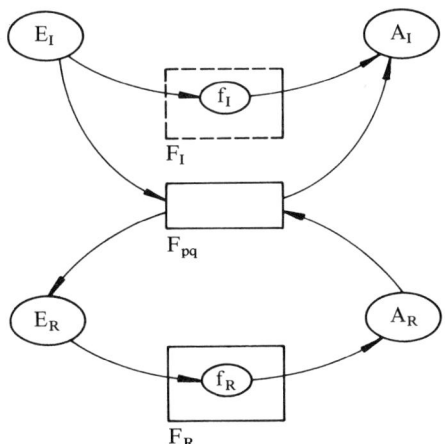

Wir sagen in einem solchen Fall, dass die Schicht Σ_I durch das Zusammenwirken von F_p und F_q interpretiert wird.

Die Realisierung von F_p (und ähnlich F_q) hängt davon ab, ob die Zuordnung $p: E_1 \rightarrow E_2$ rechnerisch erfolgen kann (mechanische

Übersetzung) oder manueller Vorbereitung bedarf (Programmierung von Σ_R-Prozeduren). Wenn man eine benutzernahe Schnittstelle mit den heute von Rechnerschnittstellen angebotenen sprachlichen Hilfsmitteln realisieren will, erweist sich in beiden Fällen die Zuordnung als sehr komplex. Dies gilt insbesondere für die üblicherweise verfügbaren Betriebssystemfunktionen des Zugriffs auf Hintergrundspeicher, der zur Aufnahme der Datenbasis benötigt wird. Bei ihrer Verwendung sind nämlich eine Vielzahl technischer Details zu beachten, so dass bereits im Entwurfsstadium eine hohe Fehlerrate zu befürchten wäre. Ausserdem würde durch das Abstützen auf die Schnittstelle eines bestimmten Rechners die Übertragbarkeit des Informationssystems auf andere Rechner ausgeschlossen. Deshalb empfiehlt es sich, für Entwurf und Entwicklung zusätzlich eine oder mehrere passend gewählte, aufeinander aufbauende Schnittstellen zu definieren, die in ihrem Detaillierungsgrad zwischen der Informationssystem-Schnittstelle und der Rechnerschnittstelle liegen. Statt eines einzelnen, komplexen Realisierungsschrittes fallen dann mehrere, dafür aber einfachere Realisierungsschritte zwischen den einzelnen Stufen der Schnittstellenhierarchie an. Bei jedem dieser Schritte ist die Wahl der Realisierungsmethode neu zu treffen.

Ein Beispiel für die Verwendung einer Zwischenschicht und einer Realisierung mittels Interpretation und Übersetzung findet sich in Abb. 4.1.

Damit zerfällt der Entwurfsprozess für gegebene Σ_I, Σ_R in mehrere (im allgemeinen iterativ ablaufende) Schritte:
1) Überprüfung der Zuordnungen p und q auf ihre Komplexität hin; ist diese zu gross, Entwurf einer Zwischenschnittstelle (E_2, f_2, A_2).
2) Entwurf von F_p, F_q bzw. F_{pq} für den Übergang $\Sigma_I \rightarrow \Sigma_2$ (Realisierung ist also immer gleichbedeutend mit der Programmierung von Übersetzungen oder Interpretationen).
3) Wiederholung von 1) und 2) für den nächsten Übergang usf.

4.1.3 Operationale Schichten

Für Aussagen über die Konstruktion rechnergestützter Informationssysteme ist eine Erweiterung des Schnittstellenbegriffs aus 4.1.2 um operationale Konzepte von Interesse. Eine Sprache L heisst _operational_, wenn jede in ihr formulierbare Problembe-

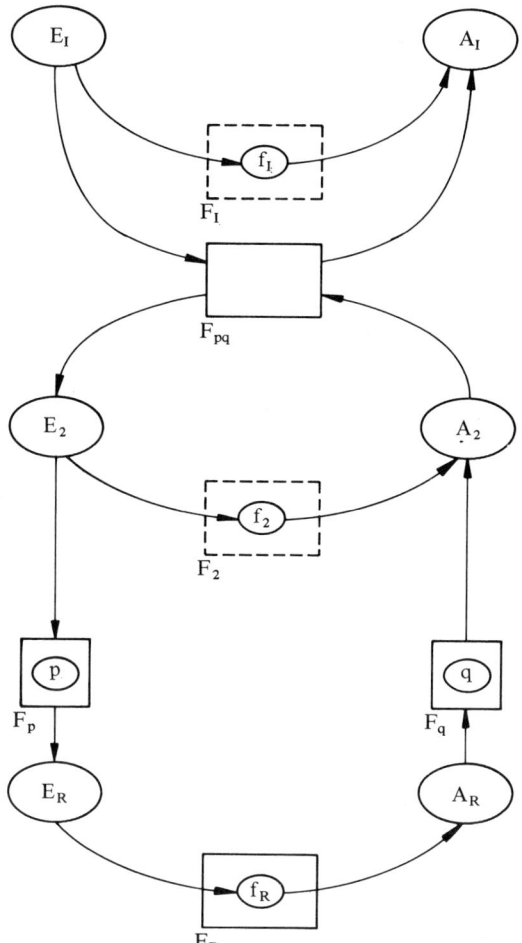

Abb. 4.1

schreibung mindestens einen Bezeichner eines Operators enthält, der durch ein zuvor festgelegtes Art- oder Typkonzept bestimmt ist.

Entsprechend bezeichnen wir eine Schnittstelle (E,f,A) als operational, wenn E operational ist und die Schnittstellenfunktion f jedem operationalen Ausdruck $o(d_1, d_2, \ldots, d_n)$ aus E das durch ihn bezeichnete Ergebnis zuordnet. Die d_i ($1 \leq i \leq n$) können dabei selbst wieder operationale Ausdrücke oder Bezeichner von Daten sein. Unter der Tätigkeit der abstrakten Maschine bei Vorliegen der Aufgabe $o(d_1, \ldots, d_n) \in E$ kann man sich dann die Anwendung des Operators o auf die Daten $d_1, \ldots, d_n$ vorstellen. Schichten mit operationalen Schnittstellen nennen wir operationale Schichten.

Sind Σ_1 und Σ_2 operationale Schichten, so lässt sich zu einer Problembeschreibung e_1 meist auf einfache Weise eine Folge $\langle e_{2i} \rangle$ von Problembeschreibungen für Σ_2 bestimmen. Ist e_1 aus mehreren operationalen Ausdrücken zusammengefasst, dann zerlegt man zunächst e_1 selbst in eine Folge aus Einzeloperationen und nimmt für jeden ihrer Bestandteile die Zuordnung getrennt vor. Deren Ergebnisse kann man dann im Fall der Übersetzung wieder zu einer einzigen Problembeschreibung e_2 zusammenfassen oder bei einer Interpretation als die zu behandelnde Folge $\langle e_{2i} \rangle$ belassen.

Die für rechnergestützte Informationssysteme zentralen Realisierungstechniken sind auf operationale Schichten abgestellt (Kap.5). Jedoch braucht die oberste Schicht eines solchen Systems keineswegs operational zu sein. Beispiele hierfür haben wir in Kap.1.3 im Zusammenhang mit deskriptiven Modellen kennengelernt. Weitere Beispiele finden sich in Kap.11 bei der Behandlung besonders benutzernaher Sprachen. In diesen Fällen benötigt man zur Realisierung von F_D noch Verfahren zur Überführung deskriptiver Modelle in operationale.

4.2 Drei-Schema-Ansatz

Das Konstruktionsprinzip, eine Hierarchie von Schnittstellen zum Ausgangspunkt der Informationssystem-Architektur zu machen, ist in den vergangenen Jahren vor allem experimentell eingesetzt worden, z.B. bei KAIFAS (11.2), dem Entwurf von DIAM (Senko) oder in neuerer Zeit bei System R (11.1). Für marktfähige Informationssysteme wird es seit der Veröffentlichung der Empfehlungen des Standards Planning and Requirements Committee (SPARC) des American National Standards Committee on Computers and Information Processing (ANSI/X3) diskutiert.

SPARC geht davon aus, dass sich in einer Organisation drei Arten von Modellen über die reale Umwelt beobachten lassen:
- "external model": Vorstellungen über Teilbereiche der Umwelt, wie sie für ein Anwendungsprogramm oder einen Anwendungsbereich benötigt werden.
- "conceptual model": Vorstellungen über die von den beteiligten Anwendungen insgesamt erfasste Umwelt.
- "internal model": Aussagen über die Darstellung der aus den Vorstellungen gewonnenen Daten im Rechner.

Jedem dieser Modelle ist eine eigene Schnittstelle und damit eine eigene Schicht zugedacht. Der Begriff "model" selbst wird unterschiedslos für Modellierungskonzepte (Datenmodelle), ihre Konkretisierungen als Typen und deren Exemplare gebraucht.

Konzeptuelle Schicht

Diese Schicht soll dazu dienen, sämtliche Datenbestände eines Unternehmens als Einheit zu verwalten. Früher nur lokal zugängliche, aber keineswegs überschneidungsfreie Daten sollen also in einem rechnergestützten Informationssystem - gleichgültig ob zentral oder dezentral realisiert - zusammengefasst behandelt werden ("Datenintegration"). Dabei lässt sich insbesondere eine Mehrfachführung derselben Daten umgehen, die hinsichtlich der Aktualisierung ständig Schwierigkeiten bereitet.

Nun ist es sehr wahrscheinlich, dass die verschiedenen Abteilungen eines Unternehmens mit unterschiedlichen Objektbereichen zu tun haben und keineswegs immer von demselben Modellierungskonzept ausgehen. Das Conceptual Model erzwingt jedoch die "Vereinheitlichung" aller Modelle durch Verwendung desselben Datenmodells, in dessen Rahmen dann die Vorstellungen eines Unternehmens in Form eines Schemas festgehalten (Conceptual Schema, CS) werden können. Allerdings liegt bislang, wohl dieser Allgemeinheit wegen, noch kein allgemein akzeptiertes Datenmodell für die konzeptuelle Schicht vor.

Von der Verwendung einer konzeptuellen Schicht verspricht man sich verschiedene Vorteile:
- Die Schicht bietet eine über lange Zeit stabile Ausgangsbasis für alle Anwenderprogramme. Es ändert sich nur, wenn sich die Vorstellungen über das gesamte Unternehmen ändern.
- Das CS liefert eine Dokumentation über ein Unternehmen.
- Das CS bietet die Möglichkeit, hinzukommende Anwender-Vorstellungen mit zu erfassen, solange sie im Rahmen der im CS beschriebenen Vorstellungen liegen.
- Die Kontrolle über den Inhalt und den Gebrauch der Datenbasis ist an zentraler Stelle möglich.
- Nicht zuletzt wird durch die Schicht eine weitgehende Datenunabhängigkeit erreicht. Das bedeutet, dass existierende Anwendungsprogramme beim Wechsel eines Trägersystems für die Datenbasis nicht neu geschrieben oder angepasst werden müssen.

Für die Definition und die Pflege des CS ist ein <u>enterprise</u> <u>administrator</u> zuständig. Eine Person in dieser Rolle hat also die Aufgabe, nach Absprache mit den Anwendern ein geeignetes CS aufzustellen und zu kontrollieren, ob das existierende CS den Anforderungen genügt.

Externe Schicht

Die Datenintegration bedeutet keineswegs, dass jeder Anwender oder jede Abteilung nunmehr die gesamten Unternehmensdaten zu Gesicht bekommen soll oder muss. Vielmehr soll sich für diesen Anwender die neue Situation nicht wesentlich gegenüber der früheren dezentralen Lösung verändern, bei der er es nur mit den für ihn relevanten Daten zu tun hatte.

Die anwendungsspezifischen Typen werden jeweils mittels eines External Schema (ES) festgelegt, es beschreibt die Eigenschaften eines "external model". Falls mehrere externe Schichten auf einer konzeptuellen Schicht aufbauen, können sie auch unterschiedliche Datenmodelle und verschiedene, dem jeweiligen Anwender geläufige oder gemässe Sprachen benutzen. Bei der Zuordnung beider Schichten wird bekanntgemacht, wie die insgesamt in einer Datenbasis gespeicherte Datenmenge auf die Teilmenge beschränkt wird, die für den Anwender relevant ist. Anwendungsprogrammierer benutzen ein ES bei der Erstellung ihrer Progamme, während Definition und Pflege der einzelnen ES einem sog. <u>application</u> <u>administrator</u> obliegen.

Interne Schicht

Diese Schicht bietet die Hilfsmittel zur Realisierung einer Datenbasis in einem Speichersystem unter Einbeziehung sämtlicher physikalischer Angaben. Die Zuordnung zwischen konzeptueller und interner Schicht erfolgt mittels eines Internal Schema (IS), für dessen Definition ein <u>database</u> <u>administrator</u> zuständig ist. Er hat die Möglichkeit, das Systemverhalten durch Neudefinition des IS zu verbessern, beispielsweise wenn er bei der Überwachung der Datenbasisverwendung Engpässe feststellt.

II TECHNIKEN

Gegenstand dieses Teils sind die Methoden und Techniken, mit denen sich die Informationssystem-Schnittstelle auf die Schnittstelle eines Rechners abbilden lässt. Im Falle operationaler Schnittstellen haben wir dabei insbesondere die Abbildung von Operatoren zu studieren, wobei ihre Art- und Typzugehörigkeit, d.h. die Menge der jeweils geltenden Axiome, zu beachten ist (Kap.5). Deskriptive Schnittstellen sind dagegen zunächst in operationale zu überführen. Da die methodischen und technischen Massnahmen hierfür von den Eigenschaften der jeweiligen Schnittstelle abhängen, können sie nur exemplarisch behandelt werden. Als Beispiel dient der in Kap.1.3 eingeführte Dokumenten-Nachweis (Kap.6).

Darüberhinaus muss die Integrität der Datenbasis sichergestellt werden; hierzu zählen u.a. Datenkonsistenz (Aufrechterhaltung eines "korrekten" Datenbasis-Zustandes), Datenschutz und Datensicherung. Die notwendigen Massnahmen werden in Kap.7 behandelt. Den Abschluss des vorliegenden Teils bilden einige organisatorische und gerätetechnische Gesichtspunkte zur Erstellung einer Datenbasis (Kap.8).

5 Realisierungen operationaler Schnittstellen

Die Realisierung einer operationalen Schnittstelle wird besonders übersichtlich, wenn man von einer Schnittstellenhier- archie ausgeht. Ein wichtiges Entwurfsziel ist daher die Festlegung geeigneter Zwischenschnittstellen (5.2). Hierauf aufbauend sind die einzelnen Realisierungsschritte zu planen, wobei verschiedene Randbedingungen in die Wahl der Verfahren eingehen (5.3). Die Menge der an der Anwenderschnittstelle möglichen Operationen wird erst durch die Vorgabe von Schemata erschöpfend beschrieben. Die Realisierung der Anwenderschnitt- stelle ist also erst vollständig, wenn auch die Schemata in geeigneter Form berücksichtigt worden sind (5.4).

5.1 Bestandteile der Datenbasis

Der einfachste Fall der Realisierung einer operationalen Schicht Σ_i durch eine operationale Schicht Σ_{i+1} liegt immer dann vor, wenn es gelingt, jeder einzelnen Operation auf Σ_i eine einzelne oder eine Folge von Operationen auf Σ_{i+1} zuzuordnen.

Ein Beispiel soll dies erläutern. Angenommen, Σ_i weise das Listenkonzept auf und Σ_{i+1} das auf rechnernahen Schichten häufig anzutreffende Reihungskonzept. Eine Listenoperation
    insert(l,n,x)
wäre dann etwa auf die Reihungsoperation
    assign(r,i,y)
abzubilden, und ähnlich die Listenoperation read(l,n) auf die Reihungsoperation read(r,i).

Diese Abbildung lässt sich in eine Reihe von Teilabbildungen aufspalten:
a) insert → assign. Da sich diese Zuordnung lediglich auf die Konzepte bezieht, kann sie bereits beim Systementwurf festgelegt werden.

b) x→y. Sind x und y elementar bezüglich der jeweiligen Schicht,
(z.B. Zahl in Dezimaldarstellung → Zahl in Binärdarstellung),
so wird diese Zuordnung als Codierung bezeichnet. Sie lässt
sich festlegen, sobald die elementaren Sorten bekannt sind.
Im allgemeinen werden wir in diesem Buch die Codierung
unberücksichtigt lassen, also x=y annehmen. Sind x und y
dagegen nicht elementar, so gilt für sie d).

c) n→i. Einem Zähler wird ein Reihungsindex zugeordnet. Diese
Zuordnung kann häufig nur dynamisch (während des Systembetriebs) bestimmt werden, beispielsweise weil für eine
gegebene Komponente in einer Liste der Zähler wechseln kann,
während der entsprechende Index der Reihung fest bleiben
soll. Abbildungen zwischen Indizes werden wir als Zugriffspfade bezeichnen.

d) l→r. Da sich l und r aus einander entsprechenden Operations-
folgen der beiden Schichten herleiten lassen, braucht diese
Zuordnung nicht explizit zu erfolgen.

In ähnlicher Weise lässt sich auch die Abbildung von Mengenoperationen
    add(s,x) bzw. read(s,n)
auf die Reihungsoperationen
    assign(r,i,y) bzw. read(r,i)
behandeln. Auch hier kommt es zu einer Zuordnung add→assign von
Operatoren, einer Codierung x→y und einer ableitbaren Zuordnung
s→r. Der Zugriffspfad wird durch die Abbildung n=name(x)→i
bestimmt.

Die implizite Zuordnung gemäss d) findet ein Ende auf der
untersten, realen Schicht. Hier sind explizite Bezeichner
(ähnlich wie in 1.2.6 diskutiert) zu führen. Die Menge dieser
Bezeichner nennt man die Primärinformationen der Datenbasis.
Zusätzlich müssen in der Datenbasis für jeden Realisierungs-
schritt die zugehörigen Zugriffspfade geführt werden.

Die Abbildungsschritte b) und c) hängen im einzelnen von den im
Schema definierten Typen ab. Die entsprechenden, Schemainforma-
tionen genannten Angaben sind daher ebenfalls Bestandteil der
Datenbasis und stehen neben den Zugriffspfaden dem jeweiligen
Übersetzer bzw. Interpreter zur Verfügung. Zugriffspfade und
Schemainformationen werden deshalb häufig unter dem Begriff
Sekundärinformationen zusammengefasst.

108

5.2 Primärinformationen

5.2.1 Dateien

Die Datenbasis eines rechnergestützten Informationssystems ist wegen ihres Umfangs auf Hintergrundspeichern abzulegen. Zu deren Verwaltung stützt man sich gewöhnlich auf die Funktionen des jeweiligen Betriebssystems ab. Sie bestimmen, nach welchen Konzepten die Primärinformationen gebildet werden. Grundlage für die Aufbewahrung und Identifikation umfangreicher Datenmengen ist in allen Betriebssystemen das Dateikonzept: Eine Datei (engl.: file) ist eine logisch zusammenhängende Menge von Sätzen, denen eine Zusammensetzung aus elementaren Daten unterstellt wird, die jedoch im allgemeinen nicht weiter interessiert. Sätze lassen sich deshalb als Behälter deuten, die man mit einem beliebigen Inhalt füllen kann.

Aus technischen Gründen sind für Dateien die beiden Zustände eröffnet und geschlossen erklärt. Nur in eröffnetem Zustand kann ihr Inhalt gelesen oder verändert werden. Will ein Benutzer eine bestimmte Datei manipulieren, so hat er zunächst den Datei-eröffnungsoperator open darauf anzuwenden. Dieser ermöglicht die Kommunikation mit der Datei, indem er gewisse Vorbereitungen trifft, auf die wir hier jedoch nicht näher eingehen werden. Am Ende einer Bearbeitungsphase muss die Datei wieder geschlossen werden (Dateischliessungsoperator close).

Für den Umgang mit Dateien haben sich in der Vergangenheit drei grundlegende Konzepte (Zugriffsmethoden) herausgebildet: Sequentielle, direkte und schlüsselsequentielle Datei. Im Zusammenhang mit Informationssystemen wird die schlüsselsequentielle Datei zunehmend von einem neuen Konzept, der Random-Datei, verdrängt.

In der Praxis treten diese Zugriffsmethoden in zahlreichen Varianten auf, deren grundlegende Eigenschaften sich mit Hilfe von Axiomenschemata präzise beschreiben lassen. Aus Gründen der Übersichtlichkeit werden wir dabei open und close nicht im Typkonzept aufführen.

Sequentielle Datei

Das Konzept der sequentiellen Datei folgt dem Prinzip der Liste (Kap.1.2.3), wobei die Reihenfolge der Komponenten ausschliesslich durch die Reihenfolge des Einfügens bestimmt wird: Das jeweils zuletzt eingefügte Element gilt als die bzgl. der Ordnung "letzte" Komponente. Im Gegensatz zur Liste ist jedoch nur sequentielles Lesen (reads) erlaubt. Andererseits kann der Satz an der augenblicklich erreichten Position über einen zusätzlichen Ersetzungsoperator durch einen anderen Satz ersetzt werden.

Dem wiederholten Zugriff auf eine Komponente einer geöffneten sequentiellen Datei dient ein <u>Rückstelloperator</u> rewind (entsprechend dem Listenoperator reset): Durch ihn kann beim sequentiellen Lesen wieder am Dateianfang aufgesetzt werden. Der Name dieses Operators spielt auf die Verwendung von Magnetbändern als Hintergrundspeicher an.

Sorten: $D, X. \; d, d_0 \in D, d_0$ primitiv; $x, y, x_1, \ldots, x_n \in X$.

Operatoren:
insert: $D \times X \to D$ (Hinzufügen am Ende)
replace: $D \times X \to D$ (Ersetzen an Position)
reads: $D \to D \times (X \cup \{EOF\})$ (sequentielles Lesen)
rewind: $D \to D$

Hilfsoperator:
incpos: $D \to D$ (Erhöhen des Positionszeigers, vgl. Liste)

Axiomenschema:

1) $\mathrm{insert}(\mathrm{incpos}^{(i)}(d), x) \equiv \mathrm{incpos}^{(i)}(\mathrm{insert}(d, x))$

2) $\mathrm{reads}(d) \equiv$ **if** $d \equiv \mathrm{incpos}^{(i-1)}(\mathrm{insert}^{(n)}(d_0; x_1, \ldots, x_n))$ und $0 < i \leqslant n$
    then $(\mathrm{incpos}(d), x_i)$
    else if $d \equiv \mathrm{incpos}^{(n)}(\mathrm{insert}^{(n)}(d_0; x_1, \ldots, x_n))$
      then (d, EOF)
      else undef

3) $\mathrm{replace}(d, y) \equiv$ **if** $d \equiv \mathrm{incpos}^{(i-1)}(\mathrm{insert}^{(n)}(d_0; x_1, \ldots, x_i, \ldots, x_n))$ **und**
                                    $0 < i \leqslant n$
    then $\mathrm{incpos}^{(i)}(\mathrm{insert}^{(n)}(d_0; x_1, \ldots, y, \ldots, x_n))$
    else undef

4) $\mathrm{rewind}(\mathrm{incpos}^{(i)}(d)) \equiv$ **if** $d \equiv \mathrm{insert}^{(n)}(d_0; x_1, \ldots, x_n)$ **then** d

Die Grösse n gibt die Zahl der Sätze an und wird als <u>Pegel</u> bezeichnet, EOF (engl.: end-of-file) steht für <u>Dateiende</u>. Ein Operator zum Löschen einzelner Sätze fehlt häufig. Falls vorhanden, entfernt er entweder den letzten Satz oder - in einer anderen Variante - alle Sätze von der beim Lesen oder Ersetzen augenblicklich erreichten Stelle an.

Das hier angegebene Typkonzept findet häufig bei der Realisierung sequentieller Dateien auf Magnetplatten Anwendung. Es zeichnet sich vor allem dadurch aus, dass ein neuer Satz am Dateiende unabhängig von der augenblicklichen Leseposition hinzugefügt werden kann. Bei Speicherung auf Magnetbändern trifft dies nicht zu; hier wird zusätzlich verlangt, dass nach open entweder nur geschrieben oder ausschliesslich gelesen und/oder ersetzt wird. Das Typkonzept müsste zu diesem Zweck um zwei Operatoren (zur Lese- bzw. Schreib-Initialisierung) ergänzt und das Axiomenschema entsprechend verändert werden.

Direkte Datei

Dieses Konzept weist starke Ähnlichkeiten mit demjenigen der Reihung auf (vgl. Kap.1.2.3). Abweichend davon erfolgt das Ersetzen jedoch in zwei Schritten: Zunächst wird an der gewünschten Stelle die alte Komponente "gelöscht", dann wird die neue Komponente eingebracht.

Die allgemeinste Form direkter Dateien wird durch das folgende Typkonzept beschrieben.

Sorten: $D, I \subseteq N, X.\ d, d_0 \in D, d_0$ primitiv; $i, j \in I, x, y \in X.$

Operatoren: assign: $D \times I \times X \to D$
erase: $D \times I \to D$
read: $D \times I \to X$

Axiomenschema:
1) $assign(assign(d, i, x), j, y) \equiv$ **if** i=j
then undef
else $assign(assign(d, j, y), i, x)$

2) $read(d_0, i) \equiv$ undef

3) $read(assign(d, i, x), j) \equiv$ **if** i=j
then x
else $read(d, j)$

4) $erase(d_0, i) \equiv$ undef

5) $erase(assign(d, i, x), j) \equiv$ **if** i=j
then d
else $assign(erase(d, j), i, x)$

In der Praxis findet sich häufig die folgende Variante. Sei $\{1, 2, \ldots, N\}$ eine Konkretisierung der Indexsorte, so wird die direkte Datei zunächst als eine Reihung aus N "leeren Sätzen" initialisiert (Vorformatierung). Das Ergebnis von erase(d,i) ist dann die erneute Zuordnung eines leeren Satzes zum Index i.

Random-Datei

Random-Dateien orientieren sich eng am Mengenkonzept, zu den Operatoren aus 1.2.3 kommt lediglich ein Ersetzungsoperator hinzu.

Sorten: D, N, X. d, $d_0 \in$ D, d_0 primitiv; $n \in$ N, x, y $\in$ X.

Operatoren: add: $D \times X \to D$
remove: $D \times N \to D$
replace: $D \times X \to D$
read: $D \times N \to X$

Relation: name: $X \to N$

Axiomenschema:

1) add(add(d, x), y) $\equiv$ **if** name(y) =name(x)
then undef
else add(add(d, y), x)

2) read(d_0, n) $\equiv$ undef

3) read(add(d, x), n) $\equiv$ **if** n=name(x)
then x
else read(d, n)

4) remove(d_0, n) $\equiv$ undef

5) remove(add(d, x), n) $\equiv$ **if** n=name(x)
then d
else add(remove(d, n), x)

6) replace(d_0, x) $\equiv$ undef

7) replace(add(d, x), y) $\equiv$ **if** name(y) =name(x)
then add(d, y)
else add(replace(d, y), x)

Häufig wird auch die Namensvergabe automatisch abgewickelt: Das
System verleiht einem Satz beim Hinzufügen einen intern
generierten Namen (Datenbasisschlüssel, engl.: data base key)
und teilt ihn zugleich dem Aufrufer mit. Der Operator add hat
dann die Form

add: $D \times X \to D \times N$

und die name-Funktion braucht nicht mehr explizit vorgegeben zu
werden, so dass das Axiomenschema ein etwas anderes Aussehen
erhält.

Die physikalische Anordnung der Sätze bleibt weitgehend dem
System überlassen. Bei modernen Random-Dateien kann allerdings
die Anordnung vom Anwender dahingehend beeinflusst werden, dass
ein neuer Satz in physikalischer Nachbarschaft eines bereits
gespeicherten Satzes abgelegt wird, beispielsweise wenn beide
Sätze später mit grosser Wahrscheinlichkeit gemeinsam verarbeitet werden sollen. Eine Menge derart als zusammenhängend
gekennzeichneter Sätze bezeichnet man als Klumpen (Cluster).

Schlüsselsequentielle Dateien sind Random-Dateien auf Schlüs-
selbasis mit einem zusätzlichen sequentiellen Leseoperator, der
auf eine zwischen den Schlüsseln definierte Ordnung bezogen ist.
Sie finden für Informationssysteme nur noch wenig Anwendung, da

die ausschliessliche Verwendung von Schlüsseln als Namen und die von spezifischen Benutzungskriterien unabhängige Vorgabe von Zugriffspfaden (vgl. 5.3.2) als zu einschränkend empfunden wird.

5.2.2 Dateikomponenten

Die Satzsorten X in den vorhergehenden Definitionen fallen in zwei Klassen.

Orientierung an den technischen Geräten:
Daten werden auf Hintergrundspeichern in Form von Blöcken organisiert, die die kleinsten adressierbaren Einheiten eines Hintergrundspeichers und zugleich die Übertragungseinheit zwischen Haupt- und Hintergrundspeicher darstellen. Ihre Grösse (Anzahl von Hauptspeicherworten) ist im Rahmen des geräte- und betriebstechnischen Spielraums frei wählbar. Verwendet man geschlossene Folgen solcher Blöcke als Dateikomponenten, so spricht man von physikalischen Sätzen.

Orientierung an Datenmodellen:
Stellen die Dateikomponenten Daten dar, die gemeinsam Gegenstand von Anwendungsoperationen sind, so spricht man von logischen Sätzen (kurz: Sätze). In den Datenmodellen aus Kap.2 führen beispielsweise Verbunde und Tupel auf Sätze.

Offensichtlich müssen logische Sätze letztlich in Blöcke überführt werden. Demzufolge gehört eine satzorientierte Dateischnittstelle einer höheren Schicht an als eine auf Blöcken basierende. (In der Praxis sind jedoch beide Dateiformen auch nebeneinander zu beobachten.) Wir werden daher zunächst blockorientierte Dateien betrachten und anschliessend untersuchen, wie sich mit ihrer Hilfe satzorientierte Dateien konstruieren lassen.

5.2.3 Blöcke

Blöcke können nur im Hauptspeicher bearbeitet werden, wo sie sich als eine zusammenhängende Folge von Speicherzellen (Puffer) darstellen. Die Länge dieser Folge wird als Blocklänge bezeichnet. Stimmen sämtliche Blöcke eines Hintergrundspeichers in ihren Blocklängen überein, so spricht man von Blöcken fester Länge. In diesem Fall muss die Länge eines Blockes auch zeitlich invariant sein. Zugriff und Verwaltung dieser Blöcke sind besonders einfach, weshalb sie in modernen Informationssystemen fast ausschliesslich verwendet werden. Dies kommt auch dem Einsatz vorformatierter Datenträger, der Anwendbarkeit virtueller Speichertechniken und einer Standardisierung (z.B. zur Weitergabe von Daten) entgegen. Weisen dagegen die Blöcke eines Hintergrundspeichers verschiedene Blocklängen auf, so spricht man von Blöcken variabler Länge. Hier ist noch zu unterscheiden, ob sich die Länge eines einmal geschaffenen Blockes zeitlich ändern darf oder nicht. Blöcke variabler Länge vereinfachen im allgemeinen die Abbildung von logischen Sätzen. (Häufig werden die Blocklängen auch dateispezifisch festgelegt.)

Bei Verwendung von Magnetbändern werden Blöcke seriell angeordnet, und es kann auch nur in dieser Reihenfolge wieder auf sie zugegriffen werden (sequentieller Zugriff). Magnetbänder sind deshalb als Datenträger in Informationssystemen nur dort von Interesse, wo sequentielle Dateien gefordert werden oder hinreichen. Dies trifft insbesondere auf Datenerfassung, Speicherreorganisation und Datensicherung zu.

Direkte und Random-Dateien erfordern dagegen Direktzugriffs-speicher, in denen jeder Block unter Angabe seiner Adresse in einem Schritt zugänglich ist. Der heute gebräuchlichste Direktzugriffsspeicher, der Magnetplattenspeicher, ist funktionell (nicht physikalisch) folgendermassen aufgebaut: Er besteht aus 200 bis 400 konzentrisch angeordneten rotierenden Zylindern, die ihrerseits in meist 20 übereinanderliegende Spuren aufgeteilt sind; bei manchen Geräten ist eine Spur nochmals in Sektoren unterteilt. Blöcke werden in den Spuren oder Sektoren seriell angeordnet. Vom technischen Zugriff her gesehen verhält sich ein Magnetplattenspeicher wie eine Liste von Zylindern, da der Kamm (mit den Lese- und Schreibköpfen) über die Zylinder hinwegbewegt werden muss; ein Zylinder als Reihung von Spuren, da die Spurauswahl elektronisch erfolgt; und eine Spur als Liste von Blöcken. Dementsprechend treten zeitliche Verzögerungen auf beim Übergang von einem Zylinder auf einen anderen (Positionierungszeit, im Mittel zwischen 20 und 40 ms) und innerhalb einer Spur beim Warten auf den gewünschten Block (Rotationswartezeit, im Mittel zwischen 8 und 15 ms).

Zylinder, Spuren und Blöcke sind numeriert, die jeweiligen Nummern finden sich in den Blockadressen wieder: Zylinder-Nr.,

Spur-Nr. im Zylinder, (Sektor-Nr. innerhalb Spur), Block-Nr. in Sektor oder Spur.

Aufgabe der Speicherplatzverwaltung ist es u.a., für die Speicherung einer Datei bestimmte Bereiche (einzelne oder mehrere Spuren innerhalb eines Zylinders, einzelne oder mehrere Zylinder) zur Verfügung zu stellen. Die einzelnen Bereiche müssen - insbesondere nach einer dynamischen Erweiterung - nicht zusammenhängend sein.

Neue Technologien wie Magnetblasenspeicher und CCD-Speicher, die in Zukunft Magnetplattenspeicher zumindest teilweise ersetzen könnten, führen ebenfalls auf Blöcke, allerdings stets fester Länge. Aus diesem Grund und wegen der eingangs erwähnten Vorteile werden wir für die nachfolgenden Betrachtungen stets Blöcke fester Länge unterstellen.

5.2.4 Sätze

Definiert man die Satzlänge als die Länge der Folge von Speicherzellen, die ein logischer Satz im Hauptspeicher einnimmt, so lassen sich auch bei Sätzen im Hinblick auf ihre Zusammenfassung in einer Datei zwei Formen unterscheiden:

- Sätze fester Länge: Sämtliche Sätze der Datei stimmen zu jedem Zeitpunkt in ihren Längen überein.
- Sätze variabler Länge: Die Sätze der Datei können verschiedene Länge aufweisen; zudem wäre auch hier noch zu unterscheiden, ob die Länge eines Satzes zeitlich variieren darf.

Da Sätze von Anwendungsbedürfnissen bestimmt sind, werden häufig Satz- und Blocklängen voneinander abweichen. Insbesondere können also

- mehrere Sätze auf einen Block entfallen: geblockte Sätze (die Zahl der Sätze pro Block heisst dann Blockungsfaktor);
- genau ein Satz auf einen Block entfallen: ungeblockte Sätze;
- ein Satz mehrere Blöcke überdecken: überspannte Sätze.

Beispiele für geblockte Sätze bei Blöcken fester Länge: (Blockungsfaktor 3, P=Prüfbits, BL=Blocklänge, SL=Satzlänge).

Feste Satzlänge

Satz 1	Satz 2	Satz 3	P

Variable Satzlänge

SL_1	Satz 1	SL_2	Satz 2	SL_3	Satz 3	/////	P

Ein Nachteil bei der Verwendung von Blöcken fester Länge ist die
unvollständige Ausnutzung der Blöcke (Speicherverschnitt), wenn
die Summe der Satzlängen kleiner als die Blocklänge ist. Um den
Speicherverschnitt möglichst gering zu halten, wird üblicherweise eines der folgenden Verfahren eingesetzt.

Grosse Blocklänge bei geblockten Sätzen:
Man versucht, durch einen hohen Blockungsfaktor den relativen
Anteil ungenutzten Speichers klein zu halten. Ein Beispiel
hierfür ist das System DBS440. Dort wird der Speicherbereich
für eine Datenbasis aus "Seiten" fester Länge aufgebaut, deren
Länge ein ganzzahliges Vielfaches der Sektorlänge ist. Jede
Seite kann bis zu 64 Sätze ("Linien") aufnehmen, wobei die
Sätze von fester oder variabler Länge sein können. Sätze
dürfen Seitengrenzen nicht überlappen. Der freie Speicherplatz
befindet sich stets am Ende der Seite, sodass beim Löschen
Verschiebungen erforderlich werden.

Aufbau einer Seite (LW = Leitwort)

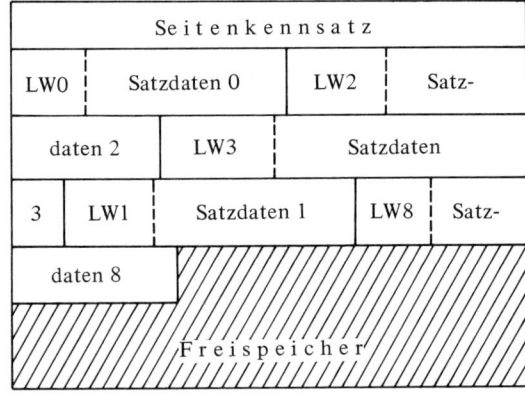

Der Seitenkennsatz enthält u.a. Seitennummer, Seitenlänge und
eine Angabe über den Beginn des Freispeichers. Sätze führen an
ihrer Anfangsadresse ein "Leitwort", das u.a. die Liniennummer
und die Satzlänge enthält. Satzadressen bestehen aus einer

116

Seitennummer (max $2^{18}-2$) und einer Liniennummer (max 64). Die physikalische Plattenadresse muss aus der Satzadresse errechnet werden.

Kleine Blocklänge bei überspannten Sätzen:

Sätze werden aus einer ihrer Länge entsprechenden Anzahl von Blöcken aufgebaut; diese Blöcke müssen jedoch nicht unbedingt aneinanderschliessen, ein Satz wird also gestreut realisiert. Beispielsweise wird im Dokumenten-Nachweissystem GOLEM der Datenträger in Blöcke fester Länge unterteilt. Beim ersten Einfügen von Sätzen werden diese in aufeinanderfolgenden Blöcken (die zusammen eine sog. "Strecke" bilden) unterge-bracht. Durch Löschen können Strecken frei werden, durch Änderungen Sätze kürzer oder aber auch länger werden und damit weniger oder mehr Blöcke benötigen. Infolgedessen können sich Sätze aus mehreren (verketteten) Strecken zusammensetzen:

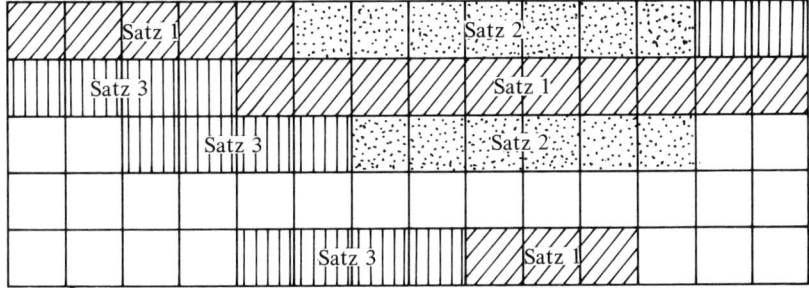

Die Zuteilung von Strecken unterliegt noch gewissen Ein-schränkungen bezüglich minimaler Streckenlänge und maximaler Streckenzahl pro Satz, da nicht der Block, sondern die Strecke Übertragungseinheit ist.

5.2.5 Satzinhalte

Die Verbunde der Anwenderschicht werden üblicherweise auf (logische) Sätze abgebildet. Dabei kommt es zur Bildung von Zugriffspfaden, nämlich der Zuordnung zwischen Verbundindizes und Reihungsindizes (relative Position im Satz). Diese Zugriffspfade können Bestandteil der Sätze selbst sein, d.h. die Verbundindizes sind mit im Satz enthalten, sie können aber auch mit dem Übersetzer geführt werden, sofern der Zugriffspfad für alle Exemplare eines Verbundtyps identisch ist. Daneben können Sätze auch Bilder unstrukturierter Daten sein, beispielsweise textueller Informationen wie sie in Dokumenten-Nachweissystemen vorkommen (Kap.6).

Die auf der Schicht der satzorientierten Datei erforderlichen Angaben wie Satzlänge und bei der Random-Datei evtl. die Lage und Länge der Schlüssel innerhalb der Sätze lassen sich aus dem jeweiligen Verbundschema ermitteln. Ist z.B. der für jede Satzkomponente benötigte Speicherplatz (Feld) bekannt, so kann die Satzlänge berechnet werden.

Zu Sätzen variabler Länge kann es insbesondere in folgenden Fällen kommen:

- Verbunde verschiedenen Typs innerhalb einer Datenbasis.
- Verbunde desselben Typs, bei denen die Länge der Felder für einen vorgegebenen Index von Verbund zu Verbund schwankt. Die Felder müssen dann um eine Längenangabe ergänzt werden.
- Die Menge der möglichen Indizes eines Verbundtyps ist bekannt, jedoch finden nicht alle in einem vorgegebenen Verbundexemplar Anwendung und sollen deshalb weggelassen (nicht durch ein "Leerelement" ergänzt) werden.
- Sätze mit Einheiten textueller Information wie Textabschnitte.

Ein Beispiel für die Vorgehensweise bei schwankenden Feldlängen und Indexmengen bietet das Datenbanksystem SESAM der Firma Siemens. Dort wird zunächst ein sog. Aspektkatalog eingerichtet, der zu jedem vorgesehenen Index die folgenden Angaben enthält:

- Indexcode (dreistellige Buchstaben-Ziffern-Kombination)
- voller Indexbezeichner (max. 31 Zeichen)
- maximale Länge der zugehörigen Komponente (1 bis 256 Zeichen)
- max. Anzahl der Dezimalkommastellen (bei numerischen Werten)
- Ausrichtung (linksbündig/rechtsbündig)
- Suchmodus: Gibt an, ob die Komponente unter dem Index als Suchmerkmal für den Satz gilt. Von der Komponente unter dem generell vorhandenen Index AAA wird stets vorausgesetzt, dass sie als Schlüssel dienen kann.

Jeder Satz kann in SESAM auf einer sich zeitlich ändernden Menge von Indizes aufbauen. Dabei sind nur Felder für solche Indizes vorzusehen, für die (augenblicklich) Komponenten definiert sind. Demzufolge müssen im Satz stets Indexcode/Komponenten-Paare (Zugriffspfad) vermerkt werden. Alle Komponenten werden in einer

auf ihren signifikanten Teil komprimierten Form (z.B. Unter-
drückung von Zwischenräumen) abgelegt, numerische Werte werden
binär codiert. Die Ausgabe erfolgt jedoch in einer durch die
maximale Bezeichnerlänge und Ausrichtung gegebenen Form.

Beispiel zu fester Satzlänge:
GIS (IBM) ist ein System für Dateien aus Sätzen mit bekanntem
Inhalt (Verbunde). Alle Verbunde sind vom gleichen Typ. Für
sämtliche zu diesem Typ definierten Indizes muss auch eine
Komponente bereitgestellt werden. Wegen der festen Satzlänge ist
für jede Komponente die Länge des zugehörigen Feldes fest
vorzugeben und so zu bemessen, dass auch die längsten dort
möglichen Bezeichner Platz finden. Dementsprechend werden in der
Datei folgende Sekundärinformationen mitgeführt:

- Indexbezeichner
- Feldlänge
- Codierung (alphanumerisch, dezimal, binär)
- Ausrichtung.

Aus der Reihenfolge der Einträge und den Feldlängen können die
relativen Adressen (Indizes) der Felder im Satz bestimmt werden.
Der Satz selbst enthält ausschliesslich die Komponenten (evtl.
Leerelemente).

5.2.6 Datenverdichtung

Zum Abschluss der Behandlung der Primärinformationen soll noch
ein Sonderfall der Codierung betrachtet werden. Angesichts des
Umfangs und des kontinuierlichen Wachstums von Datenbasen
interessiert man sich nämlich häufig für eine Herabsetzung des
Speicherbedarfs für die Primärinformationen und nimmt dabei auch
eine mögliche Erhöhung der Prozessorzeiten in Kauf. Speicherbe-
darf-Reduzierung ist immer dann möglich, wenn Bezeichner
Redundanzen aufweisen, d.h. wenn auch nach ihrer Verkürzung noch
eindeutig auf ihre Bedeutung geschlossen werden kann. Die
Beseitigung solcher Redundanzen heisst Komprimieren, ihre
Wiederherstellung Dekomprimieren. Im wesentlichen lassen sich
drei Kategorien von Komprimierverfahren unterscheiden:

Komprimieren auf Zeichenebene:
    Üblicherweise liegt ein erheblicher Teil der Primärinforma-
    tionen in textueller Form vor, z.B. Verbundkomponenten der Art

STRING oder Sätze zur Speicherung von Dokumenten. In vielen
Rechnern werden Zeichen mittels Bytes codiert (das sind
Speichereinheiten der Länge 8 bit), so dass insgesamt 256
verschiedene Zeichen zur Verfügung stehen. Meist kommt man
jedoch selbst unter Berücksichtigung der Sonderzeichen mit 64
Zeichen, also mit 6 bit/Zeichen aus (Code-Reduzierung). Bei
unmittelbarem Aneinanderreihen dieser 6 bit-Zeichen wird somit
der Speicherbedarf um 25% reduziert. Weitere Einsparungen
lassen sich durch eine (im Sinne der Informationstheorie)
optimale Codierung erreichen, die von der Häufigkeit des
Auftretens der einzelnen Zeichen ausgeht: Je häufiger ein
Zeichen auftritt, desto geringere Länge wird für seine
Darstellung veranschlagt. Beispielsweise wurde von Meyer-Eppler für die deutsche Sprache der folgende entzifferbare und
nahezu redundanzfreie Code mit einer Darstellungslänge
zwischen 3 und 11 bit/Zeichen angegeben:

⌴	000	d	1010	o	11100	k	1111110
e	001	t	10110	m	111010	p	11111110
n	010	u	10111	b	111011	j	111111110
s	0110	h	11000	w	111100	x	1111111110
i	0111	l	11001	z	111101	q	11111111110
r	1000	c	11010	v	1111100	y	1111111111
a	1001	g	11011	f	1111101		

Komprimieren auf Wortebene:

Statt die Zeichen isoliert zu betrachten, kann man beim
Komprimieren auch von weitergehenden Zusammenhängen Gebrauch
machen, wie sie etwa durch die Zeichenfolge eines Textwortes
oder die Ziffernfolge einer Zahl gegeben sind. So lassen sich
Verdichtungen erreichen, indem man häufig auftretende Worte
oder Wortteile durch eine kürzere Kennziffer erfasst, die
beispielsweise dem Index des zugehörigen Eintrages in einer
Zuordnungstabelle entspricht (Schubladentechnik). Beispiel für
Wortteile: Ersatz von HAMBURG, REGENSBURG und WÜRZBURG durch
HAM17, REGENS17, WÜRZ17. Beispiel für Worte: In einem
Dokumenten-Nachweissystem für Parlamentsmaterialien kommen die
Worte BUNDES, HAUSHALT, REGIERUNG, ABGEORDNETER, GESETZBLATT
häufig vor; ihnen seien etwa die Codes 01 bis 05 zugewiesen.
Dann wird BUNDESGESETZBLATT ersetzt durch 0105. Eine weitere
Möglichkeit der Verdichtung besteht bei Texten darin,
aufeinanderfolgende Zwischenräume bis auf einen zu eliminie-
ren.

Für Ziffernfolgen bietet sich grundsätzlich die Darstellung in
binär verschlüsselter Form an.

Komprimieren logischer Sätze:

Für Verbundkomponenten kann man zunächst ebenfalls die zuvor genannten Verfahren einsetzen. Eine weitere wesentliche Massnahme besteht darin, auf die Felder nichtbesetzter Indizes zu verzichten (vgl. 5.2.5).

5.3 Zugriffspfade

5.3.1 Schlüssel- und Deskriptorabbildungen

Zugriffspfade sind Abbildungen zwischen Indizes. Ihr Definitionsbereich wird durch Namen (z.B. Schlüssel), Verbundindizes oder Zähler gebildet, ihr Bildbereich durch Reihungsindizes wie Hauptspeicheradressen und Satzindizes einer direkten Datei oder durch Namen wie etwa die Datenbasisschlüssel einer Random-Datei. Elemente des Definitionsbereiches werden wir im folgenden, der üblichen Terminologie entsprechend, pauschal und etwas ungenau als Schlüssel bezeichnen, Elemente des Bildbereiches als Adressen.

Formal betrachtet ist ein Zugriffspfad eine injektive Abbildung
$$\sigma: S \to A$$
einer Menge S von Schlüsseln einer Schicht Σ_i in eine Menge A von Adressen einer Schicht Σ_{i+1}. Will man davon Gebrauch machen, dass zu einem gegebenen Zeitpunkt t nur eine Teilmenge $S(t) \subseteq S$ auf die Datenbasis zutrifft, so interessiert stattdessen die zeitabhängige Abbildung
$$\sigma(t): S(t) \to A$$

Die Zeitabhängigkeit verursacht zwar zusätzlichen Bearbeitungsaufwand, jedoch kommt man mit einer sehr viel kleineren Adressmenge aus, da jeweils nur $|A| \geq |S(t)|$ gelten muss.

Häufig interessiert man sich auch für die Gesamtheit der Daten, die ein vorgegebenes Datum als Komponente haben; man vergleiche hierzu etwa die Formulierung von Bedingungen im hierarchischen oder Relationenmodell oder die Recherche beim Dokumenten-Nachweis. Hier hat man es offensichtlich nicht mehr mit Namen zu tun; wir werden diese Komponenten daher in Anlehnung an den Dokumenten-Nachweis pauschal als Deskriptoren bezeichnen.

Zugriffspfade für Deskriptoren d∈D sind demzufolge Abbildungen der Form

$$\tau : D \to 2^A$$

oder bei Beschränkung auf alle zum Zeitpunkt t geltenden Deskriptoren

$$\tau(t): D(t) \to 2^A$$

Für zeitunabhängige σ sind rechnerische Lösungen denkbar, bei Zeitabhängigkeit hingegen muss man σ und τ in Form von veränderbaren Mengen aus geordneten Paaren (Tabellen) realisieren:

$$\sigma(t) = \{(s,a)\}_t \qquad\qquad s \in S,\ a \in A$$
$$\tau(t) = \{(d,\{a_1,\ldots,a_n\})\}_t \qquad d \in D,\ a_i \in A$$

Die Tabelle für $\tau(t)$ heisst <u>invertierte Datei</u> (engl.: inverted file) - eine recht unglückliche Bezeichnung, da $\tau(t)$ nichts mit dem Typ "Datei" zu tun hat (obwohl τ sich natürlich in Form einer Datei realisieren lässt).

Eine invertierte Datei baut sich aus zwei Bestandteilen auf,
- einer Menge von Mengen (<u>Zielpunktlisten</u>) $\{a_i\}_t$;
- einer (neuen) Abbildung
  $\sigma'(t) := \{(d,b)\mid b$ ist Adresse von $\{a_i\} \wedge (d,\{a_i\}) \in \tau(t)\}$ (im folgenden als <u>Deskriptorliste</u> bezeichnet).

5.3.2 Kriterien zur Verfahrensauswahl

Da die Realisierung eines Zugriffspfades $\sigma(t)$ bzw. $\sigma'(t)$ als Menge anzusehen ist, sind auf einen Zugriffspfad die Mengenoperationen anwendbar:
- read: Gegeben s, finde (zu einem gewissen Zeitpunkt t) das Paar $(s,a) \in \sigma$.
- add: Füge ein neues Paar (s,a) in σ ein, sofern s in σ noch nicht vorhanden ist.
- remove: Entferne ein Paar (s,a) aus σ.

In allen drei Fällen muss der zu s gehörige Eintrag (s,a) bestimmt werden, wobei gilt: name$((s,a))$=s. Würde diese Menge durch eine Reihung realisiert, so hätte der erforderliche Zugriffspfad wiederum die Form $\{(s,a)\}$, und es wäre nichts gewonnen. Infolgedessen können die Einträge nur noch systema-

tisch inspiziert werden; entsprechende Verfahren nennt man
Suchverfahren.

Unsere Aufgabe besteht nun darin, Suchverfahren zu bestimmen,
mit denen sich der gewünschte Eintrag unter vertretbarem
Zeitaufwand auffinden lässt. Dabei ist zu berücksichtigen, dass
Zugriffspfade in Informationssystemen so umfangreich ausfallen,
dass zu jedem Zeitpunkt nur kleine Teile davon im Hauptspeicher
gehalten werden können. Von den zahlreichen bekannten Zu-
griffspfadtechniken kommen also nur solche infrage, für die die
Aufteilung von Zugriffspfaden auf Blöcke "operational sinnvoll"
ist, d.h. bei denen jede Suche und jede Änderung möglichst
wenige Übertragungen zwischen Haupt- und Hintergrundspeicher
verursacht. Wir beschäftigen uns deshalb nur mit Techniken, die
diese Forderung erfüllen.

Für die Auswahl unter diesen Techniken lassen sich verschiedene,
zum Teil gegensätzliche Kriterien angeben. Sei beispielsweise
durch a_r, a_a, a_d der bei read, add und remove anfallende mittlere
Zeitaufwand angegeben, und durch n_r, n_a, n_d die relativen
Häufigkeiten, mit denen diese drei Operationen ausgeführt
werden, so könnte man ein Verfahren wählen, für das
$$n_r a_r + n_a a_a + n_d a_d$$
minimal ist. Jedoch spielt auch die zeitliche Verteilung des
Auftretens der drei Operatoren eine Rolle. Beispielsweise ist
von Bedeutung, ob alle drei Operationen gleichmässig über die
gesamte Betriebszeit verteilt auftreten, oder ob Änderungen
grundsätzlich während betriebsärmerer Zeiten, also z.B. während
der Nachtstunden vorgenommen werden können; im letzteren Fall
wird man auf minimale Suchzeiten achten.

Neben dem Zeitaufwand ist auch der Speicheraufwand zu berücksichtigen: Schnelle Verfahren erfordern zumeist höheren
Speicheraufwand.

5.3.3 Suche innerhalb von Blöcken

Ist erst einmal ein Teil eines Zugriffspfades in Form eines
Blockes in den Hauptspeicher übertragen worden, so lassen sich
für die Suche in diesem Teil die üblichen, auf Reihungen
definierten Suchverfahren einsetzen. Typisch hierfür sind die

Systematische Suche:

Der Block wird als Liste behandelt, d.h. er wird sequentiell durchlaufen. Nach jedem Schritt vergleicht man den Schlüssel im Eintrag mit dem vorgegebenen Suchwort. Dabei ist es unerheblich, in welcher Reihenfolge die Einträge angeordnet sind, da in jedem Fall im Mittel die Hälfte aller Elemente inspiziert werden muss.

Sprungsuche:

In diesem und im folgenden Verfahren wird verlangt, dass die Einträge lexikographisch aufsteigend nach dem Schlüssel geordnet (sortiert) vorliegen. Der Block aus N Einträgen wird in m Bereiche unterteilt. Die letzten Elemente jedes Bereiches werden der Reihe nach aufgesucht entsprechend einer für die Indizes definierten Nachfolgerfunktion

$$i_{j+1} = i_j + \frac{N}{m}, \; i_1 = \frac{N}{m} \; .$$

Sind Suchwort und Schlüssel identisch, so ist die Suche abgeschlossen. Gilt Suchwort $\lhd$ Schlüssel ($\lhd$: Ordnungsrelation), so wird dieser Bereich systematisch vom Ende her durchsucht. Gilt Suchwort $\rhd$ Schlüssel, wird zum nächsten Bereich übergegangen. Im Mittel sind demnach $\frac{m}{2} + \frac{N}{m \cdot 2}$ Schritte notwendig. Ein Optimum wird erzielt für m= $\sqrt{N}$.

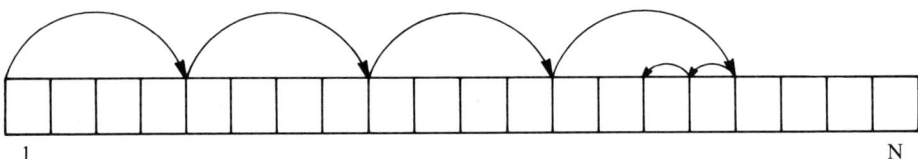

Binäre Suche (Halbierungsverfahren):

Der Suchprozess beginnt mit einem Zugriff auf den Eintrag in der Mitte des Blockes. Das Suchwort wird mit dessen Schlüssel verglichen. Besteht Gleichheit, dann ist der gesuchte Eintrag bereits gefunden. Ist das Suchwort kleiner, so wird in die Mitte der linken Hälfte (d.h. der Hälfte mit kleinerem Index) gesprungen, andernfalls in die Mitte der rechten Hälfte. Dort wird in der gleichen Weise verfahren, bis auf den gesuchten Eintrag zugegriffen wird. Das Verfahren erfordert eine Blocklänge von $N = 2^m-1$ (m>0), die Anzahl der im Mittel benötigten Schritte beträgt angenähert ld(N)-1.

Beispiel: (m=4)

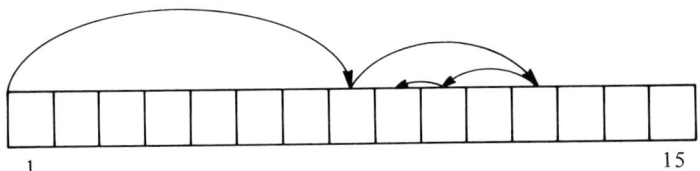

5.3.4 Kompakte Adressindexe

Da bei der Sprungsuche eine Tabelle in gleichlange Abschnitte aufgeteilt wird, lässt sich dieses Verfahren leicht auf die Verwendung eines Hintergrundspeichers erweitern. Dazu wird der Zugriffspfad so unterteilt, dass jeder Abschnitt in genau einen Block fällt. Um nun bei der Suche nicht im Mittel noch m/2 Blöcke aufsuchen zu müssen, werden die letzten oder auch die ersten Schlüssel jedes Blockes zusammen mit dessen Adresse in einem weiteren Block zusammengefasst. Sollte die Zahl der Schlüssel mehrere derartige Blöcke erforderlich machen, so setzt sich diese Vorgehensweise nach oben zu fort. Dadurch entsteht eine Hierarchie von Blöcken, genannt n-stufiger Adressindex.

Beispiel eines zweistufigen Adressindex (Zahlen als Schlüssel, erster Schlüssel jeweils ausgewählt, Adressen durch Pfeile angedeutet):

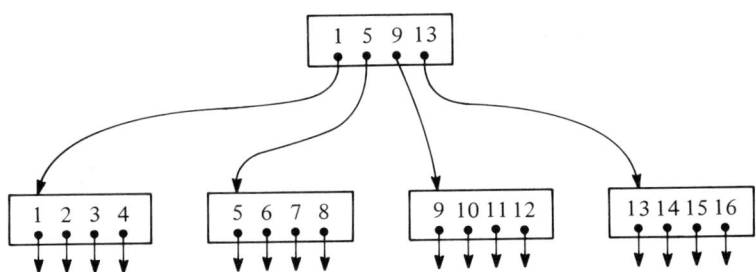

Der oberste Block heisst Hauptindex (engl.: master index), die sortierte Folge der untersten Blöcke auch Stellvertreterliste. Letztere wird manchmal, insbesondere bei kurzen Sätzen, durch die Primärinformationen selbst ersetzt.

Die Stufenzahl n hängt offensichtlich von der Gesamtschlüssel-zahl m und der Zahl p der Einträge pro Block ab und ist die kleinste ganze Zahl $\geq$ ln(m)/ln(p). Nimmt man an, dass die wesentlichen Verzögerungen bei der Übertragung der Blöcke zustandekommen, und hält man (wie üblich) den Hauptindex ständig im Hauptspeicher, so ist der Suchaufwand proportional zu (n-1). Der Suchaufwand lässt sich also durch Vergrösserung von p verringern. Beispielsweise berichtet Wagner über ein Verfahren, in dem an Stelle des platzraubenden Schlüssels nur derjenige Teil eingetragen wird, der sich vom vorhergehenden Schlüssel unterscheidet.

Die Stufenzahl n und damit der Suchaufwand sind naturgemäss dann am geringsten, wenn alle Blöcke (evtl. mit Ausnahme des jeweils letzten einer Stufe) voll (kompakt) mit p Einträgen belegt sind. Als Folge davon sind jedoch Einfügungen und Löschungen ausserordentlich aufwendig, da es ständig zu Verschiebungen quer durch alle Blöcke einer oder mehrerer Stufen kommen kann.

5.3.5 B- und B*-Bäume

Will man auch den Änderungsaufwand bei Adressindexen in Grenzen halten, so darf man entsprechend dem oben Gesagten die Blöcke nicht von vornherein auffüllen. Stattdessen kann man von einem Index ausgehen, dessen Blöcke zwischen 50 und 100% belegt sind. Neu hinzukommende Stellvertretereinträge werden in denjenigen Block eingefügt, dem sie logisch angehören. Ist der Block bereits gefüllt, so wird er zunächst durch zwei halbgefüllte Blöcke ersetzt, d.h. dem alten Block wird ein neuer hinzugefügt und in diesen die zweite Hälfte des Inhalts des alten Blockes übertragen. Anschliessend wird der den Überlauf verursachende Eintrag dem entsprechenden Block hinzugefügt. Die Aufspaltung hat natürlich Rückwirkungen auf den Block der nächsthöheren Stufe (Einfügen eines Schlüssels), so dass sich dort derselbe Vorgang wiederholen kann. Entsteht dabei in der obersten Stufe ein Überlauf, so muss eine neue Stufe darübergesetzt werden.

Die so entstehenden Bäume sind unter der Bezeichnung B-Bäume bekannt geworden; sie lassen sich folgendermassen charakterisieren:
Sei $h \in N \cup \{\emptyset\}$, $k \in \mathbb{N}$. Ein Baum T gehört der Klasse $\Upsilon(k,h)$ von B-Bäumen an, falls T leer ist (h=$\emptyset$) oder die folgenden Eigenschaften besitzt:

126

(1) Jeder Weg von der Wurzel zu einem Blatt hat dieselbe Länge h (Höhe des Baumes).

(2) Jeder Knoten ausser der Wurzel und den Blättern hat mindestens k+1 Nachfolger. Die Wurzel ist ein Blatt oder hat mindestens 2 Nachfolger.

(3) Jeder Knoten hat höchstens 2k+1 Nachfolger.

(4) Jeder Knoten (ausser Blättern) mit j+1 Nachfolgern enthält j nach s aufsteigend geordnete Einträge (s,a). Falls die Kanten durch Zeiger p_i realisiert sind, ist die Anordnung innerhalb eines Knotens p_0,(s_1,a_1), p_1,(s_2,a_2), p_2,..., (s_j,a_j), p_j. Für alle Schlüssel x im Knoten p_0 gilt: $x<s_1$, in den Knoten p_i, i=1,...,j-1: $s_i<x<s_{i+1}$, im Knoten p_j:$x>s_j$. Jedes Blatt enthält zwischen k und 2k geordnete Einträge (s,a).

Durch eine kleine Modifikation der Eigenschaften (3) und (4) erhält man $\underline{B^*\text{-Bäume}}$.

(3´) Jeder Knoten hat höchstens 2k Nachfolger.

(4´) Jeder Knoten (ausser Blättern) mit j Nachfolgern enthält j aufsteigend angeordnete Schlüssel s. Die Anordnung innerhalb eines Knotens ist $s_1,p_1,s_2,p_2,...,s_j,p_j$. Für alle Schlüssel x_{im} (m=1,...n) im Knoten p_i(i=1,...,j) gilt: $x_{i1} = s_i$ und falls i < j: $x_{im} < s_{i+1}$. Jedes Blatt enthält zwischen k und 2k geordnete Einträge (s,a).

Für eine vorgegebene Schlüsselmenge sind verschiedene Bäume möglich. Wie die nachfolgenden Algorithmen zeigen werden, hängt die Form eines Baumes nämlich neben k auch von der Eingangsreihenfolge der Schlüssel ab. Sei eine Eingangsreihenfolge 3,7,1,16,4,14,12,6,2,15,13,8,1Ø,5,11,9 und k=2 gegeben. Der resultierende B-Baum gehört der Klasse $\gamma(2,2)$ an:

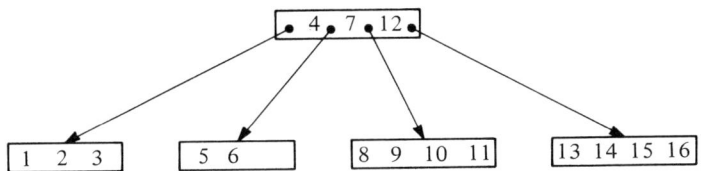

Der entsprechende B*-Baum gehört hingegen der Klasse $\gamma(2,3)$ an:

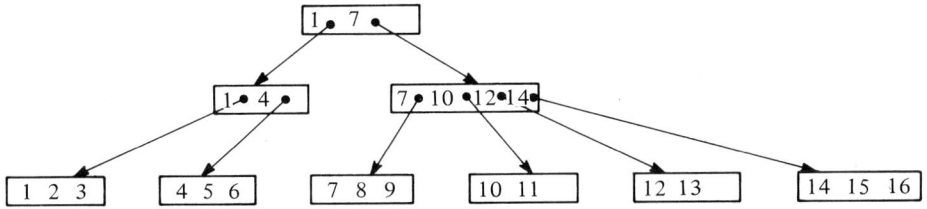

Der B-Baum ist redundanzfrei. Er bietet somit gegenüber dem B*-Baum den Vorteil, dass einige Zugriffspfade nicht bis zu den Blättern zu durchlaufen sind und damit die mittlere Länge der Zugriffspfade etwas unter h absinkt. Ausserdem ist der Speicherbedarf etwas geringer, so dass evtl. die Stufenzahl um 1 (d.h. die Suchzeit um eine Zugriffszeit auf Hintergrundspeicher) niedriger liegt.

Beim B*-Baum treten in den Knoten ausser den Schlüsseln entweder nur Nachfolgerzeiger p_i oder nur Adressen a_i auf, also nicht beide gleichzeitig. Die Blocklängen aller Knoten können daher identisch gewählt werden. Beim B-Baum muss man hingegen verschiedene Blocklängen vorsehen, wenn man den Speicherbedarf minimieren will. Vor allem aber lassen sich in B*-Bäumen die Schlüssel durch einfache Verkettung der Blätter, also ohne Durchlaufen des Baumes, in lexikographischer Reihenfolge aufzählen.

In der Praxis verwendet man meist B*-Bäume. Die Algorithmen für read, add und remove sind ihrer Bedeutung wegen in Abb.5.1 etwas genauer umrissen.

Erläuterung zur Prozedur remove:

Ausgleich:
Man beschafft sich von einem benachbarten Blatt einen Eintrag, um wieder auf die erforderliche Komponentenzahl zu kommen. Um dies nicht häufig wiederholen zu müssen, wird man zweckmässig gleich die Schlüsselmenge aus beiden Blättern bilden und diese Menge dann gleichmässig über beide Blätter verteilen. Dabei darf man jedoch nicht vergessen, den Schlüssel im Vorgängerknoten mit abzuändern.

Zusammenlegen:
Der Ausgleich versagt, wenn jedes Nachbarblatt selbst nur genau k Schlüssel enthält. Dann ist jedoch die Gesamtmenge der Schlüssel in beiden Blättern kleiner als 2k, und die beiden Blätter lassen sich zusammenlegen. Damit entfällt im Vorgängerknoten ein Schlüssel, so dass dieser Knoten anschliessend auf Unterlauf zu untersuchen ist.

In der Praxis scheut man häufig den Aufwand für das Zusammenlegen, insbesondere weil nachfolgende add-Operationen alsbald wieder eine Spaltung notwendig machen könnten. Man hält deshalb die zu Beginn gegebenen Definitionen nicht immer streng ein.

procedure add (var w: knoten, y: schlüssel, a: adresse):
% Eingabeparameter: w Wurzel, y neuer Schlüssel, a seine Adresse %
% Ausgabeparameter: w Wurzel des veränderten Baumes %
var kn: knoten,   % Knoten für y %
    erf: bool;
test (w, y, kn, erf);
if not erf then erweitere (kn, y, a) fi;

  local procedure erweitere (var kn1: knoten, y: schlüssel, a: adresse):
  % Hilfsprozedur zum Erweitern eines Knotens %
  var kn2: knoten; % Spaltprodukt bei Überlauf von kn1 %
  if kn1 nicht voll
  then einfüge (kn1, y, a)
  else kn2:=erzeuge Knoten;   % Spaltvorgang %
    kopiere Teilfolge $s_{k+1}, p_{k+1}, \ldots, s_{2k}, p_{2k}$ von kn1 nach kn2;
    lösche diese Teilfolge aus kn1;
    % Teilfolge $s_1, p_1, \ldots, s_k, p_k$ verbleibt in kn1 %
    erweitere (Vorgänger von kn1, erster Schlüssel von kn2, Adresse von kn2);
    if y > erster Schlüssel von kn2
    then einfüge (kn2, y, a) else einfüge (kn1, y, a);
    fi
  fi
  end erweitere;

  local procedure einfüge (var kn: knoten, y: schlüssel, a: adresse):
  % Hilfsprozedur zum Einfügen eines Eintrages in einen Knoten %
  if kn=nicht vorhanden
  then kn := erzeuge knoten; füge (y, a) als ersten Eintrag in kn ein
  else füge (y, a) an die richtige Stelle in kn ein;
    if y erster Schlüssel in kn then replace (Vorgänger von kn,
                          zweiter Schlüssel von kn, y) fi
  fi
  end einfüge;
end add;

procedure remove (var w: knoten, y: schlüssel):
% Eingabeparameter: w Wurzel, y zu entfernender Schlüssel %
% Ausgabeparameter: w Wurzel des veränderten Baumes %
var kn: knoten,   % Knoten mit y %
    erf: bool;
test (w, y, kn, erf);
if erf
then if y einziger Schlüssel in kn
  then w := nicht vorhanden
  else entferne Eintrag mit y aus kn;
    if kn ≠ w
    then replace (Vorgänger von kn, y, erster Schlüssel in kn);
      % Blattbehandlung bei Unterlauf %
      if Anzahl der Schlüssel in kn < k
      then Ausgleich oder Zusammenlegen fi
    fi
  fi
fi
end remove;
Abb. 5.1

function read (w: knoten, y: schlüssel) adresse:
% Eingabeparameter: w Wurzel, y Suchwort %
var kn: knoten,   % Knoten mit y %
    as: schlüssel,   % aktueller Schlüssel %
    erf: bool;
test (w, y, kn, erf);
if erf
then as := größter Schlüssel in kn;
  while y ≠ as
  loop as := nächstniedriger Schlüssel zu as repeat;
  return (Adresse zu as)
else return (−1) % unmögliche Adresse bei Mißerfolg %
fi
end read;

procedure test (w: knoten, y: schlüssel, var kn: knoten, var erfolg: bool):
% Hilfsfunktion, bestimmt zu y den zugehörigen Knoten %
% Eingabeparameter: w Wurzel, y Suchwort %
% Ausgabeparameter: erfolg, kn Blatt in dem y liegt oder
                        liegen müßte %
var as: schlüssel; % aktueller Schlüssel %

% Blattsuche %
% Ist y kleiner als der kleinste vorhandene Schlüssel, so wird
  der Baum links außen abgelaufen %
kn := w; erfolg := false;
if w ist nicht Blatt
then while kn ist nicht Blatt
  loop as := größter Schlüssel in kn;
    while y < as and Schlüsselmenge in kn nicht erschöpft
    loop as := nächstniedriger Schlüssel zu as repeat;
    kn := Nachfolgerknoten bzgl. as;
  repeat;
  % Blattbearbeitung %
  as := größter Schlüssel in kn;
  while y < as and Schlüsselmenge in kn nicht erschöpft
  loop as := nächstniedriger Schlüssel zu as repeat;
  if y = as then erfolg := true fi
fi
end test;

procedure replace (kn: knoten, y1, y2: schlüssel):
% Hilfsfunktion zum Ersetzen eines Schlüssels im Baum %
ersetze den Schlüssel y1 in kn durch den Schlüssel y2;
if y2 erster Schlüssel in kn and kn hat Vorgänger
then replace (Vorgänger von kn, y1, y2)
fi
end replace;

129

Eine andere Spielart besteht darin, anstelle des Zusammenlegens einen Ausgleich zu versuchen, der sich über die gesamte Stellvertreterliste ausdehnt.

Die Ausrichtung von B*-Bäumen an Blöcken legt deren Realisierung in Form von direkten oder Random-Dateien nahe. Setzt man beispielsweise die Seitenorganisation von DBS440 voraus (5.2.4), so realisiert man die Einträge (s,p) der Zwischenknoten als Sätze der Form

LW	ST	Schlüssel	Pegel	Seitennummer

LW: Leitwort
ST: Satztyp (Verbundtyp für den Satz, der den Schlüssel
            enthält)
Schlüssel: s
Pegel: Belegung der Seite ´Seitennummer´ (Information für
            die Freispeicherverwaltung)
Seitennummer: Nachfolgerzeiger p

Die Sätze (s,a) der Stellvertreterliste sind folgendermassen aufgebaut:

LW	ST	Schlüssel	Adresse des Datensatzes

Die Wurzel belegt die erste Seite der Datei.

5.3.6 Assoziative Adressindexe

Zugriffspfade für Schlüssel wären überflüssig, wenn die Geräteebene Mengenoperatoren anbieten würde. Speicher mit dieser Eigenschaft und einer auf Komponenten basierenden name-Funktion heissen Assoziativspeicher. Sie sind jedoch bisher nur als Hauptspeicher für eng begrenzte Zwecke anzutreffen.

Bei manchen Geräteherstellern sind die Plattensteuerungen oder die sie bedienenden Eingabe/Ausgabe-Kanäle so ausgelegt, dass die Blöcke einer Spur aufgrund eines vorgegebenen Schlüssels identifiziert werden, ohne dass der gesamte Block in den Hauptspeicher übertragen werden muss (dies geschieht technisch dadurch, dass dem Datenblock auf der Spur ein kurzer Schlüsselblock vorangestellt wird). Ist also erst einmal die korrekte Spur erreicht, so werden die Blöcke seriell in der Reihenfolge ihres Erscheinens auf einen vorgegebenen Schlüssel hin untersucht. Aus der Sicht eines Programmes im Hauptspeicher werden die Blöcke einer Spur assoziativ aufgefunden, ein Adressindex ist nur bis zur Spurebene hin erforderlich.

Der Vorteil dieses Verfahrens - ein weniger umfangreicher Adressindex - wird allerdings durch das Fehlen einer Stellvertreterliste aufgehoben. Um nunmehr die Datensätze in lexikographischer Reihenfolge aufzählen zu können, müssen sie bereits sortiert abgespeichert sein, so dass das Hinzufügen oder Entfernen von Datensätzen recht aufwendig wird.

Dies sei am Beispiel der schlüsselsequentiellen Datei des IBM-Betriebssystems OS360 illustriert. Dort wird anfangs von einem festen Speicherbereich ausgegangen, in dem die Sätze beim Dateiaufbau entsprechend der lexikographischen Ordnung ihrer Schlüssel angeordnet werden. Damit hat der jeweils letzte Satz einer Spur den im Sinne der Ordnung höchsten Schlüssel. Dieser wird zusammen mit der betreffenden Spurnummer in einen zylinderspezifischen "Spurindex" aufgenommen. Die Spurindexe mehrerer Zylinder führen ihrerseits auf einen "Zylinderindex".

Ist eine Datei aufgebaut, so erfolgt das Einfügen weiterer Sätze nach einem Überlaufverfahren: Der letzte Satz der Spur s, in die ein neuer Satz eingebracht werden soll, wird in einen "Überlaufbereich" übertragen und dort mit evtl. bereits früher aus s übertragenen Sätzen entsprechend der Schlüsselordnung verkettet. Die Adresse (Spur-Nr. und Satz-Nr.) des jeweils ersten Satzes einer solchen Kette wird in einem zweiten Schlüssel/Adress-Paar im Spurindex vermerkt, als zugehöriger Schlüssel jedoch derjenige des letzten Satzes der Kette eingetragen (d.h. der ursprünglich letzte Satz von s). Der neu einzubringende Satz kann - gegebenenfalls nach Verschiebungen innerhalb der Spur - nun in die Spur eingefügt werden. Fällt der Satz von vornherein in den Überlaufbereich, so wird er dort einfach eingekettet.

Für jede Spur werden also zwei Schlüssel/Adress-Paare im Spurindex geführt. Vor Anwendung des Überlaufverfahrens haben sie den gleichen Wert.

Einfaches Beispiel mit numerischen Schlüsseln und Anzahl der Sätze pro Spur gleich 4:
Zu Beginn:

100	Spur 1	100	Spur 1	200	Spur 1	200	Spur 1	• • • • •	SPURINDEX

SPUR ↓

0				
1	10	20	40	100
2	150	175	190	200
K				

- Zeile 0: SPURINDEX
- PRIMÄR-BEREICH
- ÜBERLAUF-BEREICH

Nach Einfügen von Sätzen mit den Schlüsseln 25, 101, 26, 81 (in dieser Reihenfolge) ergibt sich die folgende Situation:

26	Spur 1	100	Spur K Satz 3	190	Spur 2	200	Spur K Satz 2	• • • • •
10		20		25		26		
101		150		175		190		
100	Spur 1	200	Spur 2	40		81		

Für Datenbasen, die nur selten Änderungen erfahren, können derartige Adressindexe durchaus Vorteile bieten.

5.3.7 Digitalbäume

Der Grundgedanke der Suchverfahren besteht darin, mit jedem Schritt die Zahl der infragekommenden Einträge, also die Grösse der noch zu durchsuchenden Schlüsselmenge, um einen additiven oder multiplikativen Faktor zu verringern. Die schrittweise Beschränkung muss nicht unbedingt auf einer Schlüsselordnung basieren. Vielmehr kann man auch von Schlüsselmengen ausgehen,

die in den ersten i Zeichen übereinstimmen, und i schrittweise
um einen gewissen Wert erhöhen. Dieser Ansatz führt zu den
folgendermassen definierten Digitalbäumen.

Sei n die Länge eines Schlüssels s∈S(t). Dann wird der Schlüssel
in n/k Abschnitte der Länge k aufgeteilt und in einem Baum ein
Weg konstruiert, dessen i-te Kante mit dem i-ten Abschnitt
markiert ist. Die Menge aller derartigen Wege bestimmen den Baum
für S(t) derart dass die Beschriftungen der von einem Knoten
abgehenden Kanten paarweise verschieden sind.

Beispiel für die Schlüsselmenge {ban,band,bar,barn,be,bee,
bind}, k=1:

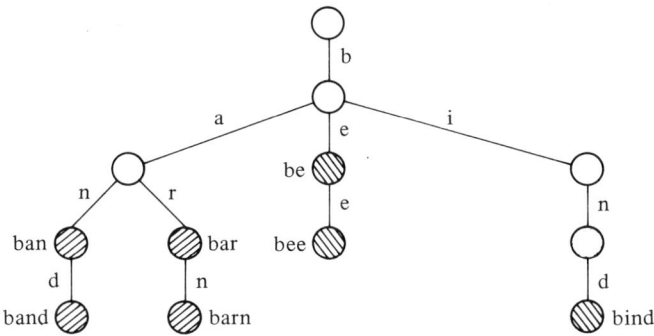

Man beachte, dass die Knoten, die einem Eintrag (s,a) entsprechen, keineswegs auf die Blätter beschränkt sind.

Hinsichtlich der Realisierung lassen sich zwei Formen unterscheiden.
- TRIE:
  Fester und identischer Aussengrad jedes Knotens, z.B. 26
  entsprechend den 26 Buchstaben des Alphabets. Besetzte Kanten
  werden durch einen Zeiger auf den entsprechenden Nachfolger-
  knoten dargestellt, nichtbesetzte Kanten werden durch den
  leeren Zeiger nil gekennzeichnet.
- TREE:
  Variabler Aussengrad jedes Knotens, da nur die abgeschlossenen
  Kanten geführt werden.

Je nach der Wahl von k wird ein Baum mehr in die Höhe oder mehr
in die Breite angelegt. Bei der Verwendung von Hintergrundspeichern wird man im allg. die Stufenzahl entsprechend der
Speicherhierarchie fest vorgeben; in diesem Fall kommt es zur

Bildung von Abschnitten unterschiedlicher Länge. Der folgende TRIE aus dem Dokumenten-Nachweissystem STAIRS (13.1) ist ein Beispiel hierfür.

1.Stufe: Zeichenpaare als Abschnitte. Zeichen sind ⊔,A,....,Z,∅.......,9,<SZ>, wobei <SZ> die Klasse aller Sonderzeichen ausser ⊔ ist. Insgesamt sind also 37 * 38 = 1406 Paare möglich (führendes ⊔ ausgeschlossen), die lexikographisch geordnet gemäss der oben angegebenen Reihenfolge (<u>Kollations-</u> <u>folge</u>) über mehrere Blöcke verteilt sind:
A⊔,AA,AB,....,AZ,A∅,....,A9,A<SZ>,B⊔,....,<SZ><SZ>

Der Index R (Relativadresse) des einem Paar xy entsprechenden Eintrags errechnet sich dann aus
$$R = K + ((T(x)-1)^* 38 + T(y)) * EL$$
mit K = Länge des Kopfsegments, $T(x)$ bzw. $T(y)$ Ordnungsnummer des Zeichens in der Kollationsfolge, EL = Länge der Einträge. Aufgrund dieser Berechnungsmöglichkeit muss das Zeichenpaar xy nicht im Eintrag vermerkt werden; dieser enthält lediglich die Adresse der zugehörigen Schlüsselmenge.

2.Stufe: Hier finden sich maximal 1406 Listen, auf die die Einträge der 1.Stufe verweisen. Die Listen, die ja von verschiedener Länge sein können, sind wie folgt aufgebaut:
- <u>Steuerinformation</u>: Anzahl der Deskriptoren in der Liste und die ersten zwei Zeichen der nachfolgenden Deskriptoren (also das mit der Liste korrespondierende Zeichenpaar).
- <u>Zeigerfeld</u>: Adressen der Worteintragungen relativ zum Beginn der Liste der Worteintragungen (i-te Adressangabe entspricht i-ter Worteintragung), vgl. 5.3.9.
- <u>Worteintragungen</u>: Sortierte Liste aller Deskriptoren. Ein einzelner Eintrag enthält einen Verweis auf die Zielpunktliste, Angaben zum Deskriptor (z.B. Vorkommenshäufigkeiten, Verweis auf Synonyme) und den Deskriptor ohne die ersten beiden Buchstaben.

Beispiel (vereinfacht):

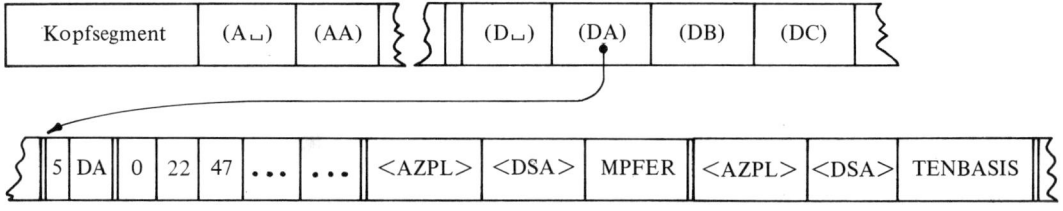

134

Digitalbäume sind B*-Bäumen meistens unterlegen und deshalb heute nur noch von historischem Interesse.

5.3.8 Hasch-Verfahren

Rechnerische Lösungen für $\sigma(t): S(t) \twoheadrightarrow A$ setzen voraus, dass man die Forderung nach Injektivität für $\sigma(t)$ aufgibt. Dementsprechend muss man nach der rechnerischen Abbildung in einem zweiten Schritt jedem durch σ auf dieselbe Adresse abgebildeten Schlüssel die eigentlich gesuchte Adresse zuordnen. Diese, Hasch-Verfahren (engl.: hashing) genannte Vorgehensweise ist mit den bisher vorgestellten Techniken insofern verwandt, als auch hier in einem ersten Schritt die weiter zu durchsuchende Schlüsselmenge eingeschränkt wird. Die Einschränkung ist im allgemeinen sehr drastisch, so dass Hasch-Verfahren zu besonders kurzen Zugriffszeiten führen.

Sei $H=\{1,...,m\}$ $\subseteq$ $\mathbb{N}$ das Intervall der natürlichen Zahlen von 1 bis m, dann heisst eine Abbildung $h:S \to H$ Hasch-Funktion, wobei H als Menge der Indizes (relativen Adressen) eines vorgegebenen Adressraums interpretiert wird. Gilt für zwei Schlüssel
$$s,s´ \in S(t) : h(s)=h(s´)$$
so sagt man, dass sie kollidieren. Dementsprechend bezeichnet man die Menge der (s,a)-Paare aus $\sigma(t)$, deren Schlüssel unter h das gleiche Bild l haben, als Kollisionsklasse $K_t(l)$, also:
$$K_t(l) = \{ (s,a) \in \sigma(t) \wedge h(s)=l \}.$$
Im Idealfall enthält jede dieser Klassen höchstens ein Element, normalerweise muss jedoch die Kollisionsklasse mittels $read(K_t(l),s)$ mit $s=name((s,a))$ nach dem geforderten Paar (s,a) durchsucht werden.

Damit ergeben sich die drei folgenden Grundoperatoren:
- read: Für einen Schlüssel s wird zunächst h(s) berechnet und anschliessend geprüft, ob es in $K_t(h(s))$ ein Paar (s,a) mit $a \in A$ gibt. Falls dies zutrifft, ist a das Ergebnis des Operators.
- add: Fügt ein Paar (s,a) in die Klasse $K_t(h(s))$ ein.
- remove: Entfernt für einen vorgegebenen Schlüssel s das Paar (s,a) aus $K_t(h(s))$.

Da in der Regel vor der Anwendung der beiden letzten Operatoren nicht bekannt ist, ob (s,a) bereits bzw. nicht vorhanden ist, geht den Operatoren wieder ein Suchvorgang voraus.

Haschfunktionen sollen einfach anzuwenden sein und einen vorgegebenen Adressraum H möglichst gleichmässig ausnützen. Welche Haschfunktion diesen Anforderungen am nächsten kommt, hängt von der Art des Schlüssels (numerisch, alphanumerisch) und vom Umfang der Menge der Schlüssel ab. Generell gehen Haschfunktionen für alphanumerische Schlüssel von der Darstellung des Schlüssels als Bitfolge aus. Beispiele:

- Faltung: Zerlegung des Schlüssels in Bestandteile; additive, multiplikative oder logische Verknüpfung der Bestandteile; Ausblenden vorgegebener Bitpositionen derart, dass eine zulässige relative Adresse entsteht. Erforderlich sind deshalb Adressräume der Grösse 2^k ($k \in \mathbb{N}$).
- Restklassenbildung: Interpretation der Bitfolge des Schlüssels als ganze Zahl; ganzzahlige Division durch die Adressraumgrösse, so dass der Rest eine zulässige relative Adresse ergibt. Als Adressraumgrösse wird üblicherweise eine Primzahl verwendet.

Bei numerischen Schlüsseln wird meistens ausschliesslich mit arithmetischen Operationen gearbeitet.

Als natürliche Einheiten zur Abspeicherung in Blöcken bieten sich beim Hasch-Verfahren die Kollisionsklassen an. H ist demzufolge eine Menge von Blockadressen einer direkten Datei. Die Grösse von H wird man so wählen, dass die Blöcke einen mittleren Füllungsgrad von mehr als 50% erreichen. Im Gegensatz zu den Hasch-Verfahren auf Hauptspeicherbasis ist also bei Verwendung von Hintergrundspeichern eine gewisse Kollisionshäufigkeit sehr erwünscht. Gelegentlich werden auch die Kollisionsklassen auf den Blöcken erneut mittels eines (kollisionsarmen) Hasch-Verfahrens organisiert.

Hinsichtlich der Verwaltung der Kollisionsklassen lassen sich zwei Methoden unterscheiden.

Überlauffreie Blöcke:
Versucht man, in einen bereits gefüllten Block ein weiteres Paar (s,a) einzufügen, so verweigert das System - im einfachsten Fall - die Annahme, oder es vergrössert den Adressraum H unter Neudefinition der Haschfunktion. Im letzten Fall müssen dann jedoch die Kollisionsklassen neu berechnet und die Einträge auf die Blöcke neu verteilt werden. (Derartige Reorganisationsmassnahmen wird man zweckmässig auf die ruhigen Betriebsstunden legen.)

<u>Überlaufverfahren:</u>

Bei diesem Verfahren setzt sich eine Kollisionsklasse (bei Übersteigen der Blockgrösse) entweder in einem globalen, getrennt geführten Überlaufbereich fort, oder es wird unter den Nachbarn nach einem Block mit ausreichendem Platz gesucht. Beide Methoden ersparen eine Speicherreorganisation, allerdings um den Preis einer erhöhten Zahl von Zugriffen auf Hintergrundspeicher. Bei Überlauf auf Nachbarn wird der Speicherplatz besonders gut ausgenutzt, jedoch besteht die Gefahr, dass auch die Nachbarn vorzeitig überlaufen.

Der Überlauf auf Nachbarn lässt sich an der Realisierung der Random-Datei im Datenbanksystem DBS440 illustrieren. Er wird zwar auf Sätze selbst und nicht auf Zugriffspfade angewendet, das Prinzip ist jedoch dasselbe. Der Name eines Satzes wird auf eine Seitenadresse abgebildet. Alle Sätze, deren Namen die gleiche Seitenadresse zum Bild haben, werden in diese Seite eingetragen und miteinander zu einer sog. Randomkette verkettet. Diese Kette ist aufsteigend nach Satztyp und innerhalb eines Typs nach Name sortiert. Der Seitenkennsatz verweist dabei auf den Anfang der Kette. Wird ein Satz mit Bild s wegen Überlaufes der Seite s in einer anderen Seite abgelegt, so wird er in die Randomkette zu s an der entsprechenden Stelle eingefügt. Es kann also sogar geschehen, dass sich der erste Satz einer Kette auf einer anderen als der Primärseite dieser Kette befindet.

Nimmt man wieder an, dass der Suchaufwand im wesentlichen durch die Übertragung der Blöcke bestimmt ist, so schneiden die Hasch-Verfahren mit im Mittel kaum mehr als einem Zugriff besonders günstig ab. Trotzdem werden Zugriffspfade in der Praxis nur vergleichsweise selten mittels Hasch-Verfahren realisiert. Der Grund hierfür ist im wesentlichen darin zu suchen, dass man häufig die Schlüssel auch in lexikographischer Ordnung benötigt, diese sich bei Hasch-Verfahren aber nur mit erheblichem Zeitaufwand herstellen lässt.

5.3.9 Sequentielle Zugriffspfade

Die bisher besprochenen Techniken befassten sich mit der Realisierung der read-Operatoren. Sequentielles Lesen (reads) von Komponenten tritt im Zusammenhang mit Listen auf. Es ist

jedoch durchaus üblich, gelegentlich auch die Komponenten von
Reihungen oder Mengen der Reihe nach aufzugreifen. Dies
erfordert einen Ordnungsbegriff (z.B. über Indizes bzw. Namen),
so dass wir uns auch hier die Komponenten zusätzlich in Form
einer Liste zusammengefasst denken können. Wir beschränken
deshalb die Diskussion der bei Realisierung von reads erforderlichen Zugriffspfade (sequentielle Zugriffspfade) auf die
Betrachtung von Listen.

Zugriffspfade sind natürlich überflüssig, wenn Listen der
Schicht Σ_i durch Listen auf der Schicht Σ_{i+1} realisiert werden,
also z.B. durch sequentielle Dateien oder bei Abspeicherung auf
Magnetbändern. Man spricht dann von einer starr sequentiellen
Realisierung. Realisiert man Listen dagegen mittels Reihungen
(z.B. direkten Dateien), so spricht man von einer logisch
sequentiellen Realisierung. Hierfür benötigt man als Zugriffspfade Abbildungen von Zählern auf Indizes.

Solche Zugriffspfade lassen sich wieder als Mengen von Paaren,
$\sigma(t) = \{(n,a)\}_t$, n Zähler
angeben. Da $n \in \{1,2,...,N(t)\}$ und nach Voraussetzung
$a \in \{1,2,...,N\}$, $N \geq N(t)$, scheint die einfachste Realisierung
darin zu bestehen, $\sigma(t)$ als die identische Abbildung (beschränkt
auf $n \leq N(t)$) zu wählen. Dazu braucht $\sigma(t)$ nicht eigens geführt
zu werden, jeder Satz wird an einer seiner Position entsprechenden Stelle der direkten Datei geführt. Nachteilig an diesem
Verfahren ist jedoch, dass sich mit jedem insert und delete die
Zähler einer Anzahl von Listenkomponenten verändern und in der
Datei entsprechend umfangreiche Verschiebungen vorgenommen
werden müssen. Gegenüber der starr sequentiellen Realisierung
ist somit nicht viel gewonnen.

Um Verschiebungen in der Datei zu vermeiden, muss man die Lage
eines Satzes unverändert lassen und $\sigma(t)$ explizit darstellen.
Diese Darstellung fällt besonders einfach aus, wenn man $\sigma(t)$
mittels einer Reihung realisiert und den Zähler der Listenkom-
ponente identisch auf den Index der Reihungskomponente abbildet.
Dann braucht man nämlich die n in der Reihung nicht zu führen
und erhält eine nach aufsteigendem Zähler geordnete Adressmenge
$\{a\}_t$, d.h. die Adresse des i-ten Listenelementes findet sich an
der i-ten Stelle der Reihung. Eine solche Reihung heisst
Zeigerfeld oder Zeigerreihung (engl.: pointer array). insert und
delete führen hier lediglich zu Verschiebungen im Zeigerfeld.

Verschiebungen lassen sich völlig vermeiden, wenn man die
Adressmenge nicht kompakt an einer Stelle, sondern "verstreut"

über die Listenkomponenten selbst führt. Bei einer Liste muss ja
die Adresse der (n+l)-ten Komponente erst bekannt sein, nachdem
man die n-te Komponente erreicht hat. Es genügt also, mit jeder
Komponente die Adresse ihres Nachfolgers zu führen. Man spricht
in diesem Fall von einer verketteten Realisierung der Liste.
Soll die Liste in beiden Richtungen durchlaufen werden, so führt
jede Komponente zwei Adressen, jeweils eine für den Vorgänger
und eine für den Nachfolger.

Als Beispiel sei das System DBS440 herangezogen, das für
Sammlungen des Netzwerkmodelles mehrere Formen der Verkettung
vorsieht:
- Einfache Verkettung mit Vorgänger- bzw. Nachfolgerverzeigerung
  (je nachdem ob die Sammlung vorwärts oder rückwärts durchlau-
  fen werden soll).
- Doppelverkettung (Vorwärts- und Rückwärtsverkettung).
- Doppelverkettung mit zusätzlicher "Ankerverkettung". Jeder
  einzelne Satz enthält einen Verweis auf den zugehörigen
  Ankersatz.

Aus diesem Grund sind die Sätze von DBS440 aus drei Bereichen
aufgebaut:

- Leitwort (siehe dazu 5.2.4).
- Kettfelder: Sie enthalten Adressen aus Zugriffspfaden. Jede
  dieser Adressen besteht aus einer Seiten- und einer Liniennummer (vgl. 5.2.4). Die Anzahl der erforderlichen Kettfelder
  kann aus dem Schema ermittelt werden; sie ist fest pro Satztyp
  und kann bis zu 63 betragen.
- Datenbereich.

Schematisches Beispiel einer doppelt- und ankerverketteten
Sammlung:

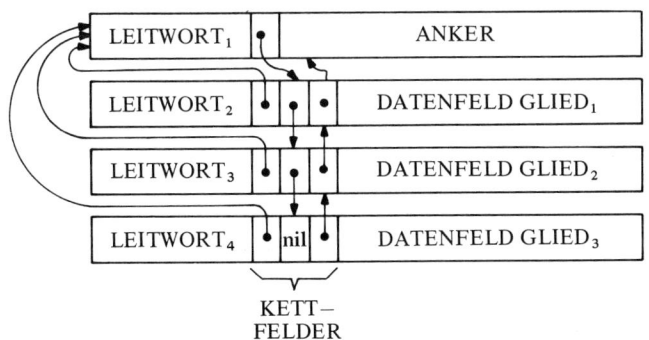

Der Anwender des Informationssystems bekommt natürlich nur den Datenbereich zu sehen. Leitwort und Kettfelder stellen den Anteil der Sekundärinformationen dar und werden deshalb als Satz-Präfix bezeichnet.

Werden aus derselben Satzmenge mehrere Listen gebildet, so lassen sich die drei geschilderten Techniken (starr sequentielle Realisierung, Zeigerfeld und Verkettung) auch kombinieren. Hinsichtlich der drei Grundoperationen read, insert und delete bieten diese Techniken unterschiedliche Vorteile:

- reads:
  Hierfür ist die starr sequentielle Realisierung am günstigsten, da man bei der Speicherung die physikalische Nachbarschaft der Blöcke ausnützt. Es folgt die verkettete Realisierung, während die Realisierung mittels Zeigerfeld im allgemeinen zwei Übertragungen erfordert, nämlich die eines Zeigerfeldblockes und die des Satzes.

- insert:
  Zeigerfeld und Verkettung sind hierbei gleichwertig, falls nur einfach verkettet wird (Doppelverkettung erfordert einen zusätzlichen Zugriff auf den Nachfolger) und falls die Blöcke für die Zeigerfelder nicht vollständig aufgefüllt werden, so dass im allgemeinen die notwendigen Verschiebungen auf einen Block beschränkt bleiben. Starr sequentielle Realisierung ist extrem ungünstig, da sämtliche Sätze von der Einfügstelle an verschoben werden müssen.

- delete:
  Hier ist bei unvollständiger Ausnutzung der Blöcke die Realisierung mittels Zeigerfeld am günstigsten, gefolgt von der Realisierung mittels Doppelverkettung. Ungünstig sind Einfachverkettung, da der Vorgänger gesucht werden muss, und starr sequentielle Realisierung wegen der erforderlichen Verschiebungen.

5.3.10 Zielpunktlisten

Zielpunktlisten sind Adressmengen $\{a\}_t$ eines Deskriptors. Sie werden hauptsächlich bei mengenalgebraischen Operationen verwendet. Betrachten wir hierzu die relationenalgebraische Verbindung

Autor [Autorname,Nationalität=Autorname,Ld.d.Urauff.] Drama

aus 2.4.2. Statt eines tupelweisen Vergleiches der Relationen selbst lässt sich auch die folgende Vorgehensweise unter ausschliesslicher Zuhilfenahme von invertierten Dateien für jedes Attribut (mit Zielpunktlisten aus Tupeladressen) einschlagen:

(1) Ermittle die nichtleeren Durchschnitte der Adressmengen zu den Werten unter ´Autorname´ und ´Nationalität´ in ´Autor´ (die Durchschnittsbildung ist hier trivial, da die Adressmenge jedes Autornamens wegen dessen Schlüsseleigenschaft einelementig ist).

(2) Ermittle die nichtleeren Durchschnitte der Adressmengen zu den Werten unter ´Autorname´ und ´Ld.d.Urauff.´ in ´Drama´ (hier sind die Werte stets Deskriptoren).

(3) Für die Adressmengen aus (1) und (2), die hinsichtlich der zugehörigen Wertkombination übereinstimmen, werden jeweils alle Adresskombinationen gebildet. Hieraus wird dann die Ergebnisrelation erzeugt.

Mengenalgebraische Operationen auf Index- oder Adressmengen spielen auch in Dokumenten-Nachweissystemen eine zentrale Rolle.

Für die Realisierung von Zielpunktlisten bieten sich zwei Möglichkeiten an, nämlich die reine Auflistung und die Implementierung durch Bitleisten.

Bei der reinen Auflistung werden die numerischen Index- oder Adressbezeichnungen sortiert geführt. Seien n_1 und n_2 die Mächtigkeiten der beiden Adressmengen, so ist nämlich bei sortierten Adress-Listen der Aufwand für die mengenalgebraischen Operationen proportional zu zu n_1+n_2, wie der folgende Algorithmus zeigt.

```
function durchschnitt (zl, z2: liste): liste
var z3: liste;
    while z1 nicht erschöpft and z2 nicht erschöpft
    loop case nächstes element of z1=nächstes element of z2:
                letztes element of z3:=nächstes element of z1;
                gehe zum nächsten element über in z1, z2//
        nächstes element of z1 <nächstes element of z2:
                gehe zum nächsten element über in z1//
        nächstes element of z1 >nächstes element of z2:
                gehe zum nächsten element über in z2
    esac
    repeat;
    return (z3)
end durchschnitt;
```

Die Zielpunktliste kann als Satz variabler Länge einer "Zielpunktlisten-Datei" organisiert werden. Dabei sind auch komplizierter aufgebaute Adressen denkbar. Beispielsweise besteht im Dokumentationssystem STAIRS (13.1) jedes Zielpunktlistenelement aus einer relativen Satznummer, der Nummer des betreffenden Absatzes im Dokument, der Nummer des textuellen Satzes im Absatz und der Position, unter der der betreffende Deskriptor als Wort in diesem Satz vorkommt:

Kontroll-feld	138	3	3	9	138	4	1	3	138	4	2	17	651	1	4	11	651	2	9	1

Eine Beschleunigung der mengenalgebraischen Operationen erreicht man bei der Implementierung durch Bitleisten. Deren Grundidee besteht darin, Bitpositionen einer linearen Bitfolge in eindeutiger Relation zu einer vorgegebenen Satzordnung zu setzen: Jedem Deskriptor wird eine Bitfolge zugeordnet, in der genau diejenigen Positionen gesetzt sind, deren Bezugssätze Zielpunkte des betreffenden Deskriptors sind. Man gelangt zur sog. Bit Matrix, deren Zeilen durch die Deskriptoren und deren Spalten durch die Satznummern indiziert sind. Die mengenalgebraischen Operationen lassen sich damit auf bitlogische zurückführen (Parallelität entsprechend der Bitzahl pro Speicherwort).

Der Speicherplatzbedarf ist sehr hoch, da nicht nur die Zugehörigkeit eines Satzes zur Zielpunktliste, sondern auch die Nicht-Zugehörigkeit dargestellt wird. So benötigt man beispielsweise für eine einzige Zeile dieser Matrix bzgl. einer Datei von 100000 Sätzen 12500 Bytes, also ca. 2 Spuren eines handelsüblichen Plattenspeichers. Andererseits wird die Zahl der nicht gesetzten Bits viel höher als diejenige der gesetzten Bits sein, da sonst die Wirksamkeit der betreffenden Deskriptoren gering wäre. Es liegt also nahe, nach redundanzarmen, komprimierten Darstellungen von Bitleisten zu suchen. Eine solche komprimierte Form bezeichnen wir nicht mehr als Bitleiste, sondern als Bitliste. In der Literatur findet man im wesentlichen zwei Komprimierverfahren.

Bei der Bitliste variabler Länge werden Nullfolgen der zugrundegelegten Bitleiste durch ihre binär codierte Länge in die Bitliste aufgenommen, Bitfolgen gewisser Länge mit mindestens einem gesetzten bit dagegen explizit aufgeführt. Dazu gibt man sich ein bestimmtes $k \in \mathbb{N}$ fest vor (aus implementierungstechnischen Gründen meist ein Vielfaches der Byte-Länge 8) und verfährt nach der folgenden Strategie:

(1) Initialisiere einen Positionszeiger PZ mit 1.
(2) Ist keines der Bits PZ, PZ+1,...,PZ+k-2 der Bitleiste gesetzt, so ergreife Schritt (3). Andernfalls füge diese k-1 Bits - zusätzlich mit einem gesetzten <u>Kennbit</u> - als Bitfolge der Länge k an die Bitliste (als sog. "<u>Codierfolge</u>") an. Erhöhe PZ um k-1 und wiederhole damit Schritt (2).
(3) Durchsuche die Bitleiste solange, bis ein gesetztes Bit gefunden wird oder ihr Ende erreicht ist. Codiere die Anzahl z der freien Bits als Binärzahl der Länge k-1 und füge diese - mit ungesetztem Kennbit - der Bitliste an. (Ist $z > 2^{k-1}-1$, so wird z in eine Reihe von Zahlen $z_1,...,z_l$ zerlegt mit $\sum_j z_j = z$, $z_j = 2^{k-1}-1$ falls $j \neq l$ und $z_l \leq 2^{k-1}-1$. Diese Zahlen werden der Reihe nach, jeweils mit ungesetztem Kennbit, der Bitliste zugeschlagen). Ist ein gesetztes Bit gefunden, so verweise PZ darauf und wiederhole bei (2).

Für k=16 ergibt sich für eine Bitleiste der Länge 240, in der die Bits 10,11,13,15 und 121-149 gesetzt sind, die folgende Bitliste:

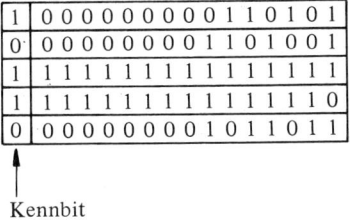

Kennbit

Offensichtlich wird gegenüber der ursprünglichen Bitleiste nur dann Speicherplatz eingespart, wenn Nullfolgen der Länge L>k-1 auftreten.

Eine weitere Möglichkeit zur Verkürzung von Bitleisten ist die <u>QUATREE-Kompression</u> (nach W.T.Hardgrave). Ziel dieser Methode ist ebenfalls die Elimination von Nullen, allerdings auf andere Weise. Sie basiert auf einer hierarchischen Referenzierung von 4-Bit-Blöcken: Jedes Bit eines Blockes im Niveau n bezieht sich auf einen Block im Niveau n-1 und wird gesetzt, falls mindestens ein Bit dieses Blocks gesetzt ist. Niveau 1 repräsentiert die unkomprimierte Bitleiste.

Beispiel:

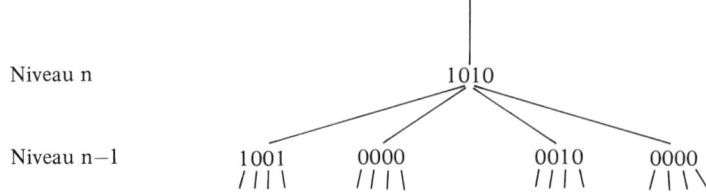

Niveau n   1010

Niveau n−1   1001   0000   0010   0000

Sind alle Bits eines Blocks ungesetzt, so kann dies bei einer
top-down-Suche spätestens im vorangehenden Niveau erkannt
werden. Ist dagegen ein Bit gesetzt, so wird die zugehörige
Information erst nach Durchlaufen aller Niveaus endgültig
erreicht. Die Komprimierung besteht nun naheliegenderweise
darin, Null-Blöcke wegzulassen. Die oben als Beispiel gewählte
Bitleiste hat demnach die QUATREE-Form nach Abb. 5.2.

Von der Richtigkeit des Beispieles kann man sich leicht
überzeugen, wenn man berücksichtigt, dass der QUATREE eine
Bitleiste der Länge $4^n=4^4=256$ beschreibt (im Beispiel wären also
noch ungesetzte Bits von 241-256 hinzuzufügen).

Die Entscheidung zwischen der Realisierung von Zielpunktlisten
durch reine Auflistung und durch komprimierte Bitleisten bedarf
im allgemeinen gründlicher Vorarbeiten. So kann bei den
komprimierten Bitleisten der Vorteil der Geschwindigkeit der
mengenalgebraischen Operationen durch die zuvor erforderliche

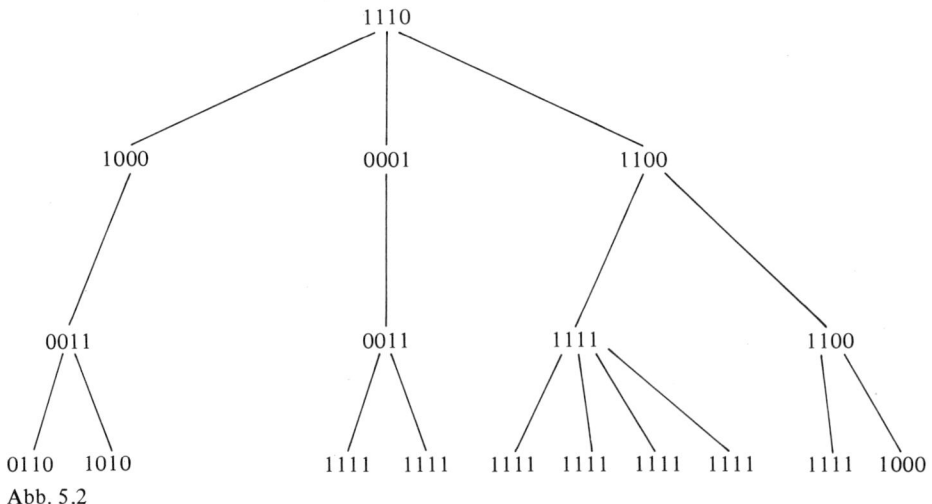

Abb. 5.2

144

Dekompression wieder verloren gehen. Auch dürfen hierbei die zugrundegelegten Primärinformationen nur selten geändert werden, da die bei add oder remove nötigen Veränderungen der Bitliste andernfalls das System übermässig stark belasten würden. Ebenso sorgfältig ist der Speicherplatzbedarf beider Realisierungen zu vergleichen; Auflistungen brauchen keinesfalls immer unterlegen zu sein.

5.4 Schemainformationen

Schemainformationen sind interne Darstellungen des Datenbasisschemas. Sie werden bei der Einrichtung der Datenbasis in einem getrennten Übersetzungsgang aus dem in der DDL formulierten Datenbasisschema gewonnen. Für jedes Informationssystem existiert also neben dem (häufig in den Wirtssprachenübersetzer integrierten) DML-Übersetzer ein DDL-Übersetzer.

Generell lässt sich feststellen, dass Schemainformationen sehr kompliziert aufgebaut sind. Dies resultiert einmal aus dem Umfang der Schemata selbst (sie erstrecken sich üblicherweise über eine ganze Reihe von Programmseiten). Zum anderen müssen Informationen, die im Schema nur implizit enthalten sind, systemintern explizit dargestellt werden (etwa um für einen Satztyp des Netzwerkmodells rasch feststellen zu können, in welchem Sammlungstyp er als Ankersatztyp bzw. als Gliedsatztyp vermerkt ist). Schliesslich ist eine Menge mehr oder weniger umfangreicher Verwaltungs- und Speicherungsinformationen mitzuführen (z.B. zur Verwaltung der Zugriffspfade bei Schlüsseln, zur Sperrung von Daten und Synchronisation von Prozessen nach Kap.7).

In der allgemein zugänglichen Herstellerdokumentation zu Informationssystemen findet man äusserst selten detaillierte Angaben über die systeminterne Zusammensetzung und Organisation von Schemainformationen, so dass man sich nur anhand der entsprechenden Programmauflistungen (soweit diese nicht geheim gehalten werden) Überblick verschaffen kann. Wir beschränken uns daher auf eine kurze und stark vereinfachende Betrachtung der im System UDS2 (Universales Datenbanksystem 2) der Firma Siemens verfolgten Konzeption.

UDS2 liegt als Datenmodell das Netzwerkmodell zugrunde mit den Konzepten REALM (Gebiet), SET (Sammlung), RECORD (Satz) sowie der Namensgebung KEY (Schlüssel). Für die im Schema vereinbarten Typen und Schlüssel finden intern jedoch nicht die vom Benutzer festgelegten Indikationen und Indizes Verwendung, sondern ganzzahlige Nummern, die ihnen bei der Schemaübersetzung zugewiesen werden. Schemainformationen werden vom DDL-Übersetzer in einer sog. "Schema-Information-Area" (SIA) abgelegt. Diese SIA besteht aus einem Bereich konstanter und einem Bereich variabler Länge. Der erstere beinhaltet u.a. die folgenden Angaben:

- Speicherplatzbedarf der gesamten SIA in Bytes;
- Name, unter dem das Schema dem Benutzer bekannt ist;
- Zeiger auf Satz-, Sammlungs- und Schlüsseltabelle (siehe unten); für die Gebietstabelle wird kein Zeiger benötigt, da sie sich stets unmittelbar am Beginn des Bereiches variabler Länge befindet;
- Tabellenlängen;
- Zeiger auf die Kette der Sammlungstyp-Beschreibungen (siehe unten) der Singuläre-Sammlungstypen;
- maximale Länge in Bytes, die ein Satz benötigen darf;
- maximale Länge in Bytes, die ein Schlüssel benötigen darf;
- Maximalzahl von Sammlungen, in denen ein Satz Gliedsatz sein kann;
- Informationen für die Freispeicherverwaltung.

Der Umfang des Bereichs variabler Länge richtet sich nach der Anzahl der für die Datenbasis spezifizierten Typen. In diesem Bereich befinden sich u.a.:

- Gebietstabelle: Eine Adress-Reihung, die unter jedem durch eine Gebietstyp-Nummer gegebenen Index einen Eintrag enthält, der die Adresse der Beschreibung des zugehörigen Gebietstyps angibt. Damit lässt sich diese Tabelle offensichtlich als Zugriffspfad auf typspezifische Schemainformationen deuten.
- Satz-, Sammlungs- und Schlüsseltabelle: Für diese drei Tabellen gilt das zur Gebietstabelle Gesagte in analoger Weise.
- Gebiets-, Satz-, Sammlungs- und Schlüsseltyp-Beschreibungen.

Die Gebietstyp-Beschreibungen bestehen ihrerseits wieder aus je einem Anteil konstanter bzw. variabler Länge, wobei der letztere lediglich

- die Länge der Indikation, unter der der betreffende Gebietstyp dem Benutzer bekannt ist,

- die Indikation (Gebietsbenennung) selbst und
- eine Liste von Nummern derjenigen Satztypen, deren Exemplare
  in das betreffende Gebiet eingebracht werden können,
enthält. Der Anteil konstanter Länge (48 Bytes) umfasst u.a. die
folgenden Komponenten:
- Gebietstyp-Nummer;
- Zeiger auf den variablen Anteil;
- "Open-Verwaltung": dazu gehört beispielsweise ein Zeiger auf
  die Warteschlange der Prozesse, die auf das Gebiet zugreifen
  wollen;
- Zeiger auf die zugehörige Liste von Satztyp-Nummern;
- Angaben für die Freispeicherverwaltung.

Die übrigen Typ-Beschreibungen bestehen zwar naturgemäss aus
anderen Komponenten, sind aber ähnlich wie Gebietstyp-Beschreibungen organisiert. So enthält in der Beschreibung von
Sammlungstypen der Anteil variabler Länge wiederum die Länge der
Typ-Indikation und die Indikation selbst, während die Angabe
über den möglichen Typ von Gliedsätzen in den Bereich konstanter
Länge (52 Bytes) aufgenommen wurde, da in UDS2 bei Sammlungen
nur ein einziger Gliedsatztyp zugelassen wird. Des weiteren
finden sich im konstanten Bereich u.a.:
- die betreffende Sammlungstyp-Nummer;
- eine Angabe (1 Bit) darüber, ob die Option AUTOMATIC für den
  store-Operator gewählt ist oder nicht;
- eine Angabe (1 Bit) darüber, ob der beschriebene Sammlungstyp
  singulär ist oder nicht;
- Zeiger auf die Satztyp-Beschreibungen des Anker- bzw. des
  Gliedsatz-Typs;
- die in den Exemplaren des Typs erwartete Anzahl von Gliedsätzen;
- Zeiger auf die Schlüssel-Beschreibungen für diese Sammlung;
- verschiedene Kettfelder, so dass die Beschreibung in
  verschiedene Listen wie Liste der Singuläre-Sammlungstypen
  oder Liste aller Sammlungstypen für einen vorgegebenen
  Ankersatztyp eingekettet werden kann.

Die Beschreibung der Satztypen ist sehr viel umfangreicher, aber
nach den gleichen Grundsätzen aufgebaut. Schlüssel-Beschreibungen sind stets von fester Länge.

6 Realisierung des Dokumenten-Nachweises

Systeme zum Dokumenten-Nachweis dienen der Vorauswahl einschlägiger Unterlagen, die einem Anwender zur Lösung einer gegebenen Problemstellung zur Verfügung stehen. Um diese Aufgabe über einen Rechner abzuwickeln, muss die deskriptive Ebene der Problemstellung in eine operationale des Umganges mit Dokumentbeschreibungen überführt werden. Bei dieser Umsetzung ergeben sich zwei Aufgabenbereiche (vgl. Kap.1.3.2). Zum einen ist dies die Deskribierung, d.h. die Modellierung von Dokumenten zu Dokumentbeschreibungen; sie ist Gegenstand von Kap.6.1, wobei wir uns auf die Deskribierung des Dokumentinhaltes beschränken wollen. Der zweite Bereich umfasst die Recherche, d.h. die Zuordnung von Dokumenten zu einer Anfrage, und die Behandlung der Anfrage selbst; er wird in Kap.6.2 behandelt. Einige Anmerkungen zur Bewertung der Nachweiseigenschaften sowie zu vorteilhaften Betriebsformen in 6.3 schliessen das vorliegende Kapitel ab.

6.1 Deskribierung

6.1.1 Manuelle Deskribierung: Klassifizierung

Ziel der Deskribierung ist es, einem vorgegebenen Dokument neben seinen bibliographischen Angaben Wörter oder Wortfolgen (Deskriptoren) zuzuordnen, die den Inhalt dieses Dokumentes möglichst genau wiedergeben. Gemäss Kap.1.3.2 wird dabei angestrebt, dass Dokumenten gleichen Inhaltes identische Deskriptoren zugewiesen werden (Forderung (b)), und insbesondere dasselbe Dokument zu verschiedenen Zeitpunkten oder durch verschiedene Personen stets in gleicher Weise deskribiert wird (Forderung (a)).

Die traditionelle Form der manuellen Deskribierung ist die Klassifizierung, d.h. die Zuordnung von Dokumenten zu einer oder mehreren Klassen (Dokumentmengen) eines fest vorgegebenen Klassifikationssystems. Die Benennung einer Klasse dient dann als Deskriptor. Man verwendet im wesentlichen die beiden folgenden Klassifikationsformen.

- Hierarchische (baumförmige) Klassifikation: Das dokumentierte Gesamtgebiet wird in n Klassen eingeteilt, jede dieser Klassen wiederum in n Klassen usw. Eine Klassenbenennung ergibt sich durch Aneinanderreihen der Klassennummern, die auf dem Weg von der Wurzel des Baumes bis zur betreffenden Klasse durchlaufen werden. Üblich in der Praxis ist die Dezimalklassifikation (n=10).
- Facettenklassifikation: Aus einer Reihe fest vorgegebener, gleichberechtigt nebeneinanderstehender Deskriptor-Mengen wird je ein Begriff herausgesucht, und die zugehörigen Bezeichner werden kombiniert.

Die Klassifikation ist auf die Hilfsmittel der Lochkartentechnik ausgerichtet, sie kann jedoch auch im Hinblick auf den rechnergestützten Dokumenten-Nachweis sinnvoll angewendet werden. Nachteilig ist jedoch vor allem ihre mangelnde Flexibilität gegenüber Sachgebietserweiterungen.

6.1.2 Manuelle Deskribierung: Indexierung

Höhere Flexibilität wird erreicht, wenn den Dokumenten weitgehend frei wählbare Deskriptoren zugeordnet werden. Beschränkt man sich dabei nicht nur auf das Auflisten sämtlicher Textwörter, so spricht man von einer Indexierung. Auch hier lassen sich grob zwei Strategien unterscheiden, die allerdings aufeinander aufbauen. Bei der ersten, Stichwortverfahren genannten Methode dienen als Deskriptoren ausschliesslich solche Wörter, die im Text vorkommen und den Dokumentinhalt besonders gut wiedergeben (Stichwörter). Deren Auswahl kann natürlich höchstens bei stark stilisierten Texten (z.B. math. Literatur) nach strengen Richtlinien erfolgen. In den übrigen Fällen erstellt man zunächst ein Verzeichnis von Stichwörtern (Glossar oder Positivliste), indem man in einer Vielzahl von Dokumenten desselben Sachgebietes diejenigen Textwörter ermittelt, die weder mit sehr hoher noch sehr geringer Vorkommenshäufigkeit auftreten. Aus diesem Glossar können dann die Deskriptoren ausgewählt werden, was im übrigen auch der Erfüllung von Forderung (a) entgegenkommt.

Lässt man neben oder anstelle von Stichwörtern nicht im Text vorkommende Begriffe als Deskriptoren zu, so nennt man sie Schlagwörter und spricht von einem Schlagwortverfahren. Bei Verwendung eines solchen Verfahrens verläuft die Indexierung in mehreren Phasen:

(Ph1) Identifikation signifikanter Textstellen im laufenden Text.
(Ph2) Substitution von Deskriptoren für eine oder mehrere Textstellen.
(Ph3) Zuweisung von Deskriptoren, auf die im Text nur implizit Bezug genommen wird.

Der hierbei entstehende Aufwand und die Gefahr eines Verstosses gegen die Forderungen (a) und (b) sind offenkundig sehr gross. Wir werden uns daher im folgenden kurz mit einigen Verfahren zur Verbesserung der Schlagwortmethode befassen.

Kontrollierter Wortschatz:

Um die Vielfalt der Terminologie zu begrenzen, verwendet man als Deskriptoren nur bestimmte Worte oder Wortfolgen (sog. Vorzugsbenennungen). In der Praxis ist ein derart kontrollierter Wortschatz allerdings nur dann sinnvoll verwertbar, wenn man sich auch hinsichtlich des Dokumentinhaltes gewissen sachlichen Beschränkungen unterwirft. Ein kontrollierter Wortschatz ist deshalb stets sachgebietspezifisch. (In der Literatur zur Dokumentation findet man häufig eine begriffliche Unterscheidung zwischen "Deskriptor" als einem Element des kontrollierten Wortschatzes und "Term" als einem beliebigen Ausdruck der Fachsprache).

Nun kann man nicht erwarten, dass ein Indexierer für Zwecke des Schrittes (Ph2) alle Vorzugsbenennungen beherrscht oder dass ihm stets geläufig ist, durch welche Vorzugsbenennungen ein ihm zunächst prägnant erscheinender Term zu ersetzen wäre. Ähnlich gilt für Schritt (Ph3), dass der Indexierer keineswegs aller impliziten Bezüge (wie z.B. Ober/Unterbegriffe) gewahr wird. Deshalb stellt man den Indexierern ein gedrucktes Schlagwort-

Verzeichnis, genannt Thesaurus, zur Verfügung, in dem die
Vorzugsbenennungen kenntlich gemacht, für andere Wörter die
Vorzugsbenennungen durch Querverweise angedeutet sind und auf
implizite Deskriptoren hingewiesen wird. Ein Thesaurus
beschreibt also eine Menge von Relationen über einer Wortmenge.
Typische Relationen sind:

- Synonym: Wörter gleicher Bedeutung ("gleich" im vorliegenden
  Sachgebiet). Hier liegt eine Äquivalenzrelation vor, wobei
  jeder Äquivalenzklasse eine Vorzugsbenennung zugeordnet wird.
- Ober/Unterbegriff: Ist zu einem Wort jeweils nur ein
  Oberbegriff zugelassen (Baum), so spricht man von einer
  Monohierarchie, andernfalls von einer Polyhierarchie.
- Ähnlichkeit: "Siehe auch...."; weniger häufig Teil/Ganzes,
  Ursache/Wirkung, Ausgangsmaterial/Endprodukt, Produzent/Pro-
  dukt, Mittel/Ziel.
- Antonyme (z.B. Leben-Tod).

Abb. 6.1 illustriert den Aufbau von Thesauri an einem Deskrip-
tor-Eintrag aus dem Thesaurus of Engineering and Scientific
Terms, entnommen aus [Laisiepen 1972].

Die Erstellung von Fachgebietsthesauri ist ein langwieriges und
umfangreiches Standardisierungsproblem. Näheres dazu siehe bei
Sörgel.

Semantische Funktionsindikatoren:

Selbst in einem vorgegebenen Fachgebiet werden viele Wörter in
mehrfacher Bedeutung verwendet. Dienen sie als Deskriptoren, so
kann man sie zu Zwecken der Eindeutigkeit noch durch sog.

Thesaurus–Eintrag	Erläuterungen
DIENE RESINS 1109 1110	Deskriptor und Klassifikation
Homopolymers and Copolymers	Erläuterung zum Gebrauch (scope note)
UF Nitrile rubber	Mittel/Ziel ("used for")
Polydiene resins	
BT Addition resins	Oberbegriff ("broader term")
NT ABS resins	Unterbegriffe ("narrower terms")
Butyl resins	
Chloroprene resins	
Polybutadiene	
Polychloroprene	
Polyisoprene	
RT Thermoplastic resins	siehe auch ("related terms")
Thermosetting resins	

Abb. 6.1

semantische Funktionsindikatoren (auch Aspekte genannt, engl.: role indicators) ergänzen.
Beispiele: NAME: MUELLER, BERUF: MUELLER oder BETRACHTUNGSGE-GENSTAND: RECHNER, HILFSMITTEL: RECHNER.

Semantische Verknüpfungsindikatoren (Koordinierung)

Repräsentieren bestimmte Deskriptoren nicht nur für sich allein, sondern zusätzlich gemeinsam den Informationsgehalt eines Dokuments, so deutet man dies durch einen numerischen Indikator an (engl.: link indicator). Beispielsweise kann ein Dokument über Rechnerwartung von einem Dokument über Wartung allgemein, u.a. von Rechnern, abgehoben werden, indem den beiden Deskrip-toren RECHNER und WARTUNG im ersten Fall noch ein gemeinsamer Indikator hinzugefügt wird: RECHNER (5), WARTUNG (5). Derselbe Deskriptor kann dabei durchaus mehrere Indikatoren aufweisen.

Bei der Zusammenfassung mehrerer Schlagwörter zu einem einzigen Deskriptor ist neben der reinen Zusammengehörigkeit häufig auch die Reihenfolge von Bedeutung (Phrasen). Um dies zu erfassen, kann man die Verknüpfungsindikatoren erweitern und den Deskriptor mit einer Angabe zur Reihenfolge versehen. Beispiel: Rechnergestütztes Informationssystem: RECHNER (5;1), INFORMA-TIONSSYSTEM (5;2); Informationssystem über Rechnerunterlagen: RECHNER (5;2), INFORMATIONSSYSTEM (5;1).

Gewichtung

In allen bisher genannten Fällen sind sämtliche Deskriptoren von gleichem Einfluss, was sicher nicht immer den Gegebenheiten entspricht. Der relative Einfluss kann durch eine zusätzliche Gewichtsangabe ausgedrückt werden, etwa durch eine numerische Gewichtung oder durch Angaben wie "spezifisch", "allgemein", "verwandt".

6.1.3 Automatische Deskribierung: Stichwortverfahren

Bei der automatischen Deskribierung werden die Deskriptoren auf dem Rechner mit Hilfe heuristischer Rechenverfahren gewonnen, also mit Hilfe operationaler Modelle für intellektuelle

Prozesse. Die in der Praxis anzutreffenden Verfahren erstellen die Deskriptoren ausnahmslos durch Manipulation des Dokumenttextes. Unter vertretbarem Rechenaufwand lässt sich freilich die Forderung (b) nur in einfachen Situationen (z.B. kurze Texte beschränkten Inhalts aus einem zuvor bekannten Sachgebiet sowie Verwendung von Fachsprachen) hinreichend gut erfüllen, während Forderung (a) prinzipiell erfüllt wird.

Die einfachste Methode zur Bearbeitung des Textwortlauts wäre offensichtlich, sämtliche im Dokument vorkommenden Wörter zu Deskriptoren zu machen. Damit würde man jedoch auch Textwörter als Deskriptoren verwenden, die generell als nicht bedeutungstragend angesehen werden können, beispielsweise Präpositionen, Pronomen, Artikel, Konjunktionen, Hilfsverben. Darüberhinaus sind auch solche Textwörter wenig aussagekräftig, die besonders häufig vorkommen, z.B. "Rechner" in der Informatikliteratur. Man erstellt deshalb eine Stopwortliste (auch Negativliste genannt) aller Textwörter, die als Deskriptoren ausgeschlossen sein sollen.

Die geschilderte Methode erfüllt die Forderung (b) offensichtlich nicht, da beispielsweise "vom Rechner gesteuerter Prozess" und "vom Prozess gesteuerter Rechner" auf dieselbe Deskriptormenge führen. Das Problem lässt sich umgehen, wenn während der Eingabe in einer sog. Konkordanz vermerkt wird, an welchen Stellen im Text (Kapitel, Abschnitt, Satz, Wort im Satz) jedes Wort vorkommt. Bei der Auswahl eines Dokumentes kann dann neben der Existenz der Deskriptoren auch deren gemeinsames und geordnetes Auftreten im Text, z.B. als Wortfolgen, berücksichtigt werden.

6.1.4 Automatische Reduktion morphologischer Formen

Insbesondere in der deutschen Sprache kommen Wörter in zahlreichen morphologischen Formen vor, ohne stets einen neuen Sinn aufzuweisen. Zu den morphologischen Formen zählen vor allem die Flexionen, d.h. die Deklination von Substantiven und Adjektiven und die Konjugation von Verben, sowie die Kompositabildung.

Aufwendigere heuristische Verfahren zur Deskribierung gehen deshalb von der Annahme aus, dass die Bedeutung der verschiedenen Flexionsformen eines Wortes bezüglich des gesamten Dokumentes stets dieselbe ist. Zur Beschränkung der Deskriptormenge lässt man daher die Worte jeweils nur in ihrer Grundform als Deskriptor zu. Im wesentlichen muss also ein Textwort in einen bedeutungstragenden Bestandteil (Lexem) und seine Flexionsendung (Morphem) aufgespalten und aus dem Lexem dann die zugehörige Grundform erzeugt werden.

Für die Durchführung dieser Aufgabe kann man beispielsweise Flexionsklassen (Mengen von Morphemen) festlegen und jedem denkbaren Wort eine solche Klasse zuordnen. Dazu muss jedoch vorab ein Wörterbuch konstruiert werden, das alle zu erwartenden Textwörter enthält. Dies geschieht z.B. im System PASSAT (13.2.2), dessen Wörterbuch ("Vergleichswortliste") aus Lexemen besteht und dessen mehr als 100 Flexionsklassen die Form von "Endungslisten" haben, beispielsweise (nach Siemens PASSAT-Beschreibung)

für Substantive:
    Liste CE : ⎵, S, ES, E, ER, ERN (z.B. Lexem GELD)
    Liste D6 : ⎵, ES, E   (z.B. Lexem HAUS)
    Liste D3 : ⎵, N   (z.B. Lexem VAETER, HAEUSER)

für Verben einschl. substantivierter Partizipien:
    Liste A5: EN, E, T, EST, ET, TE, TEST, TET, TEN, END, ENDE,
              ENDER, ENDES, ENDEM, ENDEN, ENS (z.B. Lexem GRUESS)

Das erste Morphem entspricht jeweils der Grundform. Die grosse Zahl von Listen kommt vor allem wegen gewisser Besonderheiten bei der Deklination der Substantive (z.B. Umlautbildung bei Plural, siehe Beispiel) und der Adjektive (z.B. Auswerfung von Vokalen, Veränderung von Konsonanten) zustande. Prä- und Infixe werden ebenso wie Pluralformen mit Umlautbildung nicht erkannt und haben zusätzliche Lexeme zur Folge (z.B. ge-schlossen, ab-ge-schlossen).

Zur Erkennung eines Textwortes wird die Vergleichswortliste nach einem Lexem durchsucht, das mit dem Anfang des Textwortes übereinstimmt. Dann wird die zugehörige Endungsliste daraufhin überprüft, ob der Rest des Textwortes in ihr als Morphem aufgeführt ist.

G.Schott gibt ein ähnliches Verfahren zur Reduktion von Substantiven an, das von 9 Flexionsklassen für Singular und 10 Flexionsklassen für Plural ausgeht. Jeder Eintrag im Wörterbuch verweist auf eine Singular- und eine Pluralklasse und erhält ausserdem Angaben zur Pluralumlautbildung und zur Umformung ´ß´ - ´ss´. Das Wörterbuch wird zuerst daraufhin überprüft, ob die Grundform vorliegt. Ist dies nicht der Fall, so wird das Textwort vom Ende her bearbeitet. Dabei wird nicht nur das Endungsmorphem selbst identifiziert, sondern auch die Unterscheidung zwischen Singular- und Pluralform getroffen sowie das Umlaut- und ß-Problem gelöst; dies lässt sich anscheinend nur durch das Vorgehen vom Ende her erreichen. Zur Festlegung der Grundform sind allerdings bis zu 4 Vergleiche mit dem Wörterbuch erforderlich. Fremdwörter unterliegen sowohl in PASSAT wie auch beim Schott´schen Verfahren einer gesonderten Behandlung.

Ein besonderes Problem bildet in der deutschen Sprache die Kompositabildung. Unter der Annahme, dass die einzelnen Bestandteile auch für sich allein zur Inhaltsbeschreibung beitragen, das Kompositum aber einen anderen Sinn als die Vereinigung seiner Bestandteile haben kann, zertrennt man einerseits das Kompositum, führt es andererseits aber auch selbst als Deskriptor. Für Zwecke der Auftrennung verweist in PASSAT jedes Lexem zusätzlich auf eine "Bindungsliste" (insgesamt ebenfalls über 100). Diese enthält die Fugenzeichen, mit denen das Lexem mit einem darauf folgenden verbunden sein kann.

Beispiel einer Bindungsliste für Substantive:
    Liste 1F: x -, x - S, x - EN
(x: letztes Zeichen des ersten Lexems); z.B. Fahrt: Fahrterlebnis, Schiffahrtsgesellschaft, Fahrtenbuch.

6.1.5 Automatische Inhaltserschliessung

Die bisher skizzierten automatischen Methoden liefern im allgemeinen eine sehr grosse Zahl von Deskriptoren, die sicherlich nicht alle gleichermassen zur Inhaltsbeschreibung beitragen. Man hat deshalb versucht, Verfahren zu entwickeln, die bei vertretbarem Rechenaufwand diese Zahl auf einige wenige besonders bedeutungsvolle Deskriptoren beschränken. Beispielsweise liesse sich die Vorkommenshäufigkeit von Textwörtern heranziehen, doch hat sich diese Methode nicht bewährt. Man könnte auch an Verfahren denken, die auf einer vollen Syntaxanalyse (z.B. Erzeugung von Tiefenstrukturen über Transformationsgrammatiken) oder semantischen Analyse (z.B. Erzeugung semantischer Netze) aufbauen. Wir können sie aber aus Aufwandsgründen, soweit überhaupt grundsätzlich lösbar, getrost ausschliessen und uns auf die Diskussion einer für PASSAT vorgeschlagenen, bereits recht aufwendigen Zwischenlösung beschränken: Hier wird davon ausgegangen, dass ein Wort nur dann signifikant ist, wenn im Text weitere, in irgendeinem Sinne "verwandte" Wörter auftreten.

Zu diesem Zweck muss man zunächst festlegen, unter welchen Bedingungen die Wörter eines Glossars als verwandt anzusehen sind. Dazu definiert man eine Menge sog. Bezugswörter (die nicht dem Glossar entstammen müssen) und indiziert mit ihren Elementen die Zeilen und Spalten einer Matrix, in die die Worte des Glossars auf folgende Weise eingetragen werden: Zu jedem Zeilenindex wird die Menge der Glossarelemente gebildet, denen dieser Bezug gemeinsam ist (z.B. {3.Reich, Diktatur} zu Diktatur). Anschliessend werden die Elemente einer solchen Menge, nach den Spaltenindizes differenziert, über die gegebene Zeile verteilt (z.B. 3.Reich als rechtsradikale Diktatur). Eine dieserart konstruierte Matrix heisst Assoziationsmatrix.

Beispiel aus [Hoffmann 1971] (aus Platzgründen belegen die Bezugswörter die Achsen unsymmetrisch):

Diktatur		3. Reich		3. Reich		Diktatur
Demokratie	SPD		FDP	BRD Weim. R.	Demo-kratie	
Deutschland		3. Reich		Deutschland 3. Reich BRD	BRD SPD FDP	3. Reich
Partei				SPD FDP		
Ideologie	Sozia-lismus	Faschis-mus	Libera-lismus			
	Sozial	Rechts-radikal	Liberal	Deutschland	Demokratie	Diktatur

Zur Bestimmung signifikanter Deskriptoren werden nun zunächst die Textwörter gemäss 6.1.4 ermittelt. Anschliessend erfolgt eine Gewichtung sämtlicher Textwörter in den folgenden Verfahrensschritten:

(1) Bildung einer Kopie der Matrix, aus der alle nicht im Text vorkommenden Wörter gestrichen sind; leere Zeilen und Spalten entfallen ebenfalls.

(2) Gewichtung aller Zeilen und Spalten durch die Zahl der jeweils in ihnen liegenden Textwörter.

(3) Gewichtung jedes Textwortes durch Addition seines Zeilen- und Spaltengewichtes. Das Auftreten "verwandter" Wörter führt also auf höhere Gewichte. Anschliessend Normierung auf Höchstwert 100.

(4) Elimination der Textwörter, die unterhalb eines Grenzwertes liegen (beispielsweise 80, 66, 50).

Angenommen, Textwörter seien SPD, Sozialismus, BRD, Deutschland, Weim.R. und Liberalismus, so hat die Matrix in Schritt (3) vor der Normierung das Aussehen

	Sozial 2	Liberal 1	Deutschland 5	Demokratie 2
Demokratie 3	SPD 5		BRD 8 Weim. R. 8	
Deutschland 4			Deutschland 9 BRD 9	BRD 6 SPD 6
Partei 1			SPD 6	
Ideologie 2	Sozia-lismus 4	Libera-lismus 3		

Schritt (4) mit Grenzwert 50 liefert die Deskriptoren Deutschland, BRD, Weim.R., SPD. Das Verfahren lässt sich so erweitern, dass auch die Bezugswörter als Schlagwörter in die Deskribierung mit einbezogen werden können.

Dieses Beispiel demonstriert ebenso wie das Verfahren aus 6.1.4, dass Techniken, die die Deskriptorenmenge beschränken, vor ihrem Einsatz erheblichen Aufwandes bedürfen. So ist etwa das Erstellen einer Assoziationsmatrix - ähnlich wie das Erstellen eines Thesaurus - ein umfangreiches Vorhaben.

6.1.6 Automatische Klassifizierung

Voraussetzung für die automatische Klassifizierung von Dokumenten ist die Definition von algorithmisch erfassbaren Vergleichskriterien (Ähnlichkeitsmassen), die natürlich wieder am Dokumentinhalt orientiert sein sollten. Gemäss solcher Ähnlichkeitsmasse können dann mit Hilfe von Rechenverfahren

Dokumentklassen (Klumpen, engl. clusters) gebildet werden, deren Elemente einen bestimmten Ähnlichkeitsgrad nicht unterschreiten. Im Gegensatz zur manuellen Klassifizierung nach 6.1.1 gehen Verfahren der automatischen Klassifizierung demnach nicht von einem fest vorgegebenen Klassifikationssystem aus. Vor ihrer Anwendung ist üblicherweise jedes Dokument durch eine Menge evtl. gewichteter Deskriptoren zu beschreiben, die durch eines der zuvor genannten manuellen oder automatischen Verfahren zustande kam.

In der Literatur werden eine Reihe von Ähnlichkeitsmassen vorgeschlagen. Ein einfaches Ähnlichkeitsmass zweier Dokumente ist beispielsweise

$$\delta(v,w) = \frac{\sum\limits_{i}^{n} v_i \cdot w_i}{\sum\limits_{i}^{n} v_i + \sum\limits_{i}^{n} w_i - \sum\limits_{i}^{n} v_i \cdot w_i}$$

wobei v und w Dokumentvektoren der Dimension n (Glossarumfang) sind, deren i-te Komponenten das Auftreten des i-ten Glossar-Deskriptors (Ø für "nicht zugewiesen" oder 1 für "zugewiesen") im betreffenden Dokument angeben.

Damit lässt sich für eine Menge von Dokumenten eine Ähnlichkeitsmatrix erstellen, die zeilen- und spaltenweise mit den Dokumentnamen indiziert ist, und deren Elemente den Ähnlichkeitsgrad der entsprechenden Dokumente angeben. Diese Matrix wird (nach Salton) durch Permutationen soweit als möglich in Blockdiagonalform überführt, etwa:

$$\begin{bmatrix} X & 0 & 0 \\ 0 & Y & 0 \\ 0 & 0 & Z \end{bmatrix} \qquad \text{(X, Y, Z Untermatrizen,} \\ \text{0 Nullmatrix)}$$

Die Klumpen werden dann durch Berechnung der Eigenvektoren der so entstandenen Matrix ermittelt. Dieses Verfahren lässt sich in modifizierter Form auch noch anwenden, wenn in der Blockdiagonalmatrix an die Stelle der Nullmatrizen Matrizen mit sehr kleinen Elementwerten treten. Es ist jedoch offensichtlich, dass das Verfahren bei grossen Dokumentmengen undurchführbar wird und ausserdem bei jeder Ergänzung des Dokument- oder Glossarbestandes neu anzuwenden ist.

Ein technisch eher geeignetes Verfahren besteht darin, die Klumpenbildung mit der Bildung von Schwerpunkten (centroid vectors) zu beginnen, die nicht unbedingt konkret vorliegenden Dokumenten zu entsprechen brauchen. Ähnlichkeiten von Dokumenten werden jetzt bezüglich der Schwerpunkte ermittelt. Wird ein Dokument einem Klumpen zugeschlagen (was nicht unbedingt der Fall sein muss), so ist dessen Schwerpunkt neu zu berechnen. Bei Klumpen geringen Umfanges kann dies zu grösseren Verschiebungen des Schwerpunktes führen, so dass alle Ähnlichkeiten innerhalb des Klumpens zu überprüfen sind. Die Zahl der Klumpen lässt sich nicht von vornherein bestimmen; ist sie vorgeschrieben, so muss das gesamte Verfahren iterativ angewandt werden. Bei grossen Dokumentbeständen kann man das Verfahren auch rekursiv anwenden, indem man die Schwerpunkte ihrerseits gruppiert und so zu einer mehrstufigen Klumpenbildung kommt.

Wenn man ähnlich dem erstbehandelten Verfahren eine mit Deskriptoren indizierte Ähnlichkeitsmatrix erstellt, also die Ähnlichkeit zwischen Deskriptoren aufgrund ihres gemeinsamen Vorkommens in Dokumenten bestimmt, so kommt man zu einer Klumpenbildung von Deskriptoren. Das Verfahren ist deshalb auch versuchsweise für eine rechnergestützte Thesauruskonstruktion angewandt worden.

Verfahren der automatischen Klassifizierung sind bisher über das experimentelle Stadium nicht hinausgekommen. Interessenten seien im übrigen auf die Literatur (z.B. Salton) verwiesen.

6.2 Recherche

Nach Kap.1.3.2 lässt sich die Recherche ρ in zwei Abbildungsschritte ρ_1 und ρ_2 aufteilen, wobei ρ_1 die Zuordnung von Deskriptoren aus M_d zu Fragedeskriptoren aus M_f, und ρ_2 die Dokumentauswahl zum Gegenstand hat. Kap.6.2.1 behandelt Möglichkeiten zur Realisierung von ρ_1. Sollen in ρ_2 Auswahlfunktionen einbezogen werden, so bietet sich die Boole'sche Suche an; sie wird in Kap.6.2.2 und 6.2.3 besprochen. Entfallen

Auswahlfunktionen, so geht man, wie in Kap.6.2.4 beschrieben, von einer Klassifizierung der Dokumente aus. Den Abschluss bildet Kap.6.2.5 mit einer Erweiterung von ρ_2 um die Bewertung der Relevanz gefundener Dokumente. Der Einfachheit halber werden wir im folgenden statt von Dokumentbeschreibungen stets von Dokumenten sprechen.

6.2.1 Zuordnung von Dokumentdeskriptoren

Für die Zuordnung der Dokumentdeskriptoren zu Fragedeskriptoren durch ρ_1 sind mehrere Varianten denkbar:

- Identische Abbildung: Das Informationssystem setzt die Fragedeskriptoren mit den Deskriptoren der gesuchten einschlägigen Dokumente gleich. $M_f=M_d=M$ kann dabei ein frei wählbarer oder ein kontrollierter Wortschatz sein. Beide Fälle sind jedoch wenig attraktiv. Im ersten Fall besteht nur eine geringe Wahrscheinlichkeit, dass die vom Indexierer und vom Fragesteller für dasselbe Problem gewählten Deskriptoren besonders gut übereinstimmen. Im zweiten Fall müsste jeder Anwender über einen Thesaurus verfügen und dessen Gebrauch beherrschen.
- Reduktion der Deskriptormenge aus M_f auf einen kontrollierten Wortschatz aus M_d: Dabei müsste derjenige Teil eines Thesaurus, der Termini auf Deskriptoren abbildet, automatisch ausgewertet werden. Grundsätzlich ist diese Vorgehensweise durchführbar, in der Praxis sind allerdings keine Beispiele dafür bekannt.
- Erweiterung der Deskriptorenmenge aus M_f um dem Sinn nach verwandte Wörter: Hier müsste die Realisierung die Verwandtschaftsbeziehungen eines Thesaurus ausnutzen.

Die letzte Variante findet sich in der Praxis häufig. Die am einfachsten zu realisierende und damit auch am weitesten verbreitete Form der Erweiterung der Fragedeskriptoren besteht dabei im Einbezug aller im Thesaurus zu den vorgegebenen Deskriptoren vermerkten Synonyma.

6.2.2 Boolesche Suche

Die Boolesche Suche geht von Mengenverknüpfungen als Auswahlfunktionen aus, die auf Dokumentmengen angewandt werden. Die Abbildung ρ_2 ist daher in zwei Schritten ρ_{21} und ρ_{22} zu realisieren. Sei $\mathcal{T} \subseteq M_d$ die Menge der durch ρ_1 ermittelten Deskriptoren. ρ_{21} bestimmt für jeden Deskriptor $T \in \mathcal{T}$ die Menge $B_T \subseteq M_D$ derjenigen Dokumente, denen durch die Deskribierung der Deskriptor T zugeordnet wurde. Die Mengen aus $\rho_{21}(\mathcal{T})$ werden dann in ρ_{22} verknüpft. Bei den Auswahlfunktionen beschränkt man sich in der Regel auf die üblichen zweistelligen Verknüpfungen:

- Durchschnitt $\cap$: $2^{M_D} \times 2^{M_D} \rightarrow 2^{M_D}$ ("UND"). Sind T_1 und T_2 die auf die beiden Argumentmengen führenden Deskriptoren, so ist das Bild von $\cap$ die Menge der Dokumente, die sowohl von T_1 als von T_2 identifiziert werden.

- Vereinigung $\cup$: $2^{M_D} \times 2^{M_D} \rightarrow 2^{M_D}$ ("ODER") ordnet den auf die Argumentmengen führenden Deskriptoren T_1 und T_2 alle diejenigen Dokumente zu, die von mindestens einem dieser Deskriptoren identifiziert werden.

- Differenz $\setminus$: $2^{M_D} \times 2^{M_D} \rightarrow 2^{M_D}$ ("UND NICHT") führt entsprechend auf eine Menge von Dokumenten, die durch T_1 identifiziert und durch T_2 nicht identifiziert werden.

Die Verknüpfungen lassen sich wiederholt anwenden, so dass man zu beliebig komplexen Funktionsausdrücken kommen kann. Hinsichtlich der Verknüpfungsreihenfolge gelten üblicherweise die Prioritäten $\setminus$ vor $\cap$ vor $\cup$; eine andere Reihenfolge bedarf der Klammerung wie in dem Beispiel

$$T_1 \cap T_2 \setminus T_3 \cap (T_4 \cup T_5) \cap T_6 \cap T_7$$

Zur Realisierung der Abbildung ρ_{21} wird gewöhnlich eine invertierte Datei mit Deskriptor/Zielpunktliste-Paaren angelegt, wobei eine Zielpunktliste jeweils die vom zugehörigen Deskriptor identifizierte Dokumentmenge repräsentiert; ein Beispiel hierfür findet sich in 5.3.10. (Für den Fall, dass zur Verbesserung der Auswahl Funktionsindikatoren hinzugefügt werden (6.1.2), kann man mit mehreren invertierten Dateien, je einer pro Indikator, arbeiten.) Die Mengenverknüpfungen werden unmittelbar auf die Zielpunktlisten angewandt; das Ergebnis einer Verknüpfung ist selbst wieder eine Zielpunktliste. Die erwähnte Prioritätsregelung bietet dabei auch technische Vorteile: $\cap$ und $\setminus$ führen meist zu kleineren Mengen, $\cup$ zu grösseren Mengen. Die Prioritätsregel bevorzugt also eine Mengenreduktion. Wenn man bedenkt, dass oft 20 und mehr Deskriptoren verknüpft werden müssen, ist eine rasche Reduktion aus speicher- und verarbeitungstechnischen

Gründen unumgänglich. Eine weitere Beschleunigung der Reduktion lässt sich erreichen, wenn man bei mehreren aufeinanderfolgenden Durchschnittsbildungen die Reihenfolge der beteiligten Deskriptoren so abändert, dass sie aufsteigend nach Grösse der Zielpunktliste sortiert sind.

Bei sehr grossen Datenbasen nehmen auch die Zielpunktlisten grossen Umfang an. In solchen Fällen ist eine Kombination aus Mengenverknüpfung (der Zielpunktlisten) und prädikativer Überprüfung (der Dokumentbeschreibungen) erwägenswert: Nachdem eine gewisse Eingrenzung mittels der invertierten Datei vorgenommen wurde, werden die resultierenden Dokumentbeschreibungen der Reihe nach auf Existenz bzw. Nichtexistenz der verbleibenden Deskriptoren hin inspiziert.

Die Erweiterung der Deskriptormenge um Synonyma oder Ober- und Unterbegriffe lässt die Zahl von Vereinigungsoperationen stark ansteigen. Sei $F \in M_f$, $\mathcal{T} \subseteq M_d$ die Menge aller zu F gefundenen Begriffe (einschliesslich F), so sind nämlich die Zielpunktlisten aller $T \in \mathcal{T}$ zu vereinigen. Deshalb sehen verschiedene Systeme einen wahlweisen (gesteuerten) Einbezug von Thesauri in die Anfragebearbeitung vor.

Da die Auswahlfunktionen vom Fragesteller vorzugeben sind, wird im allgemeinen im Zusammenhang mit der Booleschen Suche auch die Abbildung β zur Zuordnung der Fragedeskriptoren intellektuell durchgeführt. Der Benutzer stellt dann die Anfrage in Form eines Verknüpfungsausdrucks. Liegen stattdessen die Anfragen in deskriptiver, z.B. natürlichsprachlicher Form vor, verknüpft man üblicherweise sämtliche durch β und ρ_1 gewonnenen Deskriptoren mit ODER, was naturgemäss auf umfangreiche Zielpunktlisten führt. Besteht eine Anfrage in der Vorgabe eines problemrelevanten Dokumentes, so werden die in der zugehörigen Dokumentbeschreibung vorhandenen Deskriptoren alle entweder durch ODER oder durch UND verknüpft.

6.2.3 Freitextverfahren

Handelt es sich bei den Dokumentdeskriptoren um Stichwörter und sind diese nach dem Konkordanzverfahren ermittelt worden, so bietet sich zusätzlich die Suche nach Wortlaut an. Der Fragesteller braucht sich dann nicht auf das Auftreten vorgegebener Deskriptoren zu beschränken, sondern kann auch nach Dokumenten verlangen, die einen vorgegebenen Wortlaut enthalten. Die Auswahlfunktionen hierzu, oft als <u>metrische Operatoren</u> bezeichnet, beziehen sich beispielsweise auf das Vorkommen zweier oder mehrerer Deskriptoren im gleichen Textabschnitt, im gleichen Satz, in vorgegebenem Abstand voneinander (insbesondere nebeneinander).

Zur Realisierung eines solchen <u>Freitextverfahrens</u> sind in der invertierten Datei ausser den Stopwörtern sämtliche Textwörter zu führen, möglichst natürlich wieder in ihrer Grundform, und die Zielpunktlisten müssen die Konkordanzen enthalten (vgl. hierzu 5.3.10). Zusätzlich müssen die Mengenverknüpfungen um eine Überprüfung der Konkordanzen erweitert werden, um die durch metrische Operatoren angegebenen Bedingungen einhalten zu können.

Freitextverfahren können auch dann eingesetzt werden, wenn die Dokumentdeskribierung nicht nach dem Konkordanzverfahren erfolgte. In diesem Fall ist die Grobrecherche nach den in 6.2.1 und 6.2.2 beschriebenen Verfahren durchzuführen, während die metrischen Operatoren erst in der Feinrecherche Anwendung finden, indem man die ausgewählten Dokumente einzeln auf ihren Text hin untersucht. Da bei dieser Untersuchung im Gegensatz zur zuerst beschriebenen Methode der Text in der ursprünglichen Form vorliegt, lassen sich zusätzlich beliebige Flexionsformen berücksichtigen. Im allgemeinen ist jedoch auch hier nur die Grundform von Interesse, so dass vor dem textuellen Vergleich eine Reduktion der Wörter im Dokumenttext ähnlich 6.1.4 oder umgekehrt eine Generierung von Flexionsformen der in ihrer Grundform vorgegebenen Deskriptoren erforderlich ist.

Die Überlegungen zu den metrischen Operatoren lassen sich in ähnlicher Weise auch auf Verknüpfungsindikatoren anwenden: Bei Einbezug in die Grobrecherche sind diese Indikatoren in der invertierten Datei zu vermerken und die Mengenverknüpfungen entsprechend zu ergänzen, bei Einbezug in die Feinrecherche müssen die Dokumentbeschreibungen inspiziert werden.

6.2.4 Klassifikationssuche

Fehlen Auswahlfunktionen, so vereinfacht sich ρ zu

$$\rho : 2^{M_f} \rightarrow 2^{M_D}$$

d.h. aus einer Menge vorgegebener Deskriptoren muss unmittelbar auf eine Menge von Dokumenten geschlossen werden. Hierfür liegt die Verwendung von Ähnlichkeitsmassen nahe, d.h. die Recherche bestimmt gewisse Klumpen einer vorangegangenen automatischen Klassifizierung. Zu diesem Zweck wird die Anfrage als Dokument angesehen, das denselben Ähnlichkeitsberechnungen wie die Dokumente in der Datenbasis zu unterwerfen ist (Klassifikationssuche).

Im Prinzip wird dabei die Anfrage mit dem Schwerpunkt jedes Klumpens verglichen. Anfrage und Schwerpunkte sind mit den Glossareinträgen indizierte Vektoren aus Gewichten $g \in R$ (im Trivialfall 0 oder 1). Daraus lassen sich die Ähnlichkeitsmasse $\delta(a,s_i)$ (a: Anfragevektor, s_i: Schwerpunkt des i-ten Klumpens) berechnen, so dass diejenigen Klumpen s_{i_r} ausgewählt werden können, für die $\delta(a,s_{i_r}) \geq L$ (L: Schwellwert). Bei mehrstufiger Klumpenbildung muss das Verfahren wiederholt angewendet werden (multilevel search). Diese Berechnungen erledigen offensichtlich die Durchführung der Abbildung ρ; explizite Auswahlfunktionen werden daher nicht benötigt.

Die vereinfachte Klumpenbildung aus 6.1.6 mit der Wahl eines willkürlichen Schwerpunktes hängt in ihrer Güte sehr stark von der Wahl der Anfangsbedingungen ab. Hat man einmal im Laufe des Betriebes eine grosse Anzahl von Anfragen protokolliert, so kann man die Klumpenbildung wiederholen, wobei man zunächst Anfrageklumpen bildet und deren Schwerpunkte zur Bildung von Dokumentklumpen heranzieht (query clustering).

Angemerkt sei, dass die Klassifikationssuche genauso wie die automatische Klassifizierung bisher über das Versuchsstadium nicht hinausgekommen ist.

6.2.5 Relevanzbewertung (Rangieren)

Je nach Anfrageformulierung und Grösse der Datenbasis kann das Ergebnis der Anwendung von ρ mehr oder weniger umfangreich ausfallen. Erfahrungsgemäss muss man davon ausgehen, dass keineswegs alle aufgefundenen Dokumente gleichermassen wichtig für die der Anfrage zugrundeliegende Problemstellung sind, ja dass manche unter ihnen sogar völlig irrelevant sind. Dies festzustellen ist für den Fragesteller mit einem zumindest überschlägigen Lesen aller Dokumente verbunden. Gesucht sind daher Verfahren, die nach irgendwelchen formalen Kriterien die Relevanz eines Dokumentes bezüglich der Anfrage ermitteln und die Dokumentbeschreibungen anschliessend nach absteigender Relevanz sortieren. Der Fragesteller findet dann mit grosser Wahrscheinlichkeit unter den ersten Dokumenten die für ihn bedeutsamsten und kann deshalb bereits nach den ersten n Dokumenten die Einsichtnahme abbrechen, ohne befürchten zu müssen, zahlreiches relevantes Material übersehen zu haben. Die Aufstellung einer Relevanzreihenfolge heisst Rangieren (engl.: ranking).

Die Ermittlung der Relevanz kann natürlich wieder nur nach heuristischen Verfahren erfolgen. Diese beruhen auf einer Gewichtung der Deskriptoren nach ihrer Vorkommenshäufigkeit in der Datenbasis und - bei Konkordanzverfahren - im einzelnen Dokument. Seien

f_{in} Häufigkeit des Deskriptors T_i im Dokument D_n (=1 ausser bei Konkordanzverfahren)

t_n Anzahl der verschiedenen Deskriptoren im Dokument D_n

d_m Anzahl der Dokumente in der Datenbasis, in denen der Deskriptor T_m auftritt

F_m Auftretenshäufigkeit des Deskriptors T_m in allen Dokumenten der Datenbasis

$Sf_n = \sum_{i=1}^{t_n} f_{in}$ Summe aller Deskriptorenauftreten im Dokument D_n (=t_n ausser bei Konkordanzverfahren)

mit: $n \in \{1,....,N\}$ Index der Dokumente in der Datenbasis

$i \in \{1,....,I_n\}$ (dokumentspezifischer) Index der Deskriptoren, die dem Dokument D_n zugewiesen wurden

$m \in \{1,....,M\}$ Index der Deskriptoren in der Datenbasis

i und m sind einander zugeordnet durch eine implizite, dokumentspezifische Funktion ψ_n.

Einige wichtige Formeln zur Bewertung von Dokumentdeskriptoren sind in der folgenden Tabelle zusammengestellt (nach [Sager und Lockemann 1976]; w_{nm} ist die Bewertung des Deskriptors T_m in Dokument D_n):

$$w_{nm} = \begin{array}{|c|c|c|c|}
\hline
F_1 & F_2 & F_3 & F_4 \\
\hline
\dfrac{1}{d_m} & \log\left(\dfrac{N}{d_m}\right) & \dfrac{1}{t_n} & f_{in} \\
\hline
F_5 & F_6 & F_7 & F_8 \\
\hline
\dfrac{f_{in}}{Sf_n} & \dfrac{f_{in}}{F_m} & \dfrac{f_{in}}{Sf_n} - \dfrac{F_m}{\sum\limits_{m=1}^{M} F_m} & \dfrac{1}{t_n} - \dfrac{d_m}{\sum\limits_{m=1}^{M} d_m} \\
\hline
\end{array}$$

falls T_m in D_n vorkommt,

$w_{nm} = 0$ sonst

F_1, F_2: Hier liegt die Annahme zugrunde, dass allgemeinere und häufiger auftretende Begriffe den Inhalt eines Dokumentes weniger genau beschreiben als speziellere Begriffe. Die Bewertung ist datenbasisspezifisch, also unabhängig vom einzelnen Dokument festgelegt.

F_3: Es wird angenommen, dass ein einzelner Deskriptor umso weniger zur Beschreibung des Dokumentinhalts beiträgt, je mehr Deskriptoren einem Dokument zugeteilt sind. Die Bewertung ist hier dokumentspezifisch und datenbasisunabhängig.

F_4, F_5: Die Bedeutung des Deskriptors für das Dokument wird durch seine Auftretenshäufigkeit im Dokument bestimmt (F_4). Dieses Mass ist jedoch nur geeignet, Bedeutungsunterschiede zwischen Deskriptoren im selben Dokument nachzuweisen, da die Auftretenshäufigkeit der Deskriptoren von der Dokumentlänge abhängt. F_5 normiert deshalb über die Dokumentlänge. Auch diese Bewertungen sind datenbasisunabhängig.

F_6: Bewertungsmass ist hier die Ausschliesslichkeit, mit der der Deskriptor in nur diesem Dokument auftritt. Die Bewertung wird geringer, wenn der Deskriptor in vielen anderen Dokumenten auftritt.

F_7, F_8: Hier wird die Bedeutung eines Deskriptors für ein Dokument abgeleitet aus dem Unterschied zwischen relativer Häufigkeit dieses Deskriptors in dem Dokument und in der Datenbasis.

Weiterhin kann man die Fragedeskriptoren gewichten. Sei v_m die Bewertung des Deskriptors T_m bezüglich der Frage. Zwei Bewertungen sind gängig: Gleichgewichtung $v_m=1$, und individuelle Gewichtung durch den Fragesteller (Deskriptoren, die nicht in der Frage vorkommen, haben $v_m=0$).

Den Relevanzgrad eines Dokumentes D_n bezüglich der Frage ermittelt man, indem man die Korrelation zwischen dem Dokument (d.h. seinen Deskriptorgewichten) und der Frage (d.h. ihren Deskriptorgewichten) bestimmt. Seien

$V = (v_1, \ldots, v_M)$ (Bewertungsvektor der Frage)
$W_n = (w_{n1}, \ldots, w_{nM})$ (Bewertungsvektor von D_n)

und für $j \in \{1, \ldots, M\}$:

$$\bar{v}_j = \text{sign}(v_j) = \begin{cases} 1, & \text{falls } v_j > 0 \\ 0, & \text{falls } v_j = 0 \end{cases}$$

$\bar{w}_{nj} = \text{sign}(w_{nj})$ entsprechend.

Dann sind Beispiele für Korrelations- und damit Relevanzmasse:

a) $$R_n = \frac{1}{M} \cdot \sum_{m=1}^{M} \bar{v}_m \cdot \bar{w}_{nm}$$

b) $$R_n = V \cdot W_n$$

c) $$R_n = \frac{V \cdot W_n}{\sqrt{\sum_{m=1}^{M} v_m^2 \cdot \sum_{m=1}^{M} w_{nm}^2}}$$

Empirische Untersuchungen [Sager und Lockemann 1976] deuten daraufhin, dass man durch eine sorgfältig gewählte Kombination von Relevanzmassen, die sich aus Deskriptorbewertungen nach unterschiedlichen Verfahren ergeben, sehr zufriedenstellende Rangreihenfolgen erhält.

6.3 Betrieb und Bewertung

6.3.1 Stapel- und Dialogbearbeitung

Laufen Dokumenten-Nachweissysteme im Stapelbetrieb, so liegen ihre Antwortzeiten je nach Organisation des Rechenzentrums im Stunden- oder Tagebereich. Auf neue Erkenntnisse seitens des

Fragestellers nach Studium der aufgefundenen Dokumente kann daher nur langsam und aufwendig reagiert werden. Infolgedessen müssen Anfragen von vornherein so sorgfältig formuliert sein, dass von ihrer Bearbeitung ein brauchbares Ergebnis zu erwarten ist. Typisch für Anfragen im Stapelbetrieb sind daher eine hohe Zahl von Deskriptoren, Angaben zur Verwendung der Thesauri und zur Verbesserung der Auswahl (Auswahlfunktionen, Funktions- und Verknüpfungsindikatoren, Gewichtungen). Die für diese Angaben erforderliche Genauigkeit kann allerdings nur durch qualifizierte Sachbearbeiter erreicht werden, denen der Fragesteller sein Problem zu unterbreiten hat. Andererseits gestattet jedoch gerade die hohe Deskriptorenzahl Optimierungen des Suchprozesses. Beispielsweise können die Fragedeskriptoren zur Beschleunigung der Suche in lexikographische Reihenfolge gebracht werden; dabei lassen sich sogar Fragedeskriptoren aus mehreren Anfragen sammeln. Invertierte Dateien für die Dokumentdeskriptoren und Thesauri müssen dann natürlich ebenfalls sortiert sein. Des weiteren können die Zielpunktlisten zu den Fragedeskriptoren gemäss ihrer Grösse sortiert werden.

Diese verarbeitungstechnischen Vorteile des Stapelbetriebs wiegen jedoch die oben genannten Nachteile nicht auf. Seit der technischen Realisierbarkeit von Dialogsystemen ist daher der Stapelbetrieb bei Dokumenten-Nachweissystemen fast völlig vom interaktiven Betrieb verdrängt worden. Anfragen sind bei dieser Betriebsart durch vergleichsweise wenige Deskriptoren gekennzeichnet. Nach jeder Anfrage wird üblicherweise vom System der Umfang der Ergebnisliste als Anhaltspunkt dafür mitgeteilt, ob zusätzliche, die Liste weiter einschränkende Anfragen erforderlich sind (stufenweise Einschränkung). Die Ergebnisse von Anfragen müssen also u.U. aufbewahrt werden; Optimierungen sind viel schwieriger zu erzielen, so dass sich die Suchzeit meist nur durch aufwendigere Anordnung der invertierten Dateien und Thesauri gering halten lässt.

Im Zusammenhang mit Dialogbetrieb verdienen einige Verfahren besondere Erwähnung.

- Browsing: Nachdem die stufenweise Einschränkung auf eine hinreichend kleine Zahl von Dokumenten geführt hat, kann sich der Fragesteller - evtl. nach Rangieren - deren Texte anzeigen lassen. Aus der Zahl der überhaupt relevanten Dokumente kann er auf die Qualität seiner Frage schliessen und Anregungen für eine sinnvolle Modifikation der Frage bekommen. Er könnte auch ein relevantes Dokument wählen und dieses zum Ausgangspunkt einer neuen Suche machen; zu den Problemen siehe aber 6.2.2.

- Interaktive Verwendung von Thesauri: Für jeden Fragedeskriptor
  kann sich der Fragesteller wahlweise den zugehörigen Eintrag
  im Thesaurus anzeigen lassen, weitere ihm geeignet erschei-
  nende Deskriptoren entnehmen oder auch Beziehungen zulassen
  und mit diesen die Anfrage erweitern. Synonyme werden
  allerdings meist automatisch einbezogen.

- Relevanzrückkopplung: Hier handelt es sich um eine iterative
  Relevanzbewertung. Dazu hat der Fragesteller nach Ausgabe des
  Ergebnisses einer Anfrage mitzuteilen, welche Dokumente den
  gewünschten Inhalt haben. Das Nachweissystem muss dann auf der
  Grundlage dieser Mitteilung den Anfragevektor (d.h. seine
  Gewichte) derart abändern, dass die Gewichte der in den
  genannten Dokumenten vorkommenden Deskriptoren vergrössert,
  die der anderen Deskriptoren verkleinert werden. Mit dem so
  abgeänderten Anfragevektor wird die Bearbeitung der Anfrage
  wiederholt, wobei die im ersten Schritt als relevant erkannten
  Dokumente natürlich nicht verloren gehen dürfen. Für die
  Veränderung der Gewichte unter dieser Nebenbedingung gibt es
  freilich nur heuristische Verfahren. Im übrigen scheint eine
  einmalige Iteration bereits ausreichende Verbesserungen zu
  bringen.

6.3.2 Selektionsgüte

Der Nachweis von Dokumenten erfolgt - wenn man einmal von der
Nachbehandlung bei der Feinrecherche absieht - ausschliesslich
auf der Basis von Modellen, nämlich Deskriptormengen für
Dokumente und Anfragen. Der Grad der Übereinstimmung zwischen
Modell und Inhalt hängt dabei u.a. von den eingesetzten
Verfahren gemäss Kap. 6.1 und 6.2 ab. Man kann schon von daher
nicht erwarten, dass alle angezeigten Dokumente den Inhalt der
Anfrage hinreichend gut treffen. Insbesondere spielt jedoch eine
Rolle, dass Dokumente stets ohne Kenntnis ihrer späteren
Verwendung deskribiert werden. Die Relevanzbewertung eines
Dokumentes durch einen Benutzer richtet sich dagegen immer nach
dessen augenblicklichen Bedürfnissen. Ein Benutzer darf also
weder erwarten, dass er auf eine Fragestellung ausschliesslich
einschlägige, noch dass er alle im System erfassten einschlägigen Dokumente nachgewiesen bekommt.

Der Einbezug von Benutzerbedürfnissen scheint zunächst
allgemeine Bewertungskriterien für die Güte eines vorgegebenen

Dokumenten-Nachweissystems auszuschliessen. Beschränkt man sich jedoch auf einen bestimmten Gegenstandsbereich der Dokumente und gewisse Funktionen der Systembenutzer, so kann man zum gegebenen System sehr wohl empirische Feststellungen treffen. Insbesondere lassen sich dann Aussagen über die Brauchbarkeit der gewählten Deskribierungs- und Rechercheverfahren sowie über die Thesauri im gegebenen Zusammenhang machen.

Zur Bestimmung der Güte stelle man sich einen fiktiven Schiedsrichter vor, der die gesamte Datenbasis kennt und für jedes gespeicherte Dokument und zu jeder Anfrage den Informationsgehalt (nicht jedoch die damit verbundenen Intentionen von Autor bzw. Benutzer) bestimmen kann (nach Gebhardt):

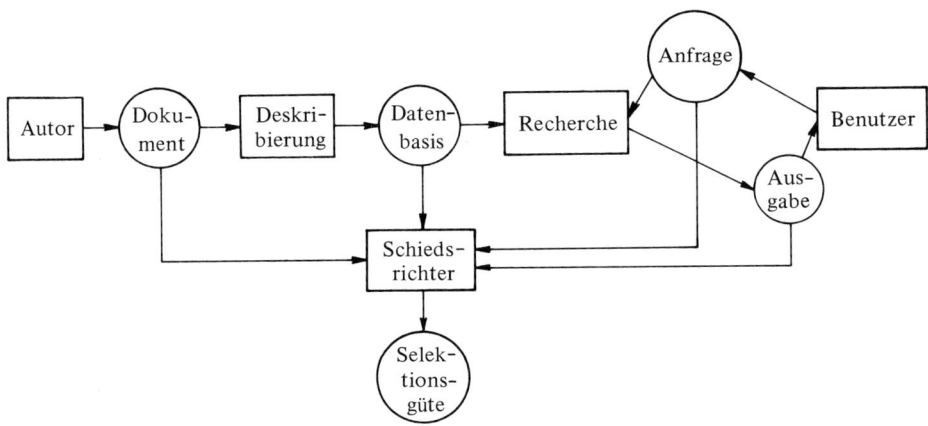

Offensichtlich ist ein solcher Schiedsrichter in der Lage, jede Anfrage (d.h. jedes zu lösende Problem) mit seiner Interpretation der nachgewiesenen Dokumente zu vergleichen. Um nun zu Bewertungen (Selektionsgüte) zu kommen, teilt er die Dokumentmenge in der Datenbasis in vier disjunkte Teilmengen ein:

Schiedsrichterurteil:

für gegebene Anfrage		problem-relevant	nicht problemrelevant
durch Nachweis-system	gefunden	A	B
	nicht gefunden	C	D

Daraus ergeben sich als wichtigste Bewertungsmasse

Relevanzquote (precision): $p = \dfrac{|A|}{|A| + |B|}$

(Anteil der relevanten Dokumente an der nachgewiesenen Dokumentmenge)

Nachweisquote (recall): $r = \dfrac{|A|}{|A| + |C|}$

(Anteil der nachgewiesenen relevanten Dokumente an der relevanten Dokumentmenge in der Datenbasis).

Während die Relevanzquote in der Praxis leicht zu bestimmen ist, wirft die Ermittlung der Nachweisquote Probleme auf, da man hierfür den Gesamtbestand zu inspizieren hätte. Man kann sie jedoch in etwa abschätzen, wenn man um die Existenz einiger relevanter Dokumente im Gesamtbestand weiss und nachprüft, wieviele davon tatsächlich gefunden wurden.

Trägt man für viele Anfragen die erhaltenen Paare (p,r) in der p,r-Ebene ein, so entsteht eine Punktwolke, deren Lage einen Hinweis auf die Güte des Nachweissystems gibt. Der Idealfall p=r=1 ist, wie erwähnt, nicht zu erreichen.

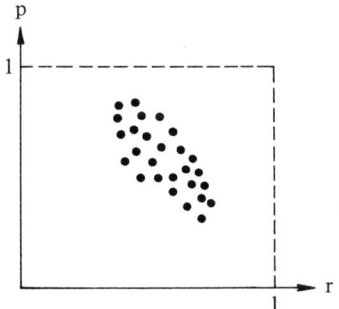

Die Punktwolke tendiert im übrigen von links oben nach rechts unten: Wachsende Nachweisquote erbringt zwar immer mehr relevantes Material, wird aber in der Regel durch Vergrösserung des Anteils irrelevanter Dokumente erkauft.

In der Literatur werden statt Punktwolken häufig (p,r)-Kurven gezeichnet. Auf solchen Kurven begründete Aussagen sind allerdings mit Vorsicht zu beurteilen, da sich die Punktwolken auf sehr viele Weisen durch eine Kurve ersetzen lassen, um die die realen Werte dann sehr stark streuen können. Eine fundierte Methode zur Ermittlung von (p,r)-Kurven wurde jedoch von Salton vorgestellt: Angenommen, das System liefert die Dokumente in rangierter Reihenfolge, so unterbricht man die Recherche jeweils nach k aufgefundenen Dokumenten und bestimmt für die dann vorliegende Dokumentmenge die Quoten p_k und r_k. Auf diese Weise erhält man eine durch k parametrisierte Punktmenge, die durch einen Kurvenzug interpoliert wird. Mehrere derartige, für verschiedene Anfragen erhaltene Kurvenzüge werden dann gemittelt.

Allgemeingültige Aussagen über die Qualität der verschiedenen in Kap. 6.1 und 6.2 beschriebenen Verfahren lassen sich bislang kaum machen. Diese Verfahren werden nämlich zu sehr durch die Terminologie des Gegenstandsbereiches der Dokumente, die Güte der verwendeten Thesauri, die Anfangsbedingungen bei statistischen Verfahren u.ä. beeinflusst. Zudem sind die Bewertungsmasse auf reine Stapelverarbeitung zugeschnitten. Die Verwendung sorgfältig erstellter Thesauri scheint jedoch in jedem Fall zu Kurven mit höheren (p,r)-Werten führen.

Bei Dialogbetrieb kommt man erfahrungsgemäss zu besseren (p,r)-Werten als im Stapelbetrieb. Beispielsweise berichtet Salton über empirische Untersuchungen mit sehr guten Ergebnissen bei der Relevanzrückkopplung, Steinacker bei der stufenweisen Einschränkung. Im letzten Fall muss man allerdings streng darauf achten, dass die zunächst gewonnene Ausgangsmenge möglichst vollständig ist, d.h. sich durch möglichst hohe Nachweisquote auszeichnet: "Ausgelassene" Dokumente können durch die Einschränkung nicht mehr nachträglich beschafft werden.

Nicht jede Situation verlangt nach einer möglichst guten (p,r)-Kombination. Einem Benutzer, der Auskunft über einen objektiven Tatbestand sucht, genügt oft ein einziges, dann aber relevantes Dokument (p=1, r kann klein sein). Umgekehrt sucht ein Benutzer, der eine Bibliographie erstellen will, möglichst alle Dokumente, die das Problem zentral oder am Rande berühren, und nimmt dafür eine nachträgliche Aussonderung in Kauf (r=1, p braucht nicht hoch zu sein).

6.3.3 Zusätzliche Dienstleistungen

Individuelle Überwachungsdienste

Die in Kap.6.2 geschilderten Verfahren dienen dazu, einen bereits erfassten Dokumentenbestand zu durchsuchen. Diese

Leistungen heissen deshalb retrospektive Bibliographie. Hierbei
wird eine Recherche selten in genau derselben Form wiederholt.
Daneben kann ein Benutzer aber auch fordern, über die laufenden
Neuzugänge unterrichtet zu werden. Zu diesem Zweck muss er seine
Interessen in einer einzigen Anfrage (dem sog. Interessenprofil)
beschreiben. Diese wird im System gespeichert und wiederholt in
gewissen Zeitabständen im Stapelbetrieb abgearbeitet. Derartige
Leistungen heissen rekursierender Überwachungsdienst (engl.
selective dissemination of information, SDI).

Standarddienstleistungen

Der geschilderte Überwachungsdienst ist auf individuelle
Benutzer massgeschneidert und damit vergleichsweise teuer. Man
kann ihn aber auf Gebiete von allgemeinem Interesse erweitern
und seine Ergebnisse dann fachgebietsorientiert im Abonnement
anbieten.

Source Data Automation

Der grösste zeitliche, personelle und finanzielle Engpass liegt
bei der Erstellung und Fortschreibung der Datenbasis, und zwar
noch mehr bei der Überführung der eingehenden Dokumente in
maschinenlesbare Form als beim Indexieren. Es lohnt sich daher,
wenigstens die mehrmalige manuelle Erstellung eines Textes
(Schreiben von Entwürfen und endgültigen Manuskripten, Setzen,
Abschreiben) auf einen einzigen manuellen Vorgang zu reduzieren,
nämlich den Text bei der Ersterstellung des Entwurfes bereits in
das Nachweissystem oder ein ihm angegliedertes System zu
überführen. Als Zusatzkomponente ist daher ein Texteditiersystem
zu empfehlen.

Rechnergestützte Publikation

Der redigierte Text verbleibt nicht nur im Nachweissystem,
sondern kann zugleich zur Herstellung gedruckter Dokumente
herangezogen werden. Hierzu kommen lochstreifengesteuerte
Setzmaschinen, Fotosatz (über Mikrofilm) und Lichtsatz (über
Kathodenstrahlröhre), Mikrofilmerzeugung infrage.

Sachverzeichnisse, Glossare

Im Zusammenhang mit den Verfahren der automatischen Deskribierung lassen sich zu Büchern oder Dokumentensammlungen nach
verschiedenen Kriterien strukturierbare Sachverzeichnisse, KWIC-
und KWOC-Indexe, Register und Glossare erstellen.

7 Datenintegrität

Dieses Kapitel beschäftigt sich mit der Frage, welche Hilfe-
stellungen ein rechnergestütztes Informationssystem bieten kann,
um Fehler auszuschliessen, die bei seiner Benutzung auftreten
können (Datenintegrität). Eine Unterstützung ist natürlich nur
in den Fällen möglich, in denen Fehler auch als solche erkennbar
oder vorhersagbar sind. Solche Fälle liegen etwa vor, wenn sich
die Menge der erlaubten Operationen formal eingrenzen lässt
(7.2), wenn sich ansonsten unabhängige Operationen bei
Mehrbenutzerbetrieb gegenseitig zu beeinflussen drohen (7.3),
wenn Fehlverhalten durch Programm- oder technische Defekte
auftritt (7.4), oder wenn Unbefugte in die Datenbasis eingreifen
(7.5). Vor einer eingehenden Behandlung der einzelnen Problem-
bereiche gibt Abschnitt 7.1 einen kurzen Überblick mit einer
groben Abgrenzung der verwendeten Begriffe.

7.1 Aspekte der Datenintegrität

Für den Benutzer ist ein rechnergestütztes Informationssystem
eine technische Instanz, die ihn bei Verwaltung und Manipulation
seiner Modelle unterstützt. Beschränkt sich diese Unterstützung
auf die unbedingte Ausführung von Operationen in der vom
Benutzer vorgegebenen Form, so ist ein korrektes Systemverhalten
nur dann gewährleistet, wenn dem Benutzer nicht unbeabsichtigt
oder beabsichtigt Fehler unterlaufen, verschiedene Benutzer sich
nicht gegenseitig behindern und die technischen Einrichtungen
zuverlässig arbeiten.

Unbeabsichtigte Fehler treten jedoch sehr häufig auf, z.B. wenn
ein Benutzer nicht ständig vollen Überblick über die Datenbasis
besitzt oder auch einfach einmal unaufmerksam ist. Solche Fehler

lassen sich weitgehend vermeiden, wenn man es dem Benutzer
ermöglicht, vorab festzulegen, welche Operationen überhaupt
zulässig sein sollen. Dann kann das Informationssystem nämlich
eine zusätzliche Kontrollfunktion übernehmen, indem es jede
Anforderung dahingehend überprüft, ob sie ausgeführt oder
zurückgewiesen werden soll. Werden dabei alle Operationen
abgelehnt, die aus der Sicht des Benutzers zur Erzeugung
ungültiger Modelle führen würden, so gewährleistet das System
diesem Benutzer Datenkonsistenz. Offensichtlich ist die Vorgabe
eines Datenmodells und dessen Konkretisierung in Form von Typen
bereits ein Schritt in Richtung Datenkonsistenz, da ihr ja
gemäss Kap.1 die Bestimmung möglicher bzw. erlaubter Ereignisse
zugrundeliegt. Häufig wird dadurch aber die Menge der zulässigen
Ereignisse nicht ausreichend eingeschränkt, so dass über die
bisher besprochenen Möglichkeiten zur Formulierung von
Datenbasisschemata hinaus weitere Mechanismen vorzusehen sind
(7.2).

Wendet zu jedem Zeitpunkt jeweils nur ein Benutzer das System
an, so hängt bei korrekter Eingabe die Richtigkeit der
erarbeiteten Ergebnisse nur von der Korrektheit der Realisierung
der Informationssystem-Schnittstelle ab. Arbeiten dagegen
mehrere Benutzer gleichzeitig, so kann es trotz korrekter
Realisierung zu gegenseitiger Einflussnahme und als Folge davon
zu ungültigen Ergebnissen und Datenbasiszuständen kommen.
Beeinflussungen haben ihre Ursache darin, dass jede angeforderte
Tätigkeit zu ihrer Durchführung auf dem Rechner (Prozess)
endliche Zeit beansprucht und sich mehrere Prozesse daher
zeitlich überlappen können. Welche Beeinflussungen im einzelnen
auftreten können, und durch welche Koordinierungsmassnahmen sie
sich vermeiden lassen, wird in Abschnitt 7.3 unter dem Begriff
der Prozessintegrität behandelt.

Auch die Zuverlässigkeit der technischen Einrichtungen lässt
sich nicht generell unterstellen. Technische Defekte an Geräten
oder mechanische Einwirkungen sowie unentdeckte konzeptionelle
Fehler in neu eingebrachten Programmen können zu Veränderungen
der Datenbasis führen, die u.U. nicht oder nur schwer wieder zu
beheben sind. Massnahmen zur Vermeidung solcher Einwirkungen
sind, zusammengefasst unter dem Begriff der Datensicherung,
Gegenstand von Abschnitt 7.4.

Datenkonsistenz, Prozessintegrität und Datensicherung dienen dem
Schutz vor unbeabsichtigten Fehlern des Benutzers oder des
Systems. Weitere Massnahmen sind gegen absichtliches Fehlver-

halten des Benutzers zu ergreifen, also gegen missbräuchliche
Zugriffe auf und Veränderungen an der Datenbasis beispielsweise
durch Zugang über die regulären Mittel der Datenmanipulationssprache oder durch unbemerkte technische Massnahmen. Für die
Verhinderung solcher Eingriffe hat sich der Begriff <u>Datenschutz</u>
eingebürgert. Welche Methoden dazu geeignet sind, wird in
Abschnitt 7.5 aufgezeigt.

7.2 Datenkonsistenz

7.2.1 Zulässigkeit von Ereignissen

Wir bezeichnen einen Datenbasiszustand als zulässig oder
konsistent, wenn er durch eine Folge <u>zulässiger Ereignisse</u> aus
einem Anfangszustand, der nur primitive Elemente enthielt,
entstanden ist. Bedient man sich zur Festlegung der zulässigen
Ereignisse ausschliesslich der Typspezifikation gemäss Abschnitt
1.2.2, so erhält man alle diejenigen Ereignisse $\varphi(b_1,\ldots,b_{n-1})$,
für die der Operator $\varphi:B_1 x \ldots x B_{n-1} \rightarrow B_n$ in einem Typkonzept
festgelegt ist, die Operanden b_i den jeweils bei der Konkreti-
sierung vorgegebenen Sorten entstammen, und deren Ergebnis
gemäss dem betreffenden Axiomenschema definiert ist.

Als Sorten lassen sich Wertevorräte allgemein bekannter Arten
vorgeben. Darüberhinaus sollte es auch möglich sein, Sorten
durch Aufzählung oder durch Konstruktionsvorschriften aus
bereits definierten Mengen (Wertevorräte von Arten oder Typen)
bestimmen zu können. Wir illustrieren dies am Beispiel der
Vereinbarung eines Verbundtyps PERSON, für den die Sortenvariable I aufgezählt und die Sortenvariable X konstruktiv aus
Teilmengen der Wertevorräte der Arten INTEGER und STRING
bestimmt wird (Wertevorräte unterstrichen):

I :={´name´,´alter´,´familienstand´,´steuerklasse´}
X := name ∪ alter ∪ familienstand ∪ steuerklasse
att:= {´name´} x name ∪
      {´alter´} x alter ∪
      {´familienstand´} x familienstand ∪
      {´steuerklasse´} x steuerklasse

mit name := {x|x ∈ <u>string</u> ∧ 2 ≤ Länge(x) ≤ 50}
   alter:= {x|x ∈ <u>integer</u> ∧ 0 ≤ x ≤ 150}
   familienstand:={´ledig´,´verheiratet´,´verwitwet´,
                        ´geschieden´}
   steuerklasse:= {x|x ∈ <u>integer</u> ∧ 1 ≤ x ≤ 5}.

Während in diesem Beispiel Sorten aus Wertevorräten von Arten gebildet werden, zeigt das nächste Beispiel einer Menge vom Typ WAHLBERECHTIGTE PERSONEN den Bezug auf den Wertevorrat eines zuvor definierten Typs:

X := {x|x ∈ <u>person</u> ∧ read(x,´alter´) ≥ 18}.

Sofern sich derartige Sortenspezifikationen nicht mittels einer Datendefinitionssprache ausdrücken lassen, eine Typspezifikation also Ereignisse zulässt, die ausgeschlossen bleiben sollen, sind neben dem Schema weitere Angaben, <u>Konsistenzbedingungen</u> genannt, erforderlich. Das Ausmass, in dem solche Bedingungen im Einzelfall anzugeben sind, hängt demnach von der Mächtigkeit der jeweiligen DDL ab. Kommen wie in vielen Fällen nur Wertevorräte bekannter Arten als Sorten infrage, so sind die oben beschriebenen Einschränkungen als Konsistenzbedingungen aufzufassen. Ihre Einhaltung kann nur durch spezielle, häufig sogar nur durch vom Benutzer selbst einzubringende Programme überwacht werden.

Über Einschränkungen bei der Sortenspezifikation hinaus kann es durchaus sinnvoll sein, die Menge der zulässigen Ereignisse eines Operators auf bestimmte Kombinationen von Operanden zu beschränken. Dies führt beispielsweise für den Verbundtyp PERSON auf eine Bedingung

assign(v,´alter´,x) ≡ undef <u>for</u> read(v,´alter´) ≥ x.

Die Bedingung schränkt nur den Definitionsbereich von assign ein (das Alter kann nur zunehmen):

(<u>person</u> x I x X)\{(v,´alter´,x)|read(v,´alter´) ≥ x}

Dagegen bleibt der Umfang der Sorten und damit auch der fortsetzbaren Sorte erhalten (jedes Alter ist weiterhin möglich).

Nicht alle Konsistenzbedingungen lassen sich als Beschränkungen von Sorten oder Definitionsbereichen erklären. Angenommen, ein Hersteller lässt einen bestimmten Artikel erst dann in

Produktion gehen, wenn Bestellungen dafür vorliegen. Seien "in_produktion" und "bestellt" zwei Exemplare eines Mengen-Typs PRODUKTE, die gleichzeitig in der Datenbasis existieren. Dann lässt sich die Bedingung formulieren als

add(in_produktion, artikel_x) ≡ undef
         for read(bestellt, name(artikel_x)) ≡ undef,

d.h. das add-Ereignis darf nur bei bestimmten Datenbasiszustän-den eintreten.

Der Unterschied zum vorangegangenen Beispiel besteht lediglich darin, dass hier Eigenschaften eines Exemplars in die Bedingung eingehen, das nicht Operand der add-Operation ist. Dieser Fall liesse sich daher auch ohne weiteres auf eine Beschränkung des Definitionsbereiches zurückführen, indem man die beiden Mengen "in_produktion" und "bestellt" in einem einzigen Exemplar, beispielsweise in einem Verbund mit zwei entsprechend benannten Indizes, zusammenfasst. Dann könnte man die Konsistenzbedingung

assign(v,´in_produktion´,add(read(v,´in_produktion´),artikel_x))
                                          ≡ undef
for read(read(v,´bestellt´),name(artikel_x)) ≡ undef

formulieren. Üblicherweise wird man aber auf einen solchen Ausweg (wenn er überhaupt möglich ist) verzichten, weil der eigens für diesen Zweck einzuführende Verbundtyp aus der Sicht des Benutzers "künstlich" und zu nichts anderem zu gebrauchen wäre.

Konsistenzbedingungen können auch darauf abzielen, dass sich die Datenbasis nicht in einem bestimmten Zustand befindet. Sei beispielsweise a ein Exemplar des oben vereinbarten Typs PERSON einer Standesamt-Datenbasis. Dann darf das Ereignis
    assign(a,´familienstand´,´verheiratet´)
nur dann eintreten, wenn gilt:
- read(a,´familienstand´) ≠ ´verheiratet´
- in der Datenbasis existiert eine weitere Person b mit
  read(b,´familienstand´) ≠ ´verheiratet´
- in einer "Einspruchskartei" E (Exemplar eines Mengentyps) existiert kein Eintrag gegen die Heirat von a.

7.2.2 Parallel- und Folgeereignisse

Bei genauerer Betrachtung erweisen sich die im letzten Beispiel formulierten Konsistenzbedingungen immer noch als unvollständig, denn mit der Änderung des Familienstandes von a sollte sich gleichzeitig auch der von b ändern. Ein konsistenter Datenbasiszustand wird nur erreicht, wenn die Ereignisse

    assign(a,´familienstand´,´verheiratet´)

und

    assign(b,´familienstand´,´verheiratet´)

gleichzeitig eintreten. Wir bezeichnen sie als Parallelereignisse.

Der Mangel an geeigneten Typkonzepten in einem Datenmodell kann auch zu Situationen führen, in denen man eigentlich unzulässige Ereignisse zulassen muss, um durch nachfolgende Ereignisse wieder auf konsistente, anders nicht erreichbare Zustände kommen zu können. Beispielsweise lassen sich Familienstand und Steuerklasse für Exemplare des Typs PERSON aus 7.2.1 nicht unabhängig voneinander wählen. Bei Operationen auf diesen Exemplaren muss also der durch die Tabelle

´familienstand´	´steuerklasse´
´ledig´,´verwitwet´,´geschieden´	1,2
´verheiratet´	3,4,5

beschriebenen Beziehung $R_c(IxX)x(IxX)$ Rechnung getragen werden. Dies lässt sich aber nicht mehr durch ein einzelnes Ereignis erfassen, da assign nur über IxX definiert ist. Wird etwa der Familienstand ´ledig´ einer Person p durch ´verheiratet´ ersetzt,

assign(p,´familienstand´,´verheiratet´) mit dem Ergebnis p´,

so muss unmittelbar darauf die Steuerklasse abgeändert werden, also beispielsweise durch

assign(p´,´steuerklasse´,3),

um wieder einen zulässigen Datenbasiszustand zu erreichen. Wir nennen die zweite assign-Operation ein notwendiges Folgeereignis der ersteren.

Übrigens liesse sich auch dieser Fall auf die Beschränkung eines Definitionsbereiches zurückführen, wenn es z.B. einen Operator

    assign2: V x I x X x I x X → V

gäbe.

Man findet derzeit noch keine einheitlichen Vorstellungen darüber, wie die Konsistenzbedingungen einschliesslich der gegenseitigen Abhängigkeit von Ereignissen zu erfassen und zu kontrollieren sind. Beispielsweise kann man Bedingungen wie die in den Beispielen aufgeführten in irgendeiner Sprache dem Informationssystem mitteilen und es beauftragen, die notwendigen Prüfungen oder Folgerungen selbsttätig vorzunehmen. Dabei muss man allerdings unterscheiden, ob sich die Bedingungen nur exemplarspezifisch oder für alle Exemplare eines Typs angeben lassen; nur im letzteren Fall könnte man die Bedingungen als Ergänzung des Datenbasisschemas ansehen. Derzeit überlässt man die Einhaltung der Konsistenzbedingungen noch weitgehend dem Benutzer, wobei man es ihm aber ermöglicht, die Menge aller zusammenhängend auszuführenden Operationen (z.B. auch read-Operationen zum überprüfen des Datenbasiszustandes) zu "klammern". Die so entstandene Einheit bezeichnet man als Transaktion.

7.3 Prozessintegrität

7.3.1 Integere Prozessmengen

Unter einem Prozess verstehen wir im folgenden die Durchführung einer Folge von Einzeloperationen, sofern diese aufgrund von Konsistenzbedingungen in gegenseitiger Abhängigkeit stehen (also etwa als Transaktion gekennzeichnet sind), andernfalls die Durchführung einer Einzeloperation. Wir unterstellen dabei, dass jede vom Benutzer angeforderte Tätigkeit auf einen konsistenten Datenbasiszustand führt, sofern sie von einem konsistenten Datenbasiszustand ausgeht; für rein lesende Tätigkeiten trifft dies natürlich trivialerweise zu.

Arbeiten mehrere Benutzer gleichzeitig mit demselben Informationssystem, d.h. werden darin mehrere an sich unabhängige Prozesse angestossen, so ist eine zeitliche Überlappung nicht auszuschliessen; die Prozesse können sich dann ungewollt durch Bezugnahme auf dieselben Datenbasiselemente beeinflussen. Wir wollen nun davon ausgehen, dass jede Einzeloperation der Informationssystem-Schnittstelle unbeeinflusst abläuft; ein Prozess kann also nur zu Beginn oder jeweils zwischen zwei aufeinanderfolgenden Einzeloperationen beeinflusst werden.

Welche Möglichkeiten hierbei bestehen, soll zunächst an einer Reihe von Beispielen illustriert werden.

(A) Zwischen zwei Daten a und b besteht die Konsistenzbedingung a+b=const. Prozess P besteht aus den beiden Operationen
a := a+1ØØ; b := b-1ØØ;
die offensichtlich parallel auszuführen wären, jedoch zeitlich nacheinander in der angegebenen Reihenfolge ausgeführt werden. Prozess Q liest a und b.

Arbeiten P und Q in der Weise parallel, dass P zunächst a abändert, Q a und b liest und P dann b abändert, so bleibt P zwar selbst unbeeinflusst (Q liest ja nur). Der von Q gesehene Anfangszustand ist jedoch inkonsistent, d.h. Q wird zu Beginn durch P beeinflusst.

(B) Prozess P erhöht der Reihe nach die Gehälter der Angestellten in den Abteilungen A und B eines Unternehmens. Prozess Q versetzt die Angestellten a,b,c von Abteilung B nach Abteilung A. Als Konsistenzbedingung gilt, dass jeder Angestellte eine Gehaltserhöhung bekommt.

P habe die Angestellten von Abteilung A und den Angestellten a in B bearbeitet. Q versetzt a,b und c nach A. P beendet seine Arbeit. P und Q hinterlassen einen inkonsistenten Endzustand, da nach ihrer Beendigung die Angestellten b und c keine Gehaltserhöhung bekommen haben. Dass es im Gegensatz zu Beispiel (A) zu einem inkonsistenten Endzustand kommt, liegt daran, dass beide Prozesse Veränderungen an der Datenbasis vornehmen, insbesondere also auch Q, der wie im Beispiel (A) von einen inkonsistenten Zustand ausgeht, während P es zum Zeitpunkt seiner Unterbrechung und seiner Wiederaufnahme mit jeweils verschiedenen Datenbasiszuständen zu tun hat.

(C) Prozess P liest einen Verbund PERSON und ändert sein Alter. Prozess Q liest denselben Verbund und ändert seine Steuerklasse.

P lese den Verbund. Q lese, ändere und ersetze den Verbund. P ändere und ersetze den Verbund. Die Durchführung von Q, d.h. die Änderung durch Q, wirkt sich nicht auf den Endzustand aus.

(D) Gegeben seien die Daten

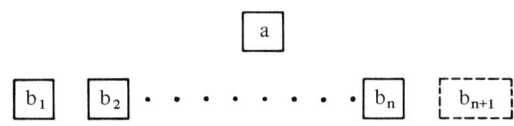

mit der Konsistenzbedingung $a = \Sigma b_i$. Prozess P liest alle b_i und dann a. Prozess Q erzeugt b_{n+1} und ändert a ab.

Prozess P lese alle b_i $(i=1,\ldots,n)$. Prozess Q werde ausgeführt. Prozess P lese a. Gegenüber Beispiel (A) sind in diesem Fall die Rollen vertauscht: Der lesende Prozess wird unterbrochen, der schreibende Prozess wird in einem Zuge ausgeführt. Er hinterlässt dabei wieder einen konsistenten Datenbasiszustand, jedoch ist wie im Beispiel (B) der Datenbasiszustand am Ende der Unterbrechung von P nicht mehr derselbe wie zu Beginn der Unterbrechung. Darüberhinaus ist der von P insgesamt beobachtete Zustand inkonsistent. Ändert sich der für einen Prozess einschlägige Ausschnitt aus der Datenbasis durch das Hinzukommen eines neuen Datenbasiselementes (wie hier b_{n+1}), so heisst das Element ein <u>Phantom</u> des Prozesses. Der Begriff ergibt sich daraus, dass der Prozess ein solches Element häufig nicht unmittelbar, sondern nur über auftretende Inkonsistenzen zu Gesicht bekommt.

Diese Probleme ergäben sich natürlich nicht, wenn sämtliche Prozesse streng nacheinander ablaufen würden. Im allgemeinen ist man jedoch an einer möglichst weitgehenden Parallelität verschiedener Prozesse interessiert. Wie die Beispiele schon andeuten, sind die folgenden Bedingungen hinreichend für den Ausschluss einer gegenseitigen Beeinflussung:

(1) Die Gesamtheit der von einem Prozess gelesenen Datenbasiselemente muss einen konsistenten Ausschnitt der Datenbasis bilden.

(2) Diese Gesamtheit muss einen Ausschnitt desjenigen Datenbasiszustandes bilden, mit dem der Prozess begonnen hat.

(3) Jeder Prozess muss in jeder Situation einen konsistenten Datenbasiszustand bewirken.

(4) Keiner der Prozesse darf im schliesslich erreichten Endzustand in seiner Wirkung aufgehoben sein, es sei denn, die aufhebenden Prozesse seien in berechtigter Weise <u>und</u> mit dieser Absicht angestossen worden.

Sind diese vier Bedingungen für eine Menge parallel ablaufender Prozesse erfüllt, so heisst die Menge integer.

7.3.2 Synchronisation von Prozessen

Massnahmen zur Verhinderung gegenseitiger Beeinflussung von Prozessen werden als Synchronisationsmassnahmen bezeichnet. Stellen sie die Integrität einer Prozessmenge sicher, so nennt man diese Menge korrekt synchronisiert. Theoretisch liesse sich dies durch Auswerten der nachfolgenden Synchronisationsregel (nach Schlageter) feststellen:

Eine Menge $\{P_i\}$ beliebig ablaufender Prozesse ist korrekt synchronisiert, wenn man die einzelnen Prozesse P_i auch so in eine zeitliche Abfolge bringen könnte, dass
(a) derselbe Endzustand der Datenbasis erreicht wird,
(b) die Eingabedaten jedes P_i in beiden Fällen dieselben sind.

In der Praxis wird man natürlich Verfahren einsetzen, die von vornherein korrekte Synchronisation garantieren und diese nicht erst nach Ablauf der Prozesse nachzuweisen versuchen. Hierzu wurden in der jüngsten Vergangenheit zahlreiche Vorschläge veröffentlicht, wir werden im folgenden jedoch nur die wichtigsten Ergebnisse zusammenstellen.

Jeder Prozess arbeitet auf einem gewissen Ausschnitt der Datenbasis, der sich aus Eingangsdaten (Operanden) und Ausgangsdaten (Datenbasiselemente, die entfernt, verändert oder neu eingefügt werden, einschliesslich derer, die aufgrund von Konsistenzbedingungen mit abgeändert werden müssen) zusammensetzt, wobei natürlich Eingangsdaten gleichzeitig auch Ausgangsdaten sein können. Die Forderungen (1) - (4) des letzten Abschnittes werden somit hinreichend erfüllt, wenn beim gleichzeitigen Ablauf mehrerer Prozesse die Eingangsdaten eines Prozesses nicht zu den Ausgangsdaten eines anderen gehören und wenn sich die Ausgangsdaten verschiedener Prozesse nicht überschneiden. Trifft diese Bedingung für zwei Prozesse nicht zu, so dürfen sie nicht gleichzeitig ablaufen. Dies lässt sich z.B. dadurch erreichen, dass jeder Prozess alle seiner Ein- und Ausgangsdaten mit einer exklusiven Markierung, genannt Sperrung (engl.: lock), versieht und nach Gebrauch wieder freigibt. Dann lässt sich ein Prozess vollständig abwickeln, wenn die

benötigten Ein- und Ausgabedaten von keinem anderen Prozess mehr
verwendet werden.

Hinsichtlich der Wahl des Sperrzeitpunktes bestehen mehrere
Möglichkeiten. So kann ein Prozess grundsätzlich alle benötigten
Daten bei seinem Beginn sperren und erst bei seiner Beendigung
wieder freigeben. Er kann aber auch jedes Datum sofort nach Ende
seines Gebrauches wieder freigeben und, sofern Bedingung (2)
nicht erfüllt sein muss, ein Datum erst in dem Augenblick
sperren, zu dem er es benötigt. Die Menge S(t,p) der zu einem
Zeitpunkt t von einem Prozess p gesperrten Daten heisst dessen
Sperrmenge.

Auch hinsichtlich der Art der Sperrung kann man differenzieren.
Bei der sog. einstufigen Sperrung stehen nur zwei Operationen

    lock(d) und unlock(d)

für die Sperrung bzw. Freigabe von Datenbasiselementen d zur
Verfügung. Ein Nachteil dieser Sperrung liegt darin, dass zwei
Prozesse auch dann nacheinander ablaufen müssen, wenn sie zwar
auf dieselben Eingangsdaten zugreifen, sich aber nicht
gegenseitig beeinflussen würden.

Dieser Nachteil entfällt bei einer zweistufigen Sperrung mit den
Operationen
    lockr(d): Sperrung von d als Eingangsdatum
    lockw(d): Sperrung von d als Ausgangsdatum.

Ein mit lockr gesperrtes Datum kann dann zwar nicht verändert,
aber doch gleichzeitig von weiteren Prozessen als Eingangsdatum
verwendet (gelesen) werden, während mit lockw gesperrte Daten
ausschliesslich dem sperrenden Prozess zur Verfügung stehen.
Unverträglich sind demnach die Sperrungen lockr und lockw sowie
lockw und lockw: Ein Prozess kann kein Datum d mit lockr(d)
belegen, für das bereits lockw(d) gilt, und er kann kein Datum
mit lockw(r) belegen, für das entweder lockr(d) oder lockw(d)
erfüllt ist. Hingegen dürfen zwei Prozesse dasselbe Datum mit
lockr(d) sperren.

Versucht ein Prozess eine Sperrung und kommt es dabei zur
Kollision, so muss er solange unterbrochen (blockiert) werden,
bis die alte Sperrung aufgehoben ist. Dies lässt sich z.B.
dadurch erreichen, dass man für jedes benutzte Datum d eine
Liste ähnlich einer Warteschlange anlegt, in die jeweils die

Benennungen der anfordernden Prozesse mit einem Hinweis auf die Sperrungsart eingetragen werden. Für die Organisation einer solchen Liste kann man folgende grundsätzliche Vorgehensweise einschlagen.

- Die Reihenfolge der Einträge in der Liste entspricht der Reihenfolge, in der die zugehörigen Prozesse Zugriff auf d erhalten und damit deblockiert werden sollen.
- Der erste in der Liste vermerkte Prozess ist deblockiert. Ist es ein lesender Prozess, so können auch alle nachfolgenden lesenden Prozesse deblockiert werden, die in der Liste vor dem ersten verändernden Prozess eingetragen sind.

Hierauf aufbauend kann man nun verschiedene Strategien zur weiteren Organisation wählen: Will man beispielsweise lesende Prozesse gegenüber den verändernden bevorzugen, so ist jeder zur Liste "hinzukommende" lesende Prozess vor dem ersten verändernden einzutragen; man muss dann allerdings darauf achten, dass schreibende Prozesse nicht permanent blockiert bleiben. Will man umgekehrt alle Prozesse gleichrangig behandeln, so werden neu hinzukommende Prozesse grundsätzlich am Ende der Liste eingetragen.

Ein Prozess wird erst dann aus der Liste entfernt, wenn er die Operation unlock(d) erreicht hat. Daraufhin wird geprüft, ob ein wartender Prozess deblockiert werden kann. Die Deblockierung eines verändernden Prozesses ist z.B. nicht möglich, wenn nach der Entfernung eines lesenden Prozesses noch weitere lesende Prozesse ablaufen.

Unabhängig von der Wahl des Sperrzeitpunktes, der Art der Sperrung (siehe hierzu auch 7.3.3) und der Listenorganisation muss ein Sperrverfahren gewisse Bedingungen einhalten (sog. Sperrprotokolle), um Integrität sicherstellen zu können:
- Jeder Prozess hält jedes Datum während dessen Benutzung gesperrt.
- Kein Prozess nimmt nach der ersten Freigabe weitere Sperrungen vor.
- Jeder Prozess gibt spätestens bei seiner Beendigung alle gesperrten Daten frei.
- Kein Datum ist gleichzeitig mit unverträglichen Sperrungen belegt.

Schlageter hat nachgewiesen, dass diese Bedingungen in speziellen Situationen nicht völlig ausreichen. Im übrigen kann man hinsichtlich der Eingangsdaten die erste Bedingung grosszügig auslegen, sofern es für die Wirkung eines Prozesses unerheblich ist, ob seine Eingangsdaten demselben Datenbasiszustand entstammen.

7.3.3 Einheiten der Sperrung

Die Angabe der zu sperrenden Ein- und Ausgangsdaten eines Prozesses kann auf verschiedene Weise erfolgen.

Objektsperrung
Jedes benötigte Datum wird unter Beachtung des Systemprotokolls individuell gesperrt bzw. freigegeben. d wird dabei durch eine Benennung, einen Index oder einen Schlüssel identifiziert. Diese Methode bietet den Vorteil, dass man ein Datum nur so lange zu sperren braucht als es tatsächlich benötigt wird. Dem stehen allerdings die folgenden Nachteile gegenüber:
- Eine grössere Menge von Daten lässt sich nicht auf einmal, sondern nur schrittweise nacheinander sperren. Will beispielsweise im Beispiel (D) aus 7.3.1 Prozess P alle b_i und a an sich gleichzeitig sperren, so kann während der Sperrphase noch ein anderer Prozess Einfluss nehmen.
- Die Zahl der Sperroperationen und Listen kann sehr gross werden.
- Die Methode schützt nicht vor Phantomen, denn diese sind zum Zeitpunkt der Sperrung ja nicht vorhanden.

Sperrung fester Mengen (physische Prädikatsperrung):
Diese Methode behebt den erstgenannten Nachteil der Objektsperrung. Mit jeder Sperranweisung wird eine Menge von Daten gleichzeitig gesperrt bzw. freigegeben. Die Menge wird durch Angabe von Bedingungen (z.B. Inhalt gewisser Verbundkomponenten) festgelegt, aus denen die Mengenelemente ermittelt und dann durch das System individuell gesperrt werden. Der Vorteil einer geringeren Anzahl von Sperranweisungen wird dadurch erkauft, dass u.U. zuviele Daten zu lange gesperrt werden. Damit ergibt sich eine gegenüber der Objektsperrung gleich grosse oder noch grössere Zahl von Listen. Ausserdem bietet auch diese Methode keine Sicherung gegen Phantome.

Sperrung veränderlicher Mengen (logische Prädikatsperrung):
Auch hier werden die zu sperrenden Daten unter Angabe von Bedingungen spezifiziert. Im Gegensatz zum vorhergehenden Fall

wird aber anstelle einer expliziten Mengenkonstruktion bei jedem Zugriff eines Prozesses auf ein Datum untersucht, ob bereits ein anderer Prozess Daten mit denselben Bedingungen angefordert hat; in diesem Fall gilt das neue Datum als bereits gesperrt. Anstelle von Daten werden hier also Sperrbedingungen "markiert". Diese Methode sichert gegen Phantome: Die Erzeugung eines Datums wird solange unterbunden als die zugehörige Sperrbedingung belegt ist. Ein weiterer Vorteil liegt darin, dass eine geringere Zahl von Listen zu verwalten ist. Dem steht neben der unnötigen Sperrung von Daten als besonders gravierender Nachteil ein verringerter Parallelitätsgrad entgegen: Seien d_1 und d_2 Bedingungen, so kann für zwei Anweisungen lock(d_1) und lock(d_2) nicht immer bestimmt werden, ob die zugehörigen Mengen in allen Folgezuständen der Datenbasis disjunkt sind. Dann muss man vorsichtshalber auf Unverträglichkeit vermuten (vgl. hierzu Tanner).

Logische Prädikatsperrung liegt z.B. auch vor, wenn durch Angabe eines Datums (Exemplar irgendeines Typs) bestimmt wird, dass zu jedem Zeitpunkt alle Komponenten dieses Datums gesperrt sein sollen. Dies kann sich über mehrere Stufen fortsetzen. Die Zahl der insgesamt gesperrten Elemente fällt also je nach Wahl des angegebenen Exemplares mehr oder weniger umfangreich aus. Man spricht deshalb von einer Granularität der Sperrung. Die zuvor genannten Vor- und Nachteile der logischen Prädikatsperrung kommen bei Grober Unterteilung besonders zum Tragen: Als Sperrexemplare werden umfassende Einheiten gewählt, beispielsweise die Datenbasis selbst, Gebiete, Sammlungen, Relationen. Eine Feine Unterteilung, bei der die Sperrexemplare kleine Einheiten wie Tupel, Sätze, Segmente oder Satzelemente sind, ähnelt hingegen der Objektsperrung.

7.3.4 Verklemmungen

Daten sind Betriebsmittel der auf sie zugreifenden Prozesse. Jedes System mit einer beschränkten Zahl von Betriebsmitteln kann sich ohne entsprechende Vorkehrungen verklemmen, d.h. in einen Zustand geraten, in dem jeder Prozess auf die Freigabe eines Betriebsmittels wartet. Verklemmungen müssen daher entweder verhindert oder nach ihrem Eintreten erkannt und beseitigt werden.

Von den aus der Theorie der Betriebsmittelverwaltung hierzu bekannten Strategien kommen die folgenden infrage (Everest).

Pre-sequencing (Verhinderung):

Vorgegebene Prozesse mit überlappenden Betriebsmittelanforderungen werden in eine Ablaufreihenfolge gebracht.

Nachteile: Da die Prozesse zunächst "gesammelt" werden müssen, wird ihr Ablauf aufgeschoben; das Verfahren eignet sich also nur für Stapelbetrieb. Weiterhin müssen alle erforderlichen Betriebsmittel von vornherein bekannt sein und jeweils bereits bei Prozessbeginn gesperrt werden. Typisch ist deshalb die Sperrung umfangreicher Mengen, z.B. durch sehr grobe Unterteilung.

Pre-claiming (Verhinderung):

Dieses Verfahren zielt darauf ab, Prozesse sofort zu starten, nachdem sich ihre Anforderungen befriedigen lassen, es ist also auf interaktiven Betrieb zugeschnitten. Dem Pre-sequencing ähnelt es insofern, als auch hier ein Prozess vor Beginn der Verarbeitung sämtliche benötigten Betriebsmittel anfordert. Die Nachteile - Sperren zu Beginn, grobe Unterteilung - sind dieselben wie beim Pre-sequencing. Zusätzlich muss sichergestellt werden, dass Prozesse nicht unzulässig lange aufgehalten werden.

Pre-emption (Beseitigung):

Verzichtet man auf eine Vorabsperrung und sperrt ein Datum erst unmittelbar vor Gebrauch, so können Verklemmungen eintreten. Angenommen, eine Verklemmung sei nach irgendeinem Verfahren entdeckt worden. Dann wird einer der blockierten Prozesse unter Freigabe seiner Betriebsmittel beendet (termination) oder auf einen früheren Stand zurückgesetzt (Rücksetzen, rollback).

Diese Strategie belässt den grössten Spielraum hinsichtlich der Wahl des Sperrverfahrens. Ein schwerwiegender Nachteil liegt jedoch darin, dass die von dem zurückgesetzten Prozess verursachten Änderungen wieder rückgängig gemacht werden müssen. Dies hat sehr hohen Aufwand zur Folge, da alle anfallenden Änderungen protokolliert oder die betroffenen Datenbasiskomponenten zu kritischen Zeitpunkten kopiert werden müssen.

Heutzutage wird vor allem eine Mischung aus Pre-emption und Pre-claiming praktiziert. Zu diesem Zweck wird (nach Chamberlin, Boyce und Traiger) jeder Prozess in zwei Phasen unterteilt, eine

Vergabephase (seize phase) und eine Ausführungsphase (execution phase). In der Vergabephase werden sämtliche Betriebsmittel der Reihe nach angefordert; kommt es hierbei zu Verklemmungen, so haben noch keine Änderungen der Datenbasis stattgefunden. Dementsprechend kann ohne grossen Aufwand zurückgesetzt werden.

Zur Erkennung von Verklemmungen sind verschiedene Verfahren bekannt, die alle auf folgendem Prinzip basieren: Man konstruiere einen Graphen, der die Folge von Zugriffen verschiedener Prozesse beschreibt (Zugriffsgraph), oder angibt, welche Prozesse durch Inanspruchnahme eines Betriebsmittels welche anderen Prozesse blockieren (Prozessgraph). Zur Erkennung einer Verklemmung muss der Graph dann auf das Auftreten von Zyklen hin untersucht werden; effiziente Algorithmen hierzu sind bekannt.

7.4 Datensicherung

Die Erstellung von Datenbasen sehr grossen Umfanges verursacht hohe Investitionskosten, erfordert Personal und insbesondere Zeit (vgl. Kap.8). Man wird deshalb bestrebt sein, sich vor einem Verlust der Datenbasis zu schützen. Dabei ist zu beachten, dass selbst der Verlust weniger Daten weit durch die Datenbasis reichende Auswirkungen haben kann; man denke etwa an den Verlust eines Satzes in einem Netzwerk oder bei gegenseitigen Abhängigkeiten in Form von Konsistenzbedingungen.

Störungsquellen sind hauptsächlich unbeabsichtigtes Überschreiben von Speicherbereichen (insbesondere bei Mehrfachbenutzung), Systemzusammenbrüche, mechanische Fehler (Verschmutzung oder Knittern von Magnetbändern, Beschädigungen von Platten oder Trommeln durch Berührung mit einem Lesekopf), selten auch Katastrophen (Brand, Wasser). Die Verhinderung solcher Störungen oder ihrer Auswirkungen, die Datensicherung, darf natürlich nicht langfristig höhere Kosten verursachen als der Verlust der Datenbasis. Weiterhin sollte sie weitgehend so ablaufen, dass die Benutzer nicht behindert werden, bzw. nichts damit zu tun haben. Im wesentlichen wendet man heute die folgenden drei Verfahren an.

Protokollverfahren:
    In bestimmten, von der Änderungshäufigkeit abhängigen Zeitabständen wird die gesamte Datenbasis kopiert (Spei-

cherabzug, engl.: dump), zumeist auf Magnetbänder (Sicherungsbänder). In der Zwischenzeit bis zum nächsten Kopierzeitpunkt werden sämtliche Änderungen der Datenbasis auf zusätzlichen Änderungsbändern protokolliert (Journal, engl.: audit trail). Während das Erstellen der vollen Kopie sehr zeitaufwendig ist, belastet die Protokollierung das System vergleichsweise wenig. Die Wiederherstellung einer Datenbasis beginnt mit dem Kopieren des Sicherungsbandes (Wiederaufsetzen), das den Wiederaufsetzpunkt (engl.: checkpoint) der Datenbasis definiert. Darauf werden dann der Reihe nach die auf dem Journal vermerkten Änderungen angewandt. Die Wiederherstellung ist infolgedessen sehr zeitintensiv.
Wegen des geringen Zeitbedarfs für die Protokollierung ist das Protokollverfahren auch für interaktiven Betrieb von Interesse.

Kopierverfahren:
Die Datenbasis wird wie beim Protokollverfahren in gewissen Zeitabständen kopiert, dazwischenliegende Änderungen werden jedoch nicht mitgeführt. Dieses Verfahren eignet sich eher bei gestapelter Eingabe (z.B. abendliche oder wöchentliche Änderungen), wegen seiner geringen Kosten findet man es aber häufig auch bei interaktivem Betrieb. Die Protokollierung bleibt dann natürlich voll dem Anwender überlassen.

Oftmals ist es aus Anwendungsgründen (z.B. in der Buchhaltung) erforderlich, den Stand, den eine Datenbasis oder Teile hieraus zu einem bestimmten Zeitpunkt besitzen, festzuschreiben. Zu diesem Zweck wird zu den geforderten Zeitpunkten eine Kopie der Datenbasis oder der betreffenden Teile angelegt. Im allgemeinen führt man drei, manchmal auch mehr frühere Zustände ("Generationen") der Datenbasis. Derartige Generationen kann man dann auch zur Datensicherung heranziehen.

Doppelführung:
Die Datenbasis wird in zweifacher Ausfertigung geführt (Master und Backup). Jede Änderung findet parallel in jeder Ausfertigung statt. Bei Störungen wird von einer Ausfertigung auf die andere umgeschaltet und die fehlerhafte Ausfertigung später aus der intakten rekonstruiert. Bei diesem Verfahren fallen weder Änderungen noch Wiederherstellung für Benutzer zeitlich ins Gewicht. Dieser Vorteil wird jedoch um den Preis doppelter Speicherbelegung erkauft; auch schützt das Verfahren nicht bei irrtümlichen Änderungen.

Angemerkt sei noch, dass die Lagerung von Sicherungs- und Protokollbändern grosse Sorgfalt (z.B. Klimatisierung) erfordert, um Verschmutzung und Alterung zu verhindern. Bänder sollten in Abständen von einigen Monaten verifiziert werden.

7.5 Datenschutz

Der Datenschutz umfasst alle Massnahmen, die der Verhinderung von unbefugten Zugriffen und Einwirkungen auf Daten dienen. Man kann sich die dabei auftretenden Probleme durch folgendes Diagramm veranschaulichen.

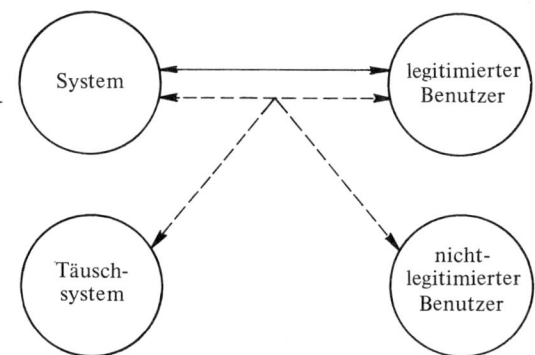

Danach existieren neben den zur Systembenutzung legitimierten Benutzern auch nichtlegitimierte, die den Zugang zum System suchen. Umgekehrt liesse sich in einem Rechner neben das Informationssystem ein zweites stellen, das nach aussen vorgibt, das gewünschte System zu sein. Gestrichelt eingetragen sind die zu verhindernden Verbindungen. Dementsprechend fallen die Schutzmassnahmen in folgende Kategorien.

Physikalischer Schutz:
  Verhinderung der Herstellung einer physikalischen Verbindung zwischen System und nichtlegitimiertem Benutzer.

Identitätskontrolle (engl.: authentication):
  Verhinderung der Kommunikation zwischen System und nichtlegi-timiertem Benutzer oder zwischen Täuschsystem und legitimier-tem Benutzer über eine vorhandene physikalische Verbindung.

Operationeller Datenschutz (engl.: protection):
  Verhindern des Zugriffes eines zur Systembenutzung legitimierten Benutzers auf diejenigen Teile der Datenbasis und
  mittels derjenigen Operatoren, zu deren Verwendung er nicht
  autorisiert ist.

Natürlich muss man vor der Realisierung einer bestimmten
Datenschutzmassnahme prüfen, ob der für sie erforderliche
Aufwand in einem sinnvollen Verhältnis zu den Kosten eines
Missbrauchs steht. Umgekehrt sind aber auch die Bestimmungen der
in jüngster Zeit in verschiedenen Ländern erlassenen Daten-
schutzgesetze zu berücksichtigen.

7.5.1 Physikalischer Schutz

Nichtlegitimierte physikalische Verbindungen kommen im
wesentlichen durch das Eindringen in vorhandene Kommunikations-
systeme zustande. Dabei sind die grössten Gefahren
- das Einschalten in Kommunikationswege ("Mithören" oder
  Ausnutzung fremder Leitungen),
- das Abfangen vom Rechner produzierter elektromagnetischer
  Wellen,
- der Zugang zum Rechenzentrum.

Gegen das Mithören werden seit neuestem Sender und Empfänger für
chiffrierte Datenübertragung kommerziell angeboten. Der zweiten
Gefahr wird durch bauliche Massnahmen wie elektromagnetische
Abschirmung der Rechenzentren begegnet. Nichtautorisierter
Zugang zum Rechner und dessen Folgen müssen durch organisatori-
sche Massnahmen wie Absperrung der Rechenzentren, Personalkon-
trollen, Überwachung der peripheren Geräte, Speicherung der
Daten in chiffrierter Form unterbunden werden.

7.5.2 Identitätskontrolle

Sowohl der Benutzer als auch das Kommunikationssystem, welches
sein Endgerät mit dem Rechner verbindet, sind vom Datenbanksystem mit Argwohn zu betrachten. Umgekehrt muss auch der Benutzer
feststellen können, ob er mit dem erwarteten System arbeitet.

Offensichtlich kann dies nur über Identitätsnachweise (üblicherweise Passwörter) erfolgen, die ausschliesslich dem
betreffenden Benutzer und dem betreffenden System bekannt sind.
Die Sicherheit der Identitätsermittlung, und damit die
Sicherheit von Benutzerdaten hängt also davon ab, wie geheim
solche Passwörter sind oder wie schwer ihre Fälschung ist.

Für die Identitätskontrolle von Benutzern zielen die Massnahmen
zur Geheimhaltung darauf ab, Passwörter nicht oder so kurz als
möglich beobachtbar zu machen. Die Eingabe von Passwörtern im
Stapelbetrieb ist dabei natürlich denkbar ungeeignet. Sämtliche
Anfragen sollten daher im Dialogbetrieb gestellt werden. Bei
Sichtgeräten kann nämlich die Reproduzierung von Passwörtern auf
dem Schirm unterbunden, bei Schreibmaschinen durch Verdunkelung
der Eingabefelder unleserlich gemacht werden. Allerdings bieten
diese Massnahmen bei weitem keinen ausreichenden Schutz gegen
aufmerksame Beobachter, und überhaupt keinen Schutz gegen das
Abfangen des Signalflusses auf den Kommunikationswegen. Daher
sollten sie durch Verfahren unterstützt werden, die Fälschungen
erschweren. Da sich diese Verfahren in ihrer Wirksamkeit
gegenüber verschiedenen Formen des Missbrauchs unterscheiden,
werden sie häufig auch kombiniert eingesetzt.

- Passwortlisten: Jedem Benutzer steht eine Liste von Passwörtern zur Verfügung. Mit jeder Sitzung oder besser, mit jeder
  Anfrage wählt er ein beliebiges Passwort aus, das umgehend
  nach Gebrauch von der Liste gestrichen wird und damit nicht
  mehr verwendbar ist.
- Zeitlich beschränkt gültige Passwörter: Den legitimierten
  Benutzern des Systems wird in bestimmten Zeitabständen ein
  neues Passwort zugeteilt.
- Systemerzeugte Passwörter: Es hat sich gezeigt, dass die
  Passwortwahl häufig durch bestimmte individuelle Gewohnheiten
  beeinflusst und damit relativ leicht nachzuvollziehen ist.
  Daher ist zu empfehlen, den Benutzern ein Passwort zuzuweisen,
  das nach irgendeinem Zufallsprinzip durch das System erzeugt
  wurde. Allerdings ist darauf zu achten, dass dieses Passwort
  einfach memoriert werden kann.
- Passwortabbildungen: Bei der Anmeldung nennt das System dem
  Benutzer eine Zeichenkette, aus der dieser nach einer zwar
  möglichst einfachen, aber durch Beobachtung schwer zu
  reproduzierenden Regel eine neue Zeichenkette ermittelt und
  eingibt. Das System führt dieselbe Regel aus und vergleicht
  die Resultate. Im Erfolgsfall wird dann ein einprogrammiertes
  Passwort gewählt. Diese Methode ist günstig, da sie dem
  Benutzer ebenfalls die explizite Wahl von Passwörtern abnimmt.

Für die Identitätskontrolle von Systemen stehen bis heute keine hinreichend sicheren Verfahren zur Verfügung. Sie sind aber notwendig, da ein Täuschsystem sich solange wie das korrekte System verhalten kann, bis es vom Benutzer sein Passwort erfahren hat (engl.: masquerading). Im Zusammenhang mit der chiffrierten Datenübertragung ist jedoch folgendes Verfahren vorgeschlagen worden. Der Benutzer nennt zunächst dem System sein Passwort; im Anschluss daran lädt er den Chiffriercode in seinen Sender. Das System wählt seinerseits aufgrund des Passwortes einen Chiffriercode, mit dessen Hilfe es die vom Benutzer ankommenden Nachrichten dechiffriert. Eine Verständigung zwischen Benutzer und System kommt nur bei gleichem Chiffriercode zustande. Wenn das Täuschsystem nicht über die entsprechende Dechiffriermöglichkeit verfügt, so ist es entweder zu keiner sinnvollen oder zu überhaupt keiner Reaktion fähig; beides sollte den Verdacht des Benutzers wecken. Übrigens kann auch das korrekte System auf diese Weise nichtlegitimierte Benutzer entdecken.

7.5.3 Operationeller Datenschutz

Der Schutz gegen Eingriffe von Personen, die in irgendeiner Weise legitimierten Zugang zum betreffenden System haben (z.B. als Benutzer eines mehrfachbenutzbaren Systems), wirft die grössten Probleme aller Datenschutzbestrebungen auf. Es konnte bisher weder auf geräte- noch auf programmtechnischer Ebene vollständig gelöst werden und ist daher noch Gegenstand intensiver Forschungen.

Die derzeit üblichen Schutzmassnahmen fallen grob in drei Kategorien.

Isolierung:

Diese Massnahme geht davon aus, dass sich legitimierte Benutzer eines Programmsystems auch Zugang zu Systemteilen oder Zugriffspfaden verschaffen könnten, zu deren Einsatz sie nicht autorisiert sind. Für jeden Benutzer wird daher neben seiner eigenen Datenbasis auch eine eigene Kopie des Programmsystems bereitgestellt, so dass er über eine eigene "virtuelle Maschine" verfügt, die von allen anderen isoliert erscheint. Zusätzlich kann eine Art öffentlicher Datenbasis vorgesehen sein, auf die alle Benutzer gleiche Zugriffsmöglichkeiten haben.

Überwachte Mehrfachbenutzung:

Hier findet keine Isolierung der einzelnen Benutzerbereiche statt. Vielmehr wird für jede im System gespeicherte Information geregelt, wer auf sie in welcher Weise zugreifen darf. Diese Verwendungsrechte kann man sich in Form einer Zugriffsmatrix angeordnet denken, deren Zeilen mit den Benutzern und deren Spalten mit den Datenelementen indiziert ist und die als Komponenten die vom jeweiligen Benutzer auf das entsprechende Datum anwendbaren Operatoren enthält.

Die Zugriffsmatrix ist dünn besetzt, sodass man für ihre Realisierung zwei Methoden vorfindet.
- Zeilenweise Orientierung: Für jeden Benutzer wird die Menge der für ihn zugänglichen Daten einschliesslich der zugelassenen Operatoren angegeben. Ein Paar aus Datum und zugelassenem Operator wird in der neueren Literatur als Capability bezeichnet. Eine Menge von Capabilities für einen Benutzer heisst häufig Befugnissatz oder Capability-Liste (kurz: C-Liste). Diese Realisierung ist laufzeiteffizient, da bei Zugriffsüberprüfungen für einen gegebenen Benutzer nur die ihm zugeordnete C-Liste auszuwerten ist.
- Spaltenweise Orientierung: Zu jedem Datum wird die Menge der berechtigten Benutzer einschliesslich der zugelassenen Operatoren angegeben. Eine Menge derartiger datenspezifischer Angaben heisst Zugriffskontroll-Liste (kurz: ZK-Liste). Diese Realisierung vereinfacht die Verwaltung der Daten.

Die Realisierung wird häufig noch durch Vergabe von Sicherheitsschlössern an die zu schützenden Daten und von Sicherheitsschlüsseln an die Benutzer, mit denen sie die gleichbenannten Schlösser öffnen können, vereinfacht. Bei der zeilenweisen Orientierung besitzt dabei jedes Datum genau ein Schloss, jeder Benutzer für jede besetzte Spalte den dem dortigen Schloss entsprechenden Schlüssel. Bei der spaltenweisen Orientierung besitzt hingegen jeder Benutzer genau einen Schlüssel, während jedes Datum mit mehreren Schlössern versehen wird, je einem pro besetzter Zeile. Kommt dann beispielsweise ein neues Datum mit einem bereits vorhandenen Schloss hinzu, so braucht an der C-Liste keine Änderung vorgenommen zu werden.

Der Verwaltungsaufwand lässt sich also offensichtlich dadurch besonders senken, dass man Schlösser an grössere Mengen von Daten vergibt, beispielsweise an die Menge der Komponenten eines Typexemplares (grobe Unterteilung der Datenbasis ähnlich 7.3.3) oder Sorten (Schlösser werden mit dem betreffenden Schema geführt). Im letzten Fall ist jedes Element einer Sorte bei Anwendung des entsprechenden Operators unter dem im Schema zugewiesenen Schlüssel erreichbar. Beispiel: Ist in einem Schema für den Verbundtyp PERSON der Komponentensorte GEHALT das Schloss XXXX zugeordnet, so ist unter dem gleichnamigen Schlüssel das Gehalt jeder einzelnen Person zugänglich.

Benutzerprogrammierte Schutzmassnahmen:

Zusätzlich zu Methoden der überwachten Mehrfachbenutzung können standardmässig nicht vorgesehene Schutzmassnahmen durch Benutzerprogramme realisiert werden. Dabei ist es möglich, Schutzmassnahmen auch an Eigenschaften gespeicherter Informationen zu orientieren. Beispiele: Sperrung aller Auskünfte über Gehälter, die einen gewissen, vorgegebenen Betrag übersteigen; Freigabe statistischer Aussagen über die in der Datenbasis enthaltenen Informationen, jedoch Sperrung von Zugriffen auf die einzelnen Informationseinheiten. Es gibt bisher nur sehr wenige Systeme, die solche Möglichkeiten standardmässig bereitstellen.

Zusätzliche Schwierigkeiten entstehen, wenn dynamische Änderungen von Zugriffsrechten zu berücksichtigen sind, d.h. wenn Zugriffsrechte und Sperrungskriterien während des Systembetriebs (möglicherweise sogar durch Benutzerprogramme) verändert werden können. Man denke beispielsweise an die nachträgliche Sperrung eines Verbundes, nachdem dessen Gehaltsfeld verändert wurde, während auf ihn gleichzeitig von anderer Seite zugegriffen wird.

7.5.4 Allgemeine Konstruktionsprinzipien

Eine komplette Methodologie zur Lösung von Datenschutzproblemen existiert bisher noch nicht. Es lässt sich jedoch eine Reihe nützlicher, aus der Erfahrung gewachsener Konstruktionsprinzipien angeben (Saltzer und Schroeder):
- Der Aufbau des Gesamtsystems soll so einfach wie möglich sein, so dass die Zahl der Eindringungsmöglichkeiten überschaubar

bleibt. Vor allem wird dadurch auch die manuelle Überprüfung des Programmcode erleichtert, der ja auf Sicherung gegen Verstösse zu untersuchen ist, die nicht im Normalbetrieb auftreten und deshalb schwer zu entdecken sind.

- Zugriffsentscheidungen sind auf Erlaubnis und nicht auf Ausschluss hin zu treffen: Im ersten Fall bestehen Fehler nämlich in der Erlaubnisverweigerung und können damit eher erkannt werden als im umgekehrten Fall, wo Fehler zu Eindringungsmöglichkeiten für unbefugte Benutzer führen.
- Jeder Zugriff auf jedes Datum muss auf Zulässigkeit hin untersucht werden.
- Die getroffenen Schutzmassnahmen sollen allgemein bekannt sein. Damit unterliegt ihre Überprüfung einer grossen Zahl am Schutz ihrer Daten interessierter Benutzer. Ausserdem kann sich jeder einzelne Benutzer Überblick darüber verschaffen, ob ihm die vorgesehenen Möglichkeiten ausreichende Sicherheit bieten.
- Aufteilung von Zugriffsrechten. Besonders kritische Daten werden mit zwei zusammen zu öffnenden Schlössern versehen, die dazugehörigen Schlüssel werden auf zwei Benutzer verteilt, von denen jeder den anderen Schlüssel nicht kennt. Diese Vorgehensweise ähnelt der Sicherung bei Banktresoren oder militärischen Einrichtungen.
- Es sollen immer nur die Rechte wahrgenommen werden, die gerade genügen, um die gewünschten Aktionen durchführen zu können. (Verwendung hochprivilegierter Schlüssel nur bei Bedarf.)
- Psychologische Annehmbarkeit der Benutzerschnittstelle. Die Benutzer sollen die angebotenen Schutzmechanismen automatisch und routinemässig anwenden. Ist deren Handhabung zu kompliziert, so entstehen leicht Nachlässigkeiten und damit Fehlerquellen. Passwortlisten und zeitlich beschränkt gültige Passwörter können demzufolge Probleme aufwerfen.
- Minimisierung der Gemeinsamkeiten. Je weniger Systemteile von mehreren Benutzern verwendet werden können, desto sicherer ist das Gesamtsystem vor Störungen.
- Auflistung aller versuchten und tatsächlichen Verstösse gegen den Datenschutz unmittelbar nach ihrer Entdeckung, so dass umgehend Gegenmassnahmen eingeleitet werden können ("threat monitoring").

Neben den rein programmtechnischen Schutzmassnahmen sind auch Schutzmöglichkeiten auf der gerätetechnischen Ebene erforderlich. Heute stehen jedoch lediglich in Zentraleinheiten einige, für den vorliegenden Zweck noch unzureichende Möglichkeiten zur Verfügung, wie Grenzregister, Segmentierung, Schreib/Leseschutz von Speichereinheiten, Execute-only-Speicher.

8 Datenerfassung und Dateneingabe

Rechnergestützte Informationssysteme sind offene Systeme, deren Randelemente sich gemäss Kap.3.1.1 als Informationsquellen und -senken betrachten lassen. Gegenstand des vorliegenden Kapitels sind die Informationsquellen und ihre Verwendung durch die Kommunikationspartner des Systems. Dabei wollen wir voraussetzen, dass die Kommunikation mit Personen erfolgt; auf die Kommunikation mit technischen Prozessen, wie sie etwa in der Prozessdatenverarbeitung eine Rolle spielt, werden wir somit an dieser Stelle nicht eingehen.

Grundsätzlich können in ein Exemplar eines gegebenen Typs Komponenten nur durch schrittweises Aufrufen der zugehörigen Einfügeoperatoren eingebracht werden. Der Aufbau einer Datenbasis, deren Komponenten selbst ja über mehrere Stufen wieder Komponenten besitzen können, wäre somit eine für den Benutzer äusserst zeitraubende Angelegenheit, wenn er tatsächlich alle Schritte einzeln zu veranlassen hätte. Gewöhnlich stellen deshalb die Hersteller von rechnergestützten Informationssystemen Hilfsprogramme bereit, die für eine grössere Menge von Komponenten die gewünschte Operationenfolge konstruieren. Aus Benutzersicht werden alle diese Komponenten dann in einem Schritt eingebracht. Die Bestimmung der Menge und ihre Darstellung in einer vom Rechner lesbaren Form wird als Datenerfassung, die Übergabe der Bezeichner an den Rechner als Dateneingabe bezeichnet.

Datenerfassung und -eingabe machen einen erheblichen Anteil der Betriebskosten eines rechnergestützten Informationssystems aus. So schätzt man beispielsweise für die kommerzielle Datenverarbeitung einen Kostenanteil von ca. 35-40% und einen zeitlichen Anteil von 50-65% des Gesamtaufwandes (nach Dürr). Eine Studie über die Erstellung eines juristischen Informationssystems für Gesetzestexte und Gerichtsentscheidungen (Projekt JURIS) schätzt die Personalkosten für die Datenerfassung sogar auf über 60% der gesamten laufenden Betriebskosten. Zusätzlich wird von einer sehr langen Anlaufzeit (ca. 5 Jahre) bis zum vollen Betrieb ausgegangen, die im wesentlichen auf den Zeitbedarf für die erstmalige Erstellung der Datenbasis zurückzuführen ist.

Kostengünstige Lösungen für die Datenerfassung wirken sich also besonders vorteilhaft auf das Preis/Leistungsverhalten von Informationssystemen aus. Wir betrachten deshalb die bei Datenerfassung und Dateneingabe im einzelnen anfallenden Tätigkeiten und die daran geknüpften Leistungsanforderungen etwas näher (Kap.8.1). Wie diese Tätigkeiten möglichst günstig organisiert werden, welche technischen Hilfsmittel dabei eingesetzt werden können und wie sich auftretende Fehler beseitigen lassen, wird (in dieser Reihenfolge) in den Kap.8.2 - 8.4 besprochen.

8.1 Anforderungen

8.1.1 Aufgaben

Der Vorgang der Datenerfassung lässt sich grob in drei Schritte aufteilen, die, wie wir später sehen werden, getrennt oder kombiniert ablaufen können:

- Datenerhebung: Der interessierende Umweltausschnitt wird definiert (beim erstmaligen Aufbau einer Datenbasis) und dann laufend auf Veränderungen hin beobachtet, damit die Datenbasis entsprechend angepasst werden kann. Die Feststellung von Veränderungen in der Umwelt kann z.B. durch Beobachtung oder über schriftliche oder mündliche Mitteilungen erfolgen.

- Datenaufbereitung: Die bei der Datenerhebung gewonnenen Erkenntnisse werden in Bezeichner und Anweisungen überführt, die den Gegebenheiten der verwendeten Schnittstelle entsprechen. In den meisten Fällen wird die aufbereitende Person ihre Ergebnisse durch schriftliche Aufzeichnungen (Notizen, Formulare) auf Papier darstellen.

- Datenfixierung: Viele technische Geräte sind nicht in der Lage, die für den Menschen übliche Form der Darstellung von Erkenntnissen auf Papier lesen zu können; für sie sind die

Aufbereitungsergebnisse vor der Eingabe in einer "maschinen-
lesbaren" Zwischenform auf geeigneten Darstellungsmedien zu
fixieren (Datenträger; z.B. Lochkarten, Magnetbänder etc.).

Alle Dateneingaben haben grundsätzlich über die Datenmanipulationssprache zu erfolgen. Von ihr machen deshalb auch die
Programme zur Eingabe grosser Datenmengen (Masseneingabe)
Gebrauch, wobei im allgemeinen Daten in fixierter Form
vorausgesetzt werden. Die vom Hersteller bereitgestellten
Programme zur Masseneingabe sind vielfach sehr umfangreich, da
sich die Dateneingabe über mehrere Phasen erstrecken kann, die
über Zwischendateien miteinander kommunizieren. (Auf eine
detaillierte Beschreibung solcher Programmpakete wird hier
verzichtet).

8.1.2 Leistungskriterien

Die Datenerfassung kann mit unterschiedlicher technischer
Ausstattung und nach verschiedenen organisatorischen Gesichts-
punkten durchgeführt werden. Welche Möglichkeiten im einzelnen
zu wählen sind, hängt von den jeweiligen betrieblich bedingten
Leistungsanforderungen ab. Die wichtigsten Kriterien zur
Bestimmung dieser Anforderungen sind die folgenden.

- Datenaktualität: Dieses Kriterium bezieht sich auf die
  "Schnelligkeit" der Datenerfassung, d.h. auf die Verzögerung
  vom Zeitpunkt der Erhebung von Daten bis zu ihrer Verarbeit-
  barkeit im System. Beispielsweise müssen bei einem Platzbu-
  chungssystem die Verzögerungszeiten im Sekundenbereich liegen,
  während es bei archivierenden Systemen häufig genügt, die
  Datenbasis in wöchentlichem oder monatlichem Rhythmus auf den
  neuesten Stand zu bringen.

- Zuverlässigkeit: Ihr Grad gibt an, inwieweit der Erfassungs-
  prozess fehlerfrei verläuft, d.h. inwieweit dabei den
  Beobachtungen die verlangte Bedeutung entnommen wird und diese
  während der (bei der Erfassung anfallenden) Darstellungswech-
  sel erhalten bleibt.

- Einfachheit der Erfassungsregeln: Je einfacher die Erfassungsregeln sind, desto weniger werden diejenigen Mitarbeiter,
  bei deren Tätigkeit die zu erfassenden Daten anfallen, durch

Erfassungsaufgaben belastet. Häufig strebt man aber auch für eigens zur Datenerfassung eingestellte Anlernkräfte eine möglichst leicht erlernbare und transparente Form der Erfassung an. Das Kriterium der Einfachheit bezieht sich im übrigen auch auf das Verhältnis zwischen dem Detaillierungsgrad der erfassten Daten und deren späterer Verwendung im System. Es wäre beispielsweise unsinnig, numerische Daten auf viele Stellen genau zu erfassen, wenn nur überschlägige oder statistische Auswertungen erfolgen sollen.

Einfache Regeln wirken sich naturgemäss positiv auf die Zuverlässigkeit der Erfassung aus. Allerdings hängt die Einfachheit der Regeln auch von der Komplexität des gewählten Datenmodells ab: Je höher diese ist, umso komplizierter sind die Erfassungsregeln.

8.2 Organisatorische Massnahmen

8.2.1 Konzepte für die Gesamtorganisation

Datenerfassung ist im Umfeld von Informationssystemen eine grossenteils von Menschen wahrzunehmende Tätigkeit, so dass ihre Durchführung organisatorische Probleme aufwirft. Massnahmen zur Lösung dieser Probleme betreffen vor allem die Planung und Steuerung der einzelnen Arbeitsabläufe. Sie lassen sich nach zwei Gesichtspunkten einordnen: Zum einen in Abhängigkeit vom Erfassungsort und zum anderen nach dem Ausmass, in welchem die Schritte der Datenerfassung und die Dateneingabe zusammengefasst werden können (Integrationsgrad).

Die Datenerhebung erfolgt stets dezentral bei derjenigen Instanz, die unmittelbar mit der Umwelt zu tun hat. Die übrigen Schritte lassen dezentral oder zentral abwickeln.

- Aufbereitung: Im dezentralen Fall werden die Daten von der erhebenden Instanz aufbereitet. Häufig geschieht dies zusammen mit der Erhebung, was die Schnelligkeit besonders positiv beeinflusst ohne belastungsmässig zu sehr ins Gewicht zu fallen, sofern die Erfassungsregeln hinreichend einfach sind. Auch die Zuverlässigkeit ist hoch, da an der Datenerfassung diejenigen Mitarbeiter beteiligt sind, die unmittelbar mit den Daten zu tun haben: Ihnen unterlaufen nämlich aufgrund ihrer Kenntnis der Umwelt seltener Fehler.

Bei der zentralen Aufbereitung werden hingegen die Beobachtungen von der erhebenden Instanz in nicht schnittstellengerechter Form festgehalten und dann einer zentralen Abteilung zur Aufbereitung zugeführt. Zentrale Aufbereitung ist sinnvoll, wenn die Aufbereitung Personal besonders hoher Qualifikation erfordert.

- <u>Fixierung</u>: Im dezentralen Fall werden die Daten am Ort der Erhebung fixiert. Dezentrale Fixierung ist deshalb stets mit einer dezentralen Aufbereitung verbunden. Werden dazu technische Geräte benötigt, so lohnt deren dezentrale Aufstellung natürlich nur bei guter Auslastung.

Im zentralen Fall werden die aufbereiteten Daten in unterschiedlicher Form auf materiellem Träger einer zentralen Abteilung zur Fixierung zugeführt. Unter dieser Übermittlung leidet natürlich die Aktualität, und zwar besonders dann, wenn die zentrale Stelle schubweise arbeitet, d.h. ankommende Daten vor ihrer Bearbeitung über bestimmte Zeiträume hinweg sammelt. Zentrale Fixierung bietet den Vorteil der meist besseren Auslastung der technischen Geräte sowie der Möglichkeit, Spezialkräfte und Spezialgeräte für komplizierte Erfassungen bereitzuhalten. Andererseits wird hier wegen der Trennung von der Aufbereitung die Zuverlässigkeit beeinträchtigt, was durch entsprechende Prüfverfahren auszugleichen ist (vgl. 8.4).

- <u>Eingabe</u>: Bei der dezentralen Eingabe werden die Daten am Ort ihrer Aufbereitung oder Fixierung einem Lesegerät eingegeben und über entsprechende Einrichtungen unmittelbar zum Rechner übertragen. Dezentrale Eingabe ist nur im Zusammenhang mit der dezentralen Aufbereitung oder Fixierung sinnvoll. Allerdings müssen hierzu technische Geräte (z.B. Kartenleser, Sichtgeräte) und Leitungswege installiert werden, die sich dann aber auch für den sonstigen Umgang mit dem Informationssystem einsetzen lassen.

Bei der zentralen Eingabe werden die Daten in maschinenlesbarer Form dem Rechenzentrum (oder einer anderen zentralen Abteilung) übergeben, das über die notwendigen Eingabegeräte verfügt. Diese Form der Eingabe ist sowohl bei dezentraler als bei zentraler Fixierung anzutreffen.

In den Fällen, in denen jeder einzelne Erfassungsschritt hohe Ansprüche an die Qualifikation des Personals stellt, wird man diese Schritte völlig getrennt ablaufen lassen. Ebenso wird man die Eingabe von der Erfassung trennen, wenn das anfallende Datenvolumen hoch ist oder Spezialgeräte erforderlich sind. Im übrigen wird man jedoch einen möglichst hohen Integrationsgrad anstreben, um den Personalbedarf zu senken und die Aktualität der Daten zu erhöhen. Drei Integrationsformen spielen hier eine Rolle.

- Direkte Eingabe: Aufbereitung und Eingabe erfolgen in einem Schritt; die Eingabe geht also unmittelbar vom aufbereiteten Material aus, so dass die Fixierung entfällt. Diese Organisationsform wird u.a. durch Verwendung von Datensichtgeräten unterstützt.

- Direkte Erfassung: Aufbereitung und Fixierung erfolgen in einem Schritt, d.h. die Daten werden während der Aufbereitung unmittelbar in eine maschinenlesbare Darstellung überführt. Ein Beispiel ist die Erfassung mittels maschinell lesbarer Formulare (z.B. Markierungsbelege, vgl. 8.3.2). Diese Form der Erfassung ist besonders vorteilhaft, wenn sie die Datenerhebung begleitet, also dezentral abläuft (dezentrale Erfassung).

- Indirekte Fixierung: Fixierung und Eingabe sind kombiniert. Es handelt sich also im Grunde genommen um eine Eingabe, bei der zu Prüf- und Sicherungszwecken noch eine maschinenlesbare Kopie auf einem materiellen Träger ("hard copy") erstellt wird.

8.2.2 Organisation der Datenaufbereitung

Neben der Datenerhebung erfordert die Datenaufbereitung die meisten Sachkenntnisse. Deshalb wollen wir noch etwas näher auf ihre Organisation eingehen.

Eine besonders zuverlässige und kostengünstige Form der Datenaufbereitung besteht im Ausfüllen vorgedruckter Formulare. Solche Vordrucke sind z.B. für Verbunde sehr einfach zu entwerfen, da man lediglich eine geeignete Aufteilung der Formulare in Felder vorzusehen und diese mit den betreffenden Indizes zu beschriften hat. Bei der Datenaufbereitung sind dann nur noch die jeweiligen Komponenten in die entsprechenden Felder einzutragen. Da das Verbundkonzept, wie wir in Kap.2 festgestellt haben, Hauptbestandteil aller gängigen Datenmodelle ist, trifft man diese Form der Datenaufbereitung in der Praxis am häufigsten an.

Für kompliziertere Strukturen wie z.B. Hierarchien und Netze sind Formulare dagegen weniger geeignet. Hier sind umständlichere Regeln und grössere Sachkenntnisse erforderlich, so dass es zur Aufbereitung meist besonders geschulter Fachkräfte bedarf. Dies lässt sich auch an der Aufbereitung sachbezogener Texte im Projekt JURIS illustrieren. Die als fortlaufende Texte anfallenden juristischen Informationen, erweitert durch Schlag- und Stichwörter, sollten einer gewissen Formatierung unterworfen werden: Textabschnitte, Seiteneinteilung, inhaltliche Unterscheidung in Rubriken und Paragraphen, Überschriften, Fussnoten, Querverweise und Zitierungen (Details siehe Abb. 8.1). Zu diesem Zweck wurden zunächst von Fachkräften an den entsprechenden Textstellen Zusatzangaben (in der Regel Zeichen mit festgelegter Bedeutung, "Codes") vermerkt. Die dieserart manuell ergänzten Texte wurden dann von Schreibkräften neu geschrieben und schliesslich auf Magnetband umgesetzt. Der Inhalt der Magnetbänder wurde stets noch für Zwecke der manuellen Überprüfung und Korrektur über Drucker aufgelistet.

Im einzelnen waren Codierungen erforderlich, um

- bestimmte Teile eines Dokuments zu identifizieren (z.B. Titel, Autor, Dokumentart, Text, Rubriken, Fussnoten),
- nicht direkt darstellbare Einzelheiten wiederzugeben (z.B. Tabellen, Umlaute, scharfes s),
- Mehrdeutigkeiten des Textes auszuschliessen (z.B. Unterscheidung des Satzendepunktes von anderen Punkten),
- bestimmte Textelemente zu kennzeichnen (z.B. Zitierungen)

und anderes mehr. Die Codes wurden aus dem normalen Zeichenvorrat gewählt, wobei sich die folgende Vorgehensweise bewährte:

Alle Codezeichen sind zwei- oder mehrstellig. Ein oder mehrere Sonderzeichen sind dafür reserviert, den Anfang eines Codezeichens anzugeben ("Fluchtsymbole"). Verwendet man hierfür beispielsweise den Stern "*" und beschränkt sich auf zweistellige Codes, so hat man je nach Anzahl der Sonderzeichen bereits ca. 45 verschiedene Codezeichen zur Verfügung, nämlich "*" gefolgt von einem Buchstaben, einer Ziffer oder einem Sonder-

Codes für die Aufbereitung juristischer Texte (nach Gebhardt)

Für n, m, nn und rrrr ist jeweils eine natürliche Zahl gleicher Stellenlänge einzusetzen.
Die Codes der Spalte SM beziehen sich auf Schreibmaschineneingabe (Klarschriftleser), diejenigen
der Spalte SD auf die Ausgabe über Schnelldrucker mit Spezialkette (z.B. zu Prüfzwecken).

Nr.	Bedeutung	SM	SD	Erläuterungen
	Zeichensatz			
1.1	Großbuchstaben ohne Umlaute	A, B, C	A, B, C	
1.2	Kleinbuchstaben ohne Umlaute	a, b, c	a, b, c	
1.3	Umlaute (groß)	Ä, Ö, Ü	*A, *O, *U	
1.4	Umlaute (klein)	ä, ö, ü	*a, *o, *u	
1.5	ß	ß	*s	
1.6	Sonderzeichen:			
	!	!	¡	
	[ ]	[ ]	[ ]	
	§""	*(*)	#"	
		§*		
1.7	. , ; : ? – + ( ) / = % '	$$*&& vorhanden, also keine bes. Codierung		
	arabische Ziffern	0, 1, 2, 3, . . . , 9		
1.8	römische Ziffern	* vor dem 1. Buchst. (z.B.: *IV)		
	Rubriken			Dokumente werden in JURIS nach formalen Gesichtspunkten in numerierte Rubriken untergliedert. Die Numerierung basiert dabei auf einem Datenerhebungskatalog. Mit den Codes für nachträgliche Änderungen werden Korrekturen erleichtert, da sie im fortlaufenden Text untergebracht werden können.
2.1	Rubrikencode	&rrrr		
2.2	Löschung einer Rubrik	&–rrrr		
	nachträgliche Ergänzung eines Eintrags am Ende einer bereits vorhandenen Rubrik	&+rrrr		
	Suche einer Rubrik und eines Eintrags	&?rrrr		
	Ergänzung eines Eintrags	&!		
	Schleifen			Dient dazu, innerhalb einer Rubrik eines Dokuments D1 bibliographische Angaben eines weiteren Dokuments D2 aufzunehmen.
3.1	Beginn einer Schleife	&(		
3.2	Ende einer Schleife	&)		

Abb. 8.1

Nr.	Bedeutung	SM	SD	Erläuterungen
4.	**Allgemeine Angaben innerhalb formaler Rubriken**			Während im freien Text alle Zeichenfolgen vorkommen können, ist i.a. die Menge der vorkommenden Zeichen in formalen Rubriken begrenzt (z.B. numerische Dokumentnummern, keine Bindestrich/Komma–Folge bei Autorennamen). Hieraus ergibt sich die Möglichkeit von Codierungsvereinfachungen, insbesondere können die wichtigsten Codes einstellig werden (im Kontext einer Rubrik). Im vorliegenden Fall ist dies allerdings nicht geschehen.
4.1	Trennung zwischen Einträgen	&;		
4.2	Trennung zwischen Teilen eines Eintrags	&,		
4.3	Abtrennung zwischen mehreren Formen eines inhaltlich gleichen Eintrags	&=		
4.4	Ergänzungen (Zusätze) zu einem Eintrag	&E Ergänzung &/ &%nn		
4.5	Verknüpfung von Einträgen			
5.	**Spezielle Angaben innerhalb formaler Rubriken**			
5.1	von, bis (bei Seiten- und teilweise bei Zeitangaben)	&V &B		
5.2	Zahl der Seiten; Seite Nr.	&Z &S		
6.	**Strukturierung des Textes**			Soweit der Text selbst zur Dokumentauswahl herangezogen wird, basiert die Auswahl auf der Textstruktur. Diese und verschiedene Besonderheiten müssen dann durch Codes markiert werden. Das Ende von Überschriften, Texten, Abschnitten etc. geht dabei aus den Codes für den Beginn der jeweils nachfolgenden Komponenten hervor. Satzendezeichen werden nur codiert, wenn ihr Auftreten kein Satzende bedeutet.
6.1	Überschrift; die Zahl gibt die Ebene an	$1 $2 ... $9		
6.2	Text	$T		
	Tabelle	$L		
	Fußnote	$F		
	Bildunterschrift	$J		
	eingefügter Text	$E		
	eingefügte Standardüberschriften	$G		
6.3	Absatz; neue Zeile	*& *%		
6.4	Punkt, Ausrufezeichen, Fragezeichen und Doppelpunkt ohne Satzende	*. *! *? *:		
6.5	Einrückung mit Angabe der Zeichen	*1 *2 ... *9		
6.6	keine Einrückung	*0		
6.7	Dokument- und Seitennummer	$B		

Abb. 8.1

Nr.	Bedeutung	SM	SD	Erläuterungen
7.	**Drucktypen**			
7.1	Fettdruck	$D		
7.2	kursiver Druck	$S		
7.3	kleiner Druck	$K		
7.4	Hochstellung	$H		
7.5	Tiefstellung	$I		
7.6	normale Schrift	$N		
8.	**Besonderheiten im Text**			
8.1	Fußnotenhinweis	*F Fußnotenhinweis */		Der Fußnotenhinweis dient zur richtigen Verbindung von Fußnote und Bezugselement im Text, die Seiten—Nr. (Originaldokument) hilft beim Auffinden der richtigen Seite bei Querverweisen.
8.2	Seitennummer des Originaldokuments	*P Seitennummer */		
8.3	Zitierung	*Z Zitierung */		
8.4	Kürzung des Textes	*K ggf. Erklärung */		
8.5	Trennstelle bei Wortteil—Wiederholung	*_		

Abb. 8.1

zeichen. Kommt ein Code-Anfangszeichen im aufzunehmenden Text
vor, so muss es seinerseits durch einen Code ersetzt werden.
Welchen Umfang eine derartige Codierung annehmen kann,
illustriert Abb. 8.1.

Dieses Projekt liefert im übrigen ein gutes Beispiel für die
vollständige Trennung der Datenerfassungsschritte: Die Texte
fielen beim Gesetzgeber, bei Behörden und Gerichten an und
wurden dort ausgewählt; die Aufbereitung fand zentral in Form
der Zusatzcodierung durch Fachkräfte statt, die Fixierung
erfolgte zentral in zwei Phasen, nämlich der Erstellung von
Klarschriftbelegen (vgl. Abschnitt 8.3.2.) durch Schreibkräfte
und der Erstellung eines Magnetbandes über Belegleser, das nach
einer Überprüfung für die Eingabe verwendet wurde.

8.3 Technische Einrichtungen

Verschiedene Integrationsformen von Datenerfassung bzw.
Dateneingabe erfordern unterschiedliche technische Geräte und
Datenträger für Fixierung und Eingabe. Wir besprechen daher die
heute hauptsächlich verwendeten Geräte nachfolgend unter dem
Gesichtspunkt der jeweils von ihnen unterstützten Integrations-
form.

8.3.1 Direkte Eingabe

Typische Geräte für die direkte Eingabe sind Fernschreiber,
Datensichtgeräte, programmierte Tastaturen ("function key-
board"), Registrierkassen (evtl. mit Leseeinrichtungen für
Warenetiketten), spezielle Buchungsplätze. Diese Geräte sehen
Einrichtungen zur Korrektur bereits eingegebener Daten vor, z.B.
durch Überschreiben des Bildwiederholungsspeichers bei
Datensichtgeräten oder durch eine Korrekturtaste bei Regi-
strierkassen. Insbesondere lässt sich die Datenaufbereitung bei
der Verwendung von Datensichtgeräten durch die Ausgabe von
Formularen auf dem Bildschirm unterstützen. Das manuelle
Eintasten von Bezeichnern verläuft vergleichsweise langsam und

stockend, die direkte Eingabe ist mit einer schlechten Ausnutzung der Einrichtungen für die Datenübertragung verbunden. Zur Senkung der Übertragungskosten sind deshalb besondere organisatorische und technische Massnahmen (z.B. mehrfach benutzte Leitungen) zu ergreifen.

Bei der direkten Eingabe fallen nur dann Datenträger an, wenn zusätzlich eine indirekte Fixierung vorgenommen wird.

8.3.2 Direkte Erfassung

Bei der direkten Erfassung werden die aufbereiteten Daten stets fixiert. Erfolgt sie dezentral, so finden zumeist spezielle, von Hand auszufüllende Darstellungsmedien Verwendung. Die bekanntesten unter ihnen sind die Markierungsbelege, das sind Papierblätter mit aufgedrucktem festem Format, das (durch Markierungen kombinierbar) alle erfassbaren Werte bereits vorgibt. Im einzelnen besteht ein derartiges Formular aus einer Menge von Bereichen, in die jeweils ein Wert einzutragen ist. Jeder Bereich enthält eine oder mehrere Folgen von Alternativen (jeweils dargestellt durch eine entsprechende Anzahl von Feldern, "Markierungsgitter"), aus denen der gewünschte Wert durch Kennzeichnung der betreffenden Felder auf eindeutige Weise auszuwählen ist. (Beispiele: Monat mit 12 Feldern, eine vierstellige Zahl mit 4 Spalten aus jeweils 10 Feldern). Der Inhalt des Markierungsbelegs wird anschliessend in speziellen Geräten (Markierungsbelegleser) über einen Lichtstrahl abgetastet und unmittelbar in den Rechner übertragen, zu Prüfzwecken auch auf Magnetband zwischengespeichert.

Markierungsbelege sind verhältnismässig unübersichtlich und daher wenig beliebt; ihr Ausfüllen erfordert vergleichsweise viel Zeit. Ein Teil der Formularfläche geht für Erläuterungen verloren. An die Qualität der Strichmarkierung werden gewisse Ansprüche gestellt, wenn sich die Fehlerrate in vertretbaren Grenzen halten soll. Andererseits ist diese Art der Datenerfassung ausserordentlich preisgünstig.

Ähnlich wie Markierungsbelege lassen sich auch Lochkarten (vgl. Kap.8.3.3) mit einem geeigneten Markierungsgitter bedrucken. Markierungen werden bei der direkten Erfassung mit Graphitstift in die Felder eingetragen und später von einem speziellen Gerät magnetisch gelesen und in eine entsprechende Lochung übertragen (Zeichenlochkarte).

Werden Daten überwiegend für andere Zwecke als für die Eingabe fixiert, so erfolgt dies zumeist in Form schriftlicher Belege (z.B. Akten). Sollen diese nun ohne weitere Aufbereitung und Fixierung auch zur Eingabe verwendet werden, so sind Geräte zur automatischen Zeichenerkennung erforderlich. Allerdings erkennen diese Geräte meist nur einen sehr geringen Zeichenvorrat und sind zudem sehr kostspielig. Aus diesem Grunde haben sie bisher nur beschränkte Verbreitung gefunden. Die bekanntesten Datenträger für solche Geräte sind Klarschriftbelege und Magnetschriftbelege.

Klarschriftbelege sind mit Schreibmaschine, also in Klarschrift bedruckte Papierblätter. Sie werden vom Eingabegerät durch einen gebündelten Lichtstrahl abgetastet. Eine eindeutige Unterscheidung der einzelnen Zeichen ist dabei jedoch nur dann möglich, wenn spezielle, eigens für die maschinelle Erkennung entworfene Schriften verwendet werden. Immerhin können diese Schriften mit Schreibmaschinendruckwerken normaler Schrittweite geschrieben werden. Die Fähigkeiten von Klarschrift-Lesern vertretbaren Preises beschränken sich aber auf die Ziffern und einige wenige Sonderzeichen und Buchstaben; sie werden zumeist für Formularbelege eingesetzt (Belegleser). Spezielle Klarschriftleser können auch maschinengeschriebene Seiten zeilenweise lesen (Seitenleser). Sie sind jedoch so teuer, dass bisher nur einige wenige in der Bundesrepublik installiert sind und im Auftragsdienst arbeiten. Der Zeichenvorrat dieser Leser sieht folgendermassen aus:

```
0123456789            ABCDEFGH abcdefgh
♪⅄⊣|                  IJKLMNOP ijklmnop
ABCDEFGHIJKLM         QRSTUVWX qrstuvwx
NOPQRSTUVWXYZ         YZ*+,-./ yz m ßøæ
•˥=+-/*               01234567 £$:;<%>?
                      89       [@!#&,]
ÄÄÆÑØÖÜ                        (=)
:˦?"'{}%&≠¥           ÄÖßÑÜÆØ  ↑≤≥×÷ºⁿ
```

An Papierqualität und Verschmutzungsfreiheit werden hohe Ansprüche gestellt. Trotzdem liegt die Fehlerrate selbst bei grosser Sorgfalt noch im Promillebereich.

Magnetschriftbelege sind ebenfalls bedruckte Papierblätter. Anders als bei den Klarschriftbelegen wird zu ihrer Beschriftung jedoch ein mit Eisenteilchen vermengter Farbstoff verwendet, der zum Lesen magnetisiert wird. Dadurch ergibt sich bei entsprechender Gestaltung der einzelnen Schriftzeichen jeweils ein bestimmtes und unverwechselbares magnetisches Feld, das im Lesegerät abgetastet wird. Magnetschriftbelege haben weite Verbreitung im Bankwesen gefunden, sind aber im Zusammenhang mit der Datenerfassung bei Informationssystemen recht ungebräuchlich. Dies liegt u.a. am geringen Zeichenvorrat, an der zu grossen Druckschrittweite und an der unbefriedigenden Lesesicherheit. Als Vorteil wird oft die Umempfindlichkeit der Belege gegen Verschmutzung und starke mechanische Beanspruchung angeführt. Andererseits können aber kleinste, auf dem Papier verstreute Eisenteilchen zu Fehlern führen.

8.3.3 Getrennte Fixierung

Trennt man die Fixierung von den übrigen Datenerfassungsschritten, so lassen sich dafür Spezialgeräte einsetzen, die Randbedingungen wie hohe Durchsatzquote, geringere Qualifikationsansprüche an das Bedienungspersonal oder hohe Auslastung erfüllen können. Typische Geräte für die getrennte Fixierung sind Schreibmaschinen (für Klarschriftbelege), Buchungsmaschinen, Lochkartenstanzer, Fernschreiber mit Lochstreifenstanzer (auch für die direkte Eingabe verwendbar), Bildschirmgeräte mit angeschlossenem Magnetbandkassettengerät oder mit Anschluss an Kleinrechnersysteme, die über Magnetplatten oder Standard-Magnetbänder verfügen (auch verwendbar für die direkte Erfassung). Alle diese Geräte unterscheiden sich hinsichtlich

- ihrer technischen Fähigkeiten (z.B. Schreib/Lesegeschwindigkeit, Bedienungskomfort, Fehlerhäufigkeit, Zeichendichte, Zeichenvorrat)
- der Unterstützung, die sie während der Fixierung gewähren (z.B. Protokollierung, Tastaturausbildung, Zusatzfunktionen wie automatische Trägerzufuhr etc., leichte Lesbarkeit erfasster Informationen, wenige zusätzliche Handgriffe bei der integrierten Verwendung mit Büromaschinen)

und damit natürlich auch hinsichtlich ihres Preises. Eine gute Übersicht findet sich bei [Heinrich 1975]. Wie schon aus den Beispielen ersichtlich wird, bearbeiten diese Geräte sehr unterschiedliche Datenträger. Die gebräuchlichsten unter ihnen sollen im folgenden kurz vorgestellt werden.

Lochstreifen:

Die Maximalzahl von informationstragenden Lochpositionen pro Schritt (üblicherweise zwischen 5 und 8) wird als "Kanalzahl" bezeichnet. In der Datenverarbeitung spielen 7- und 8-Kanal-lochstreifen heute die grösste Rolle.

Zu den Vorteilen des Lochstreifens zählen eine grosse Kapazität bei niedrigen Kosten, kontinuierliche Trägerzufuhr bei der Fixierung, niedriges Gewicht und geringer Platzbedarf, geringe Anforderungen an Materialqualität und klimatische Bedingungen für die Lagerung, sowie die Unmöglichkeit des Verlusts von Einzeldaten. Nachteilig macht sich bemerkbar, dass Lochstreifen nicht zu beschriften und nur unter Schwierigkeiten zu korrigieren sind.

Lochkarten:

In der Praxis sind zwei Formen gebräuchlich. Die 80-stellige Lochkarte enthält 80 nebeneinanderliegende Lochspalten; es können bis zu 64 verschiedene Zeichen pro Spalte dargestellt werden. Die 96-stellige Lochkarte ist im Format wesentlich kleiner und enthält praktisch drei übereinanderliegende Lochreihen eines 6-Kanal-Lochstreifens mit je 32 Zeichenpositionen. Jede Position erlaubt 64 verschiedene Zeichen.

Lochkarten eignen sich wenig für grosse Datenmengen, da sie geringe Zeichenkapazität besitzen und hohe Anforderungen an Umfang und Klimatisierung der Lagerräume stellen. Sie bieten jedoch Vorteile durch ihre Lesbarkeit (gleichzeitiges Drucken des gelochten Zeichens). Darüberhinaus lassen sich Lochkarten mit Formularen versehen, die zunächst bei einer dezentralen Aufbereitung ausgefüllt und dann in einer zentralen Abteilung gelocht werden.

Magnetbänder und Magnetplatten

Seit einigen Jahren werden Geräte angeboten, die die Fixierung von Daten auf Magnetbändern auch ohne Zwischenschalten einer Rechenanlage ermöglichen. Das Angebot solcher Magnetband-Beschriftungsgeräte und -systeme erreicht heute eine schwer zu übersehende Vielfalt. Zum Teil werden hierbei rechnerkompatible 7- und 9-Spur-Magnetbänder für unmittelbares Einlesen in den Rechner erzeugt, zum Teil werden aber auch spezielle Bandkassetten verwendet, die nochmals umzusetzen sind.

Die Erzeugung rechnerkompatibler Magnetbänder erfolgt heute meist über Datensammelsysteme, das sind Systeme, in denen mehrere Datenerfassungsplätze gemeinsam die zentralen Funktionseinrichtungen (z.B. Kleinrechner, Bandsteuerung) benutzen. Vorteile dieser Systeme sind ihre Vielseitigkeit (Eingabe, Prüfen und Suchen von Daten in variierbarer Blocklänge), eine hohe Arbeitsgeschwindigkeit (elektronische Tastaturen, automatischer Zeilenvorschub, rasches Duplizieren, automatisches Null-Auffüllen, unmittelbare Fehlerkorrektur) sowie seit neuestem die Kombination mit Wechselplatten für den Änderungsdienst. Datensammelsysteme haben in der zentralen Fixierung ihren Platz.

Bei Bandkassetten bieten leichte Korrigierbarkeit (mit Einschränkungen), hohe Zeichendichte (Kompaktheit) und hohe Lesegeschwindigkeit (für die Dateneingabe) Vorteile. Bandkassetten werden vor allem bei dezentraler Fixierung verwendet. An die Stelle von Magnetbandkassetten können auch flexible Magnetplatten (Disketten) treten, die zusätzlich den direkten Zugriff auf bereits fixierte Daten erlauben. Dies ist vor allem für Prüfungen und Korrekturen von Bedeutung.

Magnetbänder und -platten lassen sich nach erfolgter Eingabe wiederverwenden.

8.4 Fehlerkontrolle

8.4.1 Fehlerquellen

Von einer Datenbasis wird verlangt, dass sie ein Modell der Umwelt getreu darstellt. In allen vier Schritten der Datenerfassung und -eingabe können sich jedoch Fehler einschleichen, die dann schliesslich zu einer inkonsistenten Datenbasis führen. Fehlermöglichkeiten sind beispielsweise

- bei der Datenerhebung Beobachtungsfehler, Fehlinterpretationen;
- bei der Datenaufbereitung Eintragungen an falscher Stelle in Formularen, Verwendung falscher Codes;
- bei der Datenfixierung Weglassen, Hinzufügen, Vertauschen von Zeichen;
- bei der Dateneingabe technische Mängel wie verschmutzte, beschädigte, schlecht beschriftete Datenträger oder Fehlfunktion der Eingabegeräte, Fehler in den Programmen zur Dateneingabe.

Der Fehlerhäufigkeit lässt sich in vielen Fällen nur durch organisatorische Massnahmen begegnen. So wirft die Erkennung und Beseitigung von Erhebungsfehlern gerade bei zentraler Fixierung ernsthafte Probleme auf und kann häufig nur durch zusätzliche manuelle Prüfungen bewältigt werden: Vom Rechner werden Protokolle der erfassten Daten erstellt, die dann von Sachbearbeitern in der Zentrale oder in der jeweiligen Fachabteilung auf Richtigkeit zu prüfen sind. Hierdurch wird die ohnehin schon aufwendige Datenerfassung weiter verteuert, was die zentrale Fixierung generell in Frage stellen kann.

Automatische Fehlerkontrollen (Prüfverfahren) sind nur dort möglich, wo die Bezeichner keiner Interpretation bedürfen. Sie fallen in zwei Kategorien. Bei den Syntaxverfahren werden die Bezeichner gemäss den Regeln über den Bezeichneraufbau geprüft, bei den Konsistenzverfahren gemäss Regeln, wie man sie in einem Datenbasisschema oder als Konsistenzbedingungen formulieren würde. Diese Prüfungen werden weitgehend in den Eingabeprogrammen durchgeführt, sie liessen sich aber heute auch teilweise in die Erfassungsgeräte ("intelligente Erfassungsgeräte") verlegen.

8.4.2 Syntaxverfahren

Syntaxverfahren bestehen darin, zu einem Bezeichner nach gewissen Vorschriften Prüfzeichen zu errechnen und diese dem Bezeichner beizufügen. Dieselbe Rechnung wird bei der Auswertung des Bezeichners wiederholt und die Prüfzeichen werden verglichen. Syntaxverfahren sind überwiegend im Zusammenhang mit numerischen Bezeichnern gebräuchlich, da diese oft weiterzuverarbeiten sind und auch bei ihrer Ausgabe - im Gegensatz zu alphabetischen Bezeichnern - Fehler im allgemeinen nicht erkannt werden. Man spricht dann auch von Prüfziffernverfahren. Dabei wird einer erfassten Zahl ("Grundzahl") eine Prüfziffer vorangestellt oder angehängt, die nach verschiedenen Vorschriften errechnet werden kann. Beispiele hierfür sind:

- Einfache Quersummenprüfung: Als Prüfziffer wird der Einerstellenwert der Grundzahlquersumme verwendet, für 6397 also beispielsweise die Ziffer 5. Die Fehlererkennungsrate liegt bei ca. 75%. Vor allem werden Stellenvertauschungen nicht erkannt.

- Division-Rest-Methode: Prüfziffer ist der bei Division der Grundzahl durch eine Primzahl entstehende Rest. Auch hier bleibt eine Reihe von Fehlern unerkannt.

- Modulus-Verfahren: Die Ziffern der Grundzahl werden, beginnend bei der Einerstelle, mit den Faktoren 2,3,...,9 multipliziert und die Multiplikationsergebnisse addiert. Prüfziffer ist der bei Division der Summe durch eine vorgegebene Zahl m entstehende Rest. Ist m Primzahl, so werden sämtliche Arten der Stellenvertauschung zuverlässig entdeckt, sonstige Fehler wie Auslassungen, Einfügungen, allgemeine Permutationsfehler mit grosser Wahrscheinlichkeit. Die Sicherheit steigt mit wachsendem m.

Als für die Praxis bedeutsamstes Beispiel sei hier das Modulus-11 Verfahren (m=11) erwähnt. Die Prüfziffer p ergibt sich dabei zu (S sei die Summe)

$$
p = \begin{cases} 11\text{-Rest}(S/11), \text{ falls Rest } (S/11) \geq 2 \\ 0, \text{ falls Rest } (S/11) = 0. \end{cases}
$$

Da die (zweistellige) Prüfziffer 10 nicht einstellig dargestellt werden kann, müssen Grundzahlen mit Rest $(S/11)=1$ ausgeschlossen werden.

Die Prüfziffer kann manuell oder auch, sofern Zusatzeinrichtungen vorhanden sind, automatisch durch die Erfassungsgeräte hinzugefügt werden. Allerdings ist der zusätzliche Aufwand und die Fehlermöglichkeit bei der manuellen Aufbereitung zu

216

berücksichtigen. Prüfziffern werden daher im allgemeinen nur bei besonders kritischen Zahlen eingesetzt, beispielsweise bei numerischen Schlüsseln (Teilenummern, Fahrzeugnummern usw.). In solchen Fällen hat man hinsichtlich der verwendeten Zahlen Spielraum, so dass etwa der Ausschluss gewisser Werte beim Modulus 11-Test nicht schwerwiegend ist.

8.4.3 Konsistenzverfahren

Konsistenzverfahren setzen voraus, dass Regeln über die Zulässigkeit eines Bezeichners als Parameter von Ereignissen aufgestellt werden können. Solche Regeln wurden in Kap.7.2 eingehend behandelt; sie werden im Idealfall mittels eines Datenbasisschemas und als Konsistenzbedingungen formuliert. Die heute kommerziell vertriebenen Informationssysteme bieten hierfür allerdings nur begrenzte Möglichkeiten an. Die bisher geübte Praxis besteht deshalb darin, gewisse Konsistenzbedingungen über die (nicht unmittelbar zum Informationssystem gehörigen) Programme zur Dateneingabe abzuwickeln. Überprüfungen, die sich auf einzelne oder gemäss 7.2.2 zusammengehörige Ereignisse beziehen, werden als Gültigkeitsprüfungen oder Plausibilitätskontrollen bezeichnet. Im wesentlichen werden die folgenden Verfahren angewendet:

- Grenzwertkontrolle: Prüfung, ob sich ein Wert innerhalb eines Toleranzbereiches befindet. Die Schwierigkeiten liegen (wie beim Schema auch) bei der Festlegung von Ober- und Untergrenze, da diese nur in manchen Fällen definiert sind (z.B. bei einer Gehaltsgruppe).

- Dezimalstellenkontrolle: Bei einem Wert werden Zahl und Masseinheit auf Kompatibilität geprüft, und zwar anhand der Stellenzahl nach dem Komma. Beispiele: Stück:0, DM:2, kg:3. Es werden nur Fehler erkannt, denen eine Stellenverschiebung zugrundeliegt.

- Paarigkeitskontrollen: Prüfung auf gleichzeitige Erfüllung verschiedener Kriterien, z.B. Index/Wertpaare (Aufeinanderfolge von alphabetischer und numerischer Zeichenkette), gegenseitige Abhängigkeiten (z.B. Steuerklasse und Familienstand).

Eine gegenüber den Bedingungen aus 7.2.2 schwächere Form der Datenkonsistenz besteht darin, lediglich eine Gesamtheit an sich

unabhängiger Operationen gewissen Bedingungen zu unterwerfen.
Zur Einhaltung solcher Bedingungen dienen beispielsweise die
sog. Querprüfungen. Zwei Möglichkeiten seien kurz genannt.

- Reihenfolgeprüfung: Prüfung auf Richtigkeit der Eingabereihenfolge; sie erfordert meist eine Vorsortierung. Liegen die
  Schlüssel dicht, so kann zugleich auf Vollständigkeit geprüft
  werden.

- Kontrollsummenverfahren: Addition sämtlicher Werte und
  Abstimmung der so errechneten Kontrollsumme mit einem vorher
  festgelegten Wert. Bei der Bearbeitung grosser Datenmengen
  empfiehlt sich eine "Fehlerfeldteilung" (Aufteilung in
  Abschnitte und Bildung von Zwischensummen für diese Abschnitte). Das Kontrollsummenverfahren gestattet in erster Linie die
  Kontrolle auf Vollständigkeit.

Querpüfungen lassen sich auch einsetzen, wenn Prüfziffernverfahren zu aufwendig erscheinen.

Über die genannten Verfahren hinaus sind natürlich weitere
Konsistenzprüfungen möglich, wenn sie durch Eigenprogrammierung
dem Eingabeprogramm hinzugefügt werden.

III SYSTEME

In Teil I und II wurden die grundlegenden Konzepte für die Schnittstellen und für den Aufbau rechnergestützter Informationssysteme diskutiert und die Techniken zu ihrer Realisierung vorgestellt. Dieser letzte Teil soll an ausgewählten Beispielen von lauffähigen Systemen demonstrieren, wie diese Konzepte und Techniken in die Praxis eingehen können. Dabei dürfen wir natürlich nicht erwarten, dass die beim Entwurf dieser Systeme getroffenen Entscheidungen voll dem heutigen Kenntnisstand entsprechen, da sie ja häufig schon längere Zeit zurückliegen. Auch kann es nur ein Gesichtspunkt unter mehreren zur Auswahl von Beispielen sein, die jüngsten Entwicklungen vorzustellen. Gibt es für ein bestimmtes Datenmodell nur ein einziges System, so muss es unabhängig von anderen Gesichtspunkten als Beispiel gewählt werden. Manche Systeme verfolgen zudem spezielle Zielsetzungen, für die es noch keine systematischen, sondern eben nur exemplarische Lösungen gibt; ihre Wahl dient dann vor allem der Einführung in Spezialprobleme.

Eine gewisse Systematik lässt sich auch bei einer an Beispielen orientierten Vorgehensweise erreichen, wenn man die betrachteten Systeme nach den zugrundeliegenden Schnittstellenkonzepten klassifiziert. Das geschieht in Kap. 9. Zu den so gefundenen Klassen werden dann in den darauffolgenden Kapiteln jeweils ein oder mehrere kurzgefasste Beispiele kommerziell oder experimentell eingesetzter Systeme gegeben.

9 Klassifizierung rechnergestützter Informationssysteme

Rechnergestützte Informationssysteme können sicherlich nach verschiedenen Kriterien klassifiziert werden. Beispielsweise trifft man in der Literatur häufig Kriterien wie Einsatzbereich oder Benutzerkreis an. Bei einer wie im vorliegenden Fall überwiegend analytischen Betrachtung liegt dagegen eine Klassifizierung bezüglich der Schnittstelleneigenschaften nahe, da diese sich, wie früher gezeigt, unmittelbar auf die Systemarchitektur auswirken. Eine erste grobe Einteilung kann bereits dadurch erfolgen, dass wir zwischen Systemen mit operationalen und solchen mit deskriptiven Schnittstellen unterscheiden. Bei den ersteren kann man weiterhin nach den formalen Eigenschaften der operationalen Konzepte differenzieren, also ob im wesentlichen nur Typkonzepte angeboten oder auch Datenmanipulationen auf der Basis von Artkonzepten zugelassen werden. Bei den letzteren liefern die deskriptiven Modelle selbst das Unterscheidungskriterium. Wir werden uns hier auf den Fall des Dokumenten-Nachweises beschränken.

Insgesamt führen diese Überlegungen auf eine Einteilung der betrachteten rechnergestützten Informationssysteme in vier Klassen.

Datenbanksysteme (auch Fakten-Nachweissysteme genannt)

Dies sind Systeme mit operationalen Schnittstellen, deren Datenmodelle ausschliesslich Typkonzepte umfassen. Es ist also nur möglich, Daten zu grösseren Einheiten zusammenzufassen, diese Einheiten wieder zu zerlegen oder auf ihre Zusammensetzung hin zu untersuchen. Sollen die Daten Verknüpfungen unterworfen, also als Exemplare von Arten aufgefasst werden, so kann dies ausschliesslich in einer Wirtssprache erfolgen, in die Datendefinitions- und Datenmanipulationssprache eingebettet sind.

Beispiele für Datenmodelle derartiger Schnittstellen sind das hierarchische und das Netzwerkmodell. Datenbanksysteme werden in Kap.1Ø besprochen.

Synthese-Systeme

Die Schnittstellen von Synthese-Systemen sind ebenfalls operational. Ihre Datenmodelle weisen sowohl Typ- als auch Artkonzepte auf, jedoch mit der Einschränkung, dass der Wertevorrat jeder Art sich ausschliesslich aus Exemplaren definierbarer Typen zusammensetzt. Somit kann man auch in Synthese-Systemen Daten zu grösseren Einheiten zusammenfassen und diese wieder zerlegen. Darüberhinaus lassen sich Typexemplare aber auch unmittelbar miteinander verknüpfen. Neue Einheiten können also aus vorhandenen in einem Schritt, d.h. ohne mehrfaches Hinzufügen einzelner Komponenten, entstehen. Eine solche Konstruktion durch Verknüpfung wollen wir als Synthese von Typexemplaren bezeichnen. Sie ergibt sich beispielsweise im Fall der relationenalgebraischen Operatoren, d.h. Systeme nach dem Relationenmodell sind typische Synthese-Systeme. Wir betrachten diese Klasse in Kap.11.

Alle weitergehenden Verknüpfungen sind auch bei Synthese-Systemen noch ausgeschlossen. Sie haben wiederum in einer Wirtssprache zu erfolgen.

Auswertesysteme

Bei der dritten Klasse von Systemen mit operationaler Schnittstelle, den Auswertesystemen, entfallen sämtliche Einschränkungen. Es werden Typ- und Artkonzepte angeboten, wobei die Artkonzepte die elementaren Sorten der Typen mit erfassen. Komponenten von Typexemplaren lassen sich daher nach dem Lesen ohne einen Umweg über die Wirtssprache direkt mit den Mitteln der Schnittstelle weiter bearbeiten. Allerdings entfällt dadurch die bei Synthese-Systemen gegebene "natürliche" Beschränkung der Verknüpfungen. Einschränkungen ergeben sich deshalb nur durch Spezialisierung auf bestimmte Anwendungsbereiche. Auswertesysteme werden beispielsweise zur Kontenführung, Lagerdisposition oder, wie in Kap. 12 eingehender behandelt, zur Platzbuchung eingesetzt. Seit einiger Zeit versucht man ausserdem, in sog.

<u>Methodenbanksystemen</u> vorhandene Programmbibliotheken mit einem
Datenbanksystem zu integrieren, um auf diese Weise Auswertesysteme flexibel nach speziellen Anwendungsbedürfnissen auslegen
zu können. Ein kurzer Einblick in diese neue Forschungsrichtung
wird ebenfalls in Kap.12 gegeben.

Dokumenten-Nachweissysteme

Hierbei handelt es sich um Systeme zum Umgang mit deskriptiven
Modellen, die auf den Nachweisverfahren aus Kap.1.3.2 und 6
aufbauen. Bei ihrer Behandlung haben wir zu berücksichtigen,
dass ihre Schnittstellen jeweils auf eine operationale
Schnittstelle zurückzuführen sind, in der operationale Modelle
von Dokumenten (Dokumentenbeschreibungen) behandelt werden. Soll
der Anwender eines Dokumenten-Nachweissystems zur Lösung seiner
Aufgaben ausserdem auch auf den Dokumenttext selbst bezugnehmen
können, muss dieser ebenfalls zur Verfügung stehen. Dokumenten-
Nachweissysteme dienen primär zur Unterstützung der Recherche,
umfassen aber häufig auch Komponenten zur automatischen
Deskribierung. Kap.13 stellt zwei Systeme vor, die sich
hinsichtlich ihrer Deskribierungs- und Rechercheverfahren stark
voneinander unterscheiden.

10 Datenbanksysteme (Fakten-Nachweissysteme)

Charakteristisch für die Schnittstellen von Datenbanksystemen sind das hierarchische Modell und das Netzwerkmodell. Deshalb stellen wir nach einer kurzen Behandlung der von der CODASYL Data Base Task Group entwickelten Grundsätze zur Architektur von Datenbanksystemen zwei Systeme vor, die von diesen Modellen ausgehen. Es handelt sich dabei um kommerziell angebotene Systeme, deren Konzeption etwa 10 Jahre zurückreicht. Demzufolge entsprechen ihre Eigenschaften, ihre Architektur und die zu ihrer Realisierung verwendeten Techniken nur beschränkt den Vorstellungen aus Teil I und II. Das System IMS wurde gewählt, weil es einerseits durch die Vielzahl seiner Installationen eine gewisse Bedeutung erreicht hat und andererseits das einzige kommerzielle System nach dem hierarchischen Modell ist. Die Behandlung einer vollständigen Realisierung des Netzwerkmodells nach den CODASYL-Vorschlägen wäre für eine kurze Illustration von Datenbanksystemen zu umfangreich. Deshalb wurde auf eine einfachere Version, das System DBS440, zurückgegriffen.

10.1 DBTG-Grundsätze der Systemarchitektur

Heute geht man bei der Entwicklung von Datenbanksystemen vom Drei-Schema-Ansatz (4.2) aus, jedoch befinden sich solche Systeme noch sämtlich im Entwurfsstadium. Die neueren einsetzbaren Systeme bauen hingegen auf einem Zwei-Schema-Ansatz auf, der zum ersten Mal auf das Netzwerkmodell angewandt wurde. Die Architektur-Grundsätze finden sich im DBTG-Bericht [CODASYL 1971] und sind in Abb. 10.1 zusammengefasst. Dort spielt das Datenbasisschema und seine Vereinbarung über eine Datendefinitionssprache eine zentrale Rolle. Dabei wird ein "Schema" zur anwendungsneutralen Beschreibung des Datenbasistyps und eine

Menge von "Subschemata" zur anwendungsorientierten Beschreibung der für die jeweilige Anwendung relevanten Datenbasiseigenschaften unterschieden. Das Schema entspricht dem Conceptual Schema des Drei-Schema-Ansatzes, ein Subschema einem External Schema. Teilaspekte des Internal Schema finden sich in den beiden anderen Schemata wieder.

Im Hinblick auf die Mehrfachbenutzung von Datenbanksystemen werden Regelungen zum Datenschutz behandelt, Fragen der Datenkonsistenz und Prozessintegrität sind dagegen nur geringfügig berücksichtigt. Auswertungen sind in einer für die Schnittstelle vorgesehenen Wirtssprache zu programmieren.

Für die Realisierung der Schnittstelle schlägt der Bericht eine Abbildung auf die Betriebssystem-Schnittstelle (Dateiverwaltung) vor. Diese Abbildung soll durch ein Datenbasisverwaltungssystem (engl.: data base management system, DBMS) vorgenommen werden, das die Primär- und Sekundärinformationen als Datenbasis auf Hintergrundspeichern führt. Für den Austausch von Daten zwischen Datenbasis und Arbeitsbereich eines Anwendungsprogrammes ist eine Zwischenstation in Form von Pufferspeichern vorgesehen.

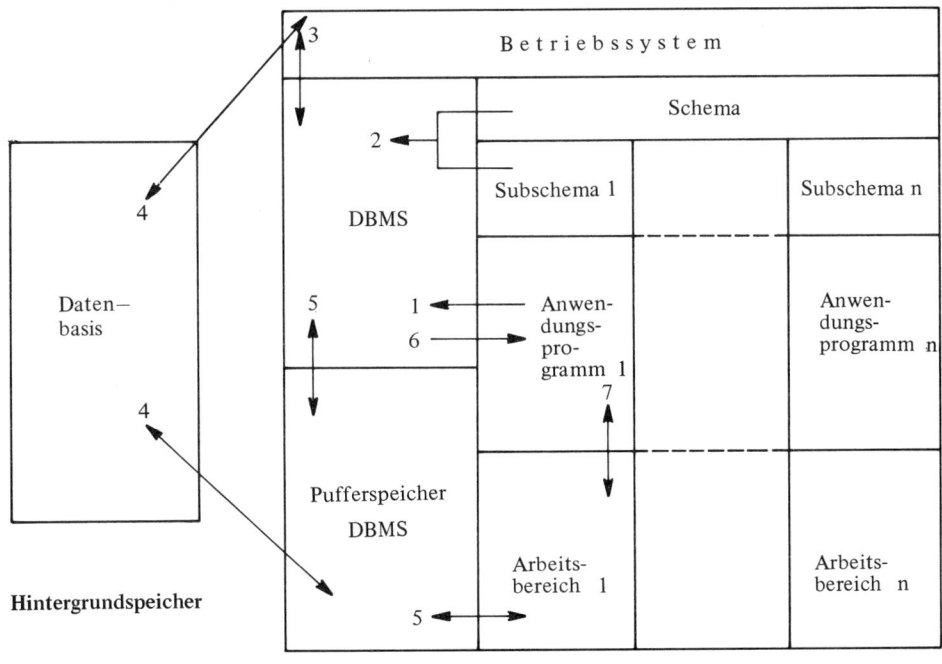

Abb. 10.1

Darin sollen die Daten von der durch das Schema gegebenen Form in eine dem jeweiligen Subschema angepassten Form oder umgekehrt überführt werden.

In Abb. 10.1 ist durch Pfeile und Nummern angedeutet, welche Schritte bei einer Leseoperation durchlaufen werden:

1 Anwenderprogramm ruft DBMS mittels DML auf.
2 DBMS wertet Aufruf aus und ergänzt ihn durch Information aus Schema und Subschema.
3 DBMS fordert die notwendigen E/A-Operationen für die Hintergrundspeicher vom Betriebssystem an.
4 Betriebssystem steuert Eingabe/Ausgabe und überträgt Daten zwischen Hintergrundspeicher und Pufferspeicher.
5 DBMS überträgt die Daten vom Pufferspeicher in den Arbeitsbereich des Anwenderprogrammes. Alle notwendigen Datenumformungen, die durch die Unterschiede zwischen Schema und Subschema bestimmt sind, werden vom DBMS durchgeführt.
6 DBMS liefert dem Anwenderprogramm Angaben über Verlauf und Ergebnis der Auftragsbearbeitung.
7 Die Daten im Arbeitsbereich werden vom Anwenderprogramm in seiner eigenen Programmiersprache bearbeitet.

Die Überführung von Daten in die Datenbasis läuft ähnlich ab: Das Anwenderprogramm legt die betreffenden Daten zunächst im Arbeitsbereich ab und ruft dann das DBMS auf. Dieses überträgt sie vom Arbeitsbereich zur Datenbasis und nimmt dabei die notwendigen Umformungen vor.

Von den im folgenden behandelten Systemen weist IMS ansatzweise zwei Schema-Ebenen auf, DBS440, dessen Konzeption in den Zeitraum vor Erscheinen des DBTG-Berichtes fällt, kennt nur ein Schema.

10.2 Information Management System (IMS)

Am häufigsten von allen kommerziell angebotenen Datenbanksystemen wurde bisher das von der Firma IBM entwickelte Information Management System (IMS) installiert. Seiner Benutzerschnittstelle liegt mit wenigen Einschränkungen das hierarchische Datenmodell aus Kap.2.2 zugrunde.

10.2.1 Datendefinition: Physikalische Datenbasen

Die Gesamtheit aller in IMS gespeicherten Daten verteilt sich
auf eine Menge disjunkter physikalischer Datenbasen (PDB). Jede
dieser Datenbasen ist eine Menge physikalischer Datenbanksätze
(PDBS), die sich ihrerseits hierarchisch aus Segmenten aufbauen.
Die Sätze einer PDB sind sämtlich vom selben Typ. Die Typen der
Segmente, die in Exemplaren eines Satztyps auftreten dürfen,
werden hierarchisch festgelegt. Die Zusammensetzung der Segmente
bleibt unspezifiziert mit Ausnahme der Indizes zu Schlüsseln
oder Deskriptoren. Da diese Angaben für die Realisierung der
Segmente auf tieferen Schichten nicht ausreichen, muss bei der
Festlegung der Segmenttypen die Segmentlänge (in Bytes) und die
relative Position und Länge der Schlüssel und Deskriptoren (in
Bytes) angegeben werden. Aus technischen Gründen ist weiterhin
die Höhe des einem PDBS entsprechenden Baumes auf 15, die
Gesamtzahl an Segmenttypen pro PDB auf 255 beschränkt.

Das Schema der Beispiel-Datenbasis aus Abb.2.2 wäre in IMS etwa
wie folgt zu formulieren:

```
DBD    NAME=AUTORENDB
SEGM   NAME=AUTOR, PARENT=0, BYTES=30
FIELD NAME=NAME#, TYPE=C, BYTES=20, START=1
SEGM   NAME=PREIS, PARENT=AUTOR, BYTES=36
FIELD NAME=PS#, TYPE=C, BYTES=2, START=1
FIELD NAME=BEZEICHNUNG, TYPE=C, BYTES=30, START=3
SEGM   NAME=PROSA, PARENT=AUTOR, BYTES=32
FIELD NAME=TITEL#, TYPE=C, BYTES=30, START=1
SEGM   NAME=DRAMA, PARENT=AUTOR, BYTES=80
FIELD NAME=DRAMA#, TYPE=C, BYTES=30, START=1
SEGM   NAME=ROLLE, PARENT=DRAMA, BYTES=20
FIELD NAME=FIGUR#, TYPE=C, BYTES=19, START=1
DBDGEN
```

DBD ("data base definition") und DBDGEN "klammern" das Schema,
haben also nur für dessen Übersetzung Bedeutung. Eine SEGM-Vereinbarung legt zusammen mit den unmittelbar nachfolgenden
FIELD-Vereinbarungen einen Segmenttyp fest. Die hierarchische
Anordnung der Segmenttypen wird mittels des Wortsymbols PARENT
ausgedrückt. FIELD bestimmt diejenigen Indizes, die in die
Ausdrücke nach Kap.2.2 zur Identifikation von Segmentexemplaren
eingehen können. Sofern mit FIELD ein START=1 vereinbart ist,
dient die entsprechende Segmentkomponente als Schlüssel und als

Kriterium zur Ordnung der Segmentexemplare in einer Segmentmenge. Für das Wurzelsegment ist die Angabe des Ordnungsbegriffs zwingend.

10.2.2 Datendefinition: Logische Datenbasen

Das Konzept der logischen Datenbasen (LDB) entspricht in etwa der Einrichtung von Subschemata. Vom Datenmodell her unterscheiden sich physikalische und logische Datenbasen nicht: Auch eine LDB besteht aus Datenbanksätzen (LDBS) eines einzigen Typs, die ihrerseits aus hierarchisch angeordneten Segmenten aufgebaut sind. Jedoch besitzt eine LDB keine eigenständige physikalische Realisierung, sondern baut sich aus vorhandenen PDB's auf. Dies kann auf zweierlei Weise geschehen.

- Beschränkung auf anwendungsrelevante Bestandteile eines PDBS
  Gewisse Segmenttypen einer PDB werden als "sensitiv" gekennzeichnet, d.h. nur Exemplare dieser Typen sind für den Anwender sichtbar. Dabei ist darauf zu achten, dass alle Wege im LDB-Schema auch Wege im PDB-Schema bilden; Zwischenknoten dürfen allerdings fehlen.

  Beispiel einer LDB zur PDB aus Abb. 2.2:

AUTOR

NAME#	NATIONA-LITÄT	GEBURTS-JAHR	TODES-JAHR

DRAMA

DRAMA#	UNTER-TITEL	URAUFF-ORT	URAUFF-JAHR

ROLLE

FIGUR#	ROLLENART

- Zusammenfassung mehrerer PDBS
  Die Segmente eines logischen Datenbanksatzes brauchen nicht sämtlich aus demselben physikalischen Datenbanksatz zu

stammen. Vielmehr können sie auch unterschiedlichen Sätzen
entnommen werden, die jedoch verschiedenen PDB angehören
müssen.

Beispiel für den Aufbau des Schemas zu einer LDB von Theatern
und den jeweils von einem Theater verpflichteten Autoren:

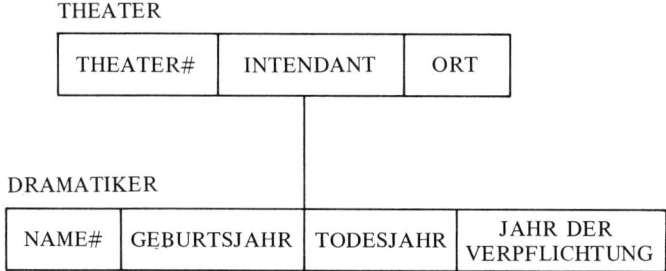

Würde man zur Realisierung dieser LDB zusätzlich zur
vorhandenen Autorendatenbasis eine neue PDB konstruieren, so
wäre offensichtlich ein Teil der Information zu wiederholen,
d.h. man hätte redundante Speicherung in Kauf zu nehmen. Dies
lässt sich durch Definition einer "rudimentären" PDB
vermeiden, in der nur die bisher noch nicht vorhandenen
Bestandteile der LDB geführt werden:

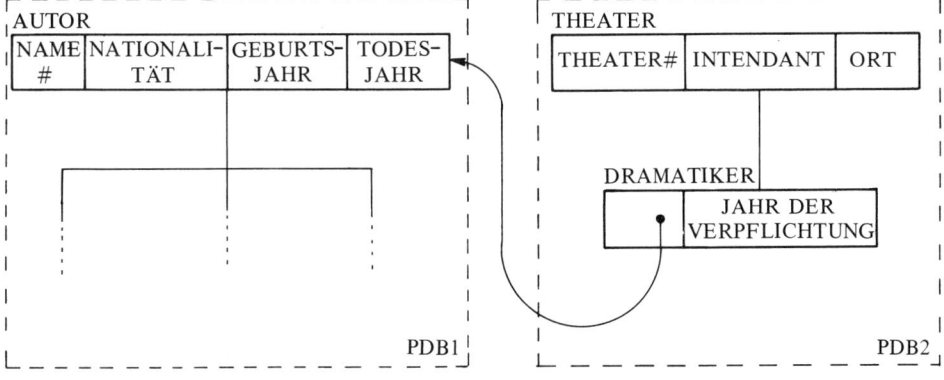

Im DRAMATIKER-Segment der neuen PDB2 wird nur die in der PDB1
noch nicht vorhandene Information untergebracht (Jahr der
Verpflichtung). Bereits in der PDB1 existierende Information
wird dagegen durch einen Zeiger (pointer) realisiert, im
gegebenen Fall also durch einen Zeiger auf das entsprechende
AUTOR-Segment (Zielsegment, target) der PDB1. Die LDB ergibt
sich dann durch Zeigerverfolgung, resultiert also in dem
Schema

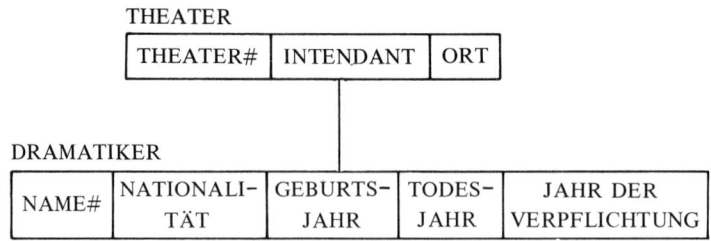

THEATER

| THEATER# | INTENDANT | ORT |

DRAMATIKER

| NAME# | NATIONALI-TÄT | GEBURTS-JAHR | TODES-JAHR | JAHR DER VERPFLICHTUNG |

Dieses Beispiel illustriert deutlich zwei Konsequenzen aus dem LDB-Ansatz:

- LDB´s müssen bereits bei der Erstellung der PDB´s berück-sichtigt werden; im Gegensatz zu den Grundsätzen aus 10.1 lässt sich das Schema (die PDB´s) also keineswegs völlig anwendungsunabhängig vereinbaren.

- Da Segmenttypen im Schema nur unvollständig spezifiziert werden können, müssen Zielsegmente beim Aufbau einer LDB vollständig übernommen werden. Als Folge hiervon enthält ein Segment der LDB u.U. mehr Information als erwünscht (im Beispiel die Nationalität).

Das DRAMATIKER-Segment hat in der IMS-Terminologie zwei Vorgänger: THEATER als "physikalischen" und AUTOR als "logi-schen" Vorgänger (als logischer Vorgänger gilt das Zielsegment eines Zeigers). Umgekehrt ist also das DRAMATIKER-Segment Nachfolger zweier verschiedener Segmente, d.h. auch in IMS kann es zu Netzbildungen kommen. Im Unterschied zum Netzwerkmodell bleibt dies aber dem einzelnen Anwender verborgen: Dieser kennt nur die durch das Subschema beschriebene LDB.

Das obige Beispiel ist bewusst sehr einfach gewählt, um das Prinzip der logischen Datenbasen zu erläutern. Für eine ausführlichere Einführung sei der Leser auf die angegebene Literatur verwiesen.

LDB´s, die auf einer einzigen PDB basieren, werden mit Hilfe von Programmspezifikationsblöcken (PCB) definiert, im Beispiel etwa (vereinfacht):

```
PCB DBDNAME = AUTORENDB
SENSEG NAME = AUTOR, PARENT=O, PROCOPT=G
SENSEG NAME = DRAMA, PARENT = AUTOR, PROCOPT=G
SENSEG NAME = ROLLE, PARENT = DRAMA, PROCOPT=G
```

Hierbei stellt DBDNAME den Bezug auf die PDB her. Die Typindikationen für die sensitiven Segmente müssen mit denen der entsprechenden Segmente in der DBD übereinstimmen. Von besonderem Interesse ist, dass die angegebenen Segmente nicht für alle Operatoren sensitiv zu sein brauchen. Im Beispiel sind alle nur für Lesen (get, G) sensitiv, andere Optionen sind Einfügen (insert, I), Ersetzen (replace, R), Löschen (delete, D) oder Kombinationen hiervon.

LDB's über mehreren PDB's werden ähnlich wie die PDB's selbst definiert. Bei den Segmenttypen wird jedoch ein Hinweis auf die zugehörige Vereinbarung einer PDB untergebracht, während die Angabe von Feldern unterbleibt. Das obige Beispiel führt dann zu folgenden Spezifikationen:

Physikalische Datenbasen

```
DBD     NAME=AUTORENDB
SEGM    NAME=AUTOR, PARENT=O, BYTES=30
LCHILD  NAME=(DRAMATIKER, THEATERDB)
FIELD   NAME=NAME#, TYPE=C, BYTES=20, START=1
SEGM    NAME=PREIS, PARENT=AUTOR, BYTES=36
  .
  .
  .

DBD     NAME=THEATERDB
SEGM    NAME=THEATER, PARENT=O, BYTES=90
FIELD   NAME=THEATER#, TYPE=C, BYTES=30, START=1
SEGM    NAME=DRAMATIKER,
        PARENT=((THEATER), (AUTOR, VIRTUAL, AUTORENDB)),
        BYTES=4
FIELD   NAME=NAME#
DBDGEN
```


Im Fall der AUTORENDB wird gegenüber 10.2.1 zusätzlich die Existenz eines logischen Nachfolgers neben den in der üblichen Weise bestimmten physikalischen Nachfolgern angegeben. Der logische Nachfolger wird durch die Segmenttypindikation und die zugehörige DBD identifiziert. In der THEATERDB muss vermerkt werden, dass DRAMATIKER zwei Vorgänger hat. Dabei gibt der an erster Stelle aufgeführte Segmenttyp den physikalischen Vorgänger an. Der logische Vorgänger ist wieder durch Segmenttypindikation und zugehörige DBD spezifiziert; VIRTUAL bedeutet, dass das Schlüsselfeld NAME# Bestandteil des logischen Vorgängers ist.

Logische Datenbasis

```
DBD  NAME=VERPFLDB,ACCESS=LOGICAL
SEGM NAME=THEATER,PARENT=O,SOURCE=((THEATER,THEATERDB))
SEGM NAME=DRAMATIKER, PARENT=THEATER,
     SOURCE=((DRAMATIKER, THEATERDB),(AUTOR,AUTORENDB))
```

Mit LOGICAL wird angedeutet, dass es sich um eine LDB handelt. Für jeden Segmenttyp wird zunächst wie bei der PDB verfahren, anstelle der Indizes und Längen wird jedoch angegeben, aus welchen Segmenten einer PDB das vereinbarte Segment zusammenzusetzen ist. Generell gilt, dass das Wurzelsegment einer LDB Wurzelsegment einer PDB sein muss.

10.2.3 Datenmanipulation

Die Datenmanipulationssprache (hier DL/1 genannt) ist eine Gastsprache. Sie erlaubt es einem in der Wirtssprache formulierten Programm, mit dem DBMS über Prozeduraufrufe zu verkehren. Ihre Operatoren stimmen im wesentlichen mit denen aus Kap.2.2.2 überein:

GU (get unique):
  Direktes Lesen eines sensitiven Segmentes oder Festlegen des Startpunktes für sequentielles Lesen von sensitiven Segmenten.

GN (get next):
  Sequentielles Lesen des nächsten sensitiven Segmentes.

GNP (get next within parent):
  Sequentielles Lesen des nächsten sensitiven Sohnsegmentes für ein vorgegebenes Segment.

GHU,GHN,GHNP (get hold):
  Wie zuvor, zusätzlich wird das Segment gesperrt. Im Anschluss ist REPL oder DLET möglich.

DLET (delete):
    Löschen eines bestehenden Segmentes.

REPL (replace):
    Ändern von Feldern eines Segmentes. Dies geschieht
    physikalisch durch Ersetzen des gesamten Segmentes, jedoch
    dürfen sich dadurch die Inhalte der in FIELD genannten
    Felder nicht verändern. Nach Abschluss der Operation ist
    das Segment entsperrt.

ISRT (insert):
    Einfügen eines neuen Segmentes.

Die Identifikation der betroffenen Segmente lehnt sich an die
Form an, wie sie in 2.2.2 demonstriert wurde. Sie setzt sich
zusammen aus einer Folge sog. SSA (segment search argument) der
Form

<Segmenttypindikation>(<Index><Vergleichsop><Wert>).

Der in Klammern eingeschlossene Ausdruck wird als Qualifikation
bezeichnet. Er entspricht einem Attribut und identifiziert eine
Teilmenge, es sei denn <Index> ist Schlüsselindex und ´=´ die
Vergleichsoperation. Fehlt die Qualifikation, so wird die
gesamte Menge an dieser Stelle verwendet (siehe hierzu
Kap.2.2.2).

- Als Indizes kommen nur solche infrage, die im Schema über
  FIELD vereinbart sind.
- Die Folge der SSA entspricht einem Weg in der Hierarchie mit
  abwechselnder Auswahl in Menge und Verbund.
- Ist für einen Zwischenknoten auf einem solchen Weg keine SSA
  angegeben, so wird verfahren, als ob an der entsprechenden
  Stelle eine SSA ohne Qualifikation vorliege (die Segmenttyp-
  indikation kann dem Schema entnommen werden).

Beispiele zur SSA (vgl. 2.2.2)

- Lesen (GU) des ersten DRAMA-Segmentes mit Schlüssel ´Die
  chinesische Mauer´:
  AUTOR
  DRAMA(Drama#=´Die chinesische Mauer´)

- Lesen (GU) des ersten Rollensegmentes dieses Schauspieles:
  AUTOR
  DRAMA(Drama#=´Die chinesische Mauer´)
  ROLLE

Wie beim Wirtssprachenkonzept üblich werden zur Kommunikation
zwischen Anwendungsprogrammen und Datenbasisverwaltungssystem
sog. Verständigungsbereiche verwendet. Dabei wird für jede LDB
ein Verständigungsbereich angelegt. Seine Benennung ist weiterer
aktueller Parameter der Prozeduren und identifiziert die
betreffende LDB.

(Unvollständiges) Beispiel der Spezifikation eines Verständigungsbereiches in COBOL:

```
01 AUTORENVB,
    02 DBDNAME  PIC X(12).
    02 SEGLEVEL PIC X(2).
    02 STATUS   PIC X(2).
    02 PROCOPT  PIC X(4).
    02 SEGNAME  PIC X(8).
    02 NSENSEGS PIC 9(4).
```

DBDNAME und NSENSEGS liegen zu Programmbeginn fest; DBDNAME
enthält den Namen der zugehörigen DBD (z.B. ´AUTORENDB´),
NSENSEGS die Zahl der sensitiven Segmenttypen (z.B. ´3´).
SEGLEVEL, STATUS, PROCOPT und SEGNAME werden von jedem
DL/1-Operator fortgeschrieben. Dabei hat SEGLEVEL die Hier-
archiestufe des zuletzt betroffenen (aktuellen) Segmentes zum
Inhalt (das Wurzelsegment hat Stufe 1). STATUS dient für Angaben
zum Erfolg oder Misserfolg der Operation, im letzteren Fall wird
auch die Fehlerbedingung angezeigt. PROCOPT identifiziert die im
PCB für den Segmenttyp des aktuellen Segmentes angegebene
Verarbeitungsoption. In SEGNAME wird die Typindikation des
aktuellen Segmentes hinterlassen.

10.2.4 Realisierung durch Dateiverwaltung

IMS liefert ein anschauliches Beispiel für die Realisierung von
Informationssystemen durch Schnittstellenhierarchien. Eine der
Dateiverwaltungen, die von den Betriebssystemen für die Anlagen
IBM\360 und IBM\370 angeboten werden, bildet die unterste
Schicht. Der Schritt zwischen dieser und der hierarchischen

Schicht wird durch Einfügen einer Zwischenschicht in Form einer "hierarchischen" Dateiverwaltung überschaubarer gestaltet.

Auf dieser Schicht sind vier Zugriffsmethoden definiert: hierarchisch-sequentiell, hierarchisch-indexsequentiell, hierarchisch-direkt und hierarchisch-indexdirekt.

Wir werden auf die Operatoren dieser Zugriffsmethoden nicht näher eingehen, sondern sogleich die Realisierung der Dateien im Speicher (Speicherorganisation) besprechen. Dabei beschränken wir uns auf die Behandlung physikalischer Datenbasen. Die Einbettung logischer Datenbasen würde angesichts ihrer Komplexität den vorliegenden Rahmen sprengen; der interessierte Leser sei hierzu auf die einschlägige Literatur verwiesen.

Die Segmente eines Datenbanksatzes lassen sich in verschiedener Weise anordnen:

Sequentielle Organisation:

Die Segmente werden starr sequentiell in einer Abfolge gespeichert, die durch Linearisierung der Segmentanordnung im Satz gewonnen wird. Die Linearisierung beginnt bei der Satzwurzel und erfolgt für jede Menge in der Hierarchie rekursiv nach den folgenden Ordnungskriterien:

- Söhne vor Brüdern
- Söhne vom Typ T_i vor Söhnen vom Typ T_j ($i < j$)

Für den in Abbildung 2.3 gezeigten Satz ergibt sich die Abfolge

Frisch Max	P1	P2	P3	P4	P5	P6	P7	Blätter aus dem Brotsack	Tagebuch 1946–1949	Die Schwierigen

Stiller	Homo faber	Mein Name sei Gantenbein	Die chin. Mauer	Der Heutige	Hwong Ti

Direkte Organisation:
Die Segmenthierarchie eines Satzes wird nach einer der folgenden Methoden durch Zeiger realisiert.

- ## Hierarchische Verzeigerung:
  Logisch sequentielle Abspeicherung (Verkettung) der Segmente

235

in derselben Reihenfolge wie bei der sequentiellen Organisation. Abb. 10.2 illustriert dies wieder an dem Satz aus Abb. 2.3.

- <u>Sohn/Bruder (child/twin)-Verzeigerung:</u>
  Hier werden lediglich Brüder (Segmente eines Typs) linear verkettet. Söhne verschiedener Typen werden dagegen vom Vorgänger aus durch Zeiger auf das jeweils erste Exemplar referenziert. Dies ist in Abb. 10.3 gezeigt.

In beiden Fällen ist auch zusätzliche Rückverzeigerung möglich.

Insbesondere die direkte Organisation macht deutlich, dass bei der Abbildung Segmente noch um zusätzliche Angaben erweitert werden müssen (Präfix, vgl. 5.3.9). Hierzu zählen vor allem die Zeiger, ausserdem eine Löschanzeige und ein Segmenttypcode.

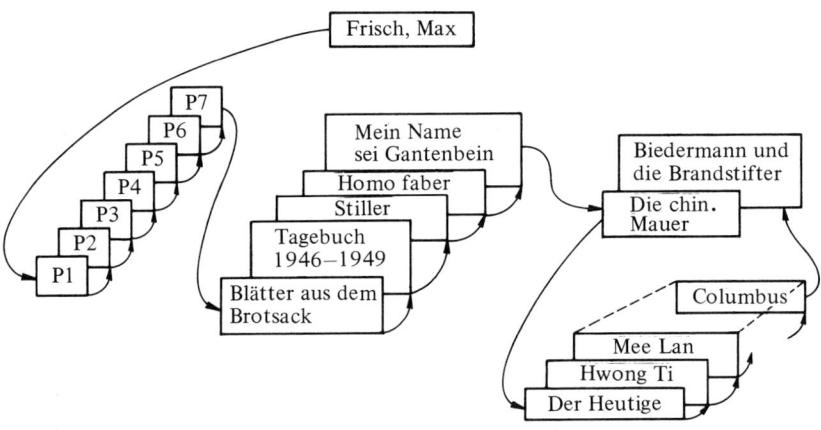

Abb. 10.2

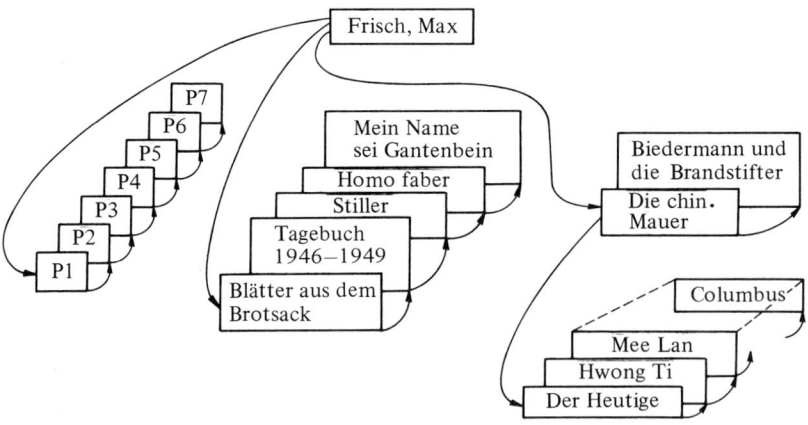

Abb. 10.3

236

Die Realisierung der Dateien, d.h. die Anordnung der Datenbanksätze für eine Datenbasis, unterscheidet sich für die vier
Zugriffsmethoden.

HSAM (Hierarchical sequential access method):

Diese Zugriffsmethode verhält sich bezüglich der Datenbanksätze
wie eine sequentielle Datei. Die Reihenfolge der Sätze ergibt
sich daher aus der Eingabefolge; soll sie mit der lexikographischen Reihenfolge der Schlüssel der Wurzelsegmente übereinstimmen, so müssen die Datenbanksätze vor der Eingabe entsprechend
sortiert werden. Die Datenbanksätze selbst müssen sequentiell
organisiert sein; dies ist durch eine entsprechende Eingabefolge
der Segmente sicherzustellen. HSAM ist auf die Verwendung von
Magnetbändern zugeschnitten.

HSAM wird durch satzorientierte sequentielle Dateien mit fester
Satzlänge realisiert. Ein Satz kann ein oder mehrere Segmente
aufnehmen, jedoch darf umgekehrt kein Segment mehr als einen
Satz belegen. Die Sätze können ihrerseits wieder geblockt sein
(5.2.4).

Ist einmal eine HSAM-Datenbasis erstellt, so sind ausschliesslich die Operatoren GU, GN und GNP möglich. DLET, REPL und ISRT
müssen durch die für Bänder übliche Technik simuliert werden,
indem man aus einer gegebenen Datenbasis (Stammdaten) und
zusätzlichen Eingabebefehlen und -daten (Bewegungsdaten) eine
neue Datenbasis konstruiert.

HISAM (Hierarchical indexed sequential access method):

HISAM verhält sich wie eine schlüsselsequentielle Zugriffsmethode (5.2.1): Die Datenbanksätze können sowohl sequentiell in
der Reihenfolge der Schlüssel der Wurzelsegmente als auch
unmittelbar unter diesem Schlüssel aufgegriffen werden. Einfügen
von Segmenten ist erlaubt.

Zur Realisierung dieses Konzepts dienen zwei Dateien fester
Satzlänge, eine schlüsselsequentielle Datei (ISAM) und eine
Datei, deren Realisierung auf einer speziellen Satzverkettung
basiert (OSAM). Die Datenbanksätze sind sequentiell organisiert;

für die Speicherung von Segmenten gilt daher das für HSAM
Gesagte.

Aus der Folge von Segmenten für einen Datenbanksatz werden
zunächst die vordersten entnommen, soweit sie einen ISAM-Satz
füllen. Aus den auf diese Weise für die verschiedenen Datenbanksätze gewonnenen ISAM-Sätzen wird eine ISAM-Datei aufgebaut,
die Verwendung einer ISAM-Datei erspart IMS somit das Anlegen
eines eigenen Zugriffspfades. Die restlichen Segmente jedes
Satzes werden auf eine Anzahl OSAM-Sätze aufgeteilt. Der
ISAM-Satz eines Datenbanksatzes verweist mittels Zeiger auf den
ersten zugehörigen OSAM-Satz, dieser auf den nächsten OSAM-Satz
des Datenbanksatzes usw. Bei Einfügen von Segmenten kann es zu
umfangreichen Verschiebungen innerhalb und zwischen ISAM- und
OSAM-Sätzen kommen. Gelöschte Datenbanksätze oder Segmente
werden bis zu einem Reorganisationslauf nicht physikalisch
entfernt. DLET setzt lediglich eine Löschmarke im Präfix der
betreffenden Segmente.

Die ISAM-Datei kann nur so verwendet werden, dass sie nach der
erstmaligen Erstellung der Datenbasis bis auf Erweiterungen am
Ende nicht mehr verändert wird. Alle nicht am Ende einzufügenden
Datenbanksätze werden in ihrer Gesamtheit im OSAM-Bereich
gespeichert und an den ISAM- oder OSAM-Satz, der das Wurzelsegment des nachfolgenden Datenbanksatzes enthält, gekettet.
Dadurch wird nach häufigen Änderungen ebenfalls eine Reorganisation erforderlich.

HDAM (Hierarchical direct access method):

HDAM besitzt ähnliche Eigenschaften wie eine Random-Datei (die
man sich über die Wurzelsegmente angelegt denken muss). Dabei
wird die Datenbasis vollständig über eine OSAM-Datei realisiert.
Die ersten N Sätze dieser Datei nehmen die Wurzelsegmente auf,
im Rest werden ähnlich wie bei HISAM die weiteren Segmente
abgespeichert. Zur Ermittlung der Satzadresse für die Wurzelsegmente dient ein Hasch-Verfahren, kollidierende Wurzelsegmente
werden im selben OSAM-Satz untergebracht. OSAM-Sätze dienen
also, wie in 5.3.8 beschrieben, zur Speicherung von Kollisionsklassen.

Die Datenbanksätze sind direkt organisiert. Dies erlaubt es, die
Söhne der Wurzelsegmente mit diesen im selben OSAM-Satz

238

abzuspeichern, solange der Füllgrad der ersten N Sätze noch gering ist (Cluster, siehe 5.2.1). Mit zunehmender Kollisionshäufigkeit müssen die Söhne dann allerdings in den restlichen OSAM-Bereich verdrängt werden. Darüberhinaus ist es möglich, die Datenbanksätze und Segmente ohne Nachteil in beliebiger Reihenfolge anzuliefern. Der Speicherplatz wird zudem dynamisch verwaltet, der Platz für gelöschte Segmente kann sofort - ohne Reorganisation - wieder verwendet werden.

HIDAM (Hierarchical index direct access method):

Das Verfahren ähnelt HDAM, statt Verwendung eines Haschverfahrens wird jedoch für die Wurzelsegmente ein Adressindex angelegt. Dieser Index wird unmittelbar durch IMS verwaltet, und zwar in Form einer HISAM-Datenbasis, in der jeder Datenbanksatz nur über ein einziges Segment entsprechend einem Adressindexeintrag (s,a) verfügt. Die Primärinformation einschliesslich der Wurzelsegmente wird in einer OSAM-Datei gespeichert. Bei ISRT-Operationen wird versucht, neue Wurzelsegmente nahe dem in der Sortierreihenfolge vorangehenden Wurzelsegment zu speichern, andere neue Segmente nahe ihren Brüdern (Cluster).

Die Einführung der hierarchischen Zwischenschicht erlaubt es dem Hersteller, IMS für unterschiedliche Betriebssysteme anzubieten. Neben der oben beschriebenen Realisierung für das Betriebssystem OS\360 existieren neuere Versionen von IMS, die von dem Dateiverwaltungssystem VSAM Gebrauch machen. Als Nachteil der hierarchischen Zwischenschicht könnte man nennen, dass alle vier Zugriffsmethoden den sequentiellen Zugriff auf die Segmente eines Satzes bevorzugen. Effizienter direkter Zugriff über Schlüssel oder Deskriptoren wird bestenfalls für das Wurzelsegment angeboten, es existieren keine Zugriffspfade für Segmente unterhalb der Wurzel. In den neueren Versionen scheinen einige dieser Mängel behoben zu sein.

In erster Näherung kann man die vier Zugriffsmethoden der Internen Schicht des Drei-Schema-Ansatzes zuordnen. Das Internal Schema für eine IMS-Datenbasis bestünde dann in Angaben zur Realisierung durch Wahl einer dieser Methoden und Festlegung der erforderlichen Parameter. In IMS geschieht dies nicht getrennt von den anderen Schemata, sondern durch Hinzufügen einer ACCESS-Angabe in der DBD-Vereinbarung einer Datenbankbeschreibung. Ähnlich kann die SEGM-Vereinbarung um Angaben zur

Verkettung (POINTER) erweitert werden. Schliesslich gehen in die Datenbankbeschreibung auch detaillierte Angaben zur Abbildung der vier Zugriffsmethoden auf die Dateiverwaltung ein.

10.3 Datenbanksystem 440 (DBS 440)

Seit der ersten Veröffentlichung des Netzwerkmodells im Jahre 1971 haben zahlreiche Hersteller kommerzielle Datenbanksysteme mit Schnittstellen nach diesem Datenmodell entwickelt, so dass man heute auf dem Markt eine ganze Reihe solcher Systeme findet. Wesentliche Konzepte des Netzwerkmodells lagen allerdings bereits einem früheren Datenbanksystem (IDS, ursprünglich von der Firma General Electric) zugrunde, das den Anstoss für die Entwicklung des Datenbanksystems DBS440 der Computer Gesellschaft Konstanz gab. Es soll hier wegen der Einfachheit seiner Schnittstelle und der vergleichsweise ausführlichen Dokumentation zu seiner Realisierung näher betrachtet werden.

10.3.1 Datendefinition

In DBS440 sind sowohl Datendefinition als auch Datenmanipulation in eine Wirtssprache (im allg. COBOL) eingebettet. Der Datenschutz ist nur schwach ausgeprägt, der Begriff des Subschemas tritt noch nicht auf. Weiterhin ist die Zahl der Operatoren geringer als beim Netzwerkmodell, bis auf die vielfältigen Varianten des get-Operators, in den der find-Operator des Netzwerkmodells mit seinen verschiedenen Parametervarianten eingeht.

Davon und von terminologischen Abweichungen abgesehen entspricht das Datenmodell von DBS440 in etwa dem in Kap.2.3 vorgestellten Modell. Die Gesamtheit aller in DBS440 gespeicherten Daten verteilt sich auf eine Menge disjunkter Datenbanken (Kap.2.3: Datenbasis). Jede Datenbank ist ihrerseits in disjunkte Bereiche (Kap.2.3: Gebiete) unterteilt, die sich aus Sätzen aufbauen. Bereiche können Sätze unterschiedlichen Typs enthalten. Im Gegensatz zum Netzwerkmodell und zum DBTG-Bericht müssen jedoch sämtliche Exemplare eines gegebenen Satztyps demselben Bereich angehören. Die Zahl der Satztypen pro Datenbank ist auf 127 beschränkt.

Beziehungen zwischen Sätzen werden über Ketten hergestellt, die exakt den Sammlungen aus Kap.2.3 einschliesslich der dort genannten Einschränkung auf eine 1:n-Beziehung entsprechen. Ketten bauen sich also aus einem Ankersatz und Gliedsätzen möglicherweise unterschiedlichen Typs auf. Ketten dürfen sich auch über mehrere Bereiche erstrecken. Ein Datenbasisschema (Datenbankbeschreibung DBB genannt) ist in DBS440 grob wie folgt aufgebaut.

```
* DATENBANKBESCHREIBUNG.
        Installationsparameter
        Bereichsdefinitionen
* DATEN.
        Satztypen
        Speicherungsformen
        Schlüssel
* STRUKTUREN.
        Ketten
        Kettenrealisierung
* DBS-ENDE.
```

Abb. 10.4 gibt die Syntax für das Schema bei Wahl von COBOL als Wirtssprache in Einzelheiten wieder. (Ein vorangesteller Stern kennzeichnet dabei ein Gastsprachenelement, eckige Klammern signalisieren die Möglichkeit des Weglassens; geschweifte Klammern bedeuten, dass genau eines der durch sie eingefassten Sprachelemente zu wählen ist). Einige Erläuterungen hierzu:

1) Die COBOL-Satzdefinition entspricht COBOL-Konventionen und legt wie bei COBOL üblich einen Speicherbereich fest, in den die Sätze zur Bearbeitung übertragen oder von dem aus sie auf Hintergrundspeicher abgelegt werden ("Arbeitsspeicher"). Zugleich stellt sie eine Art "Schablone" dar, die über jeden Arbeitsbereich gelegt werden kann, um die Satzfelder zu identifizieren.

2) SCHLUESSEL: Angabe des Datenfeldes (Stufe 02 oder darunter der COBOL-Satzdefinition), das den innerhalb der gesamten Datenbank eindeutigen Schlüssel enthält. Soll der Satz abgelegt werden, so gilt die entsprechende Komponente automatisch als sein Schlüssel. Soll ein vorgegebener Satz

```
*   DATENBANKBESCHREIBUNG.
*       DATENBANKNAME = <Datenbankname>.
[*      PASSWORT = <Zeichenkette>.]
[*      SEITENLAENGE = <Zahl 1> ZEICHEN.]                    (vgl. 5.2.4)
*       BEREICH = <Bereichsname 1>.
*       LAGE VON <Seitennummer 1> BIS <Seitennummer 2>.
*       INHALT = <Zahl 11> <Satzname 11> SAETZE.
*       INHALT = <Zahl 12> <Satzname 12> SAETZE.
                    •
                    •
                    •
*       INHALT = <Zahl 1n> <Satzname 1n> SAETZE.
*       BEREICH = <Bereichsname> 2>.
                    •
                    •
                    •
                    •
*   DATEN.
    01 <Satzname 1>.
        02 <Feldname 11>. . . .
                    •
                    •
                    •
*       SATZTYP = <Zahl 2>.
                        ⎧DIREKT            ⎫
                        ⎪SEQUENTIELL       ⎪
*       ABLAGE =        ⎨INDEX–SEQUENTIELL ⎬ [MIT VERDICHTUNG].
                        ⎪NAHE <Kettenname 3> ANKER⎪
                        ⎩RANDOM            ⎭
[*      SCHLUESSEL = <Feldname 1> FELD.]
[*      VERTEILUNG = <Zahl 3> [, <Zahl 4> ]. ]
    01 <Satzname 2>
        02 <Feldname 21>. . . .
                    •
                    •
                    •
*       SATZTYP = <Zahl 5>.
                    •
                    •
                    •
*   STRUKTUREN.
    01 <Kettenname 1> PIC X (12) VALUE <Kettenname 1>.
*       ANKER = <Satzname 11> SATZ.
*       GLIED = <Satzname 12> SATZ.
*       GLIED = <Satzname 13> SATZ.
                    •
                    •
*       GLIED = <Satzname 1n> SATZ.
                        ⎧         ⎧AUFSTEIGEND⎫ NACH <Feldname 2> FELD⎫
                        ⎪SORTIERT ⎨ABSTEIGEND ⎬                       ⎪
                        ⎪         ⎩NACH TYP   ⎭                       ⎪
*       EINORDNUNG =    ⎨ AM KETTENANFANG                             ⎬.
                        ⎪ AM KETTENENDE                               ⎪
                        ⎪ DAVOR                                       ⎪
                        ⎩ DANACH                                      ⎭
*       ANKERWAHL =  ⎧ AKTUELL        ⎫.
                     ⎩ MIT SCHLUESSEL ⎭
[*      VERKETTUNG = MIT ANKER.]
[*      VERKETTUNG = MIT VORGAENGER.]
    01 <Kettenname 2> . . .
                    •
                    •
                    •
*   DBS–ENDE.
Abb. 10.4
```

aus der Datenbasis eingelesen werden, so muss zunächst im Arbeitsspeicher das entsprechende Datenfeld mit dem Wert des Schlüssels vorbesetzt werden. Darüberhinaus können sog. Sekundärschlüssel verwendet werden. Hierbei handelt es sich um Schlüssel mit untergeordneter Bedeutung, deren Eindeutigkeit nur innerhalb der einzelnen Bereiche unterstellt wird. (Anm.: Die Festlegung von Sekundärschlüsseln im Schema ist der Lesbarkeit wegen weggelassen worden).

3) EINORDNUNG: Angabe, wie die Gliedsätze der Ketten dieses Kettentyps eingeordnet werden. Sortierung nach dem Inhalt eines Feldnamens ist nur möglich, wenn sämtliche Gliedsätze vom selben Typ sind. Bei Sortierung nach Satztyp ist die Stellung eines Satzes innerhalb der Teilliste für den Satztyp unbestimmt.

4) ANKERWAHL: Angabe über die Strategie zur Bestimmung derjenigen Kette des angegebenen Kettentyps, in die ein vorgegebener Satz als neuer Gliedsatz eingefügt werden soll (siehe SPEICH, 10.3.2).

5) PASSWORT: Nur die Datenbank in ihrer Gesamtheit kann vor unberechtigtem Zugriff geschützt werden.

6) Da das Wirtsprogramm von den Satzindizes und die DML-Aufrufe von den Typindikationen für Sätze und Ketten Gebrauch machen, muss das Schema zusammen mit dem Anwenderprogramm aufgeführt werden. Bei modernen Datenbanksystemen wird das Schema zunächst unabhängig vereinbart und in Schemainformation übersetzt, und dann lediglich in ein Anwendungsprogramm kopiert, um dessen Übersetzung zu ermöglichen. In DBS440 können jedoch Schemata nur im Zusammenhang mit Anwendungsprogrammen angegeben werden und werden deshalb erst vor der Übersetzung eines Programms durch einen speziellen Vorübersetzer behandelt. Aus diesem Grund müssen die DBB-Vereinbarungen von den COBOL-Anweisungen durch einen vorgesetzten Stern unterschieden werden.

Abb. 10.5 zeigt auszugsweise ein Schema für die Autorendatenbasis aus Kap.2.2 und 2.3.

Nachteilig an der Schema-Vereinbarung in DBS440 ist aus heutiger Sicht, dass eine getrennte Schemaübersetzung nicht möglich ist, Subschemata fehlen, und dass dem an seinem Problem interessierten Entwerfer eines Schemas zu viele Angaben zur Realisierung abverlangt werden. So hat er durch Vereinbarung von SEITENLAENGE und ABLAGE die Abbildung auf die Dateiverwaltung zu regeln, durch Vereinbarung von LAGE und VERTEILUNG die Speicherplatz- verteilung zu steuern, durch VERKETTUNG die Realisierung der Ketten zu bestimmen und durch SATZTYP dem Satznamen eine Zahl zwischen 1 und 127 als internen Code zuzuordnen. Derartige Angaben gehőren nach moderner Vorstellung in ein Internes Schema. Details hierzu finden sich in Kap.1Ø.3.3.

Beispiel (vgl. 2.2, 2.3)
```
* DATENBANKBESCHREIBUNG.
*     DATENBANKNAME = AUTORENDB.
*     PASSWORT = KLINGKLANG.
*     SEITENLAENGE = 2304 ZEICHEN.
*     BEREICH = WERKE.
*     LAGE = VON 1 BIS 10000.
*     INHALT = 100 AUTOR SAETZE.
*     INHALT = 500 DRAMA SAETZE.
*     INHALT = 9400 ROLLE SAETZE.
*     BEREICH = THEATERPLAENE.
*     LAGE = VON 10001 BIS 25000.
            •
            •
* DATEN.
   01 AUTOR.
      02 NAME# PIC A(20).
      02 NATIONALITAET PIC A(2).
      02 GEBURTSJAHR PIC 9(4).
      02 TODESJAHR  PIC 9(4).
*     SATZTYP = 20.
*     ABLAGE = RANDOM.
*     SCHLUESSEL = NAME#.
   01 DRAMA.
      02 DRAMA# PIC A(30).
      02 UNTERTITEL PIC A(30).
      02 URAUFFORT PIC A(16).
      02 URAUFFJAHR PIC 9(4).
*     SATZTYP = 21.
*     ABLAGE = NAME BUEHNENWERK ANKER
   01 ROLLE.
         •
         •
* STRUKTUREN
   01 BUEHNENWERK PIC X(12) VALUE BUEHNENWERK.
*     ANKER = AUTOR.
*     GLIED = DRAMA.
*     EINORDNUNG = SORTIERT AUFSTEIGEND NACH DRAMA# FELD.
*     ANKERWAHL = MIT SCHLUESSEL.
*     VERKETTUNG = MIT VORGAENGER.
*     VERKETTUNG = MIT ANKER.
   01 KOMOEDIEN PIC X(12) VALUE KOMOEDIEN.
*     ANKER = AUTOR.
*     GLIED = DRAMA.
         •
         •
* DBS—ENDE.
```
Abb. 10.5

DBS440 stellt (unter anderer Bezeichnung) die Operatoren store (SPEICH), erase (LOESCH), modify (AENFELD, AENSTZ) und get (HOLxxx) zur Verfügung. find wird mit den verschiedenen Varianten von HOL verbunden. connect und disconnect in allgemeiner Form fehlen, jedoch lässt sich mittels AENKTN eine disconnect/connect-Folge für einen Satz bezüglich zweier Ketten gleichen Typs auslösen. SPEICH erzwingt die Automatik-Option gemäss Kap.2.3.2: Jeder Satz wird mit seiner erstmaligen Abspeicherung sofort in jedes durch ANKERWAHL bestimmte Exemplar derjenigen Kettentypen eingebracht, in denen der betreffende Satztyp als Gliedsatztyp vermerkt ist. Ist der Satz Exemplar eines Ankersatztyps, so wird zusätzlich eine neue Kette initialisiert. Die Befehle sind in Abb. 10.6 zusammengefasst (rechts: ausführliche Befehlsform; links: mnemotechnische Befehlscodes).

Ähnlich wie in IMS bedienen sich auch die Befehle von DBS440 eines Verständigungsbereiches (Nachrichtenvermittlungsblock, NVB) zur Kommunikation mit dem Datenbasisverwaltungssystem. Wie aus Abb. 10.6 ersichtlich, haben die Befehle selbst keinen oder nur einen Parameter, der lediglich den Typ und damit den

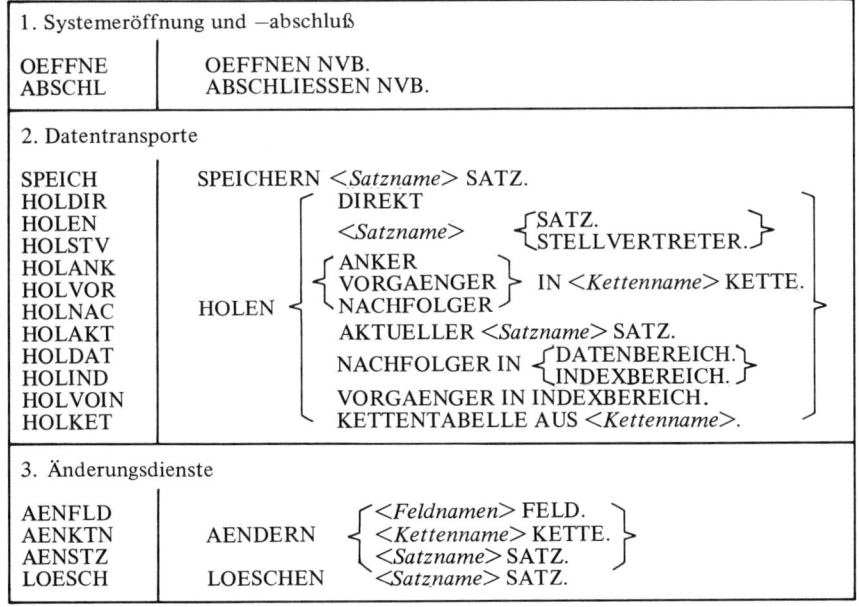

Abb. 10.6

entsprechenden Schemaeintrag oder Arbeitsspeicher identifiziert.
Der NVB enthält u.a. den Datenbanknamen, den Fehlercode, den
Satztyp und die Adresse des aktuellen Satzes (s.u.) sowie für
sequentiellen Zugriff einen Satznummernanfang und ein Satznum-
mernende.

In einer dem aktuellen Segment von IMS vergleichbaren Weise
spielen in DBS440 Aktualitätsinformationen eine wichtige Rolle:

- Aktueller Satz des Laufs: Der zuletzt bearbeitete Satz der
  Datenbank.

- Aktueller Satz des Satztyps: Der zuletzt bearbeitete Satz des
  Typs.

- Aktuelle Kette des Kettentyps: Diejenige Kette pro Kettentyp,
  in der als letzter ein Satz bearbeitet wurde. Für jede
  verwendete Kette wird eine "Kettentabelle" angelegt, die die
  Adresse ihres Ankers, ihres zuletzt bearbeiteten Satzes (des
  aktuellen Satzes dieser Kette) und dessen Vorgängers und
  Nachfolgers enthält.

Nach jeder Befehlsausführung wird der NVB und, falls zutreffend,
die Kettentabelle der betroffenen Kette fortgeschrieben.

Beschreibung der einzelnen Befehle:

SPEICH:
  Der im Arbeitsspeicher unter <Satzname> aufgebaute Satz wird
  als aktueller Satz nach dem in ABLAGE genannten Verfahren im
  entsprechenden Bereich abgespeichert und gemäss EINORDNUNG in
  jeweils eine Kette derjenigen Kettentypen eingekettet, für die
  er Gliedsatz ist. Die Auswahl der Ketten erfolgt gemäss
  ANKERWAHL.
  - AKTUELL: Es soll die aktuelle Kette des betreffenden
    Kettentyps gewählt werden.
  - MIT SCHLUESSEL: Die Auswahl der Kette erfolgt über ihren
    Anker, der seinerseits durch seinen Schlüssel bestimmt wird.
    Dieser Schlüssel ist vor der Anforderung in das Schlüssel-
    feld des zum Ankersatztyp gehörenden Arbeitsspeichers
    einzutragen.
  Für alle Kettentypen, in denen <Satzname> Anker ist, wird eine
  neue Kette angelegt. Alle betroffenen Ketten werden aktuelle
  Ketten ihres Typs.

HOLDIR:

Holen des aktuellen Satzes des Laufes.

HOLEN:

Holen eines durch Schlüssel identifizierten Datensatzes. Der Schlüssel muss zuvor in den Arbeitsbereich <Satzname> eingetragen werden.

HOLAKT:

Holen des aktuellen Satzes des Typs <Satzname>.

HOLDAT:

Sequentieller Zugriff gemäss Seitennummernreihenfolge innerhalb des durch Satznummer-Anfang/Ende vorgegebenen Bereiches.

In allen vier Fällen wird der geholte Satz aktueller Satz; alle Ketten, in denen er als Anker oder Glied auftritt, werden aktuelle Ketten ihres Typs, und der Satz selbst wird aktueller Satz in diesen Ketten.

HOLSTV:

(nur bei schlüsselsequentieller Organisation für den betreffenden Satztyp, vgl. 10.3.3.) Holen des Stellvertreter-satzes zu einem Datensatz vorgegebenen Schlüssels (vgl. 5.3.5). Falls der betreffende Satz nicht existiert, Holen des Stellvertretersatzes mit nächsthöherem Schlüssel. Der Datensatz selbst wird aktueller Satz des Laufs, so dass anschliessend HOLDIR angewandt werden kann.

HOLIND, HOLVOIN:

Sequentieller Zugriff auf Stellvertretersätze ausgehend von einem durch HOLSTV gegebenen Einstiegspunkt.

HOLANK:

Holen des Ankersatzes der aktuellen Kette eines vorgegebenen Kettentyps. Nur möglich, wenn die zugehörige Kettentabelle den Anker enthält oder die Kette doppelt- oder ankerverkettet (5.3.9) ist.

HOLVOR, HOLNAC:

Sequentieller Zugriff auf Gliedsätze einer Kette ausgehend von deren aktuellem Satz.

AENFELD:

Die angegebenen Felder des Satzes im Arbeitsspeicher ersetzen die Felder gleichen Namens im aktuellen Satz.

AENSTZ:

Der Arbeitsspeicherinhalt ersetzt den Inhalt des aktuellen Satzes. Bei Änderungen von Schlüsseln kann es zu Umsortierungen kommen.

AENKTN:

Der aktuelle Satz wird aus seiner bisherigen Kette herausge-
löst und in eine andere Kette gleichen Typs eingebracht.

LOESCH:

Löschen des aktuellen Satzes (einschl. Entfernen aus allen
Ketten) und Löschen der von ihm abhängigen Gliedsätze.

10.3.3 Realisierung durch Dateiverwaltung

Bei der Realisierung einer nach dem Netzwerkmodell aufgebauten
Datenbasis mittels Dateiverwaltung bildet man üblicherweise
Bereiche und nicht Ketten auf Dateien ab, da ein Satz nur genau
einem Bereich, aber mehreren Ketten angehören kann. Dieser
Grundsatz wird auch in DBS440 verfolgt, das sogar für jeden
Satztyp eine eigene Datei anlegt. Die Kettenstruktur wird direkt
durch Hinzufügen von Kettfeldern an die Sätze (Präfix, vgl.
5.3.9) realisiert. Bei der Bearbeitung einer Kette kann es dann
allerdings zu einem Wechsel von einer Datei zu einer anderen
kommen.

Die Art der Verkettung muss kettentypspezifisch in der
Datenbankbeschreibung angegeben werden:
- Einfach- oder Doppelverkettung (Nachfolger- und Vorgänger-
  bearbeitbarkeit).
- Die Möglichkeit der Ankerverkettung (Ankerverarbeitbarkeit).
Mit diesen und den GLIED-Angaben kann für jeden Satztyp die Zahl
der Kettfelder leicht ermittelt werden, die das System einem
Exemplar des Satztyps in der Präfix hinzuzufügen hat.

DBS440 unterstützt vier Datei-Zugriffsmethoden, aus denen für
jeden Satztyp jeweils eine auszuwählen ist.

Sequentielle Datei:

Die Sätze werden entsprechend der Eingangsreihenfolge in einer
für den betreffenden Satztyp reservierten abgeschlossenen
Speicherregion starr sequentiell abgelegt, Löschen ist nur für
den zuletzt eingetragenen Satz möglich. Sequentielle Dateien
sind also im wesentlichen nur für die Speicherung auf
Magnetbändern gedacht.

Direkte Datei:

Bei dieser und den beiden folgenden Zugriffsformen werden die
Speicherregionen bereichsweise verwaltet und der Speicherplatz

den Dateien eines Bereichs dynamisch zugewiesen. Die direkte Datei entspricht nicht der gleichnamigen Dateiform aus Kap.5.2.1, sondern einer Random-Datei mit automatischer Namensvergabe: Nach der Einspeicherung wird eine Satzadresse bekanntgemacht. Die Adresse ist nicht vorab bekannt, da das System versucht, den Satz in einer in der Zentraleinheit gepufferten Seite des betreffenden Bereichs abzulegen. Es ist Sache des Anwenderprogrammes, die Adresse zur späteren Identifikation aufzubewahren.

Random-Datei:

Diese besitzt die in 5.2.1 beschriebenen Eigenschaften und geht von Satzschlüsseln aus. Ihre Realisierung erfolgt mittels der in 5.3.8 beschriebenen Hasch-Technik mit Überlaufverfahren zur Verwaltung der Kollisionsklassen. Der Satzschlüssel wird auf eine Seitennummer abgebildet. Alle kollidierenden Sätze werden mittels Verkettung in eine "Randomkette" sortiert, aufsteigend nach Satztyp und innerhalb eines Typs nach Schlüssel. Bei Seitenüberlauf wird die Randomkette auf einer benachbarten Seite mit freiem Speicherplatz fortgesetzt.

Schlüsselsequentielle Datei:

Sie geht ebenfalls von Satzschlüsseln aus. Der zugehörige Zugriffspfad ist in Form eines B*-Baumes mit Stellvertreterliste realisiert (5.3.5). Der B*-Baum ist dabei oberhalb der Stellvertreterliste mindestens einstufig und höchstens vierstufig angelegt. Die zu einer Stufe gehörenden Seiten sind linear verkettet. Wegen der Eindeutigkeit des Schlüssels in der gesamten Datenbank wird pro Datenbank genau ein B*-Baum geführt. Der gegenüber der Random-Datei hinzukommende geordnete sequentielle Zugriff basiert auf der Stellvertreterliste. Um diesen Zugriff auf den jeweiligen Satztyp zu beschränken, ist in den Stellvertretern auch der Satztyp vermerkt.

DBS440 lässt Clusterbildung zu, indem man die Abspeicherung der Datensätze einer schlüsselsequentiellen Datei über die DBB-Vereinbarung VERTEILUNG steuert: Die Zahlen geben an, in welchem Seitenabstand (<Zahl 3>) und in welcher Anzahl pro Seite (<Zahl 4>) die Sätze gespeichert werden sollen (zur Organisation einer DBS-Seite siehe 5.2.4). Dieses Verfahren ist z.B. sinnvoll, wenn es sich bei den Sätzen der Datei um Ankersätze handelt und man deren zugehörige Gliedsätze entweder in der Seite ablegen will, die den Ankersatz enthält, oder in einer von ihr aus möglichst rasch zu erreichenden

Seite. Für den Gliedsatztyp selbst muss man dann in der Datenbankbeschreibung ABLAGE NAHE fordern.

Die Zuordnung von Dateien zu Satztypen ist für das Netzwerkmodell ungewöhnlich (üblich ist die Abbildung eines ganzen Gebietes auf eine Datei) und deutet daraufhin, dass in DBS440 dem Satztyp und nicht der Kette die grössere Bedeutung beigemessen wird.

Die Dateiebene wird ihrerseits durch eine blockorientierte Schicht auf der Basis der in 5.2.4 und 5.3.5 illustrierten Seitenorganisation realisiert. Dazu wird die Datenbank in drei Teile unterteilt: Einem Datenteil mit den Primärinformationen in Form von Bereichen, einem Indexteil mit dem B*-Baum und einem dem Anwender nicht zugänglichen Systemteil, der u.a. die Schemainformationen aufnimmt.

Die Seitenlängen werden für Index- und Datenteil einer Datenbank einheitlich gemäss SEITENLAENGE gewählt. Die Seiten werden jedoch in beiden Teilen getrennt und im Datenteil ausserdem bereichsweise verwaltet. Eine Seite des Datenteiles kann bis zu 64 Sätze aufnehmen (5.2.4); sie wird durch einen Seitenkennsatz eingeleitet:

Seiten-nummer	AB	Seiten-	
belegung		Seitenlänge	
Adresse Randomkette	BI	Seiten-pegel	

Das Abspeicherbit AB gibt an, ob der Seiteninhalt seit seiner letzten Abspeicherung verändert wurde; die Seitenbelegung liefert die belegten Liniennummern in Form einer Bitleiste; der Seitenpegel regelt den Freispeicher; das Belegungsintervall BI legt den Abstand der Ankersätze gemäss der zuvor erwähnten Cluster-Technik fest.

Seitenkennsatz der Indexseiten:

Seiten--nummer	AB	nächste Seitennummer (Verkettung)

Der Freispeicher wird hier über die Einträge der nächsthöheren Stufe des B*-Baumes verwaltet (vgl. 5.3.5).

Wie in 10.3.1 angemerkt, kann man in der Datenbankbeschreibung zusätzlich satztypspezifische Sekundärschlüssel festlegen. Falls für sie B*-Bäume angelegt werden sollen, werden diese ebenfalls im Indexteil untergebracht.

11 Synthese-Systeme

Gegenüber Datenbanksystemen können Typexemplare in Synthese-Systemen zusätzlich durch Art-Operatoren verknüpft werden; dies erlaubt bereits in einem einzigen oder in wenigen Schritten recht komplizierte Auswertungen der Datenbasis. Mit dieser Erweiterung eröffnen sich dem Entwerfer und dem Anwender neue Möglichkeiten, aber auch neue Aufgabenstellungen.

- Als Artkonzepte kommen viele der aus der Algebra bekannten Verknüpfungsgebilde infrage, beispielsweise die Mengenalgebra oder die Algebra binärer Relationen. Auch das Relationenmodell aus Kap.2.4 entstand ursprünglich als eine auf die Bedingungen der kommerziellen Datenverarbeitung hin erweiterte Algebra n-stelliger Relationen. Für derartige Datenmodelle lässt sich natürlich auch der zugehörige formale Apparat aus der Mathematik übernehmen, wie dies schon in Kap.2.4 deutlich wurde.

- Anfragen können dann, soweit sie nicht mit dem Aufbau von Typexemplaren zu tun haben, als Formeln beliebiger Komplexität vorgegeben werden. Derartige Möglichkeiten kann allerdings nur ein Benutzer mit entsprechenden Vorkenntnissen wahrnehmen. Für andere Benutzer muss man Schnittstellen schaffen, mit denen sie Anfragen in der ihnen gewohnten Weise zu formulieren vermögen. Das Spektrum von Schnittstellen reicht daher von Formalsprachen (z.B. Prädikatenkalkül) über einfache Programmiersprachen bis zu vereinfachten natürlichen Sprachen.

- Die Entwicklung benutzernaher Schnittstellen führt zwangsläufig zu komplizierteren Übersetzungsmechanismen und damit zu einer höheren Zahl identifizierbarer Schichten als bei Datenbanksystemen. Eine klare Systemarchitektur in Form einer Schnittstellenhierarchie ist hier also besonders wichtig.

- Systemantworten auf komplexe Anfragen bleiben für den Benutzer überschaubar, wenn die Anfrage in Teilschritten bearbeitet wird, deren Ergebnisse er auf Plausibilität prüfen kann. Dies legt die Einrichtung einer interaktiven Benutzerschnittstelle nahe, so dass der Benutzer dann auch den Verfahrensfortgang in Abhängigkeit von den jeweiligen Zwischenergebnissen beeinflussen kann.

Manche dieser Anforderungen - Einbezug umfangreicher Artkonzepte, benutzernahe Schnittstellen, mehrschichtige Architektur - bedürfen eingehender Untersuchungen. Nicht zuletzt aus diesem Grunde existieren bislang für Synthese-Systeme nur Spezialentwicklungen experimentellen Charakters, die an Universitäten oder anderen Forschungseinrichtungen betrieben werden. Drei derartige Systeme, SYSTEM R, KAIFAS, und REL, sollen in den folgenden Abschnitten besprochen werden. SYSTEM R geht vom Relationenmodell nach Kap.2.4 aus, KAIFAS und REL von einer Algebra über Mengen und binäre Relationen, in die bei REL noch Zeitabhängigkeiten eingehen. Alle drei Systeme haben benutzernahe Schnittstellen, mit stark stilisierten Sprachen bei SYSTEM R und natürlichen Sprachen bei KAIFAS und REL. SYSTEM R und KAIFAS weisen sich durch eine übersichtliche Schichtenarchitektur aus, wobei insbesondere SYSTEM R als das jüngste der drei Systeme viele der Anforderungen aus Kap. 5 und 7 berücksichtigt.

11.1 SYSTEM R

Von den verschiedenen Entwicklungen experimenteller Systeme nach dem Relationenmodell ist SYSTEM R, entstanden im IBM Research Laboratory San José, Calif., die bemerkenswerteste. Dies liegt zum einen an dem vergleichsweise hohen Personaleinsatz, der es erlaubte, eine grössere Zahl neuartiger Fragestellungen gleichzeitig aufzugreifen und damit erheblich zum heutigen Kenntnisstand beizutragen. Zum anderen spielt bei SYSTEM R - im Gegensatz zu sonstigen Systemen experimentellen Charakters - der Gesichtspunkt einer späteren kommerziellen Verwertbarkeit eine gewisse Rolle.

11.1.1 Systemarchitektur

SYSTEM R ist in vier klar voneinander abgegrenzten Schichten organisiert, von denen wir in den folgenden Abschnitten insbesondere die drei oberen betrachten werden:

Σ_1: Benutzernahe Schnittstellen, wie z.B. Interaktives SEQUEL (Kap. 11.1.2) oder Query-by-Example (Kap. 11.1.8).

Σ_2: Relationale Datenschnittstelle RDI (relational data interface, Kap. 11.1.3 - 11.1.5).

Σ_3: Relationale Speicherschnittstelle RSI (relational storage interface, Kap. 11.1.6).

Σ_4: IBM-Betriebssystem VM/370 (virtuelles Maschinenkonzept).

Den Schichten Σ_2 und Σ_3 liegt im wesentlichen das Relationenmodell aus Kap.2.4 zugrunde, so dass sich eine weitere Diskussion des verwendeten Datenmodelles an dieser Stelle erübrigt. Σ_2 wird durch Σ_3 mit Hilfe des relationalen Datensystems RDS realisiert, Σ_3 durch Σ_4 mit Hilfe des relationalen Speichersystems RSS. Da es sich dabei um Bestandteile von SYSTEM R handelt, ist die relationale Schnittstelle RDI die unmittelbar vom System unterstützte Schnittstelle zur Systemumgebung.

11.1.2 Interaktives SEQUEL

Streng an Relationenalgebra und Relationenkalkül orientierte Sprachen (siehe z.B. ALPHA, 2.4.3) erfüllen nicht die Forderung nach Benutzernähe. Inzwischen gibt es jedoch eine Reihe von Sprachentwicklungen, die an die formale Schulung des Benutzers geringere Anforderungen stellen und deren Ausdrücke sich auf eine Schnittstelle nach der Relationenalgebra oder dem Relationenkalkül abbilden lassen. Zu den bekanntesten unter ihnen zählt die für interaktive Aufgaben entworfene Sprache SEQUEL. Obwohl nicht unmittelbar von SYSTEM R unterstützt, soll das interaktive SEQUEL bereits in diesem Kapitel besprochen werden, da uns dies die nachfolgende Diskussion der relationalen Datenschnittstelle RDI erleichtern wird: SEQUEL-Ausdrücke gehen nämlich in leicht modifizierter Form als Operanden in Anweisungen der RDI ein.

SEQUEL-Operationen haben nicht einzelne Tupel zum Gegenstand oder zum Ergebnis, sondern grundsätzlich Relationen ("Relation-

at-a-time"), die allerdings auch einelementig sein können.
SEQUEL nimmt daher keinen Bezug auf Schlüssel. Anfragen haben
die einfache syntaktische Form

```
SELECT   <Zielattribute>
FROM     <Relation>
WHERE    <Bedingung über Attribute>
```

wobei die Bedingung selbst wieder ein SELECT-Ausdruck sein
und/oder logische Junktoren enthalten kann.

Wir werden im folgenden eine Reihe von Beispielen geben, die die
semantische Mächtigkeit der Sprache und die Möglichkeiten zur
Auswertung einer Datenbasis nach dem Relationenmodell demonstrieren sollen. Die Datenbasis bestehe aus den Relationen

```
AUTOR(AUTORNAME,NATIONALITÄT,GEBURTSJAHR,TODESJAHR)
DRAMA(TITEL,AUTORNAME,ULAND,UJAHR)
ROLLE(FIGUR,DRAMA,ROLLENGESCHLECHT)
DARSTELLER(MITGLIEDNAME,ROLLE,THEATER,GEBURTSJAHR)
```

aus Kap.2.4.1.

- "Gib die Namen aller Schweizer Autoren".

```
SELECT   AUTORNAME
FROM     AUTOR
WHERE    NATIONALITÄT = ´CH´
```

Diese Anfrage lässt sich auf konstante Verbindung und Projektion
zurückführen. Sonderfälle wie ausschliessliche Projektion oder
die Auswahl ganzer Zeilen sind ebenfalls formulierbar.

- "Gib Name und Geburtsjahr aller Autoren".

```
SELECT   AUTORNAME, GEBURTSJAHR
FROM     AUTOR
```

- "Liste die Zeilen für alle noch lebenden Autoren auf".

```
AUTOR WHERE TODESJAHR= 0
```

Die Bedingung über die Attribute kann auch mehrere Spalten und
somit logische Junktoren sowie einfache arithmetische Ausdrücke
umfassen.

- "Gib Name und Geburtsjahr aller noch lebenden Schweizer Autoren".

```
SELECT   AUTORNAME, GEBURTSJAHR
FROM     AUTOR
WHERE    NATIONALITÄT = ´CH´
AND      TODESJAHR = 0
```

- "Gib die Namen aller verstorbenen Autoren, die Schweizer waren oder die älter als 50 Jahre wurden".

```
SELECT   AUTORNAME
FROM     AUTOR
WHERE    NATIONALITÄT = ´CH´
OR       TODESJAHR-GEBURTSJAHR > 50
```

Die bisherigen Beispiele bezogen sich auf eine einzige Relation. Zur Verknüpfung mehrerer Relationen kommt es, wenn die Werte in der Bedingung aus anderen Relationen bestimmt werden müssen:

- "Gib die Namen der Schauspieler, die männliche Rollen in Nora darstellen".

```
SELECT   MITGLIEDNAME
FROM     DARSTELLER
WHERE    ROLLE =
         SELECT   FIGUR
         FROM     ROLLE
         WHERE    DRAMA = ´NORA´
         AND      ROLLENGESCHLECHT= ´M´
```

Der innere SELECT-Ausdruck liesse sich wieder auf eine konstante Verbindung und Projektion zurückführen. Gemäss dem Beispiel aus 2.4.1 lieferte er als Zwischenergebnis

```
ROLLE = {´ROBERT HELMER´, ´GUENTER´}
```

Für die weitere Abarbeitung sind zwei Interpretationen denkbar: Es werden die Schauspieler aufgelistet, die mindestens eine der Rollen übernehmen können (Verbindung), oder nur diejenigen Schauspieler, die sämtliche Rollen spielen (Division). Bei obiger Formulierung wird die erste Interpretation gewählt, sie liefert die Menge {BALMER W.}. Ist die zweite Interpretation gewünscht, hätte man stattdessen zu formulieren:

```
SELECT    MITGLIEDNAME
FROM      DARSTELLER
WHERE     ROLLE = ALL
          SELECT  FIGUR
          FROM    ROLLE
          WHERE   DRAMA = 'NORA'
          AND     ROLLENGESCHLECHT= 'M'
```

In vorliegendem Fall wäre das Ergebnis zufällig dasselbe (s.a. das Beispiel in 2.4.2 zur Division).

Die Verknüpfung mehrerer Relationen kann natürlich auch im Zusammenhang mit Junktoren vorkommen:

- "Gib Name und Geburtsjahr der Schauspieler am Stadttheater Aachen, die Rollen in Nora darstellen".

```
SELECT    MITGLIEDNAME, GEBURTSJAHR
FROM      DARSTELLER
WHERE     ROLLE =
          SELECT FIGUR
          FROM   ROLLE
          WHERE  DRAMA = 'NORA'
AND       THEATER = 'STADTTHEATER AACHEN'
```

Da das Ergebnis einer SEQUEL-Anweisung wieder eine Menge von Einzelwerten (einspaltige Relation) oder Tupeln ist, lässt es sich seinerseits Mengenverknüpfungen, z.B. der Durchschnittsbildung, unterwerfen.

- "Gib die Schweizer Autoren, deren Dramen in der Schweiz uraufgeführt werden".

```
SELECT    AUTORNAME
FROM      AUTOR
WHERE     NATIONALITÄT = 'CH'
INTERSECT
SELECT    AUTORNAME
FROM      DRAMA
WHERE     ULAND = 'CH'
```

Ein Schritt in Richtung von Auswertesystemen wird in der interaktiven Version dadurch getan, dass die Auswahlergebnisse unmittelbar einer mathematischen Weiterbehandlung unterworfen werden können, d.h. dass auf SELECT auch mathematische Ausdrücke folgen können.

- "Gib die mittlere Lebenserwartung Schweizer Autoren".

        SELECT   AVG(TODESJAHR-GEBURTSJAHR)
        FROM   AUTOR
        WHERE   NATIONALITÄT = ´CH´

Den Typoperatoren put, delete und replace des Relationenkalküls
(vgl. Kap.2.4.3) entsprechen die SEQUEL-Operatoren INSERT,
DELETE und UPDATE. Dies sei an einigen Beispielen illustriert,
wobei wir uns noch eine zusätzliche Relation
    PERSONAL(THEATER,MITGLIEDNAME,GEHALT,TARIF)
vorstellen.

- "Füge den 1862 geborenen und 1946 gestorbenen deutschen Autor
  G.Hauptmann als neuen Autor ein".

        INSERT INTO AUTOR:
          <´HAUPTMANN G.´, ´D´, 1862, 1946>

- "Ändere das Gehalt von Herrn Müller am Stadttheater Aachen zu
  2464.35".

        UPDATE   PERSONAL
        SET   GEHALT = 2464.35
        WHERE   MITGLIEDNAME = ´MÜLLER´
        AND   THEATER = ´STADTTHEATER AACHEN´

- "Ändere das Gehalt allen nach BAT bezahlten Personals um
  5.3%".

        UPDATE   PERSONAL
        SET   GEHALT = GEHALT * 1.053
        WHERE   TARIF = ´BAT´

- "Lösche alle Autoren, von denen ein in der Schweiz uraufge-
  führtes Drama stammt".

        DELETE   AUTOR
        WHERE   AUTORNAME =
        SELECT   AUTORNAME
        FROM   DRAMA
        WHERE   ULAND = ´CH´

11.1.3 RDI: Datenmanipulation

Wie eingangs erwähnt, ist die von SYSTEM R unmittelbar unterstützte Schnittstelle zur Systemumgebung die relationale Datenschnittstelle RDI. Sie umfasst eine Reihe von Operatoren, die von Wirtssprachen (z.B. PL/I) aus aufgerufen werden können. Der bedeutendste unter ihnen (CALL SEQUEL) macht die Sprache SEQUEL in leicht modifizierter Form auch in der RDI zugänglich. Bei seinem Aufruf wird eine SEQUEL-Anweisung in Form einer Zeichenkette als Operand eingebracht; sie ist also während der Laufzeit zu interpretieren. CALL SEQUEL-Aufrufe haben dabei allgemein das folgende Aussehen:

    CALL SEQUEL ([<cursor>,] ´<SEQUEL-Anweisung>´);

Beispielsweise würde die letzte Anfrage aus Kap.11.1.2 in der RDI folgendermassen formuliert:

    CALL SEQUEL (´DELETE AUTOR
            WHERE AUTORNAME =
                SELECT AUTORNAME
                FROM   DRAMA
                WHERE   ULAND = "CH"´);

Im Zusammenhang mit SELECT hat CALL SEQUEL eine ähnliche Funktion wie der find-Operator des Netzwerkmodelles: Er identifiziert die Menge aller Tupel, die die angegebene Bedingung erfüllen, beschafft sie aber nicht. Vielmehr wird eine zusammengesetzte Programmvariable, der Positionszeiger ("cursor"), aktualisiert: <cursor> identifiziert die betreffende Tupelmenge (aktuelle Menge, active set) und das in dieser Menge gerade betrachtete Tupel (aktuelles Tupel). Nach Ausführung von CALL SEQUEL mit SELECT verweist <cursor> auf das erste Tupel der Menge. <cursor> ist optionaler Operand, da der Positionszeiger einer Relation auch vorab fest zugewiesen werden kann (OPEN, s.u.).

Beispiele:

    CALL SEQUEL (C1,´SELECT AUTORNAME
                FROM AUTOR
                WHERE NATIONALITÄT="CH"´);

    CALL SEQUEL (´UPDATE PERSONAL
                SET GEHALT = 2464.35
                WHERE CURRENT TUPLE OF CURSOR C1´);

Weiterhin ist es möglich, Variablen des Wirtsprogrammes in
<SEQUEL-Anweisungen> einzubringen:

```
CALL SEQUEL (C1,´SELECT AUTORNAME:X, TODESJAHR:Y
             FROM AUTOR
             WHERE NATIONALITÄT="CH"´) ;
```

In X und Y wird dann jeweils bei Beschaffen eines Tupels
Autorname bzw. Todesjahr des durch C1 bezeichneten aktuellen
Tupels abgespeichert. Eine getrennte BIND-Anweisung sorgt dafür,
dass die Variablenbenennungen X und Y auch während der
Interpretation noch verfügbar sind.

Tupel werden beschafft durch die RDI-Operatoren

```
FETCH (<cursor>)
FETCH_HOLD (<cursor>)
```

Hierbei wird das durch <cursor> identifizierte aktuelle Tupel
gelesen und <cursor> entsprechend weitergesetzt. Der Operator
entspricht dem get-Operator des Netzwerkmodelles. Im Falle von
FETCH_HOLD wird das betreffende Tupel zusätzlich gegen Zugriff
durch andere Benutzer gesperrt. Mit

```
OPEN (<cursor>, <Relation oder Ansicht>)
```

wird einer Relation oder einer Ansicht (11.1.4) vorab ein
Positionszeiger zugeordnet. Dessen Angabe kann dann in der
SEQUEL-Anweisung entfallen.

```
CLOSE (<cursor>)
```

deaktiviert einen über OPEN aktivierten Positionszeiger.

11.1.4 RDI: Datendefinition

Neben der Datenmanipulation wird auch die Datendefinition zum
grössten Teil über CALL SEQUEL abgewickelt.

Temporäre Relationen erstellt man über eine Zuweisung:

```
CALL SEQUEL('SCHWEIZER_AUTOR(AUTORNAME,GEBURTSJAHR,TODESJAHR)

          SELECT AUTORNAME,GEBURTSJAHR,TODESJAHR
          FROM AUTOR
          WHERE NATIONALITÄT="CH"
          AND TODESJAHR=0');
```

Die neue Relation SCHWEIZER_AUTOR spiegelt hierbei den Stand der
Relation AUTOR zum Aufrufzeitpunkt wider, spätere Änderungen an
AUTOR bleiben in ihr unberücksichtigt. Insbesondere reicht ihre
Lebensdauer nur bis zum Programmende, sie kann aber über CALL
SEQUEL mit KEEP TABLE über die Laufzeit des Programmes hinaus
verlängert werden. Eine neue, nicht rechnerisch herleitbare
Relation wird über CALL SEQUEL mit CREATE TABLE vereinbart. Dazu
müssen der Relationsname sowie die Attribut/Sorten-Paare
angegeben werden, wobei zusätzlich Angaben zur Zulässigkeit des
Fehlens von Tupelkomponenten und zur Ordnung von Tupeln möglich
sind. Relationen lassen sich über CALL SEQUEL mit DROP TABLE
wieder beseitigen. Schliesslich kann mittels EXPAND TABLE eine
vorhandene Relation um ein Attribut erweitert werden.

Der einzige neben CALL SEQUEL selbstständige Operator zur
Datendefinition ist:

    KEEP (<cursor>,<Relation>,<Attribute>)

Durch ihn wird aus der über <cursor> identifizierten aktuellen
Tupelmenge eine neue, permanent gespeicherte Relation mit den
angegebenen Attributen gebildet.

Benutzersichten der Datenbasis werden in einer dem Subschema aus
10.1 entsprechenden, allerdings sehr viel allgemeineren Weise
über sog. Ansichten (views) berücksichtigt. Eine Ansicht ist
eine Relation, die sich in vorgeschriebener Weise aus anderen
Relationen errechnen lässt. Im Gegensatz zur Zuweisung bzw. KEEP
gilt der vorgeschriebene Zusammenhang nicht nur zu einem mehr
oder weniger willkürlich gewählten Aufrufzeitpunkt, sondern
während der gesamten Lebensdauer der Ansicht. Änderungen an den
definierenden Relationen schlagen sich also auch unmittelbar in
der Ansicht nieder. Hinsichtlich ihrer weiteren Verwendung
unterscheiden sich Ansichten kaum von anderen Relationen: Sie
können zur Auswahl oder zur Vereinbarung weiterer Ansichten
herangezogen werden, unter bestimmten Bedingungen sind auch
Änderungen möglich. Ansichten werden über CALL SEQUEL mit DEFINE
VIEW und DROP VIEW eingeführt bzw. beseitigt.

11.1.5 RDI: Datenintegrität

SYSTEM R erfüllt weitgehend die in Kap.7 genannten Forderungen nach geeigneten Mechanismen zur Wahrung der Datenkonsistenz, der Prozessintegrität und des Datenschutzes. Dazu dienen vier Konzepte: Transaktionen, Konsistenzbedingungen, Trigger und Autorisierungen.

Transaktionen

Eine Transaktion ist eine Folge von RDI-Anweisungen, die der Anwender als unteilbare Einheit verarbeitet sehen will, z.B. zur Einhaltung von Parallel- und Folgeereignissen oder um sicherzugehen, dass während ihrer Abarbeitung andere Prozesse den Datenbasiszustand nicht unzulässig verändern. Der für die Transaktion gewünschte Grad der Integrität wird erst auf der RSI vereinbart (vgl. Synchronisation unter 11.1.6). Die Transaktion wird durch BEGIN_TRANS eingeleitet und durch END_TRANS beendet. Innerhalb einer Transaktion können mit SAVE temporäre Wiederaufsetzpunkte festgelegt werden, auf die ebenso wie auf den Anfang der Transaktion mittels RESTORE zurückgesetzt werden kann, wenn Verstösse gegen die Integrität entdeckt werden oder Verklemmungen auftreten.

Konsistenzbedingungen

Zu den Konsistenzbedingungen zählen in SYSTEM R alle Sortenspezifikationen, die über die Vorgabe von Wertevorräten bekannter Arten hinausgehen (vgl. 7.2.1). Konsistenzbedingungen wären also etwa "Keine Person am Theater verdient mehr als DM 5000,-- im Monat". Weiterhin lassen sich durch Konsistenzbedingungen Definitionsbereiche einschränken, etwa "Das Gehalt einer nach dem BAT bezahlten Person am Theater darf nicht verringert werden" oder komplizierter, "Das mittlere Einkommen des Theaterpersonals übersteigt nicht DM 2500,--".

Konsistenzbedingungen werden über CALL SEQUEL mit ASSERT eingebracht und mit DROP ASSERTION wieder entfernt. Alter und neuer Wert werden bei Beschränkungen des Definitonsbereichs durch OLD and NEW unterschieden, etwa im genannten Beispiel:

ASSERT ON UPDATE TO PERSONAL: NEW GEHALT $\geq$ OLD GEHALT

262

Üblicherweise werden alle Konsistenzbedingungen am Ende einer Transaktion überprüft, im Fehlerfall wird am Transaktionsanfang wiederaufgesetzt. Innerhalb einer Transaktion kann die Konsistenz temporär verletzt sein. Ist sie auch dort zu gewährleisten, so kann sie mit IMMEDIATE (Integrität nach jeder Operation) oder mit ENFORCE INTEGRITY (Integrität an ausgewählten Stellen) erzwungen werden.

Trigger

Ausser durch Transaktionen lassen sich Parallel- und Folgeereignisse auch über Trigger erfassen. Ein Trigger bewirkt, dass aufgrund eines auslösenden Ereignisses eine vorgegebene SEQUEL-Operation ausgeführt wird. Als auslösende Ereignisse können Auswahl, Einfügen, Löschen und Verändern für eine vorgegebene Relation oder eine Ansicht dienen. Trigger werden über CALL SEQUEL mit DEFINE TRIGGER vereinbart.

Autorisierung

Mit der Vereinbarung einer Relation ist zunächst nur deren Urheber zu ihrer Verwendung berechtigt, dies aber ohne jede Einschränkung. Der Urheber kann anschliessend für sie über CALL SEQUEL mit GRANT Befugnisse individuell an weitere Benutzer vergeben, und zwar getrennt nach den Operatorklassen READ, INSERT, DELETE, UPDATE (attributweise), DROP, EXTEND und CONTROL (Einrichtung von Konsistenzbedingungen und Triggern). Daneben stellen Ansichten (ähnlich wie die Subschemata in Datenbanksystemen) ein mächtiges Hilfsmittel für den Datenschutz dar, da sie Teile der Datenbasis unsichtbar machen.

11.1.6 Einige Eigenschaften der RSI

Die relationale Speicherschnittstelle ist ebenfalls unabhängig von konkret vorhandenen technischen Einrichtungen, z.B. Rechnerkonfiguration und Betriebssystem. Ihr Datenmodell macht jedoch ihre technische Realisierung im Grundsatz unmittelbar einsichtig. Aus diesem Grunde sind ihre Eigenschaften –

zumindest teilweise - auch für Informationssysteme von Interesse, die nicht vom Relationenmodell ausgehen. Die RSI soll daher etwas ausführlicher behandelt werden.

Kurz zusammengefasst bietet die RSI Operatoren zur tupelweisen Manipulation von Relationen (nicht Ansichten!), Datendefinition, Datensicherung und Verwaltung von Transaktionen an. Als "Datei"konzept sieht sie sog. Segmente vor, daneben bestehen spezielle Hilfsmittel zur Einrichtung von Zugriffspfaden.

Segmente

Ein Segment ist ein logischer Adressraum, der eine oder mehrere Relationen aufnehmen kann. Umgekehrt darf jedoch keine Relation mehr als ein Segment belegen. Mehrere Segmenttypen lassen sich unterscheiden. Ein Typ dient z.B. der Speicherung mehrfachbenutzbarer Daten mit Synchronisation einschliesslich Rücksetzen von Transaktionen und Führen der dafür erforderlichen individuellen Wiederaufsetzpunkte. Ein anderer Typ ist überwiegend für temporäre Relationen gedacht und sieht keinerlei Synchronisationsmassnahmen vor. Daneben werden Segmente auch zur Speicherung von Zwischenergebnissen, Zugriffspfaden und Verwaltungsinformationen benötigt. Die Länge der Segmente ist pro Benutzer einheitlich.

Segmentoperatoren

OPEN_SEGMENT:
   Bereitstellung des Segments zur Verarbeitung.
CLOSE_SEGMENT:
   Abschliessen des Segments.
SAVE_SEGMENT:
   Setzen eines neuen Wiederaufsetzpunktes für Sicherungszwecke. Es existiert nur ein Wiederaufsetzpunkt pro Segment. Alle Änderungen seit seinem Setzen sind temporär und müssen durch SAVE_SEGMENT später festgeschrieben werden.
RESTORE_SEGMENT:
   Zurücksetzen auf den Wiederaufsetzpunkt. Alle seit dem letzten SAVE_SEGMENT erfolgten Änderungen gehen verloren.

RSI-Relationen

Eine Relation ist auch in der RSI eine zeitlich schwankende Menge von n-Tupeln. Relationen und deren Zugriffspfade lassen sich jederzeit neu schaffen oder beseitigen. Darüberhinaus lassen sich Relationen um Attribute erweitern. Die den Attributen zugeordneten Felder innerhalb eines Tupels können von fester relationsspezifischer oder auch variabler Länge sein. Der letztere Fall ist insbesondere dann von Interesse, wenn Komponenten unter gewissen Attributen undefiniert bleiben sollen. Jedem Tupel wird bei der Erzeugung vom System ein Tupelidentifikator (TID) als segmentweit eindeutiger Name (Datenbasisschlüssel, s. 5.2.1) zugeordnet.

Relationsoperatoren

FETCH:

Liest vorgegebene Felder aus einem Tupel, das z.B. durch TID oder durch einen Schlüssel in einer bestimmten Relation eines vorgegebenen Segmentes identifiziert wird.

INSERT:

Einfügen eines Tupels in eine vorgegebene Relation in einem vorgegebenen Segment. Die Einfügestelle ist im allgemeinen nicht vorhersagbar, lässt sich aber durch Angabe der TID eines Tupels steuern, in dessen Nähe das neue Tupel gespeichert werden soll (Clusterbildung!). Als Ergebnis wird die TID des neuen Tupels bekanntgemacht.

DELETE:

Löschen eines wie unter FETCH vorgegebenen Tupels aus der Relation eines Segmentes.

UPDATE:

Verändern des Inhaltes eines oder mehrerer Felder in dem wie bei FETCH identifizierten Tupel.

OPEN_SCAN:

Vorbereiten einer Relation für das sequentielle Lesen (Abtasten, scan) der Tupel entlang eines Zugriffspfades.

NEXT:

Liest vorgegebene Felder aus dem auf den Abtastpunkt unmittelbar folgenden Tupel oder aus dem ersten nachfolgenden Tupel, das eine vorgegebene Bedingung erfüllt. Der Abtastpunkt für das gefundene Tupel wird bekanntgemacht.

CLOSE:

Beenden des sequentiellen Lesens.

Abbilder

Ein Abbild (image) ist eine Ordnungsrelation über den Tupeln einer Relation. Pro Relation sind beliebig viele Abbilder möglich, doch handelt es sich stets um lexikographische Ordnungen nach den Werten in einem oder mehreren Feldern (Schlüssel bzgl. Relation). Ein Abbild definiert zugleich einen Zugriffspfad für das Abtasten einer Relation. OPEN_SCAN braucht dabei nicht am Anfang aufzusetzen. Darüberhinaus kann durch ein Abbild auf bequeme Weise eine Menge von Tupeln bestimmt werden, deren Schlüssel in ein vorgegebenes Intervall fallen. Abbilder können jederzeit eingeführt und wieder aufgegeben werden. Solange sie gelten, werden sie bei Ausführen von INSERT, DELETE und UPDATE berücksichtigt. Eine Relation zusammen mit einem Abbild ähnelt deshalb in ihren Eigenschaften einer schlüsselsequentiellen Datei.

Ketten

Eine Kette (link) ist ein sequentieller Zugriffspfad, der Tupel aus ein oder zwei Relationen verbindet. Sie definiert also ebenfalls eine Ordnungsrelation, wobei jedoch das System die Reihenfolge nicht von Feldinhalten abhängig macht. Kettenzugehörigkeit von Tupeln wird explizit durch die Operatoren CONNECT und DISCONNECT realisiert.

Unäre Ketten verbinden Tupel derselben Relation, binäre Ketten ein Tupel aus einer Relation mit einer Menge von Tupeln einer zweiten Relation. Ein Tupel kann einer beliebigen Zahl von Ketten angehören. Binäre Ketten besitzen daher eine gewisse Verwandtschaft mit den Sammlungen des Netzwerkmodelles. Ihr Hauptzweck in SYSTEM R ist allerdings die Zusammenfassung von Tupeln aufgrund übereinstimmender Feldinhalte, vor allem zur Unterstützung der Verbindungsoperation. Im übrigen können auch Ketten jederzeit definiert und abgebaut werden.

Transaktionsverwaltung

Ebenso wie auf der RDI lassen sich auch auf der RSI Transaktionen festlegen. Insbesondere gilt, dass die nach Abbildung einer RDI-Transaktion vorliegende Folge von RSI-Operationen eine

RSI-Transaktion bilden muss. Ähnlich wie auf der RDI sind
Transaktionen Einheiten zur Integritätssicherung, falls
erforderlich mittels verschiedener Wiederaufsetzpunkte. Beim
Rücksetzen wird nicht nur die Relation in einen aus der Sicht
der Transaktion früheren Zustand zurückversetzt, sondern es
werden auch alle Veränderungen an Abbildern und Ketten
rückgängig gemacht und die Abtastpunkte auf den früheren Stand
gebracht. Die entsprechenden Operatoren sind START_TRANS,
END_TRANS, SAVE_TRANS und RESTORE_TRANS.

Synchronisation

Zur Synchronisation parallel ablaufender Benutzerprozesse können
in SYSTEM R Daten gesperrt werden. Die entsprechenden Sperrope-
ratoren LOCK_SEGMENT, LOCK_RELATION und LOCK_TUPLE sind
allerdings ausschliesslich auf der RSI verfügbar. SYSTEM R
bietet für diese Sperrungen drei Sperrprotokolle an, die die
Integrität von Transaktionen in unterschiedlichem Mass sichern
(vgl. 7.3.2). Protokolle der Stufe 1 garantieren zwar Konsistenz
der Datenbasis, dabei können jedoch einzelne Transaktionen
inkonsistente Zwischenzustände lesen. Protokolle der Stufe 2
sichern für jedes individuelle Lesen Konsistenz, lassen aber
noch zu, dass zwei verschiedene Leseoperationen innerhalb der
Transaktion verschiedene Datenbasiszustände sehen. Protokolle
der Stufe 3 sichern dem Benutzerprogramm ein Systemverhalten zu,
das einem Ein-Benutzer-System entspricht. Die Wahl der
Protokollstufe richtet sich nach dem Aufwand, den ein Anwender
vertreten kann. Der interessierte Leser sei im übrigen auf die
angegebene Literatur verwiesen.

11.1.7 Realisierung

Den verschiedenen Schnittstellen entsprechend erfolgt die
Realisierung der RDI in zwei Schritten:

(1) Übersetzung der RDI-Relationen und -Ausdrücke in Strukturen
    und Ausdrücke der RSI.
(2) Abbildung der RSI-Strukturen auf Speicherseiten.

In Schritt (1) bilden die Relationen die Primärinformationen.
Sie bleiben im wesentlichen unverändert, jedoch muss ihre

Zuordnung zu Segmenten geregelt werden. Die Zugriffspfade für die Übersetzung werden ebenfalls mit Mitteln der RSI, also Abbildern und Ketten, realisiert. Sie werden jedoch bereits bei der Datendefinition festgelegt. Dabei lassen sich für jede einzelne Relation eine oder mehrere, auf einzelnen Attributen oder Attributkombinationen basierende Abbilder und für beliebige Relationenpaare binäre Ketten angeben.

Binäre Ketten werden mit Hilfe von Tupelkomponenten definiert: Man gibt jeweils für die beiden betroffenen Relationen ein Attribut oder eine Attributkombination vor. Zu jedem Tupel der ersten Relation wird dann die Menge der Tupel der zweiten Relation bestimmt, die unter den betreffenden Attributen dieselben Komponenten haben. Beispiel: Zu jedem Autor aus der Relation AUTOR wird die Kette seiner Dramen aus der Relation DRAMA gebildet derart, dass die Tupel der Kette in den Werten unter AUTORNAME übereinstimmen. Ketten lassen sich ebenfalls für Clusterbildung auszeichnen. Ihre Tupel werden dann so abgespeichert, dass minimale Zugriffszeiten zu erwarten sind, wenn auf sie in der durch die Kette gegebenen Reihenfolge zugegriffen wird.

Im übrigen ist für das Abtasten einer Relation stets - auch ohne Angabe von Abbildern und Ketten - ein vom System intern gewählter Zugriffspfad vorhanden.

Die Realisierung von SEQUEL-Anweisungen richtet sich nach den eingeführten Zugriffspfaden. Da deren Zahl nicht beschränkt ist, kann es zu einer Anweisung mehrere Übersetzungen geben. SYSTEM R enthält einen Optimierer, der diejenige Übersetzung wählt, die bei der späteren Auswertung in der untersten Schicht zu einer möglichst geringen Zahl von Seitenwechseln (siehe unten) führt. Dabei spielen die Angaben zu den Clustern eine bedeutsame Rolle. Ebenso muss der Optimierer beachten, inwieweit die Anweisungen auf Ansichten bezugnehmen.

Schritt (2) bildet die Segmente der RSI auf Speicherseiten fester Länge ab, die dynamisch verwaltet, d.h. einem Segment erst bei Bedarf zugewiesen und bei Löschen wieder freigegeben werden. Jedem Segment wird ein Adressindex zur Identifikation der diesem Segment zugewiesenen Seiten zugeordnet. Es war geplant, Rücksetzen durch das Führen von zwei Adressindexen zu erreichen, einem für den Wiederaufsetzpunkt und einem weiteren für die Registrierung der Änderungen. Zu diesem Zweck sollten Änderungen einer Seite bis zum Absetzen einer SAVE_SEGMENT-Anweisung auf einer neuen Seite als sog. Schattenobjekte zwischengespeichert bzw. durch RESTORE_SEGMENT zusammen mit dem Änderungsindex beseitigt werden.

Ein Tupel wird stets als zusammenhängende Folge von Feldern mit einer Präfix innerhalb einer Seite gespeichert. Die Präfix enthält neben dem Relationsnamen vor allem die Kettfelder für die Ketten, sie ähnelt also der für DBS440 beschriebenen Realisierung von Ketten (10.3.3). Eine Seite darf Tupel aus unterschiedlichen Relationen enthalten, z.B. wenn bei der Anwendung des INSERT-Operators Cluster gebildet werden sollen (etwa der Option ABLAGE NAHE bei DBS440 vergleichbar). Für jedes Abbild wird eine Abbildung σ oder τ von der Menge der Werte unter den angegebenen Attributen in die Menge der TID´s in Form eines B*-Baumes angelegt. Bei der Realisierung der B*-Bäume nimmt jede Seite genau einen Knoten auf. Die Blätter (Stellvertreterliste) sind wie bei DBS440 verkettet und liefern daher unmittelbar eine lexikographische Ordnung. Eines der Abbilder einer Relation kann als Cluster ausgezeichnet werden. Als Folge davon werden Tupel, die gemäss der Ordnung benachbart sind, auf derselben oder nahe zusammenliegenden Speicherseiten untergebracht.

11.1.8 Query by Example

Im Vergleich zur Relationenalgebra oder dem Relationenkalkül kann SEQUEL bereits als benutzerfreundliche Sprache gelten. Darüberhinaus wurde mehrfach versucht, Zugriffssprachen für relationale Systeme zu entwerfen, die sich an den systemunerfahrenen, gelegentlichen Benutzer ("casual user") wenden. Eine der interessantesten Entwicklungen dieser Art ist die Sprache "Query by Example", bei deren Gestaltung davon ausgegangen wurde, dass viele Benutzer mit einer Relation das Bild einer Tabelle verbinden. Dem Benutzer werden daher Tabellen mit den Attributen der für seine Frage bedeutsamen Relationen angeboten, die er zur Formulierung einer Anfrage mit Konstanten und Variablen (unterstrichene Beispielwerte) ausfüllen kann. Dies sei an einigen einfachen Beispielen illustriert.

„Gib die Namen aller Schweizer Autoren."

AUTOR	AUTORNAME	NATIONALITÄT	GEBURTSJAHR	TODESJAHR
	P. Frisch M.	CH		

Hierbei ist CH Konstante, FRISCH M. Variable. Beispielwerte brauchen zum fraglichen Zeitpunkt nicht in der Datenbasis zu existieren. Wo für Tupelkomponenten jeder beliebige Wert unabhängig von anderen Werten zugelassen ist, kann auch auf die Angabe von Variablen verzichtet werden und die entsprechenden Spalten können offen bleiben (daher könnte im Beispiel FRISCH M. entfallen). Sollen bestimmte Komponenten der erfragten Tupel angezeigt werden, so ist in die Spalten der betreffenden Attribute die Zeichenfolge P. (möglicherweise gefolgt von einem Beispielwert) einzutragen.

Antwort:

AUTORNAME
Frisch M.
Dürrenmatt F.

„In welchen Ländern sind Max Frischs Dramen uraufgeführt worden"?

DRAMA	TITEL	AUTORNAME	ULAND	UJAHR
		Frisch M.	P. USA	

Antwort:

ULAND
CH

„Gib Name und Geburtsjahr aller noch lebender Schweizer Autoren".

AUTOR	AUTORNAME	NATIONALITÄT	GEBURTSJAHR	TODESJAHR
	P. Frisch M.	CH	P. 1970	0

Antwort:

AUTOR- NAME	GEBURTS- JAHR
Frisch M.	1911
Dürrenmatt F.	1921

Während sich die Konjunktion von Bedingungen durch mehrere Konstanten in einer Zeile wie im vorhergehenden Beispiel ausdrücken lässt, muss man zur Disjunktion mehrere Zeilen ausfüllen.

„Gib die Namen aller Autoren, die Schweizer sind oder nicht mehr leben".

AUTOR	AUTORNAME	NATIONALITÄT	GEBURTSJAHR	TODESJAHR
	P. Frisch M.	CH		
	P. Goethe W.			>0

Antwort:

AUTORNAME
Frisch M.
Hemingway E.
Brecht B.
Shaw G.B.
Dürrenmatt F.
Ibsen H.

Angemerkt sei, dass sich die SEQUEL-Anfrage "Gib die Namen aller verstorbenen Autoren, die älter als 50 Jahre wurden" (11.1.2) in Query by Example nicht ausdrücken lässt.

Werden mehrere Relationen in eine Anfrage einbezogen, so müssen mehrere Tabellen ausgefüllt und über gemeinsame Variablen zueinander in Beziehung gesetzt werden.

„Gib die Namen der Schauspieler, die männliche Rollen in Nora darstellen."

DARSTELLER	MITGLIEDNAME	ROLLE	THEATER	GEBURTSJAHR
	P. Maier K.	Faust		

ROLLE	FIGUR	DRAMA	ROLLENGESCHLECHT
	Faust	Nora	M

Antwort:

MITGLIEDNAME
Balmer W.

Ähnlich wie in SEQUEL stehen eine Reihe auswertender Operatoren zur Verfügung: Arithmetische Vergleiche ($=$, $\neq$, $<$, $\leq$, $>$, $\geq$), Negation ($\neg$), Verbindung (JOIN), Funktionen (SUM, COUNT, AVG, MAX, MIN).

„Gib die Summe aller Personalgehälter am Stadttheater Aachen".

PERSONAL	THEATER	MITGLIEDNAME	GEHALT	TARIF
	Stadttheater Aachen		P. SUM. ALL 2000	

„Gib die Namen aller nicht nach BAT bezahlten Mitglieder
am Stadttheater Aachen''.

PERSONAL	THEATER	MITGLIEDNAME	GEHALT	TARIF
	Stadttheater Aachen	P. Maier K.		BAT

„Gib die Namen allen Personals am Stadttheater Aachen,
das mehr als Herr Huber verdient''.

PERSONAL	THEATER	MITGLIEDNAME	GEHALT	TARIF
	Stadttheater Aachen	P. Maier K.	>2000	
	Stadttheater Aachen	Huber L.	2000	

Die Anfrage "Gib die Namen allen Personals am Stadttheater
Aachen, dessen Gehalt das mittlere Gehalt am Stadttheater Aachen
übersteigt" lässt sich dagegen nicht unmittelbar formulieren.

11.2 KAIFAS

Das experimentelle System KAIFAS wurde an der Universität
Karlsruhe entwickelt. Im Gegensatz zu SYSTEM R geht es von einem
Datenmodell nach dem Mengenkalkül aus und bietet eine deutsch-
sprachliche Benutzerschnittstelle an. Die nachfolgende
Diskussion hebt auf diese beiden Besonderheiten ab.

Die Verwendung des Mengenkalküls beruht im wesentlichen auf der
Beobachtung, dass bei Synthese-Systemen Anfragen nach Objekten
mit vorgegebenen Eigenschaften eine besondere Rolle spielen.
Solche Anfragen sind, wie in Kap.5.3.10 anhand der Zielpunktli-
ste zu Deskriptoren gezeigt wurde, mit den Mitteln des
Mengenkalküls beantwortbar.

11.2.1 Systemarchitektur

Auch dem Entwurf von KAIFAS liegt die Konzeption einer
Hierarchie streng voneinander abgegrenzter Schichten zugrunde.

272

Insgesamt lassen sich vier Schichten unterscheiden, von denen die beiden unteren (Σ_3 und Σ_4) operational und die beiden oberen (Σ_1 und Σ_2) nicht operational sind (4.1.3). Mit den beiden letzteren wird die Zielsetzung verfolgt, ungeschulten Benutzern eine natürlichsprachliche Schnittstelle anbieten zu können, wobei die Auftrennung in zwei Schichten die Anpassung des Systems an beliebige Anwendungsgebiete erleichtern soll: In der "deutschsprachlichen Schicht" Σ_2 liegt zwar die Grammatik der deutschen Sprache fest, das Vokabular ist aber weitgehend nur schematisch, d.h. anwendungsneutral festgelegt, während die Anwenderschicht Σ_1 über ein fachspezifisches, bedeutungstragendes Vokabular verfügt. Auf diese Weise können in Σ_1 beliebige anwendungsspezifische Sprachen eingerichtet werden, denen allerdings die durch Σ_2 vorgegebenen syntaktischen Formulierungsmöglichkeiten gemeinsam sein müssen.

Das mengenorientierte Datenmodell von KAIFAS spiegelt sich in der operationalen "Mengenkalkülschicht" Σ_3 wider, die durch eine "Implementierungsebene" Σ_4 mit den Mitteln einer höheren Programmiersprache (EXTENDED ALGOL) realisiert wird. Letztere wird nicht weiter behandelt.

Der Entwurf von KAIFAS liefert ähnlich wie derjenige von SYSTEM R ein gutes Beispiel dafür, dass die Eigenschaften eines Synthese-Systems zunächst durch Vorgabe eines Datenmodells festgelegt und die benutzernahen deskriptiven Schichten erst anschliessend bestimmt werden. Da damit die in Σ_2 bzw. Σ_1 möglichen, natürlichsprachlichen Problembeschreibungen exakt durch Σ_3 festgelegt sind, entfällt ein grosser Teil der in natürlichem Deutsch formulierbaren Sätze, so dass man in diesen Schichten mit einer beschränkten Grammatik auskommt.

11.2.2 Datenmodell

Mit Mengen allein lassen sich zwar sehr leicht Eigenschaften von Objekten, aber nur sehr umständlich Beziehungen zwischen Objekten modellieren. Deshalb sieht das Datenmodell von KAIFAS neben dem mathematischen Mengenkonzept zweistellige Relationen vor, daneben noch einstellige Funktionen ("Massfunktionen", Zuordnung messbarer Eigenschaften zu Objekten) sowie die üblichen Arten für Zahlen. Die letzteren bilden auch zusammen mit der nicht näher spezifizierten Menge I (für "Individuen")

die Ausgangssorten. Das Datenmodell von KAIFAS hat offensichtlich gewisse Ähnlichkeiten mit dem Gegenstand-Beziehung-Modell
aus Kap.2.5.2, nimmt ihm gegenüber allerdings Zusammenfassungen
nach Attributen vor.

Verknüpfungen

Wir werden im folgenden nur die Verknüpfungen des Datenmodells
betrachten und nicht näher auf typspezifische Operatoren
eingehen.

Für __Mengen__ sind die üblichen Mengenoperatoren erklärt. Dazu
gehören u.a.
- die fortsetzbaren Operatoren "Vereinigung" (Mu), "Durchschnitt" (Md) und "Differenz" (M-)
- der nichtfortsetzbare logische Operator "ist Element" ($\in$) und
- der nichtfortsetzbare logische Operator "ist enthalten" ($\subseteq$).

Für __Relationen__ gibt es u.a. die ($\mathcal{R}$ sei eine Menge von Relationen
$R_i \subseteq M_{i_1} \times M_{i_2}$ mit $M_{ij} \in \mathcal{M}$, $\mathcal{M}$ Menge von Mengen einschliesslich der
Individuensorte I)

- fortsetzbaren Operatoren
  "bilde konverse Relation" Ko: $\mathcal{R} \rightarrow \mathcal{R}$ mit

$$Ko(R_i) := \{(y,x) \in M_{i_2} \times M_{i_1} \mid (x,y) \in R_i\}$$

  "bilde Produkt von Relationen" Rp: $\mathcal{R} \times \mathcal{R} \rightarrow \mathcal{R}$ mit

$$Rp(R_i, R_j) := \{(x,z) \in M_{i_1} \times M_{j_2} \mid \exists y \in M_{i_2} \cap M_{j_1} : (x,y) \in R_i \wedge (y,z) \in R_j\}$$

- nichtfortsetzbaren Operatoren
  "projiziere Relation auf Vorbereich" Vo: $\mathcal{R} \rightarrow \mathcal{M}$ mit

$$Vo(R_i) := M_{i_1}$$

  "bestimme die Vorglieder eines Elements aus dem Nachbereich
  einer Relation" Vg: $\mathcal{R} \times I \rightarrow \mathcal{M}$ mit

$$Vg(R_i, y) := \{x \in M_{i_1} \mid (x,y) \in R_i\}$$

  "bestimme die Vorglieder einer Teilmenge des Nachbereiches
  einer Relation" Vgu: $\mathcal{R} \times \mathcal{M} \rightarrow \mathcal{M}$ mit

$$Vgu(R_i,M) := \bigcup_{y \in M \le M_{i_2}} Vg(R_i,y)$$

und ähnlich für den Nachbereich die Operatoren Na, Ng und Ngu.

Für <u>Massfunktionen</u> bedeutsam ist

- der Reduktionsoperator Fw ($\mathcal{F}$ sei eine Menge von Massfunktionen, D eine Menge von Masszahlen)
  Fw: $\mathcal{F}$ x I $\rightarrow$ D mit Fw(F,i) := F(i).

Für <u>Zahlen</u> schliesslich sind definiert

- arithmetische Operatoren wie +,-,* und /, die gegebenenfalls auch zu einer Umrechnung der Masseinheiten führen.

Um die Verwendbarkeit dieser Operatoren zeigen und unsere späteren Betrachtungen vereinfachen zu können, führen wir eine kleine, nach dem KAIFAS-Datenmodell aufgebaute Beispieldatenbasis ein (Abkürzungen in Klammern vermerkt).

<u>Mengen</u>

<u>Autor</u>: {Frisch M. (MF), Dürrenmatt F. (FD), Brecht B. (BB), Sartre J.P. (JPS), Hauptmann G. (GH)}

<u>Drama</u>: {Romulus der Grosse (RG), Hinter geschlossenen Türen (HGT), Die chinesische Mauer (CM), Der gute Mensch von Sezuan (MS), Biedermann und die Brandstifter (BUB), Die Weber (DW)}

<u>Stadt</u>: {Zürich, Berlin, Wien, Paris, Basel}

<u>Land</u>: {Frankreich (F), Deutschland (D), Schweiz (CH), Österreich (A)}

<u>Relationen:</u>

Urheber:

Autor	Drama
MF	BUB
MF	CM
BB	MS
FD	RG
GH	DW
JPS	HGT

Uland:

Drama	Land
HGT	F
CM	CH
MS	CH
DW	D
BUB	CH
RG	CH

Nationalität:			Uort:	
Person	Land		Drama	Stadt
GH	D		HGT	Paris
MF	CH		MS	Zürich
BB	D		CM	Zürich
FD	CH		BUB	Zürich
JPS	F		RG	Basel
			DW	Berlin

Geburtsjahr:		Todesjahr:		Ujahr:	
Person	Jahr	Person	Jahr	Drama	Jahr
MF	1911	MF	0	BUB	1958
FD	1921	GH	1946	CM	1946
JPS	1905	JPS	0	DW	1893
BB	1898	BB	1956	RG	1949
GH	1862	FD	0	HGT	1944
				MS	1943

Massfunktion:
 Alter: <(Frisch M., 50 J.),.........>

Eine Anfrage
 "Bestimme die Menge der Autoren mit einem Todesjahr, das
 Uraufführungsjahr eines Dramas mit Uraufführungsland Schweiz
 ist"
könnte dann durch die folgende Formel beschrieben werden:

 Md(Autor,Vgu(Todesjahr,Ngu(Ujahr,Vg(Uland,CH))))

ebenso
 "Sind die Autoren, deren Todesjahr Uraufführungsjahr eines
 Dramas mit Uraufführungsland Schweiz ist, Schweizer?":

 ⊂(Md(Autor,Vgu(Todesjahr,Ngu(Ujahr,Vg(Uland,CH))))),
 Vg(Nationalität,CH))

Wie die Beispiele zeigen, entstehen Anfragen (Problembeschreibungen) der Mengenkalkül-Schicht primär durch Verschachtelung
von Funktionsausdrücken. Für diese gelten die Abarbeitungsregeln
links-vor-rechts und innen-vor-aussen.

276

11.2.3 Spezielle Operatoren der Mengenkalkül-Schicht

Wie das letzte Beispiel andeutet, interessiert bei Anfragen nicht immer die Liste der Objekte mit den im Ausdruck beschriebenen Eigenschaften, vielmehr möchte man häufig nur wissen, ob es überhaupt ein solches Objekt in der Datenbasis oder in einer bestimmten Menge gibt, bzw. wieviele davon insgesamt existieren. Diese unterschiedlichen Absichten werden in der Mengenkalkül-Schicht einheitlich durch sog. Quantoren erfasst. Sie sind generell mit drei Argumenten zu versehen:

- Individuenbereich: Ausdruck für eine Menge, auf deren Elemente (Individuen) der Quantor angewendet werden soll.
- Wirkungsbereich: Logische Bedingung (z.B. formuliert mit Hilfe des Operators "ε"), die die bei Bearbeitung des Quantors zu prüfenden Objekteigenschaften beschreibt.
- Variable, die durch den Quantor an den Individuenbereich gebunden werden soll.

Die wichtigsten Quantoren in KAIFAS sind

AL: "Alle"; liefert das Ergebnis "true", falls alle Individuen den Wirkungsbereich erfüllen.
EI: "Irgendein"; liefert das Ergebnis "true", falls mindestens ein Individuum den Wirkungsbereich erfüllt.
DB: "Welche"; liefert alle Individuen, die die im Wirkungsbereich geforderten Eigenschaften aufweisen.
ZB: "Wieviele"; liefert die Anzahl der Individuen mit den geforderten Eigenschaften.

Beispiele:

- "Welche Autoren haben ein Todesjahr, das Uraufführungsjahr eines Dramas mit Uraufführungsland Schweiz ist"?

DB(x,Autor,ε(x,Vgu(Todesjahr,Ngu(Ujahr,Vg(Uland,CH)))))

Diese Anfrage ist äquivalent mit der des ersten Beispieles aus 11.2.2.

- "Sind alle Autoren, deren Todesjahr Uraufführungsjahr eines Dramas mit Uraufführungsland Schweiz ist, Schweizer?"

AL(x,Md(Autor,Vgu(Todesjahr,Ngu(Ujahr,Vg(Uland,CH)))),
ε(x,Vg(Nationalität,CH)))

Diese Anfrage stimmt sinngemäss mit dem zweiten Beispiel aus 11.2.2 überein.

- "Gibt es einen Autor mit Geburtsjahr 1911"?

    EI(x,Autor,∈(x,Vg(Geburtsjahr,1911)))

- "Von wievielen Dramen ist die Schweiz Uraufführungsland"?

    ZB(x,Drama,∈(x,Vg(Uland,CH)))

- "Ist jeder Autor Urheber eines Dramas"?

    AL(x,Autor,∈(x,Vgu(Urheber,Drama)))

Quantoren können auch kombiniert, d.h. verschachtelt werden. In diesem Fall kann der Wirkungsbereich der Operatoren DB und ZB auch aus einer Menge oder einem Einzelelement (z.B. einer von ZB gelieferten Zahl) bestehen. Diese wird dann jeweils einer mehrspaltigen Ausgabeliste zugeschlagen.

Beispiel:

- "Wieviele Dramen welcher Autoren haben welches Land als Uraufführungsland"?

    DB(x_1,Autor,ZB(x_2,Ng(Urheber,x_1),DB(x_3,Land,∈(x_2,Vg(Uland,x_3)))))

    Antwort (bzgl. der Beispieldatenbasis):

Frisch M.	2	CH
Brecht B.	1	CH
Dürrenmatt F.	1	CH
Hauptmann G.	1	D
Sartre J.P.	1	F

11.2.4 Realisierung von Quantoren und Mengenausdrücken

Die Realisierung von Quantoren der Mengenkalkülschicht erfolgt durch Programmschleifen der EXTENDED-ALGOL-Schicht: Die Elemente des Individuenbereiches werden sequentiell mit Hilfe einer Nachfolgerfunktion aufgegriffen und auf den Wirkungsbereich hin

geprüft. Im Falle der Quantoren DB und ZB muss dabei in jedem
Fall der gesamte Individuenbereich durchlaufen werden, während
im Falle von EI nach dem ersten Erfolg (gerade betrachtetes
Individuum erfüllt die Bedingung) und im Falle von AL nach dem
ersten Misserfolg (gerade betrachtetes Individuum erfüllt nicht
die Bedingung) abgebrochen werden kann.

Mengen können elementweise aufgebaut oder, den Ansichten in
SYSTEM R vergleichbar, über vorhandene Mengen vereinbart werden.
Die entsprechenden Vereinbarungen werden als M-Terme bezeichnet.
Damit solcherart vereinbarte Mengen allen Änderungen der sie
definierenden Mengen folgen, werden sie nicht explizit in der
Datenbasis realisiert, sondern erst zur Laufzeit errechnet.

M-Terme können ihrerseits wieder in die Definition weiterer
M-Terme eingehen. Da jede Menge in der Datenbasis geführt wird,
gleichgültig ob sie durch Aufzählung ihrer Elemente oder durch
M-Terme gegeben ist, können auch M-Terme in der Datenbasis
auftreten.

Beispiel: Die durch
    DD:= Mu(Vg(Uland,D),Vg(Uland,A),Vg(Uland,CH))
definierte "Menge aller im deutschsprachigen Raum uraufgeführten
Dramen" würde folgendermassen (schematisch) realisiert:

```
DD
- - - - - - -
Vg (Uland, D)
Vg (Uland, A)
V  (Uland, CH)
```

Diese Konzeption liesse sich noch dahingehend erweitern, dass
M-Terme in der Datenbasis auch auf Mengen bezugnehmen können,
für die sich keine Individuen angeben lassen. Auf diese Weise
könnten Datenbasen von Beziehungen zwischen Objekten konstruiert
werden, ohne dass die Objekte selbst explizit realisiert wären.

11.2.5 Natürlichsprachliche und anwendungsspezifische Schicht

Die Schnittstelle der Mengenkalkülschicht ist mit ihrer formalen
Notation nur für wenige Benutzer attraktiv. Wie bereits erwähnt
bietet KAIFAS deshalb eine natürlichsprachliche Schicht (Σ_2) an,

über der eine, einem beliebigen Anwendungsgebiet angepasste Anwenderschicht (Σ_{1_i}) angelegt werden kann. Σ_2 und Σ_{1_i} sind deskriptiv, da Operatoren in vielen natürlichsprachlichen Formulierungen nur implizit enthalten sind. (Beispiel: Deutung der Adjektiv/Substantiv-Kombination als Durchschnittsbildung). Die Funktion der abstrakten Maschine F_2 der natürlichsprachlichen Schicht ist konstruktiv über die Realisierung durch die abstrakte Maschine F_3 der Mengenkalkülschicht beschrieben: $F_2 |_r F_3$ (vgl. Kap.4.1.3). Auf diese Weise werden in der natürlichsprachlichen Schicht nur solche Formulierungen zugelassen, deren Bedeutung sich auf eine mengentheoretische Erklärung zurückführren lässt. Darüberhinaus verzichtet KAIFAS fast völlig auf den Gebrauch von Verben und umgeht damit den gerade in der deutschen Sprache hohen Aufwand zur Reduktion morphologischer Formen von Verben (vgl. hierzu etwa 6.1.4). Für manche Anwendungsgebiete, etwa die Pharmazie, erwies sich diese Beschränkung unproblematisch, für andere wie die hier verwendete Beispieldatenbasis führt sie allerdings doch häufig zu umständlichen Formulierungen. So hätten sich manche der zuvor aufgeführten Beispiele etwas flüssiger formulieren lassen, etwa

"Bestimme die Menge der Autoren, die in einem Jahr starben, in dem ein Drama in der Schweiz uraufgeführt wurde"
oder
"Wieviele Dramen wurden in der Schweiz uraufgeführt"?

Die Eingabesprache (E_2) der natürlichsprachlichen Schicht von KAIFAS wird durch eine Grammatik spezifiziert, die die Abbildung auf die Mengenkalkülsprache E_3 besonders einfach macht. Dazu wählt man die syntaktischen Variablen (Nichtterminale) der Grammatik für E_2 entsprechend den Sorten der Mengenkalkülschicht, so dass auf Σ_2 dann auch die Bezeichner von Σ_3 als Terminale Verwendung finden können. Die syntaktischen Eigenheiten der deutschen Sprache werden in der Grammatik dadurch berücksichtigt, dass die syntaktischen Variablen durch eine Reihe syntaktischer Merkmale (sog. Features) indizierbar sind. Diese sind in KAIFAS binär, d.h. das entsprechende Merkmal trifft zu oder nicht. Die wichtigsten syntaktischen Variablen und Merkmale sind in den beiden Tabellen Abb. 11.1 zusammengestellt.

Jede Produktion der Grammatik ist kontextfrei über die syntaktischen Variablen definiert. Um jedoch ihre Anwendung zu verhindern, falls der zu reduzierende natürlichsprachliche Ausdruck in bestimmten Aspekten grammatikalisch inkorrekt ist,

280

Bezeichner	Bedeutung
IN	Individuum
ME	Mengen
RE	Relationen
ZA	Zahlen
DZ	Maßzahlen
MF	Maßfunktionen
QU	Quantoren
SA	Sätze

a) Syntaktische Variable

Bezeichner	Bedeutung	
MAS	maskulinum	
FEM	femininum	Genus
NEU	neutrum	
SR	stark dekliniert	
SIN	Singular	
PLU	Plural	Numerus
NOM	Nominativ	
GEN	Genitiv	
DAT	Dativ	Kasus
ACC	Akkusativ	
ADJ	Wortklasse (Adjektiv, Substantiv)	

Abb. 11.1

b) Merkmale

wird die Anwendung der Produktion von dem Ergebnis eines ihr zugeordneten Merkmalsprogrammes abhängig gemacht, das auf die Indizierung der syntaktischen Variablen angewandt wird.

Beispiel:

Der Produktion

$$ME_1 \to ME_2 \; ME_3$$

(die numerische Indizierung dient der Unterscheidung der ME für das Merkmalsprogramm) ist ein Merkmalsprogramm zugeordnet, das einen Akzeptanztest für die Merkmals-Indizierung der rechten Seite durchführt und - bei festgestellter Akzeptanz - die Indizierung der linken Seite zusammenstellt:

```
    test (ME₂,+ADJ)
  ∧ test (ME₃,-ADJ)
  ∧ meq (MAS,FEM,NEU,ME₂,ME₃)          Akzeptanz-Test
  ∧ meq (NOM,GEN,DAT,ACC,ME₂,ME₃)
  ∧ meq (SIN,PLU,ME₂,ME₃)

    -ADJ,
    and (SIN,PLU,ME₂,ME₃),             Indizierung der
    and (MAS,FEM,NEU,ME₂,ME₃),         linken Seite
    and (NOM,GEN,DAT,ACC,ME₂,ME₃)
```

test prüft, ob die als Parameter vorgegebenen Bedingungen erfüllt sind (+<Merkmal>: Merkmal muss erfüllt sein, -<Merkmal>: Merkmal darf nicht erfüllt sein). meg prüft, ob die vorgegebenen syntaktischen Variablen in mindestens einem der vorgegebenen Merkmale übereinstimmen. and errechnet die Besetzung der angegebenen Merkmale auf der linken Seite aus der Konjunktion der Besetzungen dieser Merkmale auf der rechten Seite.

Die Einrichtung einer Anwenderschicht über der natürlichsprachlichen Schicht erfolgt durch Vorgabe eines anwendungsspezifischen Vokabulars. Der syntaktische Aufbau von Anfragen ist somit in allen Anwenderschichten und in der natürlichsprachlichen Schicht gleich.

Beispiel für den Anwendungsbereich "Bühnenwerke":

IN   Jahreszahlen, Autorennamen, Titel von Dramen, Städtenamen, Preisbezeichnungen, Symbole für Länder
ME   Drama, Autor, Stadt, Land; Eigenschaften wie Komödie, Tragödie, Sketch etc.
RE   Geburtsjahr, Todesjahr, Uraufführungsjahr, Uraufführungsland, Uraufführungsort, Rolle, Besetzung
MF   Alter
DZ   50 Jahre

11.2.6 Übersetzung auf die Mengenkalkülschicht

Jede Anfrage, die auf der Anwenderschicht gestellt wird, muss sukzessive in Ausdrücke darunter liegender Schichten übersetzt werden. Dazu betrachten wir zunächst die in einem einzigen Übersetzer zusammengefassten Schritte von der Anwenderschicht zur Mengenkalkülschicht. Die Übersetzung spielt sich dabei in den traditionellen Phasen Lexikalische Analyse, Syntaxanalyse und Codeerzeugung ab.

Lexikalische Analyse

Ein Wort muss zunächst von der Flexionsform auf seine Grundform reduziert werden. Hierzu werden ganz analog zum Vorgehen in 6.1.4 in einem ersten Schritt mit Hilfe eines Wörterbuches

Grundform und Endungsmorphem identifiziert. Zu diesem Zweck enthält jeder Eintrag des Wörterbuches neben der Grundform die Angabe einer Endungsklasse, aus der über die Zulässigkeit der gefundenen Endung entschieden werden kann, z.B. Endungsklasse 2 für Adjektive: $\{\varepsilon,e,er,en,es,em\}$ (ε "leere" Endung). Aus dem Wörterbucheintrag für die Grundform lässt sich die zugehörige syntaktische Variable zusammen mit einer Anfangsindizierung entnehmen (bei Substantiven (ME, RE) beispielsweise die Merkmale für Genus, Wortklasse und evtl. Numerus). Die Endung entscheidet dann über die zusätzliche Merkmals-Indizierung. Als letztes enthält ein Wörterbucheintrag den zugehörigen Bezeichner aus Σ_2 und damit auch aus der Mengenkalkülschicht Σ_3. Abb. 11.2 gibt ein Beispiel für das Ergebnis einer lexikalischen Analyse.

Syntaxanalyse

Die Syntaxanalyse erfolgt in drei Schritten, nämlich
- Reduktion (Erstellung des Syntaxgraphen).
- Merkmalsanalyse (Anwendung der Merkmalsprogramme auf die Indizierungen der syntaktischen Variablen).
- Nachbehandlung.

Die ersten beiden Schritte werden gemeinsam ausgeführt: Stimmt die zu analysierende Folge von Nichtterminalen mit der rechten Seite einer Produktion überein, so wird zunächst die Anwendbarkeit der Produktion durch den Akzeptanz-Test festgestellt;

Wort	Syn.	Merkmale	int. Bez.
Welche	QU	+MAS+FEM+NEU+NOM+ACC+PLU	DB
	QU	+FEM+NOM+ACC+SIN	DB
deutsch-sprachigen	ME	+MAS+GEN+DAT+ACC+SIN+ADJ	M25
	ME	+FEM+NEU+GEN+DAT+SIN+ADJ	M25
	ME	+MAS+FEM+NEU+NOM+GEN+DAT+ACC+PLU+ADJ	M25
Autoren	ME	+MAS+NOM+GEN+DAT+ACC+PLU	M4
	ME	+MAS+DAT+SIN	M4
haben	<Terminal>	—	
D	IN	+NOM+DAT+ACC	I64
als	<Terminal>	—	Vg
Nationalität	RE	+FEM+NOM+GEN+DAT+ACC+SIN	R8

Abb. 11.2

verläuft dieser positiv, so wird auf das linke Nichtterminal der
Produktion reduziert und dieses indiziert.

Beispiel für Produktionen:

```
ME -> ME ME          ME -> QU ME
ME -> RE             SA -> ME sind ME?
ME -> RE ME          SA -> sind ME ME?
ME -> RE IN
```

Beispiel für die Analyse des Ausdruckes "deutschsprachigen
Autoren" aus Abb. 11.2:
Zunächst wird die Produktion ME -> ME ME angewandt. Der
Akzeptanz-Test (11.2.5) weist dabei vier von den sechs nach
lexikalischer Analyse möglichen Kombinationen für "deutschspra-
chigen Autoren" zurück (meq nicht erfüllt). Als akzeptierte
Kombinationen verbleiben

```
      deutschsprachigen    +MAS+FEM+NEU+NOM+GEN+DAT+ACC+PLU+ADJ
      Autoren              +MAS+NOM+GEN+DAT+ACC+PLU
und
      deutschsprachigen    +MAS+GEN+DAT+ACC+SIN+ADJ
      Autoren              +MAS+DAT+SIN
```

Als linke Seite ergibt sich demnach im ersten Fall ME mit der
Indizierung +MAS+NOM+GEN+DAT+ACC+PLU. Die verbliebene Mehrdeu-
tigkeit im Kasus wird nachfolgend bei Anwendung der Regel ME ->
QU ME bereinigt, ebenso entfällt dort der zweite Fall. Abb. 11.3
zeigt den Syntaxgraphen für den gesamten Satz (da die Grammatik
mehrdeutig ist, wird anstelle eines Syntaxbaums ein Graph
erzeugt).

Codeerzeugung und Nachbehandlung

Mit jeder Reduktion wird eine zur angewendeten Produktion
gehörende semantische Aktion ausgeführt, die einen Funktional-
ausdruck der Mengenkalkülschicht erzeugt (obere Kantenbezeich-
nungen in Abb. 11.3). Dabei verweisen die Argumente ihrerseits
auf weitere derartige Ausdrücke, wenn es sich nicht um
Individuen handelt.

Zu Abschluss der Syntaxanalyse liegt daher für jede Reduktion
auf SA jeweils ein Codebaum vor (gestrichelte Linien in Abb.

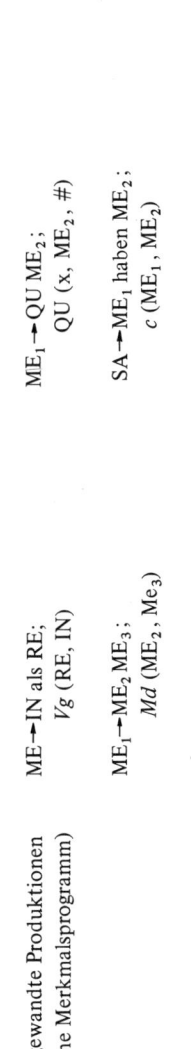

Syntaxgraph

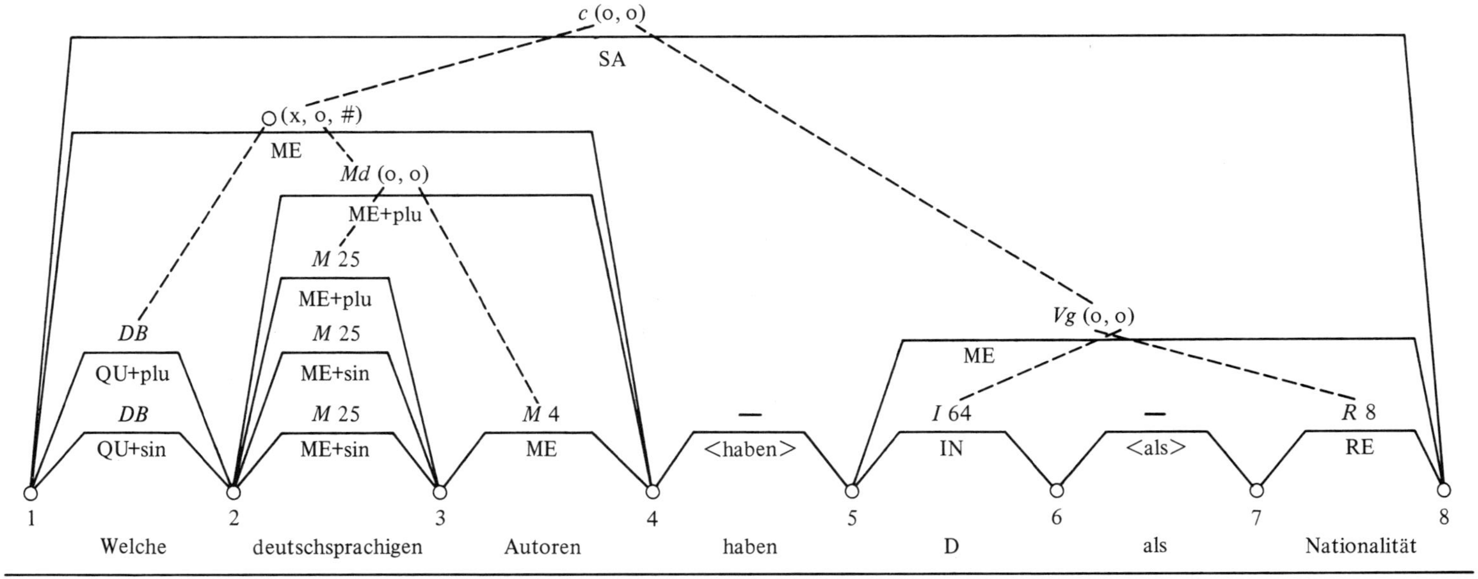

Angewandte Produktionen
(ohne Merkmalsprogramm)

ME→IN als RE;
    Vg (RE, IN)

ME_1→$ME_2 ME_3$;
    Md (ME_2, Me_3)

ME_1→QU ME_2;
    QU (x, ME_2, #)

SA→ME_1 haben ME_2;
    c (ME_1, ME_2)

\# Platzhaltersymbol für den Wirkungsbereich
Sackgassen sind nicht aufgeführt. Indizierungen der syntaktischen Variablen sind nur insoweit angezeigt,
als sie im vorliegenden Beispiel den Akzeptanz—Test beeinflussen.

Abb. 11.3

11.3), der anschliessend in einen linearen Ausdruck einer der Mengenkalkülsprache ähnlichen Zwischensprache überführt wird. Soweit der Ausdruck kein korrektes Programm der Mengenkalkülschicht darstellt, muss er noch umgeformt werden. So wird bei Auftreten von Quantoren eine Art pränexe Normalform verlangt. Dabei unterliegt die Anordnung der Quantoren gewissen Regeln, die teilweise durch die Mengenkalkülschicht selbst bestimmt sind (z.B. AL oder EI innerhalb von DB oder ZB), zum Teil aber auch aus einer Deutung natürlichsprachlicher Formulierungen hervorgehen.

Beispiel: "Welche Autoren sind Urheber von Dramen?" führt zunächst auf den Zwischencode (# ist Platzhalter für den Wirkungsbereich):

$\in(DB(x_1,M4,\#),Vgu(R23,M22))$

Nach der Nachbehandlung:

$DB(x_1,M4,\in(x_1,Vgu(R23,M22)))$

Eine weitere Aufgabe der Nachbehandlung besteht darin, unter äquivalenten Problembeschreibungen in E_3 die effizienteste auszuwählen. So kann man unter gewissen Bedingungen den AL-Quantor durch Formulierungen mit $\in$ ersetzen, den DB-Quantor durch Md (vgl. Beispiele in 11.2.2 und 11.2.3).

11.2.7 Rückübersetzung

Die in 11.2.6 beschriebene Übersetzung bezog sich ausschliesslich auf die Schritte von der Anwenderschicht zur Mengenkalkülschicht. Das Ergebnis einer Anfrage erscheint aber als Arbeitsergebnis der tiefsten Schicht Σ_4 (EXTENDED-ALGOL-Schicht) und muss schrittweise über die Mengenkalkülschicht Σ_3 in die Benutzerschicht rückübersetzt werden. Dazu werden die Individuenbezeichner mittels Rückverweisen innerhalb des Wörterbuches in die Benutzersprache überführt.

Die Rückübersetzung kann allerdings wesentlich komplizierter ausfallen, sofern auf Σ_3 M-Terme als Antwort auftreten. Zu einem M-Term muss dann ein grammatikalisch korrekter natürlichsprachlicher Ausdruck gefunden werden, z.B. zu

Vg(R23,I125) "Urheber von Biedermann und die Brandstifter".

11.3 REL

Bereits in den sechziger Jahren wurden in den USA Versuche mit Informationssystemen angestellt, die als "intelligente Kommunikationspartner" natürlichsprachliche Formulierungen verstehen und umfangreiche Möglichkeiten zur Auswertung einer Datenbasis bieten sollten; hier finden sich deshalb (neben deduktiven Systemen) die ersten Synthese-Systeme. Ihre Datenmodelle wurden nicht - wie bei KAIFAS - unabhängig von der Benutzerschnittstelle, sondern entsprechend der bereits vorgegebenen Semantik natürlichsprachlicher Ausdrücke gewählt. Eines der bekannteren unter diesen Systemen, das REL (Rapidly Extensible Language) System, soll den Abschluss unserer Betrachtungen zu Synthese-Systemen bilden. Es wurde nicht nur wegen seiner reichhaltigen natürlichsprachlichen Schicht gewählt, sondern auch weil es Zeitabhängigkeiten berücksichtigt.

11.3.1 Systemarchitektur

Im Hinblick auf den Entwicklungszeitpunkt hat REL naturgemäss eine relativ schwach ausgeprägte Schichtenarchitektur:

Σ_1: englischsprachliche Schicht (deskriptiv).

Σ_2: Schicht zweistelliger Beziehungen zwischen individuellen Daten (operational); Datenmodell.

Σ_3: Assembler- und Betriebssystem-Schicht (fest an IBM-Anlagen gebunden).

Operatoren von Σ_2 sind Bezeichner von Assembler-Unterprogrammen. Ihre Gesamtzahl ist nicht festgelegt, zur Realisierung von Erweiterungen der Benutzerschnittstelle können jederzeit neue Operatoren hinzugefügt werden. Diese Möglichkeit verleitet natürlich dazu, auf Σ_2 Operatoren mit komplizierter Semantik einzuführen, denen entsprechend umfangreiche und schwer zu überblickende Assemblerprogramme entsprechen. Da dieser Versuchung bei der Entwicklung von REL nicht widerstanden wurde, gehen wir nicht näher auf die Operatoren von Σ_2 ein.

11.3.2 Datenmodell

Die Grundkonzeption des Datenmodells für die Schicht Σ_2 von REL besteht darin, individuelle Zusammenhänge zwischen Umweltgegenständen zu Bezügen zwischen den Modellen dieser Gegenstände zu modellieren und die Bezüge nach der zugrundeliegenden Umweltbeziehung zu klassifizieren. Anstatt wie bei den bisher betrachteten Datenmodellen für jede Beziehung einen eigenen Typ eines geeigneten Konzepts (z.B. Relation, Sammlung) zu spezifizieren, wird eine einzige Relation $\mathcal{R} \subseteq O \times R \times O$ von Bezügen angelegt, wobei
- O für eine Menge von elementaren Daten und
- R für eine Menge von Beziehungen

steht. Im Fall der Mengenbeziehung $\in$ ("ist Element") tritt an die Stelle von $\mathcal{R}$ die Relation $\mathcal{E} \subseteq O \times O$. Zahlen und deren Bezüge zu anderen Objekten werden durch eine Relation $\mathcal{F} \subseteq O \times F \times Z$ erfasst, wobei Z eine Menge von Zahlen und F eine Menge von Zahlfunktionen ist derart, dass $f(o) = z$ mit $f \in F$, $o \in O$ und $z \in Z$. Bezüge sind demnach Tupel von der Form (o_1, r, o_2), (o_1, o_2) oder (o, f, z).

Eine anschauliche Darstellung einer nach diesem Datenmodell aufgebauten Datenbasis erhält man nun auf folgende Weise. Zunächst werden für sämtliche in ihr vorkommenden $o \in O$, $r \in R$ und $f \in F$ Ringe ("Objektringe") gezeichnet und mit den entsprechenden Bezeichnern beschriftet.
Dann wird
- für jedes $(o_1, o_2) \in \mathcal{E}$ ein "E-Bezugsring" gezeichnet, der den Objektring zu o_1 in einem mit "↑" markierten Knoten und den Objektring zu o_2 in einem mit "↓" markierten Knoten schneidet.
- für jedes $(o_1, r, o_2) \in \mathcal{R}$ ein "R-Bezugsring" gezeichnet, der die Objektringe zu o_1 und o_2 in mit "1" bzw. "2" markierten Knoten und den Objektring zu r in einem mit "0" markierten Knoten schneidet.
- für jedes $(o, f, z) \in \mathcal{F}$ eine Kante vom Objektring zu o zum Objektring für f gezogen und mit z beschriftet (für F-Bezüge wird also kein Bezugsring angelegt).

Durch die Kennzeichnung der Knoten werden zugleich die konversen Beziehungen miterfasst.

In Anlehnung an diese Veranschaulichung spricht man von einer Ringstruktur der betrachteten Datenbasis. Abbildung 11.4 zeigt

ein einfaches Beispiel einer Ringstruktur zu den folgenden
Aussagen über die Umwelt:

- Max Frisch, Berthold Brecht und Gerhard Hauptmann sind
  Autoren.
- Die Weber, Die chinesische Mauer und Der gute Mensch von
  Sezuan sind Dramen.
- Max Frisch ist der Urheber der chinesischen Mauer.
- Gerhard Hauptmann ist der Urheber der Weber.
- Berthold Brecht ist der Urheber des guten Menschen von Sezuan.
- Die Weber wurden 1893 uraufgeführt.
- Der gute Mensch von Sezuan wurde 1943 uraufgeführt.
- Die chinesische Mauer wurde 1946 uraufgeführt.

(Anmerkung: Drama und Autor stehen für Mengen, Urheber für eine
Beziehung, Uraufführung für eine Zahlfunktion.)

Der Anschaulichkeit wegen gilt das Konzept der Ringstruktur
selbst und nicht das Konzept der E-,R-, und F-Bezüge als das
Datenmodell von REL. Dies schlägt sich in den Operatoren nieder,
die überwiegend Objektringe durchsuchen oder untereinander in
Verbindung setzen. Allerdings ist das Datenmodell, wie bereits
erwähnt, hinsichtlich der Operatoren nicht fest vorgegeben.

Die Ringstruktur besitzt unter allen bisher betrachteten
Datenmodellen die grösste Flexibilität. So lassen sich z.B.
gegenüber KAIFAS Fragen nach der Gesamtheit der Eigenschaften
eines Objektes bzw. einer Menge von Objekten stets beantworten,

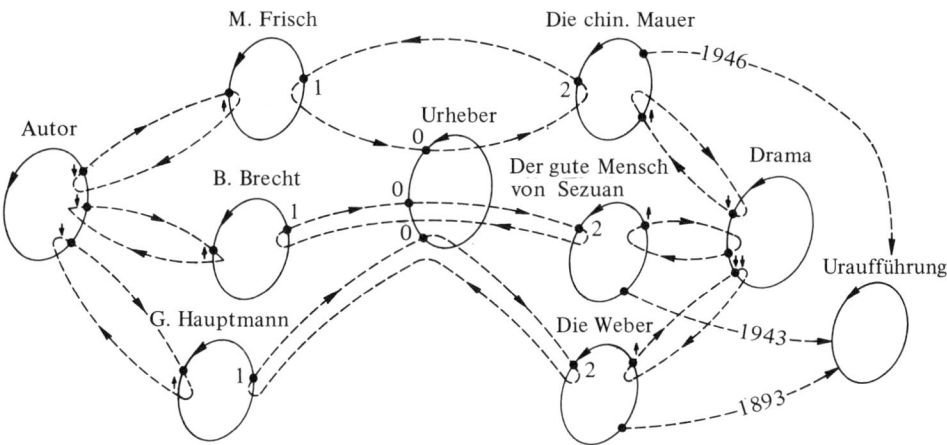

Abb. 11.4

ohne dass dazu die gesamte Datenbasis zu durchsuchen wäre.
Dasselbe gilt gegenüber KAIFAS und dem Relationenmodell auch für
Fragen nach Objekten, die in irgendeiner Beziehung zu einem
vorgegebenen Objekt stehen. Die Ringe können nämlich an
beliebiger Stelle betreten und beliebig weiterverfolgt werden,
wobei aus der Kennzeichnung der Knoten auf die Eigenschaften des
zugehörigen Exemplars geschlossen werden kann (Beispiel: Knoten
in Objektringen für Beziehungen sind ausschliesslich durch "∅"
gekennzeichnet; ist mindestens ein Knoten eines Objektringes
durch "↓" gekennzeichnet, so repräsentiert der Ring eine Menge).
Natürlich wird die höhere Flexibilität mit höherem technischen
Aufwand erkauft.

11.3.3 Zeitabhängigkeiten

Die Ausdrucksfähigkeit natürlicher Sprache ergibt sich vor allem
beim Gebrauch von Verben und Zeiten (und im Zuammenhang damit
bei der Konjugation von Verben). Verfügt die Zugriffssprache wie
bei REL über diese Ausdrucksmöglichkeiten, so muss auch das
Datenmodell Zeitverhältnisse berücksichtigen.

Zeitverhältnisse spiegeln wider, dass Aussagen über die Umwelt
nicht unbeschränkt, sondern nur für einen bestimmten Zeitraum
zutreffen sollen. Da Aussagen in die Datenbasis als Tupel bzw.
Bezugsringe eingehen, muss das Datenmodell eine Ergänzung der
Bezugsringe um Zeitangaben vorsehen. In REL werden die
Zeitangaben wie folgt untergebracht:

Ein zeitabhängiger Bezugsring wird nicht mehr direkt mit dem
Objektring der ersten Komponente, sondern über eine an diesem
Objektring verankerte Halblinie, den sog. Zeitfächer (time fan),
verbunden. Alle Bezugsringe, die in ihren Tupelkomponenten
übereinstimmen, also nur in den Zeitangaben voneinander
abweichen, verlaufen durch denselben Zeitfächer. Die Knoten am
Zeitfächer werden mit den entsprechenden Zeitangaben beschriftet, wobei zusätzliche Codes die Bedeutung der Angaben
festlegen:
"←" steht für Beginn, "→" für Ende und "⟷" für Andauer des
Bezugs.

Beispiel:

Geht man davon aus, dass eine Person zum Autor wird, wenn sie ihr erstes literarisches Werk der Öffentlichkeit vorstellt, so könnte man die erste Aussage in unserem Beispiel durch die folgenden Feststellungen ersetzen:

- Berthold Brecht war von 1922 bis 1956 Autor.
- Max Frisch ist seit 1940 Autor.
- Gerhard Hauptmann war von 1885 bis 1946 Autor.

Abb. 11.5 zeigt die zugehörige Ringstruktur.

11.3.4 Realisierung der Schicht zweistelliger Beziehungen

Die meisten Operatoren der Schicht Σ_2 gehen von Objektringen aus, da man durch Anfragen an das System zumeist von einem Objekt zu den damit in allen oder ganz bestimmten Beziehungen stehenden Objekten gelangen möchte. Es lag daher nahe, bei der Realisierung dieser Schicht jedem Objektring der Ringstruktur einen Block zuzuordnen. In diese Blöcke (Komponenten einer direkten Datei) werden u.a. der betreffende Bezeichner (zu Zwecken der Rückübersetzung) und die über einen "Objektringzeiger" einfach verketteten Knoten eingetragen. Die Verkettung

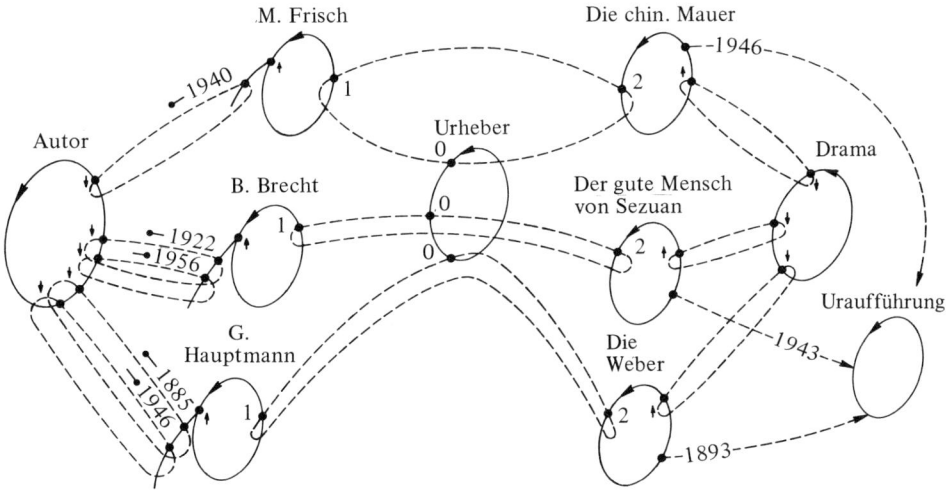

Abb. 11.5

erleichtert dabei das Hinzufügen und und Entfernen von Bezügen. Die Bezugsringe sind ihrerseits ebenfalls einfach verkettet. Die Knoteneinträge enthalten neben dem Objektringzeiger in Abhängigkeit vom angeknoteten Bezug folgende Komponenten:

- bei E-Bezug: Blockadresse des Bezugsobjekts und Verweis auf den entsprechenden Knoten im Bezugsobjekt, sowie Kennzeichen "↑" oder "↓".

- bei R-Bezug: Blockadresse des Bezugsobjekts (aus O oder R) und Verweis auf entsprechenden Knoten, sowie Kennzeichen "∅", "1" oder "2".

- bei F-Bezug: Adresse des Blocks für den Objektring der Zahlfunktion, Funktionswert und Kennzeichen "d" ("Datum").

Abb. 11.6 zeigt schematisch eine Realisierung der Ringstruktur aus Abb. 11.4 mit Blöcken von max. 4 Knoten. Die Blockadressen

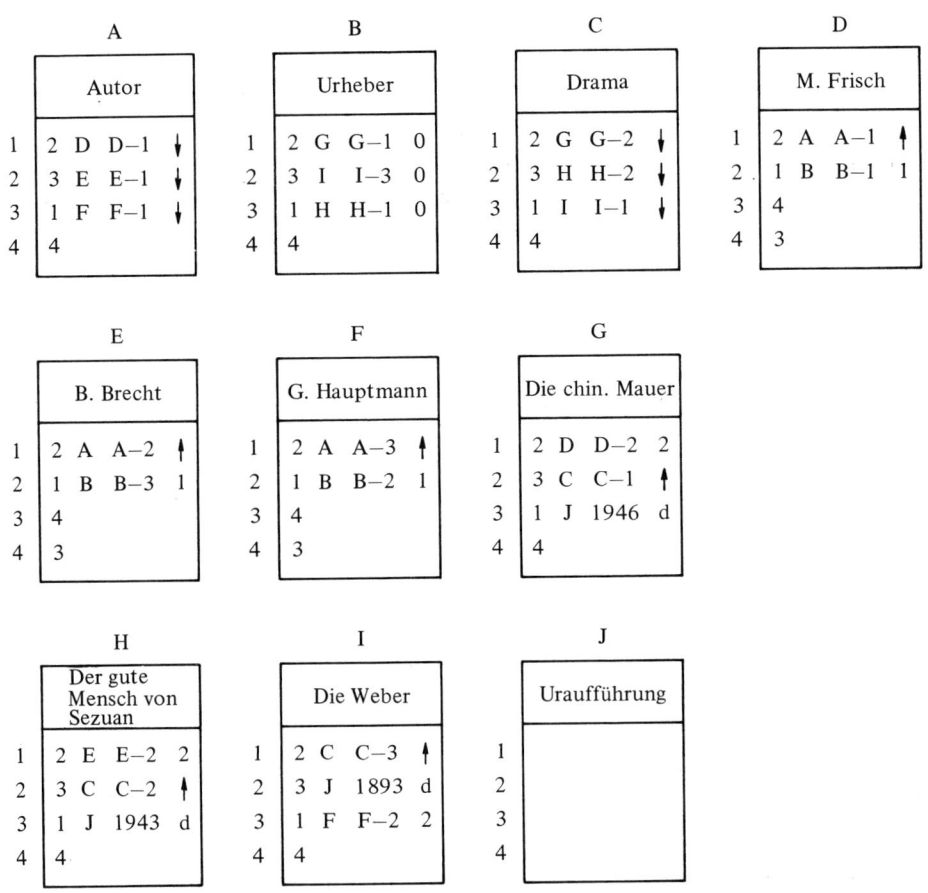

Abb. 11.6

292

sind dort mit A,...,J bezeichnet, die relativen Adressen der
Knoten mit 1,....,4. Werden zur Realisierung eines Objektrings
mehrere Blöcke benötigt, so führen Verweise stets auf denjenigen
Block, der den Bezugsknoten enthält, als Blockadresse gilt
jedoch stets die Adresse des ersten Blockes.

In Ankern von Zeitfächern wird der Bezugsring-Verweis (bzw. die
Zahl bei Zahlfunktionen) durch einen Zeiger auf den im selben
Block realisierten Zeitfächer ersetzt. Der Zeitfächer wird
seinerseits als lineare Liste dargestellt, deren Einträge
dieselbe Länge wie die Knoten besitzen und einen Listenzeiger,
die Zeitangabe, den ersetzten Verweis und den Zeitcode
enthalten. Die Blockadresse und das Kennzeichen werden im Anker
geführt, da sie gemäss 11.3.2 für alle Bezugsringe durch den
Zeitfächer identisch sind. Abb. 11.7 zeigt schematisch die
Realisierung der Zeitfächer aus Abb. 11.5 anhand der Blöcke
A,D,E,F´ aus Abb.11.6.

11.3.5 Realisierung der natürlichsprachlichen Schicht

Die Analyse natürlichsprachlicher Anfragen und Anweisungen, d.h.
deren Übersetzung auf Sprachelemente der Schicht Σ_2, unterscheidet sich nicht grundsätzlich von dem in 11.2.6 geschilderten Verfahren, wenn man davon absieht, dass es sich hier um
natürliches Englisch als Dialogsprache handelt: Ausdrücke der
Dialogsprache werden wie in KAIFAS nach den Produktionen einer
um Merkmale erweiterten Grammatik zerteilt. Ergebnis ist eine
Reihe von Unterprogrammaufrufen (Assemblerprogramme, siehe
11.3.1), die jeweils unmittelbar nach der Reduktion oder
insgesamt nach Abschluss der Zerteilung eines ganzen Eingabe-

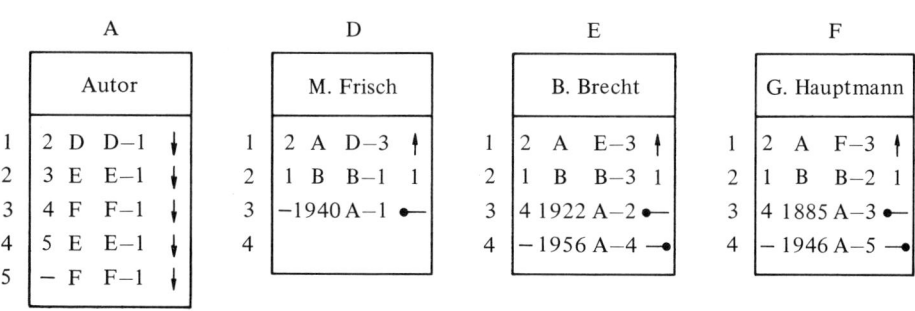

Abb. 11.7

satzes ausgeführt werden können. Bei der unmittelbaren
Ausführung kann die Satzanalyse bei Aufdecken syntaktisch
korrekter, aber hinsichtlich des Datenbasiszustandes bedeu-
tungsloser Satzteile sofort abgebrochen werden. Die verzögerte
Ausführung bietet dagegen den Vorteil, dass Sackgassen bei der
Analyse keine unnötigen aber aufwendigen Ereignisse auslösen.

Wie erwähnt, sieht die natürlichsprachliche Schnittstelle von
REL auch den Gebrauch von Verben vor. Es lassen sich allerdings
nur Verben einführen, die man mit Beziehungsbezeichnern und
Zeitcodes assoziieren kann. Man denke sich nun die Ringstruktur
aus Abb. 11.4 um einen Objektring "PEN-Club" und einen
Objektring für die Beziehung "Mitglied" erweitert. Dann lassen
sich mit dieser Beziehung die Verben "eintreten" (Zeitcode ←),
"austreten" (→) und "angehören" (↔) verbinden. (Das Beispiel
ist aus Gründen der Einheitlichkeit ebenfalls in deutscher
Sprache formuliert, in Wirklichkeit würde natürlich nur eine
englische Version akzeptiert.)

Beim Gebrauch müssen einem Verb ausserdem Subjekt, Objekt und
Zeitangaben zugeordnet werden. Dies geschieht technisch dadurch,
dass dem betreffenden Verb in Σ_3 bei der Bearbeitung einer
Anfrage eine <u>Verbtafel</u> zugeordnet wird, in die die einzelnen
Aspekte eingetragen sind.

Beispielsweise sei in der Datenbasis vermerkt, dass Max Frisch
1955 in den PEN-Club eintrat, d.h. die Objektringe für "Max
Frisch", "PEN-Club" und "Mitglied" sind über einen Bezugsring
(mit Zeitbedingung "←,1955" im Zeitfächer zum entsprechenden
Knoten im M.Frisch-Ring) verbunden. Die Frage "Gehörte Max
Frisch 1955 dem PEN-Club an?" würde ihrerseits zum Aufbau der
folgenden Verbtafel führen (schematisch):

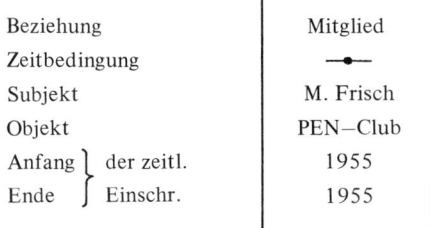

Beziehung	Mitglied
Zeitbedingung	↔
Subjekt	M. Frisch
Objekt	PEN—Club
Anfang ⎫ der zeitl.	1955
Ende ⎬ Einschr.	1955

Subjekt und Objekt können dabei ihrerseits Rechenergebnisse von
Formeln sein, die vor Fertigstellung der Verbtafel ausgewertet
wurden (z.B. "Autoren, die Urheber von Dramen sind" anstelle von

294

"Max Frisch"). Die entsprechenden Operatoren müssen Zeitfächer berücksichtigen, hierarchische E-Bezüge rekursiv durchlaufen u.ä. Das Ergebnis einer Formel ist wiederum ein (temporärer) Objektring, evtl. mit Zeitfächern, der unmittelbar in die Datenbasis eingebaut wird. Nach Abarbeitung muss er unter erheblichem Zeitverlust wieder entfernt werden.

Die Verbtafel wird nach ihrer Fertigstellung daraufhin überprüft ("ausgewertet"), ob für die in ihr zwischen Subjekt und Objekt vermerkte Beziehung in der Datenbasis ein Bezug mit den angegebenen zeitlichen Einschränkungen existiert. Im vorliegenden Beispiel müsste im M.Frisch-Ring der Zeitfächer für den Mitgliedsknoten daraufhin überprüft werden,
- ob mindestens einer seiner Bezugsringe mit Zeitcode ← auf einen Eintrag im PEN-Club-Ring führt,
- ob der zugehörige Zeiteintrag $\leq$ 1955 ist und
- ob keiner seiner Bezugsringe mit Zeitcode → und Zeiteintrag $\leq$ 1955 auf einen Eintrag im PEN-Club-Ring führt.

Die zugehörige recht komplexe Prozedur beinhaltet deshalb sozusagen die Zeitaxiomatik des Systems. Wie alle mächtigeren Synthese-Systeme arbeitet auch REL mit Quantoren, die - gerade unter Berücksichtigung zeitlicher Verhältnisse - durch das Fehlen einer vollständigen Zwischensprache zu sehr komplexen Programmstrukturen führen.

11.3.6 Dialogbeispiel

Der nachfolgende Ausschnitt aus einem Dialog mit REL soll zeigen, welche Formulierungsmöglichkeiten dem Benutzer durch die englischsprachliche Schnittstelle angeboten werden. Aus Gründen der Authentizität wurde dabei auf eine Umformulierung zur Manipulation der Autorendatenbasis verzichtet.

Who are the Joneses?
Jack Jones
John Jones
Mary Martin Jones
Who were the Joneses in 1950?
Jack Jones
Jill Jones Smith
John Jones
Mary Martin Jones
When was Jill Jones married?
   from September 1958 to June 1970
When did Jill Jones get married?
   September 1958
Who did Jill Jones marry?
Stan Smith
What were the locations of Stan's parents?
New York
Washington
Where were Stan's parents when Stan married Jill?
Washington
Who are Stan's children?
Steve Smith
Sue Smith
When did Sally Smith live in New York?
   from April 1935 to August 1955
   from September 1957 to June 1970
Where was Sally Smith in 1956?
Washington
def: recently: after 1964
Did Jill arrive in New York recently?
No
Did Jill arrive in New York before Stan left New York?
Yes
When did Jill begin to live in New York?
   September 1955
When did each male Smith live in each city?

Sam Smith	New York	from 1930 to September 1955
	Washington	from October 1955 to June 1970
Stan Smith	Los Angeles	from June 1961 to June 1970
	New York	from December 1933 to April 1961
Steve Smith	Los Angeles	from July 1962 to June 1970

Each Smith lived in what city when Jill arrived in Los Angeles?

Ann Andersen Smith	Washington
Jill Jones Smith	Los Angeles
Sally Smith	New York
Sam Smith	Washington
Stan Smith	Los Angeles
Sue Smith	Los Angeles

How many Smiths lived in each city?

Boston	0
Los Angeles	4
New York	7
Washington	4

What did Stan earn between January 1960 and 1970?
6000 from February to December 1960
8000 from 1961 to 1962
9000 in 1963
10000 from 1964 to 1966
11000 from 1967 to 1969
What were the incomes of the parents of Steve Smith
since Steve Smith was born?

Jill Jones Smith	4000 from July to December 1962
Stan Smith	8000 from July to December 1962
	9000 in 1963
	10000 from 1964 to 1966
	11000 from 1967 to 1969

When did Stan have an income greater than 8000?
   from 1963 to 1969

12 Auswertesysteme

Anders als bei Synthese-Systemen sieht die Benutzerschnittstelle eines Auswertesystems auch Verknüpfungsmöglichkeiten für Daten vor, die nicht Exemplare der für die Datenbasis definierten Typen (z.B.Relationen, Mengen oder Ringe nach Kap.11) sind. Dazu gehören insbesondere Möglichkeiten zur Weiterverarbeitung der Bestandteile von Typexemplaren. So fällt etwa die Auswertung einer Datenbasis nach statistischen Kriterien in den Aufgabenbereich von Auswertesystemen; ein einfaches Beispiel hierfür bot bereits die Bestimmung der mittleren Lebenserwartung Schweizer Autoren in Kap.11.1.2.

Man kann ein Auswertesystem aus einem Datenbanksystem oder einem Synthese-System konstruieren, indem man die gewünschten Auswertungsprogramme in der zugehörigen Wirtssprache erstellt und die Operatoren für ihren Aufruf in die Benutzerschnittstelle aufnimmt. Wegen des Mangels an geeigneten Datenbanksystemen und wohl auch aus Effizienzgründen erstellte man jedoch in der Vergangenheit im wesentlichen dedizierte ("massgeschneiderte") Systeme, deren Bestandteile eng aufeinander und auf ein spezielles Anwendungsgebiet abgestimmt sind. Dabei beschränkte man sich auf Anwendungsgebiete mit standardisierten Verarbeitungsgängen wie Lagerhaltung, Lohnbuchhaltung, Finanzbuchhaltung oder Fertigungssteuerung, in denen man zugunsten der Effizienz auf Flexibilität verzichten konnte. Als Folge davon wurden bislang noch kaum allgemeine, vom jeweiligen Anwendungsgebiet unabhängige Konstruktionsprinzipien erarbeitet. Dies spiegelt sich in der heute vorherrschenden Klassifikation von Auswertesystemen nach Anwendungsgebieten wider. Aus diesem Grunde wurde übrigens auch im Teil II von einer Diskussion von Techniken für Auswertesysteme abgesehen. Um jedoch einen Eindruck von der Mächtigkeit von Auswertesystemen zu vermitteln, besprechen wir in Kap.12.1 als Beispiel die Funktionen eines dedizierten Systems für die Flugbuchung.

Auswertungssysteme lassen sich rascher erstellen oder an veränderte Anforderungen anpassen, wenn man sie aus grösseren, möglichst schon vorhandenen Bausteinen bedarfsgerecht zusammenstellt. Zu solchen Bausteinen zählt einmal ein Datenbanksystem, zum anderen eine Menge anwendungsspezifischer Auswertungsprogramme (Methodenbasis), die man möglicherweise von anderer Seite beziehen kann (z.B. in Form von Programmbibliotheken). Das Zusammenspiel von Datenbanksystem und Programmbibliotheken wirft allerdings besondere Probleme auf, deren Erforschung heute noch in den Anfängen steckt. Die grundlegenden Ideen sollen jedoch in Kap.12.2 an einem Beispiel illustriert werden.

12.1 Flugbuchungssystem der Deutschen Lufthansa

Die Vielfalt der Operatoren eines Auswertesystems macht die Formulierung des ihm zugrundeliegenden Datenmodells ziemlich schwierig. Daher hat es sich insbesondere bei dedizierten Systemen eingebürgert, die Operatoren nach gewissen Aufgabenbereichen zu klassifizieren und die Beschreibung der Benutzerschnittstelle hieran zu orientieren. Für das nachfolgend besprochene Flugbuchungssystem der Deutschen Lufthansa werden wir uns dieser Vorgehensweise bedienen.

12.1.1 Leistungsumfang

Das Flugbuchungssystem steht auf einem zentralen Rechensystem zur Verfügung und kann von einer Vielzahl von Aussenstellen her aufgerufen werden. Ein erster Überblick über seine Funktionsbereiche lässt sich aus Abb. 12.1 gewinnen. Im einzelnen dienen diese zur Erledigung der folgenden Aufgaben (nach R. Kocher):

Nachrichtenvermittlung

Jeder Austausch von Informationen zwischen verschiedenen Aussenstellen und/oder Funktionsbereichen, sowie der Nachrichtenverkehr mit Buchungssystemen fremder Fluggesellschaften wird über die Nachrichtenvermittlung abgewickelt. Beispielsweise werden Nachrichten einer Aussenstelle von der Nachrichtenver-

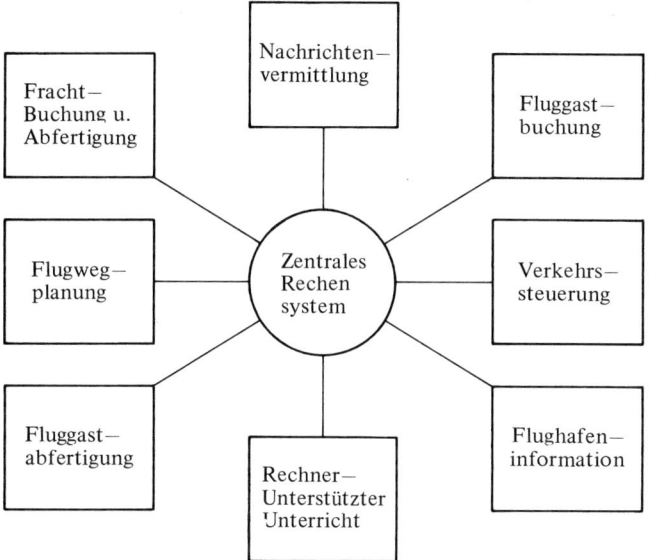

Abb. 12.1

mittlung auf Empfängeradressen und Aufbau hin untersucht und an den oder (bei Rundschreiben) die Empfänger weitergeleitet. Daten, die in einem bestimmten Funktionsbereich zu bearbeiten sind, werden diesem übergeben. Umgekehrt werden dort erzeugte Nachrichten in Abhängigkeit von ihrem Bestimmungsort vermittelt. Bucht beispielsweise eine fremde Fluggesellschaft auf einer Strecke der Lufthansa, so richtet sie ein entsprechendes Telegramm (Sitzraumanforderung) an das Lufthansa-System. Die Nachrichtenvermittlung erkennt den Adresscode "Fluggastbuchung" und leitet das Telegramm an diesen Bereich weiter. Hier wird nach Verarbeitung der Information ein Antworttelegramm erzeugt, das ebenfalls über die Nachrichtenvermittlung zugestellt wird.

Fluggastbuchung

Dieser Bereich unterstützt die Durchführung aller Arbeiten, die bei der Buchung eines Flugs durch einen Kunden anfallen. So kann eine Liste der zum betreffenden Zeitpunkt geltenden Flugplandaten angefordert werden, aus der die Liniendienste zwischen vorgegebenem Abflug- und Landeflughafen ersichtlich sind. Gleichzeitig mit dieser Liste wird die anfragende Stelle über die am gewünschten Abflugtag in den einzelnen Klassen verfügbaren Sitzplätze informiert. Unmittelbar darauf kann durch Vorgabe der Flugnummer, der gewünschten Klasse und des oder der Passagiernamen gebucht werden, d.h. Strecke und Datum müssen nicht nochmals eingegeben werden. Wurde der betreffende Platz nicht zwischenzeitlich von anderer Stelle vergeben, so führt die Buchung zu einer Veränderung des verfügbaren Sitzraums für den Flug und zur Speicherung der Passagiernamen.

Daneben informiert die Fluggastbuchung über Flugtarife und Geldwechselkurse, über den Service an Bord, über Hotel- und Mietwagenbuchungen u.ä.

Einige Probleme ergeben sich für die Fluggastbuchung dadurch, dass Reisebüros häufig im voraus Sitzraumkontingente bestellen (Gruppenbuchungen), aber nicht sämtliche blockierten Sitzplätze bis zum Abflug verkaufen können. Der Bestand an Gruppenbuchungen wird daher vom System auf eine vorwählbare Höhe begrenzt, ausserdem werden die eingehenden Namensbuchungen je Flug und Gruppe periodisch überwacht. Des weiteren muss berücksichtigt werden, dass Einzelreisende häufig buchen, ohne am Abflugtag zu erscheinen ("No shows"), oder umgekehrt, sich ohne Buchung zum Abflug einfinden ("Go shows"). Die Fluggesellschaft lässt deshalb Überbuchungen über die eigentliche Sitzplatzkapazität hinaus zu. Die Höhe dieser Überbuchung ist u.a. abhängig vom (bis zum Abflugdatum) verbleibenden Zeitraum. Sie wird nach einem Verfahren überwacht, das auf vorwählbare Kurven Bezug nimmmt.

In einem nächtlichen Aufbereitungslauf werden die Passagierdaten auf Mehrfachbuchungen untersucht, wobei gegebenenfalls die Buchung mit dem älteren Datum beseitigt wird. Zur Aufbereitung gehören ausserdem die Veränderung des Systemdatums und die Entfernung derjenigen Flugplandaten, deren Flugdatum länger als drei Tage zurückliegt. Weiterhin werden die Daten derjenigen Passagiere gestrichen, die ihre Flugreise vor mehr als drei Tagen abgeschlossen haben.

Fluggastabfertigung

Die Hauptaufgabe der abfertigenden Flughafenorganisation besteht in der rechtzeitigen und zulässigen Beladung des Flugzeuges. Hierzu erhält sie vom System Informationen über den Anteil von Männern, Frauen, Kindern und Kleinkindern an der Gesamtzahl der Passagiere, da diese Werte in die Bestimmung des Ladegewichts eingehen. Weiterhin wird die Anzahl der Gepäckstücke und, bei gewissen Flügen, auch deren Gewicht angezeigt. Ausserdem wacht das System darüber, dass die - aus betrieblichen Gründen - begrenzte Zahl unbegleiteter Jugendlicher und in die Flugzeug-kabine mitgenommener Tiere nicht überschritten wird. Bei der Schlussabfertigung stellt das System die Liste von "Standby-Passagieren" (Fluggäste, die wegen Inanspruchnahme besonderer Tarife nicht buchen, sondern nur freigebliebene Plätze einnehmen dürfen) zusammen, ordnet sie nach Vorrang und zeigt sie am Bildschirm an.

Frachtbuchung und -abfertigung

Transportkapazität wird nach Gewicht und Volumen und unter Berücksichtigung der Art des Transportgutes angeboten. Die Frachtbuchung kontrolliert, ob die Einrichtungen im Flugzeug und an den Bodenstationen für gewisse Kategorien von Transportgut (z.B. lebende Tiere oder Geld) geeignet sind.

Die Frachtabfertigung verwaltet die zahlreichen Dokumente, die eine Fracht auf ihrem Transport begleiten, sowie Zwischenlager, in denen Güter bis zur Weiterbeförderung untergebracht sind.

Verkehrssteuerung

Hier werden zunächst einmal alle Bedürfnisse für Flugplan-Ab-weichungen und ausserplanmässige Flugbewegungen über einen Zeitraum von fünf Monaten vor Abflug bearbeitet. Dabei sind direkte Veränderungen am gespeicherten Flugplan möglich. Beispiele: Annullierung oder Verdichtung von Flügen auf bestimmten Strecken und für bestimmte Flugplanperioden, Änderungen von Abflug- und Ankunftszeiten, von Streckenab-schnitten und von Fluggerät.

Darüberhinaus wird jeder Flug in den letzten drei Tagen vor seinem Start in allen Einzelheiten überwacht. Dazu besteht jeweils unmittelbarer Zugriff auf die Tagesverkehrspläne für das geltende Datum und den darauffolgenden Tag sowie auf die Pläne für alle über ihr Abflugdatum hinaus operierenden Flüge des vorhergehenden Tages. Der Tagesverkehrsplan selbst umfasst Flugplandaten, Fluggerät, Besatzung, laufende Flugbewegungen und diesbezügliche Änderungen. Um schnelle Entscheidungen bei Unregelmässigkeiten zu ermöglichen, werden ausserdem die aktuellen Flugzeugdaten seit dem letzten Wartungsdienst geführt, sowie Informationen über die Besatzung mit Beginn und Ende des momentanen Einsatzes und über die Qualifikation des Kommandanten. Zusätzlich sind die geplanten Ankunfts- und Abflugszeiten für die angeflogenen Flughäfen verfügbar.

Da die Verkehrssteuerung unmittelbar die Fluggastbuchung beeinflusst, werden Änderungen an den gespeicherten Flugplandaten sofort ausgeführt. Dabei wird z.B. im Falle der Streichung eines Fluges untersucht, ob Passagiere von der Flugplanänderung betroffen sind. Diese Passagiere werden über die Fluggastbuchung auf andere Flüge umgebucht. Gleichzeitig werden die Buchungsbüros informiert, mit denen die Reisenden zuletzt in Verbindung gestanden haben.

Flughafen-Information

Das Flughafen-Informationssystem gibt als Nebenprodukt der Verkehrssteuerung u.a. anfragenden Flughäfen Auskünfte über alle sie betreffenden Veränderungen des Lufthansa-Flugplans. Ausserdem können die Stationsleitungen der verschiedenen Flughäfen den Tagesverkehrsplan mitbenutzen, alle von ihnen abgefertigten Flüge fremder Gesellschaften hinzuspeichern und flughafeninterne Mitteilungen über Flugbewegungen oder Passagierbetreuung rasch an das Personal der verschiedenen Dienste verbreiten.

Flugwegplanung

Um Verabredungen und Anschlussverbindungen garantieren zu können, muss die Fluggesellschaft ihre Flugstrecken sorgfältig vorausplanen. Dabei bestehen für Flugstrecken mit bis zu drei Stunden Flugdauer vorbereitete Standard-Flugpläne, während für alle länger andauernden Flüge ein eigener Flugplan errechnet wird. In beiden Fällen wird bei der Auswahl das Wetter auf der Strecke und in der Bodennähe der Flughäfen sowie der regionale und überregionale Verkehrsfluss berücksichtigt.

Die Flugwegplanung empfängt zweimal täglich Nachrichten vom Deutschen Wetterdienst über das Höhenwetter. Daraus berechnet sie für alle Streckenabschnitte die Windkomponenten und speichert diese zusammen mit den Temperaturwerten. Zusätzliche Werte können über eine Datenstation eingegeben werden, so dass man auch Pläne für Flüge ausserhalb des Bereichs der gespeicherten regionalen Wetterdaten berechnen kann.

12.1.2 Realisierung (Beispiel)

Da es noch keine Konstruktionsprinzipien für Auswertesysteme gibt, darf man auch nicht erwarten, bei der Untersuchung einzelner Systeme allgemeingültige Erkenntnisse zur Systemarchitektur zu gewinnen. Eine solche Untersuchung wird zudem noch dadurch erschwert, dass Informationen über die Realisierung dedizierter Auswertesysteme im allgemeinen kaum zugänglich sind.

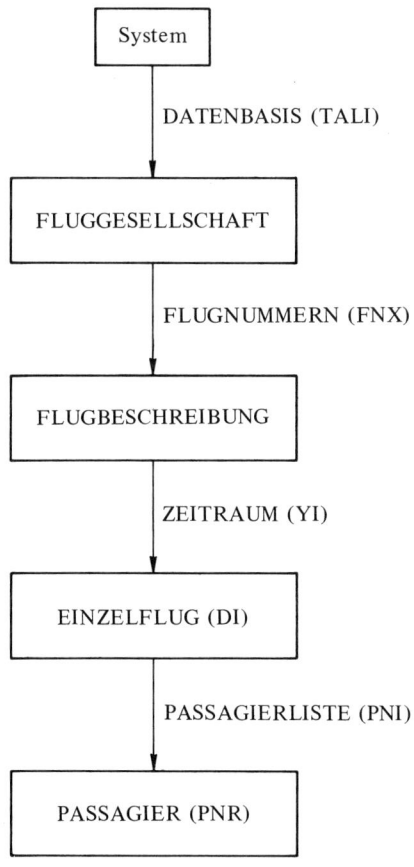

Abb. 12.2

Deshalb besprechen wir nur einige Realisierungsaspekte und
zeigen dabei anhand von zwei Beispielen, dass das Flugbuchungssystem von einem Datenmodell für Verbundhierarchien ausgeht.

Jede Stufe der Hierarchie besteht aus Mengen von Verbunden; jede
Menge (bis auf die oberste) besitzt einen Verbund als Vorgänger.
Die Datenbasis liesse sich daher mit heutigen Mitteln z.B. nach
dem hierarchischen Modell durch ein Schema für eine nichtver-
zweigte Hierarchie anlegen. Sie könnte aber auch nach dem
Netzwerkmodell vereinbart werden, und zwar als Hierarchie von
Sammlungen aus jeweils einem Verbund (Ankersatz) und seiner
Nachfolgermenge (Gliedsätze). Abb. 12.2 veranschaulicht diese
Auffassung: Die Datenbasis besteht aus einer Menge von (Flügen
von) Fluggesellschaften. Jede Fluggesellschaft weist im
offiziellen Flugplan ihre Flüge durch Flugnummern aus, denen
jeweils eine detaillierte Flugbeschreibung (z.B. Flugstrecke,
Fluggerät, Service) zugeordnet ist. Die meisten Flüge finden
mehr als einmal statt, dementsprechend lässt sich ihnen jeweils
eine Menge von Einzelflügen zuordnen. Das Lufthansa-System
ordnet dabei derselben Flugnummer mehrere Mengen zu, entsprechend Zeiträumen wie Vor-, Haupt- und Nachsaison (Abweichung
gegenüber dem Netzwerkmodell!). Für jeden Einzelflug wird dann
die Menge der buchenden Passagiere geführt. Abb. 12.3 veranschaulicht schematisch die interne Darstellung der Datenbasis.
Wie ersichtlich, werden die Sammlungen starr sequentiell oder
mit Hilfe von Zeigerreihungen oder Adressindexen realisiert. Im
einzelnen gilt:

DI: Die Namen der Passagiere eines Einzelfluges werden i.a.
phonetisch auf 9 Gruppen verteilt und entsprechend in 9
Passagierlisten PNI organisiert.

YI: Adressindex für Zeitraum; die Adresse bezieht sich auf
einen Einzelflug DI.

GSI: Hilfsobjekt zu YI mit Verweis auf zugehörigen YI. Zum Zweck
raschen Zugriffes wird die Liste der jeweils nächsten 28
Einzelflüge nochmals getrennt geführt: Die Einträge
verweisen auf die DI-Blöcke für den laufenden und die
nächsten 27 Flugtage (realisiert als ringförmige Liste, in
der ein Zeiger ("heute") von Tag zu Tag um einen Eintrag
fortgeschaltet wird). Ausserdem übernimmt ein GSI-Block aus
der Flugbeschreibung die Flugnummer (z.B.: "LH002") und die
Flugstrecke. Beide werden also redundant für jeden Zeitraum
eines Fluges geführt.

304

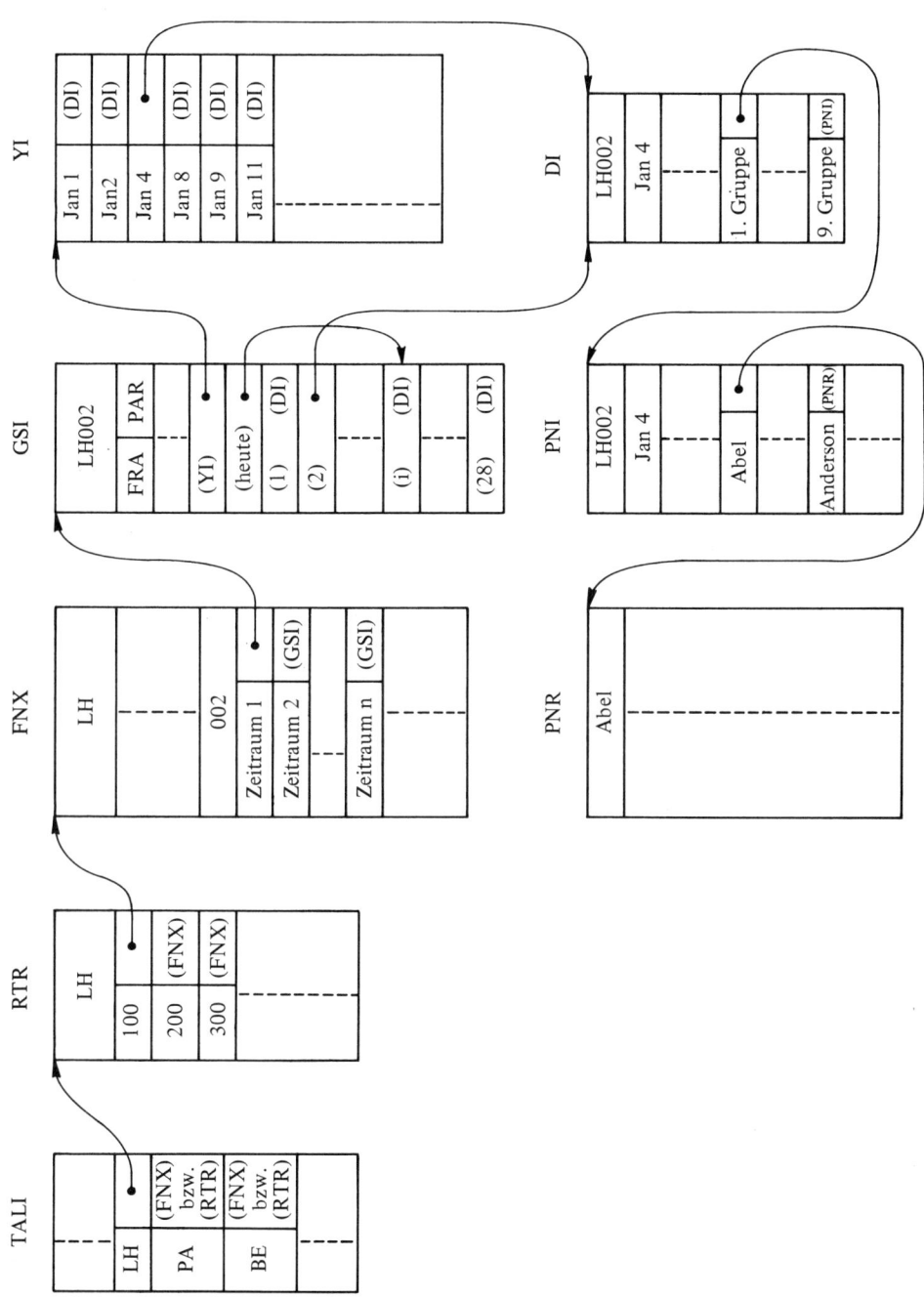

Abb. 12.3

FNX: (Starr sequentielle) Liste von Flugbeschreibungen einer Fluggesellschaft: Jede Flugbeschreibung wird durch ihre Flugnummer gekennzeichnet und enthält ihrerseits die Liste der Zeiträume mit Verweis auf den jeweiligen GSI-Block.

RTR: Index für Flugnummern-Sammlung, wenn bei hoher Anzahl von Flügen die Liste FNX auf mehrere Blöcke aufgeteilt werden muss. Ein RTR-Eintrag verweist jeweils auf einen Flugnummernbereich in FNX.

TALI: Datenbasis. Liste von Paaren aus Fluggesellschafts-Namen und Verweis auf RTR oder FNX.

Als zweites Beispiel zur Realisierung betrachten wir die Flugstrecken-Verwaltung. Generell gilt hier, dass die Verbindung zwischen zwei Flughäfen durch bis zu drei verschiedene Flüge (sog. Buchungssegmente) hergestellt werden kann. Beispielsweise könnte ein Flug von Frankfurt nach New York über eine der folgenden Strecken erfolgen (nach R. Kocher):

```
1.) LH 401    FRA ─────────────────→ NYC
2.) LH 403    FRA ──────→ LON ──────→ NYC
```

Beide Möglichkeiten stellen jeweils ein Buchungssegment dar, da der Fluggast (trotz einer Zwischenlandung in London im zweiten Fall) nicht umsteigen muss.

```
3.) LH 405    ROM──→ FRA ─────────────→ LON
    LH 407                MUC────→ LON ──────→ NYC
```

Hier müsste der Fluggast das Flugzeug wechseln, um sein Ziel zu erreichen.

```
4.) LH 409    FRA──→ DUS ─────────────────→ LON
    BE 1021                        LON ──────→ MAN
    PA 203          MUC───────→ PAR──────────→ MAN ──────→ NYC
```

bzw. in Kurzform für Auskunftserteilung:
```
    LH 409    FRA    LON
    BE 1021   LON    MAN
    PA 203    MAN    NYC
```

Diese Verbindung erfordert zweimaliges Umsteigen.

(ROM=Rom, FRA=Frankfurt, PAR=Paris, MUC=München, LON=London, MAN=Manchester, NYC=New York, DUS=Düsseldorf)

Würde die letzte Verbindung gebucht, so müsste das System auf drei verschiedene Flüge zum Teil fremder Fluggesellschaften zugreifen und deren Bestände verändern.

Die möglichen Verbindungen zwischen zwei Städten ("Städtepaare") werden nicht erst bei der Anfrage aufgebaut, sondern fest in der Datenbasis geführt. Jede Verbindung verweist hierbei auf die an dieser Verbindung beteiligten Flüge. Umgekehrt muss auch jeder Flug in Beziehung zu denjenigen Verbindungen gesetzt werden, an denen er beteiligt ist ("Querreferenz"). Dies ist notwendig wegen der häufigen Änderungen im Flugplan, durch die Verbindungen in der Datenbasis ungültig werden können.

Das System führt die Verbindungen in etwa gemäss den beiden Sammlungstypen:

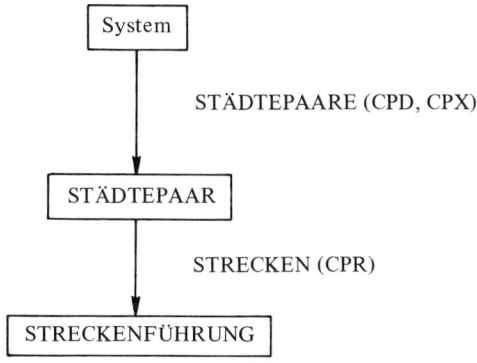

Die Realisierung der Verbindungen weicht wieder etwas von diesem Schema ab; sie ist schematisch in Abb. 12.4 skizziert. Dabei bedeuten

CPD: Menge der Städtepaare (Städtepaar - Hinweistafel). Geführt wird nur der Abflughafen zusammen mit einem Verweis auf den Städtepaar-Index CPX, in dem alle Städte aufgelistet sind, die von der entsprechenden Stadt des CPD erreichbar sind.

CPX: Menge von Städten, die von demselben Abflughafen erreichbar sind. Genauer handelt es sich um eine Liste aus Stadtname/ Adress-Paaren, wobei sich die Adresse jeweils auf einen Block in der Liste CPR der Streckenführungen bezieht.

307

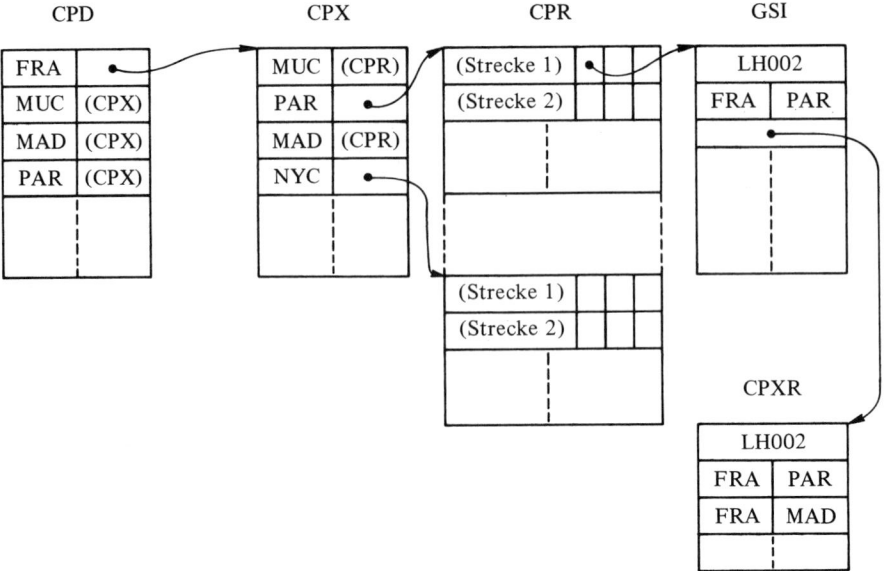

Abb. 12.4

CPR: Liste der Streckenführungen (bis zu 3 Buchungssegmente) für ein Städtepaar. Zu jedem Segment exixtiert u.a. ein Verweis auf die Einzelflugliste GSI (siehe Abb.12.3).

CPXR: Städtepaar-Querreferenz: Liste der auf einen Flug zutreffenden Städtepaare. Die Querreferenz wird durch einen zusätzlichen Verweis in GSI hergestellt.

Der Aufbau einer Flugstrecke über einen oder zwei Anschlüsse hängt natürlich von Abflugtag und Abflugzeit des Anschlussfluges ab. Beispielsweise ist für die Flugstrecke Frankfurt - New York

```
LH 409     FRA     LON
BE 1021    LON     MAN
PA 203     MAN     NYC
```

zunächst sicherzustellen, dass die Anschlussflüge in London und Manchester auch erreicht werden können. Dazu muss das entsprechende Programm die von Flughafen zu Flughafen verschiedenen Umsteigezeiten kennen. Weiterhin ist zu prüfen, ob die drei Flüge tatsächlich an denselben Wochentagen stattfinden.

Der Dateneingabe kommt eine herausragende Rolle zu: Fluggastbuchungen werden über dezentrale direkte Eingabe kontinuierlich während der gesamten Betriebszeit vorgenommen, das Buchungsergebnis liegt nach wenigen Sekunden wieder beim Sender vor. Zentrale Eingaben erfolgen in grösseren zeitlichen Abständen für Flugwegplanung (Eingaben täglich), Flugplanänderungen (Eingaben in unregelmässigen Abständen), und für den Aufbau der Städteverbindungen (bei Flugplanänderungen). Letztere werden in zwei Schritten abgewickelt:

- Automatische Bestimmung aller direkten Flüge zwischen zwei Städten aus der Menge der GSI. Die entsprechenden CPD, CPX, CPXR und CPR werden dabei erzeugt.

- Eingabe von Umsteigeverbindungen sowie von Flügen anderer Gesellschaften. Ausgangspunkt einer Umsteigeverbindung ist stets ein GSI aus Schritt (1) (und damit ein Lufthansa-Flug), der Rest wird über Lochkarte oder Magnetband eingegeben. Damit kann sich der betreffende Fachdienst das Angebot nach Regeln der Zusammenarbeit zwischen Fluggesellschaften und nach seinen kommerziellen Zielsetzungen aufbauen. Auf der Grundlage der eingegebenen Flugdaten erzeugt das System Städtepaar-Verbindungen, wobei es die Flugplanperioden untersucht, die Wochentagsfrequenz und schliesslich die Anschlusszeiten auf Übereinstimmung prüft.

Flugplan-Änderungen sind immerhin so häufig, dass die erforderlichen Anpassungen während des laufenden Betriebs durchgeführt werden müssen und nicht auf die Nachtstunden verschoben werden können. Deshalb können die Änderungen sowohl auf Lochkarte als auch am Sichtgerät eingegeben werden. Das Programm reorganisiert daraufhin die Städtepaarstruktur und verständigt die betroffenen Passagiere über die Fluggastbuchung.

12.2 Steuersystem für Methodenbanken

Die Frage nach einer für unterschiedliche Anwendungsgebiete gleichermassen geeigneten Architektur von Auswertesystemen ist gegenwärtig Gegenstand mehrerer Forschungsvorhaben. Eines dieser

Vorhaben hat bereits einen gewissen Abschluss erreicht, so dass
seine Ergebnisse, soweit sie zugänglich sind, hier kurz
vorgestellt werden können. Es handelt sich dabei um das
"Software-System zur Steuerung von FORTRAN-Moduln im Rahmen
einer ökonometrischen Methodenbank" (im folgenden kurz
Steuersystem genannt) des Mathematischen Beratungs- und
Programmierungsdienstes (mbp) in Dortmund. Es lässt sich in
Anlehnung an den Begriff des Datenbanksystems grob als
Methodenbanksystem bezeichnen, mit einer Datenbasis aus
FORTRAN-Unterprogrammen (Methodenbasis), die lediglich gewissen
Normierungsbedingungen zu genügen haben. Zum gegenwärtigen
Zeitpunkt einziger und für eine Pilotanwendung von vorneherein
eingeplanter Anwendungsbereich ist die Spezifikation, Analyse
und Verarbeitung ökonometrischer Modelle, der Beweis für die
Eignung des Systems für andere Anwendungsgebiete steht noch aus.
In jedem Fall lässt sich aber mit diesem System illustrieren,
was beim Zusammenwirken einer Methodenbasis mit einer Datenbasis
zu beachten ist.

12.2.1 Zielsetzungen und Systemarchitektur

Die Zielsetzungen des Systementwurfs ergänzen die Anforderungen,
wie sie heute an Datenbank- und Synthese-Systeme gestellt
werden. Sie lassen sich wie folgt zusammenfassen:

- Schichtenweise Systemarchitektur, um unterschiedlichen
  Benutzergruppen den jeweils angemessenen Zugang zu ermöglichen.
- Einheitliche Verwendbarkeit in Dialog- und Stapelbetrieb,
  wobei insbesondere umfangreiche Rechnungen im Dialog
  angestossen, dann aber in den Stapelbetrieb verlegt werden
  können.
- Erweiterbarkeit der Methodenbasis, d.h. zusätzliche FORTRAN-
  Unterprogramme ("Moduln") können jederzeit mit Unterstützung
  durch das System eingebracht werden.
- Anschlussmöglichkeit externer Datenbasen, insbesondere solcher
  mit ökonometrischen Daten.
- Hinreichende Wahrung der Datenintegrität.

Zur Realisierung dieser Zielsetzungen wurde ein Systemaufbau mit
fünf Schichten erarbeitet, deren Schnittstellen klar voneinander
abgrenzbaren Benutzergruppen zugänglich sind:

310

Σ_1: Schnittstelle (MEBA) für Ökonometriker. Ihre Sprache erlaubt die Spezifikation ökonometrischer Modelle in Form von Definitions- und Verhaltensgleichungen und ermöglicht den Aufruf geeigneter Analysemechanismen. (Auf diese Schnittstelle wird im folgenden nicht weiter eingegangen.)

Σ_2: Schnittstelle für EDV-unerfahrene Benutzer. Sie bietet eine Befehlssprache für den Zugang zu Dienstfunktionen des Steuersystems an.

Σ_3: Schnittstelle für den Methodenentwickler. Mit Hilfe einer sog. "Methodensprache" können hier Elemente der Methodenbasis (Moduln) zu anwendungsspezifischen Abläufen (Methoden) zusammengesetzt werden.

Σ_4: Schnittstelle für den Modulprogrammierer, der Algorithmen in Form von Unterprogrammen (Moduln, Bausteine) realisiert. Derzeitig einzig zugelassene Programmiersprache ist FORTRAN, erweitert um herstellerneutral definierte Betriebssystemfunktionen.

Σ_5: Schnittstelle des Betriebssystems (herstellerabhängig).

Darüberhinaus existiert eine Schnittstelle für den Systemverwalter, über die auf alle Schichten und die dazwischenliegenden Abbildungen Einfluss genommen werden kann. Die Schnittstellenhierarchie ist als langfristige Konzeption anzusehen, von der derzeit nur Teile realisiert sind.

12.2.2 Befehlssprache

Die Befehlssprache (Σ_2) erlaubt dem Benutzer im wesentlichen den Aufruf und die Abwicklung von Methoden, die Ausgabe von Ergebnissen, den Umgang mit Dateien, sowie Dateisicherung und Fehlerbehandlung. Der Benutzer kann aber auch ganze Befehlsfolgen zu sog. "Prozessen" zusammenfassen und deren Ablauf überwachen und steuern.

Die wichtigsten Befehle sind nachstehend zusammengestellt. Sie können mit einer Parameterliste versehen werden, die im allgemeinen aus Zuweisungen der Form

   <formaler Parameter> = <aktueller Parameter>

besteht. Welche Angaben bei den einzelnen Befehlen möglich sind, wird mit wenigen Ausnahmen im folgenden nicht näher besprochen.

Prozesssteuerung

PROZESS BEN = <Benutzername>, PROZ = <Prozessname>
       [,TYP=NEU|WEITER]
    eröffnet einen Prozess, wobei die Benutzerberechtigung
    überprüft wird. Der optionale Parameter für TYP gibt an, ob
    ein neuer Prozess eingerichtet, oder ein früher bis zu einem
    HALT-Befehl abgelaufener Prozess wiederaufgenommen werden
    soll.

STEUER <Parameterliste>:
    Dient zur Besetzung globaler Steuergrössen für einen Prozess.
    Beispiele: Art der Angabe von Zwischenergebnissen oder
    Fehlermeldungen, Suchhierarchie der Dateinamen, aktuelles
    Ausgabemedium, Steuerung der Bausteine.

HALT [TYP = ENDE|WEITER]:
    Ein Prozess ist im allgemeinen eine durch PROZESS ... HALT
    eingeschlossene Folge von Befehlen. Mit der Option WEITER wird
    der Prozess jedoch nicht beendet, sondern lediglich unterbro-
    chen.

BEGIN...ENDE:
    Ein hierin eingeschlossener Prozess wird dem Betriebssystem
    zur Stapelverarbeitung übergeben und kann mit dem Befehl
    STARTE angestossen werden.

Datenverwaltung

Für die Datenverwalung stehen die folgenden Dateien mit
festgelegter Benennung zur Verfügung.

- ODS: Öffentliche Datei mit vorgeschriebenem Standard-Format.
  Ihre Daten sind für den Benutzer nur Eingabedaten, d.h. die
  Datei kann nur in Ausnahmefällen durch den Benutzer beschrie-
  ben werden und ist ausserhalb des Systems zu aktualisieren.
  Zusätzlich können bis zu zwei systemfremde Eingabedateien
  (ODE1,ODE2) über eine besondere Schnittstelle an das System
  angeschlossen werden. Sie stellen die Verbindung zu externen
  Datenbasen her.

- ODSE: Öffentliche Kommunikationsdatei. Sie dient dem
  Ergebnisaustausch zwischen mehreren Prozessen auch unter-

312

schiedlicher Benutzer. Prozessen bestimmter Benutzer kann
dabei schreibender Zugriff verwehrt werden.

- MAD: Prozess-spezifische Standard-Arbeitsdatei. Sie wird vom
  System für jeden gestarteten Prozess eingerichtet und kann als
  Zwischenspeicher für Methodeneingaben, zum Speichern von
  Zwischenergebnissen u. dergl. dienen.

- MBD: Benutzerspezifische Datei. Jeder Benutzer hat die
  Möglichkeit, eine persönliche Datei zur Aufnahme privater
  Problem- und Ergebnisdaten zu verwenden.

- MZD: Zentraldatei. Sie dient der Aufnahme von Methodenquell-
  texten, übersetzten Methoden, Fehlermeldungen, Benutzerberechtigungen u.a.

Datenverwaltungsoperatoren sind üblicherweise Bestandteil einer
Betriebssteuersprache; um dem Benutzer das Erlernen einer
zweiten Sprache zu ersparen, sind sie hier in die Befehlssprache
integriert.

EINRICHTE:
  Einrichten einer MBD.
REORG:
  Reorganisation von MAD, MBD. Auch ohne Anwendung dieses
  Befehles nimmt das Steuersystem automatisch zu gewissen
  Zeitpunkten eine Reorganisation vor.
FREI:
  Freigabe (Löschen) von MAD, MDB.
EINGABE:
  Eingabe von Daten in die MAD. Die Quelldaten können vom
  Kartenleser, einem Endgerät oder einer Benutzerdatei stammen.
AENDERE:
  Ändern vorhandener Daten in der MAD vom Kartenleser oder
  Endgerät aus.
KOPIERE:
  Kopieren von Daten aus einer Quelldatei in eine Zieldatei.
LOESCHE:
  Löschen von Daten einer Datei.
SICHERE:
  Kennzeichnung von MAD-Daten, so dass sie bei Prozessende oder
  bei Freigabe der MAD automatisch in die MBD oder ODSE
  übertragen werden.
ENTSICHERE:
  Rückgängigmachen eines SICHERE-Befehls.

Ausgabe und Information

AUSGABE:
 Ausgabe von Daten einer Datei auf Drucker oder Endgerät.
INFORMIERE:
 Kurzinformation über einen Prozess.
PROTOKOLL:
 Protokoll der Verarbeitungsschritte des laufenden Prozesses.

Methodenaufruf

M. <Methodenname>:
 Die Parameterliste hat dieselbe Form wie bei den restlichen
 Befehlen. Aktuelle Parameter aus einer der Dateien MAD, MBD
 und MZD sind als Tripel
 (<Artindikation>,<Elementbenennung>,<laufende Nummer>)
 anzugeben. Entsprechend der durch den Befehl STEUER
 vorgegebenen Reihenfolge (Suchhierarchie) werden dann MAD,
 MBD und MZD nach dem jeweiligen Datenelement durchsucht. Die
 Kennzeichnung der Datenelemente in Tripelform erlaubt es
 insbesondere, unterschiedlich strukturierte Benutzerdaten in
 derselben Datei abzulegen (z.B. Vektoren, Matrizen,
 Zeitreihen) und sie anwendungsspezifisch und nicht notwendig
 eindeutig zu benennen (z.B. als statistische Variablen). Die
 laufende Nummer dient der Auswahl unter Elementen gleicher
 Indikation und gleicher Benennung und kann bei Eindeutigkeit
 entfallen.

Beispiel:

```
PROZESS ben=HCM, proz=BEISPIEL, typ=NEU
KOPIERE art=MATRIX, name=A, quelle=ODSE, ziel=MAD
KOPIERE art=MATRIX, name=B, quelle=ODSE, ziel=MAD
M.MATMULT mat1=(MATRIX,A), mat2=(MATRIX,B), mat3=(MATRIX,C),n=3
M.EIGENWERTE mat=(MATRIX,C), ev=(EVEKT,EV), n=3
KOPIERE art=EVEKT, name=EV, quelle=MAD, ziel=MBD
SICHERE art=MATRIX, name=C, ziel=ODSE
HALT typ=ENDE
```

(Die formalen Parameter sind hier der Übersichtlichkeit wegen
klein geschrieben.)

Die Kombination von Programmbibliotheken mit Datenbanken erfolgt
im Steuersystem offensichtlich relativ rudimentär auf der

Grundlage einer Dateiverwaltung. Allerdings dürfen die Komponenten einer Datei unterschiedlicher Art sein. Die Angabe der Artindikation wird jedoch nur zur Prüfung der Korrektheit von Methodenaufrufen verwendet. Für jede gewünschte Art müssen also eigene Methoden erstellt werden.

Neben den Befehlen für den Normalbenutzer umfasst die Befehlssprache eine Vielzahl teilweise ähnlicher Befehle, die nur vom Systemverwalter aufgerufen werden können und mit V. einzuleiten sind.

12.2.3 Methodensprache

Mit Hilfe der Methodensprache lassen sich anwendungsneutrale Moduln (z.B. mathematische Algorithmen) zu einer auf spezifische Anwendungsbedürfnisse zugeschnittenen Methode kombinieren. Hierfür sollten die üblichen Kontrollstrukturen wie sequentielles Fortschreiten, Verzweigung oder Schleife zur Verfügung stehen. Das Steuersystem bietet allerdings nur eine recht einfache Sprache an. Ihre wichtigsten Anweisungsformen sind:

METHODE <name>...ENDE:
  Die Definition einer Methode wird durch diese beiden Anweisungen eingeschlossen. Mit METHODE wird der Name der Methode festgelegt. Unmittelbar darauf folgt die Vereinbarung der verwendeten Variablen (Arten sind INTEGER, REAL, STRING).

CHECK und DEFAULT:
  Diese beiden Anweisungen identifizieren die formalen Parameter unter den zuvor vereinbarten Variablen. Mit CHECK <Liste formaler Parameter> werden diejenigen Parameter bestimmt, die bei Methodenaufruf aktualisiert werden müssen. Für die restlichen - optionalen - Parameter wird jeweils mit DEFAULT festgelegt, wie sie bei fehlender Aktualisierung zu besetzen sind. METHODE, Variablenvereinbarungen, CHECK und DEFAULT bilden zusammen den Methodenkopf.

CALL:
  Modulaufruf einschliesslich Liste der aktuellen Parameter. Da die Modulvereinbarung ausserhalb des Systems in FORTRAN geschieht, muss die Schnittstellenvereinbarung für den Modul dem System über eine Modulformatleiste mitgeteilt werden. Die

Korrektheit des Aufrufes wird vom System dann anhand dieser Leiste überprüft.

EXEC:
Aufruf einer Methode innerhalb einer Methode. Behandlung ähnlich wie bei CALL.

Wertzuweisung:
Durchführung einer arithmetischen Operation (rechte Seite) und Zuweisung an Variable auf der linken Seite.

IF <Bedingung> GOTO <Marke>:
Bedingte Anweisung. Die Bedingung selbst ist ein Vergleichsausdruck oder eine logische Verknüpfung solcher Ausdrücke.

GOTO <Marke>:
Unbedingter Sprung.

COMMENT:
Kommentaranweisung.

Daneben existieren eine Reihe von Befehlen als Testhilfen für die Methodenerstellung.

Die Frage, ob primitive Methodensprachen der beschriebenen Form für Zwecke der Methodenerstellung ausreichen oder ob man hierfür vorhandene mächtigere Programmiersprachen vorsehen sollte, lässt sich bisher nicht abschliessend beantworten.

12.2.4 Modulerstellung

Moduln werden in Form von FORTRAN-Unterprogrammen (SUBROUTINES) vereinbart. Sie unterliegen gewissen Normierungsvorschriften, damit
- die freizügige Zusammensetzung zu Methoden unterstützt,
- die maschinenabhängige Programmierung auf präzise Schnittstellen eingeengt,
- die Programmierung vereinheitlicht,
- und letztlich die Pflege des Systems erleichtert wird.

Beispielsweise sind bei der Festlegung der Schnittstelle eines Moduls die folgenden Normen einzuhalten:

- Alle Parameter müssen explizit beim Aufruf übergeben werden, eine versteckte Parameterübergabe über COMMON-Blöcke ist nicht zulässig.
- Ergebnisse der Modulausführung werden grundsätzlich auf der MAD abgelegt.
- Unmittelbar auf die SUBROUTINE-Karte müssen eine Anzahl von Kommentarkarten folgen, deren Reihenfolge und Inhalt (z.B. Wortsymbole) genau festgelegt ist. Für unsere Betrachtungen von Bedeutung ist PROGRAMM (Unterprogrammname), PARAMETER (detaillierte Beschreibung jedes Parameters durch Name, Art, Länge, Verwendungsart), FEHLER (Fehlermeldungen). Aus den Angaben wird bei der Ablage des Moduls in der Modulbibliothek vom System die sog. Modulformatleiste aufgebaut.

Die Moduln beziehen ihre Eingangsdaten (Problemdaten wie Matrizen, Zeitreihen, Modellspezifikationen) aus den unter 12.2.2 angegebenen Dateien und legen ihre Ergebnisse dort wieder ab. Für den Verkehr mit diesen Dateien finden die FORTRAN-Ein/Ausgabe-Anweisungen keine Anwendung. An ihre Stelle treten vielmehr Unterprogramme mit festgelegter Schnittstelle, die im System wie Moduln verwaltet werden. Sie sind für jedes Betriebssystem getrennt zu erstellen und bilden somit eine der präzise umschriebenen Schnittstellen, über die die Anpassung an verschiedene Anlagen zu erfolgen hat.

12.2.5 Funktionen des Steuersystems

Modulformatleisten, Methodenquelltexte, die übersetzten Methoden, Fehlermeldungen und Benutzerberechtigungen werden in der Zentraldatei (MZD) geführt. Daneben führt das Steuersystem eine Verwaltungsdatei (MVD) mit Angaben über laufende und abgelaufene Prozesse sowie über die Verfügbarkeit des Systems und der öffentlichen Dateien. Diese Datei ermöglicht auch das Wiederaufsetzen von Prozessen.

In der Methodensprache verfasste Methoden werden durch einen Methodenübersetzer in eine interne Form ("Methodensteuerleiste") übersetzt, die bei Aufruf der Methode interpretiert wird. Die Übersetzung wird durch einen Befehl UEBERSETZE veranlasst, das Ergebnis zusammen mit Angaben zur Parameterversorgung in der MZD abgelegt.

Moduln werden zunächst durch den FORTRAN-Übersetzer in den Code der Wirtsmaschine übersetzt und dann in ladefähiger Form in einer Modulbibliothek abgelegt. Unabhängig hiervon ist aus den Kommentaranweisungen des Modulquelltextes die Modulformatleiste zu erstellen und in der MZD zu speichern.

Mit dem Starten oder Fortsetzen eines Prozesses prüft das System zunächst die Zulässigkeit dieses Prozesses (z.B. durch Feststellen der Benutzerklasse oder der Fortsetzbarkeit eines laufenden Prozesses). Anschliessend wird der Start des Prozesses vorbereitet (z.B. Anlegen von Steuerblöcken, Dateianmeldungen). Mit jeder Anmeldung bzw. jedem erstmaligem Dateizugriff muss festgestellt werden, ob dem Benutzer die vorgesehene Verwendung (Lesen oder Schreiben) gestattet ist. Bei einem Methodenaufruf liest das System die Methodensteuerleiste von der MZD und prüft die Übereinstimmung der Arten der aktuellen Parameter mit den nach der Steuerleiste vorgeschriebenen Arten. Zugleich wird festgestellt, ob alle obligatorischen Parameter (Anweisung CHECK) vorhanden sind. Schliesslich werden über einen Interpreter die einzelnen Anweisungen in der Steuerleiste der Reihe nach abgearbeitet.

Stösst der Interpreter auf eine CALL-Anweisung, so werden die Eingabeparameter für den Modul aufbereitet und im Datenbereich der Methodensteuerleiste zur Verfügung gestellt. Dann wird die Modulformatleiste gelesen und die Korrektheit der aktuellen Parameter überprüft. Bei Korrektheit wird der Modul aus der Modulbibliothek dynamisch geladen und ausgeführt.

Prozesse mehrerer Benutzer oder auch mehrere Prozesse desselben Benutzers können parallel ablaufen. Die hierzu erforderliche Synchronisation erfolgt über Vermerke in der MVD.

13 Dokumenten-Nachweissysteme

Die Hauptaufgabe von Dokumenten-Nachweissystemen ist die Recherche, d.h. die Suche nach solchen Dokumentbeschreibungen in der Datenbasis, auf die eine Menge vorgegebener Deskriptoren zutrifft. Diese Aufgabe wird in allen bekannten Systemen mit dem Verfahren der Boole´schen Suche gelöst. Dennoch verbleibt für die Realisierung von Dokumenten-Nachweissystemen ein grosser Spielraum. Wie unterschiedlich sich dieser Spielraum ausfüllen lässt, soll im folgenden an zwei bereits mehrfach installierten Systemen demonstriert werden. So wird in STAIRS (Kap.13.1) ein Freitextverfahren eingesetzt und darüberhinaus die Verwendung bibliographischer Angaben bei der Recherche ermöglicht. Bei GOLEM (Kap.13.2) wird dagegen ein um semantische Funktions- und Verknüpfungsindikatoren erweitertes Schlagwortverfahren verwendet und der Einbezug von Thesauri unterstützt.

Kommerziell lässt sich ein Dokumenten-Nachweissystem nur noch dann absetzen, wenn sein Hersteller auch Mittel zur automatischen Deskribierung anbietet. In den genannten Systemen wird die Deskribierung nach dem Stichwortverfahren unterstützt. STAIRS legt dabei Konkordanzen an, ohne jedoch morphologische Formen zu reduzieren. GOLEM verfügt dagegen über ein unabhängiges Deskribierungssystem (PASSAT), das selbständig die Grundformen ermittelt und Ansätze zu einer automatischen Inhaltserschliessung aufweist.

Wir beschränken uns bei der Besprechung der beiden Systeme auf die Betrachtung ihrer Benutzerschnittstelle und verzichten auf nähere Angaben zu ihrer Realisierung. Beide Systeme wurden vor etwa 1Ø Jahren konzipiert, in der Zwischenzeit aber mehrfach technisch überarbeitet; neuere Literatur zur Realisierung ist kaum zugänglich.

13.1 STAIRS

Die Konzeption des kommerziellen "Storage and Information Retrieval System" STAIRS der Firma IBM ist wesentlich durch die Verwendung des Freitextverfahrens bestimmt. Für Zwecke der Feinrecherche im Dialog speichert es neben den Dokumentbeschreibungen auch die Dokumenttexte selbst.

13.1.1 Deskribierung und Dateneingabe

STAIRS-Dokumentbeschreibungen bestehen aus Deskriptoren und bibliographischen Angaben, letztere werden dem Dokumenttext bei der Eingabe jeweils als Verbund beigefügt. Durch Untergliederung des Textes in Textsegmente können Teile des Dokumentes von der Deskribierung und/oder Speicherung ausgenommen werden. Deskribiert wird nach dem Stichwortverfahren, und zwar automatisch aus dem gegebenen Dokumenttext, wobei eine frei definierte Stopwortliste Verwendung findet und Konkordanzen (6.1.3) angelegt werden. Eine Reduktion morphologischer Formen findet nicht statt, jede Flexionsform eines Wortes bildet einen eigenen Deskriptor. Ein Zusatzprogramm zur Flexionsformenreduktion wird aber angeboten.

Eine beliebige Menge von Dokumentbeschreibungen bildet zusammen mit den zugehörigen gespeicherten Dokumenttexten und den erforderlichen Zugriffspfaden eine Datenbasis. Neue Datenbasen können jederzeit eingerichtet, vorhandene gelöscht werden. Das Ersetzen von Teilen einer Datenbasis ist dagegen nicht vorgesehen (insbesondere entfallen also Korrekturmöglichkeiten).

Wie bei den meisten Informationssystemen ist auch bei STAIRS die Dateneingabe nicht ganz einfach, zumal der Speicherung noch die automatische Deskribierung voranzugehen hat. Beide Arbeitsgänge können nur im Stapelbetrieb durchgeführt werden. Dazu sind die Daten in einem ziemlich komplizierten Format auf Magnetband zu fixieren. Allerdings existiert ein (nicht unmittelbar zu STAIRS gehörendes) Programm, das die Daten von einer aufbereiteten Textform in das Eingabeformat konvertiert und dabei insbesondere die Zerlegung in einzelne Worte vornimmt. Zur Aufbereitung gehört beispielsweise die Aufteilung in Segmente durch entsprechende Codes (8.2.2). Eine neue Version des Systems unterstützt zusätzlich die Eingabe über ein Editierprogramm.

Ergebnis der Eingabe ist u.a. eine invertierte Datei für Zwecke der Booleschen Suche. Deren Deskriptorliste kann nachträglich durch Angabe von Synonymbeziehungen zu einem (bescheidenen) Thesaurus erweitert werden.

13.1.2 Recherche

Alle Anfragen erfolgen im Dialog, so dass der Benutzer die Menge der nachgewiesenen Dokumente in Abhängigkeit von den erzielten Zwischenergebnissen schrittweise eingrenzen kann (stufenweise Einschränkung (6.3.1)). Das Ergebnis jeder Frage wird zwischengespeichert und mit einer eindeutigen Nummer versehen, die gleichzeitig auch die Frage selbst identifiziert. Insgesamt lassen sich für die Recherche drei wiederholt anwendbare Phasen unterscheiden:

- Grobrecherche mit Deskriptoren: Angewandt wird das Freitextverfahren mit Boolescher Suche und metrischen Operatoren (6.2.3). Der Benutzer kommt mit der Kenntnis der Grundform eines Wortes aus, da er ihr noch zusätzliche Maskierungszeichen anhängen kann, die für beliebige Endungen stehen. Von der Synonymbeziehung im Thesaurus wird wahlweise Gebrauch gemacht, das Rangieren gefundener Dokumente ist nach mehreren Bewertungsformeln möglich.

- Grobrecherche mit bibliographischen Angaben: Wahlweise kann man die Menge der durch die Grobrecherche mit Deskriptoren bestimmten Dokumente durch Angabe zusätzlicher, von den bibliographischen Angaben zu erfüllender Bedingungen weiter einengen.

- Feinrecherche mit Dokumenttext: Für jedes Dokument der verbliebenen Dokumentmenge kann der Text in seiner (gespeicherten) Gesamtheit oder abschnittsweise auf dem Bildschirm angezeigt und vom Fragesteller inspiziert werden (Browsing). Hierbei erweist sich das Rangieren der Dokumentmenge als besonders nützlich.

Im folgenden sollen in stark vereinfachter Form die wichtigsten Anweisungen für den Dialog aufgeführt werden.

Grobrecherche mit Deskriptoren (SEARCH-Modus):

Im SEARCH-Modus, eingestellt durch das Kommando SEARCH, können Suchanfragen der folgenden Form gestellt werden ([...]* bedeutet beliebige Wiederholung des geklammerten Anteils).

    <Operand> [<Operator><Operand>]* <Einschränkung>

<Operand>:

Fragedeskriptoren, geklammerte Boolesche Ausdrücke, Nummern früherer Fragen oder Masken. Eine Fragenummer wird bei der Bearbeitung durch die Dokumentmenge ersetzt, die für die betreffende Frage früher ermittelt wurde. Eine Maske hat die Form <Zeichenkette>$<Zahl> und entspricht der Formulierung $\bigcup_i$ <Deskriptor-i>, wobei <Deskriptor-i> ein mit <Zeichenkette> beginnender Deskriptor der Länge $1 \leq |$<Zeichenkette>$| +$ <Zahl> ist.

<Operator>:

ADJ, WITH, SAME: Die Deskriptoren (Operanden) sollen nebeneinander, im selben Satz, im selben Segment auftreten.
AND, NOT, OR, XOR: Boolesche Operatoren.
Prioritäten (in dieser Reihenfolge): ADJ, WITH, SAME, NOT, AND, OR und XOR. Änderung der Reihenfolge durch Klammerung. Operatoren derselben Priorität (OR und XOR) werden von links nach rechts ausgeführt.

<Einschränkung>:

Die Suche soll sich auf die in der Einschränkung genannten Segmente beschränken.

Beispiel:

```
.. SEARCH
0001 VERDECKTE ADJ GEWINNAUSSCHUETTUNG
     NUMBER OF DOCUMENTS = 100
0002 1 AND PENSIONSZUSAGE$1
     NUMBER OF DOCUMENTS = 10
0003 2 AND WITWE$2
     ..............
```

Wie man am Beispiel sieht, wird als Ergebnis zunächst die Zahl der gefundenen Dokumente angegeben, eine für interaktive Dokumenten-Nachweissysteme typische Eigenschaft. Der geübte Benutzer kann daraufhin entscheiden, ob er im nächsten Schritt eine weitere Einengung bzw. Ausweitung versucht oder sich die Dokumente anzeigen lässt. Sollen die gefundenen Dokumente rangiert werden, so ist anstelle von SEARCH das Kommando RANK zu verwenden. Das System bietet dann mehrere Bewertungsfunktionen (6.2.5) an, von denen eine zu wählen ist. Davon abgesehen erfolgt die Bearbeitung wie bei SEARCH, allerdings werden keine Ergebnisse zwischengespeichert (keine Fragenummern als Operanden).

Grobrecherche mit bibliographischen Angaben (SELECT-Modus):

Mit dem Kommando SELECT tritt man in den SELECT-Modus ein; dann sind Anfragen der folgenden Form möglich:

$$\begin{Bmatrix} <Zahl> \\ ALL \end{Bmatrix} \quad <Bedingung> \ [<Verknüpfung> \ <Bedingung>]^{*}$$

<Zahl>: Nummer einer früheren, im SEARCH- oder SELECT-Modus gestellten Frage, deren Ergebnismenge vom System weiter zu untersuchen ist. ALL bewirkt, dass die bibliographischen Angaben für die gesamte Datenbasis durchsucht werden.

<Bedingung>:
   <Index> <Operator> <Wert>[,<Wert>]

<Index>: Index im Verbund der bibliographischen Angaben.

<Wert>: Alphanumerische oder numerische Zeichenkette. $ an einer beliebigen Stelle der Zeichenkette bedeutet, dass diese Stelle vom Vergleich ausgenommen werden soll.

<Operator>: EQ(=), NE($\neq$), GT(>), NL($\geq$), LT(<), NG($\leq$), WL ("innerhalb zweier Werte"), OL ("ausserhalb zweier Werte").

<Verknüpfung>: AND, OR.

Beispiele:

0013 SEITEN GT 100 AND AUTOR EQ JOHN OR THEMA EQ VOEGEL
0014 SEITEN WL 50,100 AND (HERAUSGEBER EQ JIM OR THEMA EQ BIENEN)

Feinrecherche mit Dokumenttext (BROWSE-Modus):

In den BROWSE-Modus gelangt man durch das Kommando BROWSE. Eine
Anweisung in diesem Modus hat die Form

$$[<\text{Zahl}>] \quad \left\{ \begin{array}{l} \text{ALL} \\ <\text{Segmente}> \end{array} \right\}$$

<Zahl>: Anzeige der Dokumentmenge für Fragenummer <Zahl>. Falls
<Zahl> fehlt, bezieht sich die gewünschte Anzeige auf die
letzte Frage.

ALL: Anzeige aller Segmente, zu deren Zugriff der Benutzer
autorisiert ist.

<Segmente>: Aus jedem Dokument anzuzeigende Segmente.

Während der Anzeige kann man um beliebig viele Dokumente
innerhalb der Anzeigereihenfolge vorwärts oder zurückspringen
oder innerhalb eines Dokumentes um beliebig viele Seiten
vorwärts oder rückwärts blättern.

Die Anzeigereihenfolge lässt sich durch Rangieren (RANK)
bestimmen. Dabei kann die Dokumentmenge über einen Unterbefehl
an beliebiger Stelle abgeschnitten werden. Ebenso lassen sich
die Dokumente auch nach einem aus den bibliographischen Angaben
gewählten Sortierbegriff aufsteigend oder absteigend ordnen
(SORT).

13.1.3 Primär- und Sekundärinformationen

Komponenten einer STAIRS-Datenbasis sind vier direkt organi-
sierte Dateien verschiedenen Typs mit Querverweisen. Abb. 13.1
zeigt den schematischen Aufbau. Entsprechend der drei Recher-
che-Phasen, beginnend bei der auf Deskriptoren bezogenen
Grobrecherche, ist als Ausgangspunkt eine invertierte Datei
erforderlich. Deren Realisierung ist auf zwei Dateien aufgespalten: Die eine dient zur Aufnahme der Deskriptorliste in Form
eines zweistufigen Digitalbaumes gemäss 5.3.7, in dem zusätzlich
Synonyma ringförmig verkettet sind. Einträge des Baumes
verweisen auf die zweite Datei, die die infolge der Konkordanzen
sehr umfangreichen Zielpunktlisten aufnimmt. Die Listen sind in

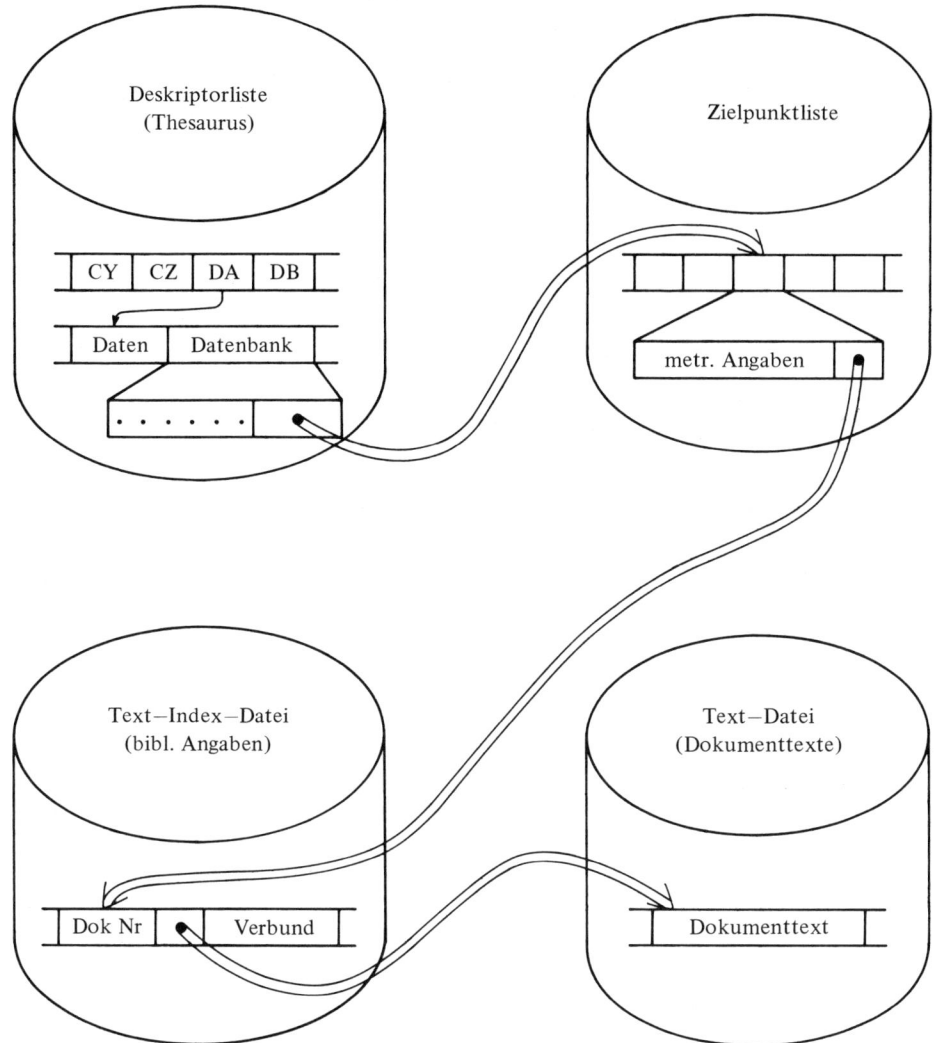

Abb. 13.1

Form einer reinen Auflistung realisiert. Abweichend von dem Beispiel in 5.3.10 sind die Elemente der Zielpunktlisten jedoch nicht die internen Dokumentnummern, sondern Verweise auf den jeweiligen Verbund bibliographischer Angaben. Dieser enthält dann einen Verweis auf den gespeicherten Dokumenttext. Die Gesamtheit der Verbunde befindet sich in einer dritten Datei ("Text-Index-Datei"). Die Texte selbst liegen in einer vierten Datei ("Text-Datei").

STAIRS lässt eine beliebige Anzahl von Datenbasen zu, wobei der Verbundtyp für die Text-Index-Datei und die Vorschriften zur

Segmentierung der Dokumenttexte von Datenbasis zu Datenbasis
variieren können. Deshalb sind zum Zeitpunkt der Definition
einer Datenbasis Schemata festzulegen, in denen zu jeder
Verbundkomponente Index, Sorte und Zugriffsbeschränkung
vermerkt, und für Segmente oder Segmentspannen Segmentnamen
vergeben werden. Die Zusammenfassung zu Segmentspannen ist
häufig erforderlich, da die Segmente auf Textabschnitte von max.
54 Zeilen beschränkt sind und deshalb oft erst mehrere Segmente
zusammengenommen eine sinnvolle Texteinheit bilden. Die
eigentliche Unterteilung in Segmente muss natürlich für jedes
vorgegebene Dokument getrennt erfolgen.

13.2 PASSAT/GOLEM 2

Die Konzeption des Dokumenten-Nachweissystem GOLEM2 (Grosspei-
cher-Orientierte Listenorganisierte Ermittlungs-Methode 2.
Entwicklungsstufe) der Firma SIEMENS beruht auf dem Schlagwortverfahren, und zwar unter besonderer Berücksichtigung der
Möglichkeiten manueller Deskribierung. Wie bei STAIRS können
auch Dokumenttexte gespeichert werden. Sie sind hier jedoch mit
der jeweiligen Dokumentbeschreibung zu Einheiten, den sog.
Zielinformationen, zusammengefasst.

Besonders bemerkenswert an GOLEM2 ist, dass man bei der
Recherche mit einem (frei wählbaren) Thesaurus arbeiten und
damit auch Beziehungen zwischen Deskriptoren auswerten kann.
Neben der Synonymbeziehung sind dabei bis zu 14 frei wählbare
Beziehungen ("Besonderheiten") möglich.

13.2.1 Deskribierung und Dateneingabe

Eine Zielinformation besteht aus einem Dokumenttext und dessen
Beschreibung. Für ihre Zusammenstellung gelten die folgenden
Regeln:
- Zielinformationen umfassen max. 127 Deskriptor- und max. 32
  Textabschnitte. Die Unterteilung des Dokumenttextes erfolgt
  vorwiegend zu Zwecken des Datenschutzes, um nämlich innerhalb
  eines Dokumentes unterschiedliche Schlösser vergeben zu
  können.

326

- Jeder Deskriptorabschnitt besteht aus einer Folge von freien oder durch Funktionsindikatoren (Aspekte) gebundenen Deskriptoren. Insbesondere lassen sich bibliographische Angaben in Deskriptorabschnitten durch Bindung an Aspekte erfassen (6.1.3).
- Deskriptoren können durch Verknüpfungsindikatoren miteinander koordiniert werden (6.1.3).

Anders als bei STAIRS wird die Deskribierung nicht durch das Nachweissystem selbst unterstützt. Das System setzt also die Eingabe vollständig aufbereiteter Zielinformationen voraus, so dass aus seiner Sicht offen bleibt, wie die Deskriptoren für ein vorgegebenes Dokument zustandekamen. Beispielsweise kann die Deskribierung manuell nach dem Schlagwortverfahren erfolgt sein, evtl. unter Verwendung eines kontrollierten Wortschatzes, ebenso aber auch automatisch nach einem Stichwortverfahren. Funktions- und Verknüpfungsindikatoren müssen allerdings in jedem Fall manuell hinzugefügt werden.

Zur automatischen Deskribierung bietet Siemens das eigenständige Programmsystem PASSAT an. Dieses entnimmt einem eingegebenen Dokumenttext Stichwörter und reduziert sie automatisch auf ihre Grundform mit Hilfe der in 6.1.4 beschriebenen Endungs- und Bindungslisten. Hierzu wird eine Vergleichswortliste benötigt, die manuell erstellt und ggf. erweitert werden muss. Um die Erweiterung zu unterstützen, druckt PASSAT alle Textwörter eines Dokumentes aus, für die kein entsprechender Eintrag in der Vergleichswortliste gefunden wurde. Für das anfängliche Erstellen einer brauchbaren Vergleichswortliste erweist es sich z.B. als zweckmässig, vorab eine Anzahl repräsentativer Dokumente mit PASSAT zu deskribieren und die dabei ausgedruckte Liste von Textwörtern als Grundstock für eine Vergleichswortliste heranzuziehen. Um das laufende Ausdrucken von Stopwörtern zu vermeiden, kann man diese mit einer entsprechenden Kennung der Vergleichswortliste hinzufügen.

PASSAT unterstützt weiterhin die automatische Inhaltserschliessung mit Hilfe einer Assoziationsmatrix (6.1.5), die jedoch für das interessierende Fachgebiet zunächst zu entwickeln ist. Ein praktischer Einsatz dieser Möglichkeit ist bisher nicht bekannt geworden.

Das Ergebnis eines PASSAT-Laufes wird auf einem Magnetband für die Dateneingabe in GOLEM2 festgehalten. Der Formatierung der

Daten auf diesem Magnetband liegen dieselben Regeln zugrunde, die für die Formatierung der (nach manueller Deskribierung) auf Lochkarten fixierten Zielinformationen gelten. Abschnitte, Deskriptoren u.ä. werden dabei durch Codes gekennzeichnet (vgl. dazu auch 8.2.2), und zwar für
- Beginn Zielinformation (BEZI).
- Beginn Deskriptorabschnitt (BABS). Auf den Code folgt unmittelbar der erste Deskriptor, so dass anschliessend nur das Ende eines Deskriptors bzw. eines Abschnitts gekennzeichnet werden muss.
- Ende eines freien Deskriptors (EDES). Ende eines gebundenen Deskriptors, falls noch weitere gebundene Deskriptoren zum selben Aspekt folgen.
- Ende eines Aspekts (EASP).
- Ende einer Liste gebundener Deskriptoren zu einem Aspekt (EZDE).
- Beginn (BZUS) bzw. Ende (EZUS) eines Zusatzes. Zusätze dienen vor allem dem Datenschutz (vgl. 13.2.4); sie werden einem Textabschnitt (falls BZUS auf BTXT folgt), einem Deskriptorabschnitt (BZUS nach BABS) oder einer Zielinformation (BZUS nach BEZI) zugeordnet.
- Beginn (BIND) bzw. Ende (EIND) eines Verknüpfungsindikators.
- Beginn eines Textabschnittes (BTXT).
Das Ende eines Abschnittes wird am (erneuten) Auftreten eines der Codes BABS oder BTXT erkannt (der letzte Abschnitt braucht keinen Ende-Code).

Diesen Codes können vom Benutzer beliebige aber eindeutige Sonderzeichen zugeordnet werden, wobei die Zuordnung dem System GOLEM2 vor der Eingabe der Zielinformationen bekannt zu machen ist. Zu einer einigermassen übersichtlichen Codierung führt z.B. die Zuordnung

```
BEZI $    EASP :    EZUS ))    BTXT c̲
BABS +    EZDE ;    BIND <
EDES /    BZUS ((   EIND >
```

Gegeben sei die folgende einfache Zielinformation:

Zielort: Paestum
Land: Italien
Transportmittel: Bahn/Omnibus
Ferienort
Strand
Ausflüge
Pension
Preisgünstig

} 1. Abschnitt
Deskriptoren

PAESTUM – ITALIEN

Paestum ist ein südlich Neapel gelegener Badeort
mit einem besonders schönen Strand und einma-
ligen Kulturdenkmälern. Viele Ausflugsmöglich-
keiten nach den interessanten Orten von Südita-
lien. Komfortable Pension zu günstigen Preisen.

2. Abschnitt
Text

Mit den obigen Codes sieht die Eingabe dieser Zielinformation
folgendermassen aus:

$ ((15))
+Zielort: Paestum; Land: Italien; Transportmittel: Bahn/Omnibus;
Ferienort/Strand/Ausflüge/Pension/Preisgünstig/
cPAESTUM . . . . Preisen.
/*   (Ende Eingabe)

Neben der Eingabe neuer Information ist es möglich, in
vorhandenen Zielinformationen Deskriptoren und Verknüpfungsindikatoren zu streichen, hinzuzufügen oder zu ersetzen,
Befugnisse zu ändern, Textabschnitte hinzuzufügen, zu erweitern
oder zu ersetzen.

13.2.2 Recherche

Auch bei GOLEM2 werden alle Anfragen im Dialogbetrieb gestellt,
so dass die Endergebnisse schrittweise erzielt werden können. Im
Gegensatz zu STAIRS beschränkt sich jedoch die Grobrecherche auf
eine einzige Phase, während sich bei der Feinrecherche drei
Phasen unterscheiden lassen.

- Grobrecherche mit Deskriptoren: Hier wird eine Schlagwortsuche
  mit Booleschen Operatoren und unter Einbezug von Aspekten
  durchgeführt. Die Synonymbeziehung im Thesaurus wird
  automatisch ausgewertet, alle anderen Beziehungen werden nur
  bei spezieller Anforderung nach vorheriger Thesaurusanzeige
  (6.3.1) beachtet. Ein Rangieren der gefundenen Dokumente ist
  nicht möglich.

- Feinrecherche mit Deskriptorabschnitten: Die Deskriptorab-
  schnitte der durch die Grobrecherche bestimmten Dokumente
  können weiteren Bedingungen in Bezug auf Verknüpfungsindikatoren unterworfen werden.

- Automatische Feinrecherche mit Textabschnitten: Die in den
  beiden ersten Phasen bestimmten Dokumente können einem

Freitextverfahren ohne metrische Operatoren unterzogen werden. Dazu wird der Wortlaut der Textabschnitte auf bestimmte Wörter oder auch auf Wortfolgen in einem Satz untersucht (6.2.3). Eine Flexionsformengenerierung findet dabei nicht statt. Stattdessen wird ähnlich wie bei STAIRS die Möglichkeit der Maskierung angeboten.

- Intellektuelle Feinrecherche durch Inspektion des Dokumenttextes: Browsing am Bildschirm ist jederzeit möglich.

Nachfolgend sollen wieder die wichtigsten Dialogeigenschaften skizziert werden.

Grobrecherche mit Deskriptoren:

Eingaben für die Grobrecherche bestehen aus mehreren Fragekomplexen, die sich jeweils in zwei aufeinanderfolgende Abschnitte unterteilen lassen:

- Aufzählung der zu berücksichtigenden Deskriptoren; diese werden dem Benutzer zusammen mit einer intern vorgegebenen Folgenummer und ihrer Vorkommenshäufigkeit angezeigt. Korrekturen an der Liste sind stets möglich.
- Boolesche Verknüpfung der (durch ihre Folgenummer identifizierten) Deskriptoren. Boolesche Operatoren sind V ("oder", Vereinigung), U ("und", Durchschnitt), UN ("und nicht", Differenz). Durch sie werden nur solche Dokumente bestimmt oder ausgeschlossen, deren Deskriptoren textuell genau mit den eingegebenen Deskriptoren übereinstimmen. Für die Operatoren gelten die üblichen Prioritäten und Klammerungsregeln. Operatoren derselben Priorität werden von links nach rechts ausgeführt.

Beispiel:

        DESKRIPTORLISTE
        1. LAND: ITALIEN (9)
        2. ZIELORT: MERAN (1)
        3. FERIENORT (27)
        4. SCHWIMMEN (2)
        5. TENNIS (12)
        ENDE DER DESKRIPTORLISTE
        NAECHSTE ANWEISUNG
        1U3U(4V5)UN2
        ANZAHL DER ZIELINFORMATIONEN:2

Bei der Verknüpfung von Deskriptoren werden sämtliche Synonyma eines Deskriptors implizit durch V mit ihm verknüpft und damit automatisch zur Suche herangezogen (6.2.2). Alle im Thesaurus über eine andere Beziehung erreichbaren Deskriptoren können folgendermassen in die Suche einbezogen werden:

Die angezeigte Deskriptorenliste weist für jeden Deskriptor einen Stern auf, sofern für ihn Beziehungen im Thesaurus existieren. Durch die Anweisung

*<Folgenummer> [<Beziehung>]

können für einen bestimmten Deskriptor alle Deskriptoren angezeigt werden, die zu ihm in beliebiger oder der vorgegebenen Beziehung stehen. Für jede angezeigte Beziehung wird eine weitere Folgenummer vergeben. Mit ihrer Hilfe kann man die zugehörigen Deskriptoren in die Suchlogik der Grobrecherche einbeziehen.

Beispiel:

1. DEUTSCHE BUNDESBAHN * (198)
   2. SYNONYM: DB * (10)
   3. SIEHE AUCH: BUNDESBAHN * (17)
               EISENBAHN * (251)
   4. UNTERBEGRIFF: VERKEHRSMITTEL * (20)

Thesaurusinhalte lassen sich aber auch ganz oder teilweise durch getrennte Anweisungen unabhängig von einem bestimmten Suchvorgang anzeigen.

Feinrecherche mit Deskriptorabschnitten:

Die Feinrecherche mittels Verknüpfungsindikatoren wird durch die Anweisung IND eingeleitet. Auf sie folgt ein Ausdruck, in dem früher eingeführte (aber nicht unbedingt bei der Grobrecherche verwendete) und ebenfalls durch ihre Folgenummer identifizierte Deskriptoren verknüpft werden. Boolesche Operatoren sind u.a.

U: Die beteiligten Deskriptoren müssen beide im Dokument vorkommen und mindestens einen gemeinsamen Indikator besitzen.

UN:Der nachfolgende Deskriptor darf nur dann im Dokument auftreten, wenn alle seine Indikatoren von denen der vorangehenden Deskriptoren abweichen.

Die Anfrage-Formulierung ist analog der Grobrecherche, z.B. 1U5.

Automatische Feinrecherche mit Textabschnitten:

Die Suche nach spezifischen Textwörtern beginnt mit der Anweisung TERME, gefolgt von einer Zeichenkette, die Maskierungszeichen enthalten kann (z.B. für unbekannten Wortanfang oder Wortende, unbekannte Art und Zahl von Zwischenzeichen). Mehrere derartige Zeichenketten lassen sich wieder verknüpfen. In ähnlicher Weise wird bei der Zitatensuche (SATZ) auf gemeinsames Auftreten mehrerer Wörter im selben Satz geprüft.

Intellektuelle Feinrecherche:

Durch die Anweisung

ZI [<Zahl$_1$> [**<Zahl$_2$>]]

kann man sich eine oder mehrere Zielinformationen (ZI) anzeigen lassen. Die Zahlen beziehen sich dabei auf eine lineare Ordnung der Zielinformationen, aufsteigend entweder nach der internen ZI-Nummer oder nach den Deskriptoren eines über eine vorangehende SORT-Anweisung bestimmten Aspektes. Die Anzeige lässt sich auf Deskriptorteil oder Textteil, auf ausgewählte Deskriptor- oder Textabschnitte oder auf die durch vorgegebene Aspekte gebundenen Deskriptoren beschränken. Innerhalb eines Dokumentes schaltet man bildschirmweise sequentiell vorwärts, während Rückwärtslesen nur um eine Bildschirmseite möglich ist.

13.2.3 Thesauri

Für jeden Aspekt sowie für die Menge der ungebundenen ("freien") Deskriptoren wird jeweils eine eigene invertierte Datei geführt. Jede invertierte Datei ist als vollständiger Thesaurus ausgebildet, so dass neben der Synonymbeziehung jeweils bis zu 14 frei wählbare "Besonderheiten" möglich sind. Verknüpfungsindikatoren werden in den invertierten Dateien nicht vermerkt, sondern sind Bestandteil der Zielinformationen.

Mit der Eingabe der Zielinformationen werden zugleich die Thesauri aufgebaut oder erweitert: Noch nicht aufgeführte Aspekte und Deskriptoren werden hinzugefügt, die Angaben zur Häufigkeit modifiziert und die Zielpunktlisten ergänzt. Alle anderen Thesaurus-Operationen werden über ein eigenes Programmpaket abgewickelt, das es erlaubt,
- Deskriptoren aufzunehmen (z.B. wenn von anderer Seite ein Thesaurus übernommen werden soll) oder zu löschen,
- Besonderheitenlisten hinzuzufügen oder zu entfernen (diese lassen sich ja den Zielinformationen nicht entnehmen).

13.2.4 Datenschutz

Zugriffsbeschränkungen können auf Datenbasis-, Dokument- und Abschnittsebene vergeben werden, und zwar jeweils getrennt für Recherche, Thesaurusanzeige, Änderungsdienst.

Die Identitätskontrolle der Benutzer wird dabei über ein fest zugewiesenes Passwort kontrolliert, das den Zugang zu GOLEM2 erschliesst. Innerhalb des Systems wird der Zugriff nach dem Grundsatz der überwachten Mehrfachbenutzung in Form von Befugnissätzen geregelt. Benutzern mit gleichen Rechten wird derselbe Befugnissatz zugewiesen. Er setzt sich aus drei Teilen zusammen:

- Datenbasis- und Prozedurbefugnis: Dieser Teil besteht aus 150 Bytes entsprechend einer Maximalzahl von 150 Datenbasen, wobei jedes Bit im Byte für einen Operator (Prozedur) steht (Recherche, Änderungsdienst usw.). Jedes gesetzte Bit erlaubt die Verwendung des entsprechenden Operators in der zugehörigen Datenbasis.

- ZI-Befugnis: Jede ZI kann bei der Eingabe mit einem Schloss 0...255 (0: unbeschränkter Zugriff) versehen werden. Die ZI-Befugnis besteht aus einer Folge von 256 Bits. Jedes gesetzte Bit ist die Erlaubnis zum Zugriff auf eine ZI mit dem der Position entsprechenden Schloss.

- <u>Abschnittsbefugnis</u>: Jeder Abschnitt kann bei der Eingabe mit einem Schloss Ø...127 (Ø wie oben) versehen werden. Die Abschnittsbefugnis besteht aus einer Folge von 128 Bits, die analog zur ZI-Befugnis gedeutet werden.

Literaturverzeichnis

Kapitel 1

Bösmann,E. (1967): Die ökonomische Analyse von Kommunikations-
    beziehungen in Organisationen. Springer Verlag.

Chang,C.-L.; Leel,R. C.-T. (1973): Symbolic Logic and Mechanical
    Theorem Proving. Academic Press.

DIN 400 (1972): Informationsverarbeitung - Begriffe. Beuth-Ver-
    trieb.

v.Förster,H. (1969): Analysis and Synthesis of Cognitive
    Processes and Systems. Final Report. Biological Computer
    Laboratory, University of Illinois, Urbana.

Green,C.C.; Raphael,B. (1968): The Use of Theorem-Proving
    Techniques in Question-Answering Systems. Proc. 23rd. Natl.
    ACM Conf., 169-181.

Grochla, E. (1974): Integrierte Gesamtmodelle der Datenverar-
    beitung. Reihe Betriebsinformatik, Carl Hanser.

Guttag,T. (1975): The Specification and Application to
    Programming of Abstract Data Types. Tech. Rep. CSRG-59,
    Univ. of Toronto.

Guttag,T. (1977): Abstract Data Types and the Development of
    Data Structures. Comm. ACM 20, 396-404.

Heinrich,L.J. (1976): Systemplanung. 2 Bände, Walter de Gruyter.

Laisiepen,K; Lutterbeck,E.; Meyer-Uhlenried,K.-H. (1972):
    Grundlage der praktischen Information und Dokumentation.
    Verlag Dokumentation.

Langefors,B. (1977): Information Systems Theory. Information Systems 2, 207-219.

Liskov,B.H.; Zilles,S.N. (1975): Specification Techniques for Data Abstractions. IEEE Trans. on Software Engineering, SE-1, 7-19.

Lockemann,P.C.; Mayr,H.C.; Weil,W.H.; Wohlleber,W.H. (1978): Data Abstractions for Data Base Systems. Erscheint in: ACM Trans. on Database Systems.

Lutterbeck,H. (Hrsg.) (1971): Dokumentation und Information. Umschau-Verlag.

Lutz,Th. (1973): Das computerorientierte Informationssystem (CIS) - eine methodische Einführung. Walter de Gruyter.

Malmberg,B. (1967): Structural Linguistics and Human Communication. Springer Verlag.

Mayr,H.C.; Lockemann,P.C. (1976): Formal Modelling of Discrete Dynamic Systems. In: Proc. 2nd International Workshop on Modelling and Performance Evaluation of Computer Systems, North-Holland Publ. Co., 255-266.

Nilsson,N.J. (1971): Problem-Solving Methods in Artificial Intelligence. McGraw-Hill.

Schaff,A. (1969): Einführung in die Semantik. Europäische Verlagsanstalt.

Schulz,A. (1971): Strukturanalyse der maschinellen betrieblichen Informationsbearbeitung. Walter de Gruyter.

Smith,J.M.; Smith,D.C.P. (1977): Data Base Abstractions: Aggregation. Comm. ACM 20, 405-415.

Steinacker,I. (1975): Dokumentationssysteme. Walter de Gruyter.

Wedekind,H. (1973): Systemanalyse. Carl Hanser.

Zemanek,H. (1972): Informale und formale Beschreibung. IBM-Nachrichten, Heft 211,175-179 u. H.212,279-283.

Kapitel 2

Abrial,J.R.   (1974): Data Semantics. In: J.W.Klimbie, K.L.Koffe-
    man (Hrsg.), Modelling in Data Base Management, North-Hol-
    land Publ. Co., 181-200.

ACM (1976):   Data Base Management Systems. ACM Computing Surveys
    8, H.1, Sonderheft.

Benci,E.; Bodart,F. Bogaert,H.; Cabanes,A. (1976): Concepts for
    the Design of a Conceptual Schema. In: G.M.Nijssen (Hrsg.),
    Modelling in Data Base Management Systems, North-Holland
    Publ. Co., 181-200.

Bernstein,P.A.   (1976): Synthesizing Third Normal Form Relations
    from   Functional   Dependencies.   ACM   Trans.   on Database
    Systems 1,277-298.

Biller,H.; Glatthaar,W.; Neuhold,E.J. (1976): On the Semantics
    of   Data   Bases: The   Semantics   of   Data   Manipulation
    Languages. In: G.M. Nijssen (Hrsg.), Modelling in Data Base
    Management Systems, North-Holland Publ. Co., 239-267.

Biller,H.; Neuhold,E.J. (1978): Semantics of Data Bases: The
    Semantics of Data Models. Information Systems 3, 11-30.

Chen,P.P.-S. (1976): The Entity-Relationship-Model; Toward a
    Unified View of Data. ACM Transactions on Data Base Systems
    1, 9-36.

CODASYL Data Base Task Group Report (1971).

CODASYL DDL Journal of Development (1973).

CODASYL COBOL Journal of Development (1976).

Codd,E.F. (1970): A Relational Model of Data for Large Shared
    Data Banks. Comm. ACM 13, 377-387.

Codd,E.F. (1971): A Data Sublanguage Founded on the Relational
    Calculus. In: ACM-SIGFIDET Workshop on Data Description,
    Access and Control, Nov. 1971, 35-68.

Codd,E.F.   (1972): Further Normalization of the Data Base
    Relational Model. In: R.Rustin (Hrsg.), Data Base Systems,

337

Courant Computer Science Symposium, May 1971, Prentice-Hall, 33-64.

Codd,E.F. (1972): Relational Completeness of Data Base Sub-Languages. In: R.Rustin (Hrsg.), Data Base Systems, Courant Computer Science Symposium, May 1971, Prentice-Hall, 65-98.

Date,C.J. (1977): An Introduction to Data Base Systems. 2. Aufl., Addison-Wesley.

Hall,P.; Owlett,J.; Todd,S. (1976): Relations and Entities. In: G.M.Nijssen (Hrsg.), Modelling in Data Base Management Systems, North-Holland Publ.Co.,201-220.

IBM: Information Management System/360, Version 2 General Information Manual. IBM Form GH20-0765.

IBM: Information Management System/360, Version 2 Utilities Reference Manual. IBM Form SH20-0910.

Kerschberg,L.; Klug,A.; Tsichritzis,D. (1976): A Taxonomy of Data Models. In: P.C.Lockemann, E.J.Neuhold (Hrsg.), Systems for Large Data Bases, North-Holland Publ. Co., 43-64.

Nijssen,G.M. (1975): Set and CODASYL Set or Coset. In: B.C.M. Douque, G.M.Nijssen (Hrsg.), Data Base Description, North-Holland Publ.Co., 1-70.

Schlageter,G.; Stucky W. (1977): Datenbanksysteme: Konzepte und Modelle. B.G.Teubner.

Schmid,H.A.; Swenson,T.R. (1975): On the Semantics of the Relational Data Model. ACM SIGMOD Proc. 75, 211-233.

Sundgren,B. (1975): Theory of Data Bases. Petrochelli/Charter, New York, 1975.

Tsichritzis,D.; Lochovsky,F.H. (1976): Data Base Management Systems. Academic Press.

Wedekind,H. (1974): Datenbanksysteme I. Reihe Informatik Bd.16, BI-Wissenschaftsverlag.

Wiederhold,G. (1977): Database Design. McGraw-Hill.

Kapitel 3

Lautenbach,K. (1973): Exakte Bedingungen der Lebendigkeit für
eine Klasse von Petri-Netzen. Bericht der GMD Nr.82,
Birlinghoven.

Lautenbach,K.; Schmid,H.A. (1974): Use of Petri Nets for Proving
Correctness of Concurrent Process Systems. Information
Processing 74, North-Holland Publ.Co., 187-191.

Mayr,H.C.; Lockemann,P.C. (1976): Formal Modelling of Discrete
Dynamic Systems. In: Proc. 2nd International Workshop on
Modelling and Performance Evaluation of Computer Systems,
North-Holland Publ.Co.,255-266.

Noe,J.D.; Nutt,G.J. (1973): Macro E-Nets for Representation of
Parallel Systems. IEEE Trans. on Computer Systems C-22,
718-727.

Nutt,G.J. (1972): The Formulation and Application of Evaluation
Nets. TR 72-07-02, Comp.Science Group, Univ. of Washington,
Seattle.

Peterson,J.L. (1977): Petri Nets. ACM Computing Surv.9, 223-252.

Petri,C.A. (1973): Concepts of Net Theory. Proc. Math.
Foundations of Comp. Science, High Tatras, Math. Inst.
Slovak Academy of Science, 137-146.

Petri,C.A. (1975): Interpretations of Net Theory. Int. Bericht
ISF.75.07, Gesellschaft f. Math. u. Datenverarbeitung,
Bonn.

Ramchandani,Ch. (1974): Analysis of Asynchronous Concurrent
Systems by Petri Nets. MAC TR-120, Massachusetts Inst. of
Technology.

Kapitel 4

ANSI (1975): Interim Report ANSI/X3/SPARC Study Group on Data
Base Management Systems, FDT-ACM SIGMOD Bulletin H.2.

Benci,E.; Bodart,F.; Bogaert,H.; Cabanes,A. (1976): Concepts for the Design of a Conceptual Schema. In: G.M.Nijssen (Hrsg.), Modelling in Data Base Management Systems, North-Holland Publ.Co., 181-200.

CODASYL Systems Committee (1977): Stored-Data Description and Data Translation: A Model and Language. Information Systems 2, 95-148.

Date,C.J. (1977): An Introduction to Data Base Systems. 2.Aufl., Addison-Wesley.

Goos,G. (1977): Hierarchies. In: Software Engineering, Lecture Notes in Computer Science 30, Springer Verlag, 29-46.

Krägeloh,K.D.; Lockemann,P.C. (1977): Top-Down Optimization in Multi-Level Data Base Systems. In: B.Gilchrist (Hrsg.), Information Processing 77, North-Holland Publ.Co., 399-404.

Navathe,S.B.; Fry,J.P. (1976): Restructuring for Large Databases: Three Levels of Abstractions. ACM Trans. on Database Systems 1, 138-158.

Nijssen,G.M. (1976): A Gross Architecture for the Next Generation Database Management System. In: G.M.Nijssen (Hrsg.), Modelling in Data Base Management Systems, North-Holland Publ.Co.,1-24.

Schmid,H.A. (1976): Architektur und Implementierung von Datenbanksystemen. Der GMD-Spiegel Nr.3, Sept 1976, 78-122.

Schmid,H.A.; Bernstein,P.A. (1975): A Multi-Level Architecture for Relational Data Base Systems. In: D.S.Kerr (Hrsg.), Proc. International Conference on Very Large Data Bases, ACM New York, 202-226.

Senko,M.E.; Altman,E.B.; Astrahan,M.M.; Fehder,P.L. (1973): Data Structures and Accessing in Data Base Systems. IBM Systems Journal 12, 30-93.

Yormark (1977): The ANSI/X3/SPARC/SGDBMS Architecture. In: D.A.Jardine (Hrsg.), SHARE XLIV DBMS Conference, North-Holland Publ.Co.

Kapitel 5

Alsberg,P.A. (1975): Space and Time Savings Through Large Data Base Compression and Dynamic Restructuring, Proc. of the IEEE 63, 1114-1122.

Bayer,R.; McCreight,E. (1972): Organisation and Maintenance of Large Ordered Indexes. Acta Informatica 1, 173-189.

Bayer,R. (1974): Storage Characteristics and Methods for Searching and Addressing. Information Processing 74, North-Holland Publ.Co.,440-444.

Caspers,P.G. (1974): Aufbau von Betriebssystemen. Göschen Bd.7013, Walter de Gruyter.

Date,C.J. (1977): An Introduction to Data Base Systems. 2. Aufl., Addison-Wesley.

Flores,I. (1970): Data Structure and Management. Prentice-Hall.

Ghosh,S.P. (1976): Data Base Organization for Data Mangement. Academic Press.

Hahn,B. (1974): A New Technique for Compression and Storage of Data. Comm. ACM 17, 434-436.

Hardgrave, W.-T. (1974): The Prospects for Large Capacity Set Support Systems Imbedded within Generalized Data Management Systems. In: International Computing Symposium 1973, North-Holland Publ.Co., 549-556.

IBM System/360 Operating System: Supervisor and Data Management Services. IBM Form C28-6646.

IBM Generalized Information System Version 2 (GIS/2). IBM Form GH 12-3065.

IBM: OS/VS VSAM Leitfaden. IBM Form GC12-1130.

Knuth,D.E. (1973): The Art of Computer Programming, Bd. 3: Searching and Sorting. Addison-Wesley.

Kroenke,D. (1977): Database Processing. SRA, Inc.

London,K.R. (1973): Techniques for Direct Access. Auerbach Publ.

Madnick,S.E.; Donovan,J.J. (1974): Operating Systems. McGraw-Hill.

Martin,J. (1975): Computer Data-Base Organization. Prentice-Hall.

Martin,J. (1976): Principles of Data-Base Management. Prentice-Hall.

Meyer-Eppler,W. (1969): Grundlagen und Anwendungen der Informationstheorie. Springer Verlag.

Schlageter,G.; Stucky,W. (1977): Datenbanksysteme: Konzepte und Modelle. B.G. Teubner Verlag.

Schmid,H.A.; Bernstein,P.A. (1975): A Multi-Level Architecture for Relational Data Base Systems. In: D.S.Kerr (Hrsg.), Proc. International Conference on Very Large Data Bases, ACM New York, 202-226.

Schmid,H.A. (1976): Architektur und Implementierung von Datenbanksystemen. Der GMD-Spiegel, Nr.3, Sept. 1976, 78-122.

Schnupp,P. (1975): Systemprogrammierung. Walter de Gruyter.

Senko,M.E.; Altman,E.B. (1976): DIAM II and Levels of Abstractions, The Physical Device Level: A General Model for Access Methods. In: P.C.Lockemann, E.J.Neuhold (Hrsg.), Systems for Large Data Bases, North-Holland Publ.Co., 79-94.

Severance,D.G.; Carlis,J.V. (1974): Identifier Search Mechanisms: A Survey and a Generalized Model. Computing Systems 6, 175-194.

Severance,D.G. (1975): A Parametric Model of Alternative File Structures. Informations Systems 1, 51-55.

Severance,D.G.; Carlis,J.V. (1977): A Practical Approach to Selecting Record Access Paths. ACM Computing Surveys 9, 259-272.

Siemens System 7000/4004, Betriebssystem BS2000, Datenverwaltungssystem (DVS). Bestell Nr.D14/40535.

Siemens System 7000/4004, SESAM, Verfahrensbeschreibung, Bestell Nr. D14/40024.

Siemens System 7000/4004, SESAM, Datenverwaltung (Beschreibung), Bestell Nr. D14/40019.

Siemens System 7000/4004, SESAM, Datenwiedergewinnung, Bestell Nr. D14/40020.

Siemens System 7000/4004. Data Base Mangement System UDS V2, Schema DDL and SSL. Bestell Nr. D15/5169-02-101.

Stonebraker,M.; Wong,E.; Kreps,P. (1976): The Design and Implementation of INGRES. ACM Trans. on Database Systems 1, 189-222.

Tsichritzis,D. (1975): Realiabiltity. In: Software Engineering, Lecture Notes in Computer Science 30, Springer Verlag, 319-373.

Tsichritzis,D.; Lochovsky,F.H. (1976): Data Base Management Systems. Academic Press.

Wagner,R.E. (1973): Indexing Design Considerations. IBM Syst.J. 12, 351-367.

Wedekind,H. (1973): Systemanalyse. Carl Hanser.

Wedekind,H. (1975): Datenorganisation. 3.Aufl., Walter de Gruyter.

Wedekind,H.; Härder,T. (1976): Datenbanksysteme II. Reihe Informatik Bd. 18, BI-Wissenschaftsverlag.

Wiederhold,G. (1977): Data Base Design. McGraw-Hill.

Kapitel 6

Bünting,K.-D. (1971): Einführung in die Linguistik. Athenäum-Verlag.

Bundesministerium der Justiz (Hrsg.) (1972): Das Juristische Informationssystem - Analyse, Planung, Vorschläge. Verlag C.F.Müller.

Gebhardt,F. (1975): A Simple Probabilistic Model for the Relevance Assessment of Documents. Information Proc. and Management 11, 59-65.

Grosholz,J.; Urbach,B. (1972): GOLEM2 - ein System zur Wiedergewinnung von Information. Siemens-Schriftenreihe data-praxis, Bestell Nr. D14/4317.

Hoffmann,D.; Jahl,M.; Quandt,H.; Weigand,R. (1971): Automatische Textanalyse mit PASSAT. Zeitschr. f. Datenverarbeitung, 495-504.

IBM: STAIRS - Allgemeine Übersicht. IBM Form GH12-1057.

Laisiepen,K.; Lutterbeck,E. Meyer-Uhlenried,K.-H. (1972): Grundlagen der praktischen Information und Dokumentation. Verlag Dokumentation.

Lang,F.; Bock,H. (Hrsg.) (1973): Wiener Beiträge zur elektronischen Erschliessung der Information im Recht. IBM Österreich, Wien.

Lutterbeck,E. (Hrsg.) (1971): Dokumentation und Information. Umschau Verlag.

Sager,W.K.H.; Lockemann,P.C. (1976): Classification of Ranking Algorithms. Internatl. Forum on Info. and Documentation 1, H.4, 12-25.

Salton,G. (1968): Automatic Information Organization and Retrieval. McGraw-Hill.

Salton,G. (Hrsg.) (1971): The SMART Retrieval System, Experiments in Automatic Document Processing. Prentice-Hall.

Schott,G. (1972): Automatic Analysis of Inflectional Morphems in German Nouns. Acta Informatica 1, 360-374.

Siemens System 7000/4004: Informationssystem GOLEM2, Datenwiedergewinnung. Bestell Nr. D14/4335.

Siemens System 7000/4004: Informationssystem GOLEM2, Bedienungsanleitung. Bestell Nr. D14/4336.

Siemens System 7000/4004: PASSAT, Beschreibung. Bestell Nr. D14/40324.

Soergel,D. (1969): Klassifikationssysteme und Thesauri. Deutsche Gesellsch. f. Dokumentation.

Steinacker,I. (1975): Dokumentationssysteme. Walter de Gruyter.

Vickery,B.C. (1965): On Retrieval System Theory. Butterworths.

Vickery,B.C. (1970): Techniques of Information Retrieval. Butterworths.

Kapitel 7

Bayer,R. (1976): On the Integrity of Data Bases and Resource Locking. In: Lecture Notes in Computer Science, 39, Springer Verlag, 339-361.

Bundesdatenschutzgesetz (BDSG). Erhältlich bei: Bundesinnenministerium, Referat Öffentlichkeitsarbeit, Bonn.

Chamberlin,D.D.; Boyce,R.F.; Traiger,I.L. (1974): A Dead-Lock Free Scheme for Resource Looking in a Data-Base Environment. In: J.L.Rosenfeld (Hrsg.), Information Processing 74, North-Holland Publ.Co., 340-343.

Chamberlin,D.D.; Gray,J.N.; Traiger,I.L. (1975): Views, Authorization, and Locking in a Relational Data Base System. In: Proc. AFIPS 1975 National Computer Conference, 425-430.

Coffman,Jr.,E.G.; Elphick,M.J.; Shoshani,A. (1971): System Deadlocks. ACM Computing Surveys 3, 67-78.

Conway,R.W.; Maxwell,W.L.; Morgan,H.L. (1972): On the Implementation of Security Measures in Information Systems. Comm. ACM 15, 211-220.

Dammann,U.; Karhausen,M.; Müller,P.; Steinmüller,W. (1974): Datenbanken und Datenschutz. Herder & Herder.

Date,C.J. (1977): An Introduction to Data Base Systems. 2.Aufl., Addison-Wesley.

Eswaran,K.P.; Chamberlin, D.D. (1975): Functional Specifications of a Subsystem for Database Integrity. In: D.S.Kerr (Hrsg.): Internat. Conference on Very Large Data Bases, ACM New York, 48-68.

Eswaran,K.P.; Gray,J.N.; Lorie,R.A.; Traiger,I.L. (1976): The Notions of Consistency and Predicate Locks in a Database System. Comm. ACM 19, 624-633.

Evans Jr.,A.; Kantrowitz,W.; Weiss,E. (1974): A User Authentication Schema Not Requiring Secrecy in the Computer. Comm. ACM 17, 437-442.

Everest,G.C. (1974): Concurrent Update Control and Data Base Integrity. In: J.W.Klimbie und K.L.Koffemann (Hrsg.), Data Base Management, North-Holland Publ.Co., 241-270.

Gray, J.N.; Lorie, R.A.; Putzolu,G.R. (1975): Granularity of Locks in a Shared Data Base. In D.S.Kerr (Hrsg.), International Conference on Very Large Data Bases, ACM New York, 428-451.

Griffiths,P.P.; Wade,B.W. (1976): An Authorization Mechanism for a Relational Database System. ACM Trans. on Database Systems, 242-255.

Hammer,M.M.; McLeod,D.J. (1975): Semantic Integrity in a Relational Data Base System. In: D.S.Kerr (Hrsg.), International Conference on Very Large Data Bases, ACM New York, 25-47.

Hartson,H.R.; Hsiao,D.K. (1974): Languages for Specifying Protection Requirements in Data Base Systems (Part I). Technical Report Series CSU-CISRC-TR-74-10, Computer and Information Research Center, The Ohio State University.

Hoffmann,L.J. (1969): Computers and Privacy: A Survey. ACM Comp. Surv. 1, 85-103.

Hoffmann,L.J. (Hrsg.) (1973): Security and Privacy in Computer Systems. Melville Publ. Co., Los Angeles.

Hsiao,D.K.; Baum,R.I. (1974): Information Secure Systems. Technical Report Series CSU-CISRC-TR-74-9, Computer and Information Science Research Center, The Ohio State University.

Hsiao,D.K.; Kerr,D.S.; Madnick,S.E. (1978): Computer Security - Problems and Solutions. Erscheint in: 4th International Conference on Very Large Data Bases.

Hüber,R.; Lockemann,P.C. (1978): Information Protection by Method Base Systems. Erscheint in: 4th International Conference on Very Large Data Bases.

Lindemann,P.; Nagel,K.; Hermann,G. (1973): Datenschutz - Datensicherung. Luchterhand Verlag.

Lockemann,P.C.; Mayr,H.C.; Weil,W.G.; Wohlleber,W.H. (1978): Data Abstractions for Data Base Systems. Erscheint in: ACM Trans. on Database Systems.

Lorie,R.A. (1977): Physical Integrity in a Large Segmented Database. ACM Trans. on Database Systems 2, 91-104.

Machgeels,C. (1976): A Procedural Language for Expressing Integrity Constraints in the Coexistence Model. In: G.M.Nijssen (Hrsg.), Modelling in Data Base Management Systems, North-Holland Publ.Co., 293-301.

Purdy,G.B. (1974): A High Security Log-in Procedure. Comm. ACM 17, 442-445.

Saltzer,I.H.; Schröder,M.D. (1975): The Protection of Information in Computer Systems. Proc. of the IEEE 63, 1278-1308.

Schlageter,G. (1975): Access Synchronization and Deadlock-Analysis in Data Base Systems: An Implementation Oriented Approach. Information Systems 1, 97-102.

Schlageter,G. (1976): Prozesssynchronisation in Datenbanksystemen. Habilitationsschrift, Univ. Karlsruhe.

Schlageter,G; Stucky,W.(1977): Datenbanksysteme: Konzepte und Modelle. B.G.Teubner Verlag.

Shemer,J.E.; Collmeyer,A.J. (1972): Database Sharing: A Study of Interference, Roadblock and Deadlock. In: A.L.Dean (Hrsg.),

Proc 1972 ACM-SIGFIDET Workshop on Data Description, Access and Control, 147-163.

Stonebraker,M. (1975): Implementation of Integrity Constraints and Views by Query Modification. In: W.F.King (Hrsg.), Proc. ACM-SIGMOD International Conference on Management of Data, San Jose, May 1975, ACM New York, 65-78.

Tanner,F. (1977): Synchronisation in Datenbanken. Int. Bericht 18/77, Fak.f.Informatik, Univ. Karlsruhe.

Wedekind,H. (1976): Die Überprüfung von semantischen Integritätsbedingungen in relationalen Datenbanksystemen. In: Informatik-Fachbericht 6, Springer-Verlag, 282-300.

Wiederhold,G. (1977): Data Base Design. McGraw-Hill.

Kapitel 8

Autorenkollektiv (1971): Datenerfassung im System der EDV. Verlag Die Wirtschaft, Berlin.

Bundesministerium der Justiz (Hrsg.) (1972): Das Juristische Informationssystem - Analyse, Planung, Vorschläge. Verlag C.F.Müller.

Dürr,H. (1973): Datenerfassung in der kommerziellen Datenverarbeitung. Walter de Gruyter.

Gebhardt,F. (1973): Codierung der Texte und formalen Eingabe für ein computerunterstütztes Dokumentationssystem. Verlag Dokumentation.

Heinrich,L.J. (1975): Planung des Datenerfassungssystems. Verlagsgesellschaft Rudolf Müller.

Mertin,C.-O. (1971): Datenerfassung - eine Übersicht. R.Oldenbourg.

Kapitel 10

CODASYL Data Base Task Group Report (1971).

CODASYL DDL Journal of Development (1973).

CODASYL COBOL Journal of Development (1976).

Computergesellschaft Konstanz (1978): DBS440 Benutzerbeschrei-
bung. Bestell Nr. 440.G2.03., 1975, rev. 1978.

Date,C.J. (1975): An Introduction to Data Base Systems. 2.
Aufl., Addison-Wesley.

IBM: Information Management System/360, Version 2 General
Information Manual. IBM Form GH20-0765.

IBM: Information Management System/360, Version 2 Utilities
Reference Manual. IBM Form SH 20-0915.

IBM: Information Management System/360 Version .2 System/
Application Design Guide. IBM-Form SH20-0910.

Siemens System 7000/4004. Data Base Management System UDS V2,
Schema DDL and SSL. Bestell Nr. D15/5169-02-101.

Wedekind,H. (1974): Datenbanksysteme I. Reihe Informatik Bd. 16,
BI-Wissenschaftsverlag.

Kapitel 11

Astrahan,M.M. et al. (1976): System R: Relational Approach to
Database Management. ACM Trans. on Database Systems 1,
97-137.

Chamberlin,D.D.; Boyce,R.F. (1974): SEQUEL: A Structured English
Query Language. Proc. ACM SIGFIDET Workshop, Ann Arbor,
Michigan, 249-264.

Chamberlin,D.D.; Gray, J.N.; Traiger,I.L. (1975): Views,
Authorization, and Locking in a Relational Data Base
System. In: Proc. AFIPS 1975 National Computer Conference,
425-430.

Date,C.J. (1977): An Introduction to Data Base Systems. 2.
Aufl., Addison-Wesley.

Dostert,B.H.; Thompson,F.B. (1971): How Features Resolve Syntactic Ambiguity. Proc. Natl. Symp. on Information Storage and Retrieval, Univ. of Maryland.

Krägeloh,K.-D. (1976): Ein schichtenweise aufgebautes Datenbanksystem mit natürlicher Zugriffssprache. Dissertation, Univ. Karlsruhe.

Krägeloh,K.-D.; Lockemann,P.C. (1974): Retrieval in a Set-Theoretically Structured Data Base: Concepts and Practical Considerations. In: Proc. Internatl. Comp. Symp. 1973, North-Holland Publ.Co., 533-539.

Krägeloh,K.-D.; Lockemann,P.C. (1975): Hierarchies of Data Base Languages: An Example. Information Systems 1, 79-90.

Lockemann,P.C. (1976): Data Base User Languages for the Non-Programmer. In: Lecture Notes in Comp. Science 39, Springer Verlag, 183-212.

Pirotte,A. (1970): Natural Language for the Computer: A Survey. M.B.L.E. Report Nr. R 145, Brüssel.

Reisner,P.; Boyce,R.F.; Chamberlin, D.D. (1975): Human Factors Evaluation of Two Data Base Query Languages - SQUARE and SEQUEL. Proc. AFIPS National Computer Conf., 447-452.

Simmons,R.F. (1970): Natural Language Question-Answering Systems. Comm. ACM 13, 15-30.

Stonebraker,M.; Wang,E.; Kreps,P. (1976): The Design and Implementation of INGRES. ACM Trans. on Database Systems 1, 189-222.

Thompson,F.B. (1966): English for the Computer. Proc. AFIPS Fall Joint Comp. Conf., 349-356.

Thompson,F.B.; Lockemann,P.C.; Dostert,B.; Deverill, R.S. (1969): REL: A Rapidly Extensible Language System. Proc. 24th Natl. ACM Conf., 399-418.

Wedekind,H. (1974): Datenbanksysteme I. Reihe Informatik Bd.16, BI-Wissenschaftsverlag.

Zloof,M.M. (1975): Query by Example. Proc. AFIPS Natl. Comp. Conf., 431-438.

Kapitel 12

Broadbent,J.E.; Hauer,K.; Kindermann,G. (1975): Software-System zur Steuerung von FORTRAN-Moduln im Rahmen einer ökonometrischen Methodenbank. Math. Beratungs- und Programmierdienst, Dortmund.

Dickhoven,S. (Hrsg.) (1976): Modellierungssoftware. Gesellschaft für Mathematik und Datenverarbeitung, Bonn.

Dittrich,K.; Hüber,R.; Köllner,R; Lockemann,P.C. (1977): KARAMBA, ein System zur besseren Nutzung von Datenbanken. Int. Bericht 19/77, Fak. für Informatik, Univ. Karlsruhe.

Dürre,K.; Mayr,H.C. (1975): Interaktive Dienstleistungssysteme. Int. Bericht 18/75, Fak. für Informatik, Univ. Karlsruhe.

Hauer,K.-H.; Hoffmann,G. (1977): Konzeption einer Sprache zur Verknüpfung von Elementen einer Methodenbank. mbp Mathematischer Beratungs- und Programmierdienst, Dortmund.

Kocher,R. (1973): Ein Realzeitsystem in der Luftfahrt. In: H.Preis (Hrsg.), Praktische Fälle über Aufbau und Funktionsweise betrieblicher Teilinformationssysteme. Verlag Moderne Industrie, 161-210.

mbp (1976): Software-System zur Steuerung von FORTRAN-Moduln im Rahmen einer Methodenbank. 3 Teile, Mathematischer Beratungs- und Programmierdienst, Dortmund.

Schips,B. (1977): Ein Beitrag zum Thema "Methodenbanken". Angewandte Informatik 19, 465-470.

Kapitel 13

Grosholz,J.; Urbach,B. (1972): GOLEM2, ein System zur Wiedergewinnung von Information. Siemens-Schriftenreihe data-praxis, Bestell Nr. D14/4317.

Hoffmann,D.; Jahl,M.; Quandt,H.; Weigand, R. (1971): Automatische Textanalyse mit PASSAT. Zeitschr. f. Datenverarbeitung, 495-504.

IBM: STAIRS - Allgemeine Übersicht. IBM Form GH12-1057.

IBM: STAIRS - Program Reference Manual. IBM Form SH12-5407.

Siemens System 7000/4004: Informationssystem GOLEM2. Bestell Nr. D14/4321.

Siemens System 7000/4004: Informationssystem GOLEM2, Datenerfassung, Datenverwaltung. Bestell Nr. D14/4325.

Siemens System 7000/4004: Informationssystem GOLEM2, Datenwiedergewinnung. Bestell Nr. D14/4335.

Siemens System 7000/4004: Informationssystem GOLEM2, Bedienungsanleitung. Bestell Nr. D14/4336.

Siemens System 7000/4004: PASSAT, Beschreibung. Bestell Nr. D14/40324.

Anhang

Dieser Anhang stellt die im Buch verwendeten mathematischen Notationen und Begriffe zusammen. Es handelt sich dabei im wesentlichen um Mengen, Abbildungen und Strukturen (Kap.A.1) sowie um Grundbegriffe der mathematischen Logik (Kap.A.2).

A.1 Mengen, Abbildungen, Strukturen

A.1.1 Mengen und Mengenoperatoren

Eine Menge ist eine Zusammenfassung wohlunterschiedener Elemente. Gehört ein Element x zu einer Menge M, ist also x Element von M, so schreiben wir $x \in M$, andernfalls $x \notin M$. Statt $x \in M$ und $y \in M$ schreiben wir auch $x, y \in M$. Die Mächtigkeit $|M|$ einer Menge M gibt die Anzahl der Elemente von M an.

Häufig verwendete Mengen und ihre Bezeichnungen:
$\mathbb{N}$: Menge der natürlichen Zahlen
$\mathbb{Z}$: Menge der ganzen Zahlen
$\mathbb{R}$: Menge der reellen Zahlen
$\emptyset$: leere Menge (Menge ohne Elemente).

Die Elemente einer Menge können
- entweder durch Aufzählung, z.B.: $\mathbb{N} = \{1,2,3,4,\ldots\}$
- oder durch eine Beschreibung ihrer Eigenschaften,
  z.B. $\mathbb{N} = \{x \mid x \text{ ist natürliche Zahl}\}$
angegeben werden.

Seien M_i, M_j Mengen für $i,j \in I=\{1,\ldots,n\}$ und $n \in \mathbb{N}$ beliebig.

- M_i heisst in M_j enthalten oder Teilmenge von M_j (in Zeichen: $M_i \subseteq M_j$), wenn jedes Element von M_i auch Element von M_j ist.

- M_i und M_j sind <u>gleich</u> (in Zeichen: $M_i = M_j$), wenn gilt: $M_i \subseteq M_j$ und $M_j \subseteq M_i$. Sind M_i und M_j ungleich, so schreiben wir $M_i \neq M_j$.

- M_i heisst in M_j <u>echt enthalten</u> oder <u>echte Teilmenge</u> von M_j, wenn gilt: $M_i \subseteq M_j$ und $M_i \neq M_j$.

- Die <u>Vereinigung</u> $\bigcup_{i \in I} M_i$ ist die Menge aller Elemente, die zu mindestens einer der Mengen M_i mit $i \in I$ gehören.

- Der <u>Durchschnitt</u> $\bigcap_{i \in I} M_i$ ist die Menge aller Elemente, die zu jeder der Mengen M_i mit $i \in I$ gehören.

- Die <u>Differenz</u> $M_i \setminus M_j$ zweier Mengen M_i und M_j ist die Menge aller Elemente von M_i, die nicht zu M_j gehören.

Ist $I = \{1,2\}$, so schreiben wir statt $\bigcup_{i \in M_i}$ auch $M_1 \cup M_2$, statt $\bigcap_{i \in I}$ auch $M_1 \cap M_2$.

"$\cap$", "$\cup$" und "$\setminus$" heissen <u>Mengenoperatoren</u>.

Die <u>Potenzmenge</u> 2^M einer Menge M ist die Menge aller Teilmengen von M. Da $\emptyset$ in jeder Menge enthalten ist, gilt somit: $|2^M| = 2^{|M|}$.

A.1.2 Relationen und Abbildungen

Seien M_i Mengen für $i \in I = \{1, \ldots, n\}$ und $n \in \mathbb{N}$ beliebig.

- Das (cartesische) <u>Produkt</u> $\underset{i=1}{\overset{n}{\times}} M_i$ ist die Menge aller (<u>geordneten</u>) <u>n-Tupel</u> $(x_1, \ldots, x_n)$ mit $x_i \in M_i$. Dabei heisst x_i die i-te Koordinate von $(x_1, \ldots, x_n)$. Die charakteristische Eigenschaft geordneter n-Tupel liegt darin, dass gilt: $(x_1, \ldots, x_n) = (y_1, \ldots, y_n)$ genau dann, wenn $x_j = y_j$ für alle $j \in I$.

Ist $n = 2$, so sprechen wir statt von einem 2-Tupel von einem (<u>geordneten</u>) <u>Paar</u>. Statt $\underset{i=1}{\overset{n}{\times}} M_i$ schreiben wir häufig auch $M_1 \times \ldots \times M_n$. Sind die Faktoren M_i alle gleich einer Menge M, so schreiben wir statt $\underset{i=1}{\overset{n}{\times}} M$ einfach M^n.

- Eine Teilmenge $R \subseteq \underset{i=1}{\overset{n}{\times}} M_i$ heisst (<u>n-stellige</u>) <u>Relation</u> zwischen $M_1, M_2, \ldots, M_n$. Ist M eine Menge und gilt $R \subseteq M^n$, so heisst R auch Relation <u>über</u> M. Eine zweistellige oder <u>binäre</u> Relation zwischen M_i und M_j ist eine Menge von Paaren; in diesem Fall schreiben wir statt $(x_i, x_j) \in R$ häufig $x_i R x_j$.

Sei R zweistellige Relation über M.
- R heisst Äquivalenzrelation wenn gilt:
  (i)   für alle a∈M: aRa
  (ii)   für alle a,b∈M: wenn aRb dann bRa
  (iii) für alle a,b,c∈M: wenn aRb und bRc dann aRc
  Eine Äquivalenzrelation unterteilt M in disjunkte Teilmengen, genannt Äquivalenzklassen, derart dass zwei Elemente a,b∈M genau dann in derselben Teilmenge liegen falls aRb. Eine Äquivalenzklasse lässt sich durch ein beliebiges ihrer Elemente (Repräsentant) vertreten.

- R heisst Ordnungsrelation wenn gilt:
  (i)   für alle a∈M: aRa
  (ii)   für alle a,b∈M: wenn aRb und bRa dann a=b
  (iii) für alle a,b,c∈M: wenn aRb und bRc dann aRc

- Eine Menge, für die es eine Ordnungsrelation gibt, heisst geordnete Menge.

- R heisst strikte Ordnungsrelation falls anstelle von (i) und (ii) gilt:
  für alle a∈M: $(a,a) \notin R$

- Eine geordnete Menge heisst voll oder linear geordnet wenn für ihre Ordnungsrelation R gilt:
  für alle a,b∈M: aRb oder bRa
  (a≠b bei strikter Ordnung)
  d.h. jedes Element aus M ist mit jedem vergleichbar.

Unter einer (einstelligen) Abbildung zwischen den Mengen M und N verstehen wir eine Relation f ⊆ M x N mit der Eigenschaft:
wenn (x,y) ∈ f und (x,z) ∈ f, dann y=z (Rechtseindeutigkeit).

Ist f ⊆ M x N Abbildung, so heisst die Menge
- M : Definitionsbereich,
- N : Zielbereich,
- {x|es gibt ein y∈N, so dass (x,y) ∈ f} ⊆ M: Urbildbereich und
- {y|es gibt ein x∈M, so dass (x,y) ∈ f} ⊆ N: Bildbereich
von f. Zu jedem Element x des Urbildbereichs einer Abbildung f gibt es also genau ein Element y des Bildbereichs, so dass (x,y)∈f. Dieses y heisst Bild der Abbildung f für (das Argument) x und wird üblicherweise mit f(x) bezeichnet. Statt f⊆MxN schreiben wir auch f: M→N.

Eine Abbildung f heisst

- <u>total</u>, wenn ihr Urbildbereich gleich ihrem Definitionsbereich
  ist,
- <u>partiell</u>, wenn sie nicht total ist,
- <u>surjektiv</u>, wenn ihr Bildbereich gleich ihrem Zielbereich ist,
- <u>injektiv</u>, wenn für zwei beliebige Elemente x_1 und x_2 ihres
  Urbildbereiches gilt: Ist $x_1 \neq x_2$, so ist auch $f(x_1) \neq f(x_2)$,
- <u>bijektiv</u>, wenn sie surjektiv und injektiv ist.

Unter einer <u>n-stelligen Abbildung</u> verstehen wir eine Abbildung,
deren Definitionsbereich cartesisches Produkt von n Mengen, also
eine Menge von n-Tupeln ist. Das Bild einer solchen Abbildung
für das Argument $(x_1, \ldots, x_n)$ bezeichnen wir dann mit
$f(x_1, \ldots, x_n)$.

Seien f und g Abbildungen, dann ist $h(x) = f(g(x))$ die Abbildung,
die durch Hintereinanderausführen von g und f entsteht. Statt
$f(g(x))$ schreiben wir $(f \circ g)(x)$ und nennen $f \circ g$ die <u>Komposition</u>
von f und g.

A.1.3 Gerichtete Graphen

Sei R binäre Relation über eine Menge M. Man kann R durch ein
Pfeildiagramm darstellen, indem man jedem Element x ∈ M einen
Punkt P_x in der Zeichenebene zuordnet und diese Punkte dann
folgendermassen durch Pfeile verbindet: Gilt (x,y) ∈ R, so führt
ein Pfeil von P_x nach P_y; gilt (x,x) ∈ R, so hat P_x eine
Schlinge.

Beispiel:

M = {a,b,c,d,e,f}
R = {(a,a),(a,b),(b,a),(b,c),(d,c),(d,e),(e,b)}

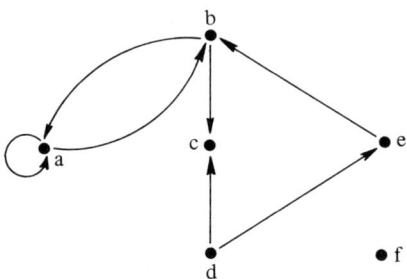

Ein gerichteter Graph ist ein Paar G=(M,R) aus einer Menge M von Objekten und einer binären Relation R über M. Die Elemente von M heissen Knoten, die von R Kanten.

Seien $k,k_1,k_2 \in$ M Knoten eines gerichteten Graphen G=(M,R).

- Ist (k_1,k_2) Kante von G, d.h. $(k_1,k_2) \in$ R, dann heisst k_1 Anfangsknoten und k_2 Endknoten dieser Kante. Die Kante entspringt in k_1 und mündet in k_2.
- $ag(k) = |\{(k,y)|(k,y) \in R \text{ und } y \neq k\}|$ heisst Aussengrad von k (Zahl der in k entspringenden Kanten),
- $ig(k) = |\{(y,k)|(y,k) \in R \text{ und } y \neq k\}|$ Innengrad von k (Zahl der in k mündenden Knoten). Schlingen tragen zum Aussen- und Innengrad nicht bei. Im obigen Beispiel: $ag(a)=ig(a)=1$.
- k heisst isoliert, wenn $ag(k)=ig(k)=0$.

Eine Kantenfolge der Länge n in einem Graphen G=(M,R) mit Knoten $k_0,k_1,...,k_n \in$ M ist eine Folge von Kanten

$$z = \langle (k_0,k_1),(k_1,k_2),....,(k_{n-1},k_n) \rangle.$$

Eine Kantenfolge heisst
- Kantenzug, wenn keine Kante mehrmals durchlaufen wird
- Weg, wenn kein Knoten mehrmals durchlaufen wird
- offen, falls $k_1 \neq k_n$
- geschlossen, falls $k_1=k_n$.

Ein geschlossener Kantenzug heisst Zyklus oder Kreis, ein Zyklus mit genau einer Kante Schleife.

Ein Knoten $\bar{k}$ von G heisst erreichbar von einem Knoten k, falls ein Kantenzug von k nach $\bar{k}$ existiert.

Ein Wurzelbaum (oder kurz: Baum) ist ein gerichteter Graph ohne Kreise, in dem genau ein Knoten w mit $ig(w)=0$ existiert und alle anderen Knoten den Innengrad 1 haben. Der Knoten w heisst Wurzel (des Baumes), die Knoten b mit $ag(b)=0$ heissen Endknoten oder Blätter (des Baumes). Ein binärer Baum ist ein Baum, in dem für alle Knoten k gilt: $ag(k)=0$ oder $ag(k)=2$.

A.2 Grundbegriffe der Logik

A.2.1 Aussagen und Aussageformen

Der Aussagenkalkül beschäftigt sich mit Aussagen, denen genau einer der beiden Wahrheitswerte wahr oder falsch zugeordnet werden kann. Beispiele:

Aussage	intuitiv zuzuord- nender Wahrheitswert
Max Frisch ist ein Autor	wahr
Stiller ist ein Roman von Berthold Brecht	falsch

Die primitivste Form einer Aussage ist einer der beiden Wahrheitswerte selbst. Aussagen können mit Hilfe von sog. Aussageverknüpfungen zu zusammengesetzten Aussagen verbunden werden. Beispiel:

Max Frisch ist ein Autor und "Die chinesische Mauer" ist ein Drama von Max Frisch.

Üblicherweise verwendet man im Aussagenkalkül die folgenden fünf Verknüpfungen (A und B seien Aussagen):

Symbol	Bezeichnung	Wirkungsweise
$\neg$	Negation	$(\neg A)$ ist wahr, falls A falsch ist, und falsch, falls A wahr ist.
$\wedge$	Konjunktion (logisches UND)	$(A \wedge B)$ ist wahr, falls A und B beide wahr sind; andernfalls ist $(A \wedge B)$ falsch.
$\vee$	Disjunktion (inklusives ODER)	$(A \vee B)$ ist wahr, wenn mindestens eine der beiden Aussagen A oder B wahr ist, andernfalls ist $(A \vee B)$ falsch.
$\rightarrow$	Implikation	$(A \rightarrow B)$ ist falsch, falls A wahr und B falsch ist; andernfalls ist $(A \rightarrow B)$ wahr.
$\leftrightarrow$	Äquivalenz	$(A \leftrightarrow B)$ ist wahr, wenn A und B denselben Wahrheitswert haben, andernfalls ist $(A \leftrightarrow B)$ falsch.

Während der Wahrheitswert einer Aussage unveränderlich ist, können einer <u>Aussagevariablen</u> verschiedene Aussagen und damit auch verschiedene Wahrheitswerte zugeordnet werden. Aussagevariable können ebenfalls durch logische Verknüpfungen miteinander verbunden werden, jedoch erhält man dann keine zusammengesetzte Aussage, sondern eine sog. <u>Aussageform</u> (auch <u>Ausdruck</u> genannt). Eine Aussageform besitzt also keinen Wahrheitswert. Durch Belegung ihrer Aussagevariablen mit Aussagen oder Wahrheitswerten (auch <u>Deutung</u> genannt) erhält man jedoch wieder eine Aussage. (Tritt dieselbe Aussagevariable in einer Aussageform mehrfach auf, so ist ihr bei der Belegung an jeder Stelle auch derselbe Wahrheitswert zuzuordnen.)

Der formale Aufbau von Aussageformen lässt sich durch die folgenden Regeln beschreiben:

(1) Eine Aussagevariable ist eine Aussageform.
(2) Ist a eine Aussageform, so ist auch $\neg(a)$ eine Aussageform.
(3) Sind a und b Aussageform, so sind auch $(a \wedge b)$, $(a \vee b)$, $(a \rightarrow b)$ und $(a \leftrightarrow b)$ Aussageformen.

Unter Verwendung des Verknüpfungs-Vorrangs "$\neg$" vor "$\wedge$" vor "$\vee$" vor "$\rightarrow$" vor "$\leftrightarrow$" bechränkt man sich zumeist auf eine die Eindeutigkeit erhaltende minimale Klammerung.

A.2.2 Wahrheitsfunktion und Gültigkeit von Aussageformen

Sei a eine Aussageform mit n verschiedenen Aussagevariablen.

Unter der <u>Wahrheitsfunktion</u> f_a von a verstehen wir die Abbildung

$$f_a: \{wahr, falsch\}^n \rightarrow \{wahr, falsch\},$$

die jeder Belegung der Aussagevariablen von a den Wahrheitswert der dadurch entstehenden Aussage zuordnet. Die Wahrheitsfunktion lässt sich mit Hilfe einer sog. <u>Wahrheitstafel</u> angeben.

Beispiel: Wahrheitstafel für die Aussageform a∧b→c
(W=wahr, F=falsch)

Variablenbelegung			Funktionswert
a	b	c	a ∧ b → c
W	W	W	W
W	W	F	F
W	F	W	W
W	F	F	W
F	W	W	W
F	W	F	W
F	F	W	W
F	F	F	W

Eine Aussageform a heisst

- allgemeingültig, wenn die Wahrheitsfunktion f_a für jede Belegung der Aussagevariablen von a den Wahrheitswert wahr liefert;
- ungültig, wenn die Wahrheitsfunktion f_a für jede Belegung der Aussagevariablen von a den Wahrheitswert falsch liefert;
- gültig, wenn sie nicht ungültig ist.

Eine Aussageform a heisst Folgerung aus den Aussageformen (Axiomen) $a_1,...,a_n$, wenn die Aussageform $a_1 ∧ ... ∧ a_n → a$ allgemeingültig ist.

Beispiel:

Die Aussageform "Schiller war Deutscher" ist eine Folgerung aus den Axiomen:

(1) "Wenn Schiller nicht Deutscher war, so war Schiller weder Autor noch wurde das Drama ´Die Räuber´ in deutscher Sprache geschrieben".
(2) "Wenn das Drama ´Die Räuber´ von Schiller stammt, so war Schiller Autor".
(3) "Das Drama ´Die Räuber´ stammt von Schiller oder es wurde in deutscher Sprache geschrieben".

Der Nachweis lässt sich leicht erbringen: Man definiert geeignete Aussagevariablen, etwa

sd : "Schiller war Deutscher"
sa : "Schiller war Autor"
rd : "Das Drama ´Die Räuber´ wurde in deutscher Sprache geschrieben"
rs : "Das Drama ´Die Räuber´ stammt von Schiller"

und zeigt dann, dass die Aussageform

$$(\neg sd \rightarrow \neg sa \wedge \neg rd) \wedge (rs \rightarrow sa) \wedge (rs \vee rd) \rightarrow sd$$

allgemeingültig ist.

An diesem Beispiel wird besonders deutlich, dass im Aussagenkalkül alle Aussagen, die keine Aussageverknüpfungen enthalten, als nicht mehr weiter unterteilbare Einheiten anzusehen sind: Durch Zuordnung eines Wahrheitswertes zur Aussagevariablen sd erhält man genau eine der beiden Aussagen "Schiller war Deutscher" oder "Schiller war nicht Deutscher", die Teile "Schiller" und "war Deutscher" sind - für sich allein gesehen - bedeutungslos. Insofern können im Aussagenkalkül Schlüsse der folgenden (intuitiv richtigen) Art nicht gezogen werden:

Jedes Gedicht stammt von einem Autor.
Da ´Die Glocke´ ein Gedicht ist, stammt es von einem Autor.

A.2.3 Individuen, Prädikate und Aussagen

In der Prädikatenlogik erster Stufe werden die Aussageeinheiten des Aussagenkalküls in "kleinere" Bestandteile aufgelöst, so dass im Gegensatz zum Aussagenkalkül auch Eigenschaften von Objekten in formallogische Betrachtungen eingehen können: Bei der Formulierung von Aussagen werden diese Objekte (Individuen) und die ihnen zugesagten Eigenschaften (Prädikate) getrennt bezeichnet. Prädikate können auch Beziehungen zwischen Individuen beschreiben. Aussagen ergeben sich also, indem man Prädikatzeichen mit Bezeichnern für diejenigen Individuen verbindet, für die die betreffende Beziehung gelten soll. Die Anzahl der mit einem Prädikat verbundenen Individuen gibt die Stelligkeit des Prädikats an. Beispielsweise lässt sich die

Aussage "´Die Glocke´ ist ein Gedicht" auflösen in das Individuum ´Die Glocke´ und das einstellige Prädikat "ist ein Gedicht". Ein Beispiel für zweistellige Prädikate finden wir in der Aussage "Die Zahl 2 ist kleiner als die Zahl 5", in Zeichen: 2<5 (Infixschreibweise) oder <(2,5) (Präfixschreibweise).

Um allgemeinere Aussagen zu ermöglichen, werden analog zu den Aussagevariablen des Aussagenkalküls Individuenvariable eingeführt. Dementsprechend ist für die Individuenvariablen x und y die Zeichenfolge <(x,y) ein Ausdruck und keine Aussage. Ein Ausdruck wird zur Aussage, wenn man die darin auftretenden Individuenvariablen durch Individuen ersetzt oder mit Hilfe von Quantoren (Allquantor ∀: "für alle" und Existenzquantor ∃: "es existiert") bindet. So ist beispielsweise

∀x ∃y : <(x,y)

eine Aussage, da alle in der Matrix <(x,y) vorkommenden Variablen durch einen Quantor im Präfix ∀x ∃y gebunden sind.

Nicht gebundene Variable bezeichnet man als frei. Quantoren lassen sich beliebig kombinieren, wobei die Reihenfolge erheblich ist. Ein Quantor heisst beschränkt, wenn er für die durch ihn gebundene Variable zusätzlich eine Qualifikation in Form eines Prädikats fordert:

∀x("x ist natürliche Zahl") ∃y("y ist natürliche Zahl"): <(x,y)

Die Prädikatenlogik lässt nun weiterhin auch Prädikatenvariable, die bereits im Aussagenkalkül definierten Verknüpfungen und beliebigstellige Abbildungen zwischen Individuen zu. Allerdings können in der Prädikatenlogik erster Stufe nur Individuenvariable durch Quantoren gebunden werden.

A.2.4 Prädikatenlogische Ausdrücke und ihre Deutung

Die vollständige Definition von Ausdrücken der Prädikatenlogik erster Stufe baut sich folgendermassen auf:

Term:

(1) Eine Konstante (Individuum) ist ein Term.
(2) Eine Individuenvariable ist ein Term.

(3) Ist f n-stellige Funktion und sind $t_1, \ldots, t_n$ Terme, so ist $f(t_1, \ldots, t_n)$ ein Term.

Primformel:

(1) Ein Term ist eine Primformel.
(2) Ist P ein n-stelliges Prädikat oder n-stellige Prädikaten-
    variable und sind $t_1, \ldots, t_n$ Terme, so ist $P(t_1, \ldots, t_n)$ eine
    Primformel.

Ausdruck:

(1) Eine Primformel ist ein Ausdruck.
(2) Sind a und b Ausdrücke, so sind
    $\lnot(a)$, $(a \land b)$, $(a \lor b)$, $(a \rightarrow b)$ und $(a \leftrightarrow b)$ Ausdrücke.
(3) Ist a ein Ausdruck und x eine freie Individuenvariable in a,
    so sind $\forall x{:}a$ und $\exists x{:}a$ Ausdrücke.

Nach dieser Definition ist auch eine Aussage ein Ausdruck;
umgekehrt ist jedoch ein Ausdruck nicht notwendig eine Aussage.

Eine Deutung eines Ausdrucks a der Prädikatenlogik erster Stufe
besteht aus einem Individuenbereich I, auf dem die in dem
Ausdruck vorkommenden Funktionen und Prädikate definiert sein
müssen, und einer Ersetzung
- aller freien Individuenvariablen von a durch beliebige (für
  jede Variable aber fest gewählte) Individuen aus I,
- aller Prädikatenvariable durch auf I definierte Prädikate.

Der Wahrheitswert einer durch Deutung eines Ausdrucks entstehenden Aussage lässt sich nach den folgenden Regeln ermitteln:
(1) Sind die Wahrheitswerte der aus den Ausdrücken a und b
    entstehenden Aussagen A und B ermittelt, so ergibt sich der
    Wahrheitswert der Aussagen
          $\lnot(A)$, $(A \land B)$, $(A \lor B)$, $(A \rightarrow B)$ und $(A \leftrightarrow B)$
    entsprechend der in A.2.1 definierten Wirkung der Verknüp-
    fungen.
(2) $\forall x{:}a$ ist genau dann wahr, wenn jede Ersetzung der Indivi-
    duenvariable x in a durch ein gegebenenfalls qualifiziertes
    Individuum aus I zu einer wahren Deutung von a führt.
(3) $\exists x{:}a$ ist genau dann wahr, wenn die Individuenvariable x in a
    durch mindestens ein gegebenenfalls qualifiziertes
    Individuum aus I ersetzt werden kann, so dass eine wahre
    Deutung von a entsteht.

Eine Deutung D erfüllt einen Ausdruck a, wenn die durch D aus a
entstehende Aussage wahr ist.

Sachverzeichnis

Informatik-Spektrum

Organ der Gesellschaft für Informatik e.V.

Hauptherausgeber
Prof. Dr. W. Brauer,
Fachbereich Informatik der
Universität Hamburg

Herausgeber
Prof. Dr. F.L. Bauer,
Mathematisches Institut der
TU München

Dipl.-Ing. C. Behrens,
Klöckner AG, Bremen

Dr. Malte von Berg,
DATUM e.V., Bonn-Bad Godesberg

Dr. A. Endres,
IBM Deutschland GmbH,
Böblingen

Dipl.-Ing. H. Gabler,
Fernmeldetechnisches Zentralamt
der Bundespost, Darmstadt

Prof. Dr. G. Goos,
Institut für Informatik II der
Universität Karlsruhe

Dr. H. Görling,
Siemens AG, München

Prof. Dr. P. Mertens,
Informatik-Forschungsgruppe 8 der
Universität Erlangen

Dr. H. Schappert,
Bayer AG, Leverkusen

Dr. P. Schnupp,
Softlab, München

Redaktion
Dipl.-Inform. G. Rossbach,
Hirschgasse 16
D-6900 Heidelberg

Springer-Verlag
Berlin
Heidelberg
New York

Die Informatik und ihre Anwendung sind heute aus Wissenschaft, Wirtschaft und Verwaltung nicht mehr wegzudenken. Die **Gesellschaft für Informatik** in Zusammenarbeit mit dem Springer-Verlag publiziert ab August 1978 die Zeitschrift **Informatik-Spektrum.** Diese Zeitschrift will mit ihren Beiträgen möglichst das gesamte Gebiet der Informatik abdecken, mit dem Ziel, den Informationsstand der Leser über das Fachgeschehen so umfassend und zeitgerecht wie nur möglich zu halten.

Die inhaltlichen Schwerpunkte sind:

Übersichtsartikel und einführende Darstellungen
für den ausgebildeten Informatikspezialisten und den Praktiker der Anschluß an die Entwicklung der wissenschaftlichen Informatik sucht

Berichte über Projekte und Fallstudien
die zukünftige Trends aufweisen

„Das aktuelle Schlagwort"
erklärt Begriffe, die momentan im Gespräch sind

Veranstaltungskalender
bietet eine möglichst vollständige Übersicht der europäischen und außereuropäischen Veranstaltungen auf dem Gebiet der Informatik

GI Mitteilungen
die vom Präsidium der GI herausgegeben werden und einen gesonderten Teil bilden

Geplante Beiträge:
Speicherhierarchien; Relationale Datenbanksysteme; Effizienz von Algorithmen; Wartenetze als Verkehrsmodelle von Rechensystemen; Medizinische Datenverarbeitung; Datensicherung, Datenschutz; Umfrageergebnis zur Informatiker-Berufssituation; DV-Revision; Urheberschutz für Software; Methodenbanken; Textverarbeitung-Satzautomation; Informatik-Fortbildung für Gymnasiallehrer.
Abonnementsbedingungen und Probeheftanforderung auf Anfrage.

Informatik-Fachberichte

Herausgegeben von
W. Brauer im Auftrag der
Gesellschaft für Informatik
(GI)

Ziel der Reihe ist die möglichst
schnelle und weite Verbreitung
- neuer Forschungs- und Ent-
  wicklungsergebnisse
- zusammenfassender Über-
  sichtsberichte
- von Materialien und Texten
  zur Weiterbildung

In diesem Rahmen werden
Themen aus Theorie und
Praxis der Informatik ein-
schließlich der Datenverarbeitung in verschiedenen Anwendungsgebieten behandelt.

Band 1
Programmiersprachen
4. Fachtagung der GI, Erlangen
Herausgeber: H. J. Schneider,
M. Nagl
1976. 39 Abbildungen, 2 Ta-
bellen. VI, 270 Seiten.
(125 Seiten in Englisch).
DM 25,–
ISBN 3-540-07619-0

Band 2
Betrieb von Rechenzentren
Workshop der Gesellschaft für
Informatik, Karlsruhe
Herausgeber: A. Schreiner
1976. 103 Abbildungen, 3 Ta-
bellen. VII, 283 Seiten
(33 Seiten in Englisch)
DM 28,–
ISBN 3-540-07621-2

Band 3
**Rechnernetze und Datenfern-
verarbeitung**
Fachtagung der GI und NTG,
Aachen
Herausgeber: D. Haupt,
H. Petersen
1976. 97 Abbildungen, 6 Ta-
bellen. VI, 309 Seiten. (126 in
Englisch)
DM 28,–
ISBN 3-540-07672-7

Band 4
Computer Architecture
Workshop of the Gesellschaft

für Informatik, Erlangen,
Editor: W. Händler
1976. 159 figures, 13 tables.
VIII, 382 pages
DM 32,–
ISBN 3-540-07761-8

Band 5
GI – 6. Jahrestagung
Vergriffen

Band 6
B. Schmidt
GPSS-FORTRAN
Einführung in die Simulation
diskreter Systeme mit Hilfe
eines FORTRAN-Programm-
paketes
1977. 27 Abbildungen. IX,
298 Seiten
DM 38,–
ISBN 3-540-07956-4

Band 7
**Fachtagung
Prozessrechner 1977**
Augsburg
GMR – VDI/VDE-Gesell-
schaft Meß- und Regelungs-
technik, Düsseldorf
GI-Gesellschaft für
Informatik, München
GfK-Gesellschaft für Kern-
forschung mbH, Karlsruhe
Herausgeber: G. Schmidt
1977. 166 Abbildungen. XIII,
525 Seiten (35 Seiten in Englisch)
DM 43,–
ISBN 3-540-08123-2

Band 8
**Digitale Bildverarbeitung/
Digital Image Processing**
Vergriffen

Band 9
Modelle für Rechensysteme
Workshop der GI, Bonn,
Herausgeber: P. P. Spies
1977. 106 Abbildungen, 18 Ta-
bellen. VI, 297 Seiten (97 Sei-
ten in Englisch)
DM 24,80
ISBN 3-540-08206-9

Band 10
GI – 7. Jahrestagung
Nürnberg,
Herausgeber: H. J. Schneider
1977. IX, 214 Seiten (106 Sei-
ten in Englisch)
DM 24,80
ISBN 3-540-08425-8

Band 11
**Methoden der Informatik für
Rechnerunterstütztes
Entwerfen und Konstruieren**
GI-Fachtagung, München,
Herausgeber: R. Gnatz,
K. Samelson
1977. 159 figures. VIII,
327 Seiten
DM 31,–
ISBN 3-540-08473-8

Band 12
Programmiersprachen
5. Fachtagung der GI, Braun-
schweig
Herausgeber: K. Alber
1978. 26 Abbildungen. VI,
179 Seiten (46 Seiten in
Englisch)
DM 18,–
ISBN 3-540-08680-3

Band 13
W. Steinmüller, L. Ermer,
W. Schimmel
**Datenschutz bei riskanten
Systemen**
Eine Konzeption entwickelt
am Beispiel eines medizini-
schen Informationssystems
1978. X, 244 Seiten
DM 24,80
ISBN 3-540-08684-6

Band 14
**Datenbanken in Rechner-
netzen mit Kleinrechnern**
GI-Fachtagung mit Unter-
stützung durch das German
Chapter der ACM, 11./12.
April 1978, Kernforschungs-
zentrum Karlsruhe
Herausgeber: W. Stucky,
E. Holler
1978. 39 Abbildungen. IX,
198 Seiten (66 Seiten in
Englisch)
DM 20,–
ISBN 3-540-08775-3

Band 15
**Organisation von Rechen-
zentren**
Workshop der Gesellschaft für
Herausgeber: D. Wall
1978. X, 310 Seiten
DM 29,50
ISBN 3-540-08878-4

Preisänderungen vorbehalten